国家社科基金
后期资助项目

文物中心原则论：
以跨境文物返还诉讼
为视角

The "Object-Centered" Principle:
A Perspective from Cross-Border Cultural
Property Litigation

余萌 著

中国政法大学出版社

2023·北京

声　明	1. 版权所有，侵权必究。
	2. 如有缺页、倒装问题，由出版社负责退换。

图书在版编目（ＣＩＰ）数据

文物中心原则论：以跨境文物返还诉讼为视角/余萌著.—北京：中国政法大学出版社，2023.12
ISBN 978-7-5764-1315-1

Ⅰ.①文…　Ⅱ.①余…　Ⅲ.①历史文物－文物保护－国际法－研究　Ⅳ.①D99

中国国家版本馆CIP数据核字(2024)第025007号

出　版　者	中国政法大学出版社
地　　　址	北京市海淀区西土城路25号
邮寄地址	北京100088 信箱8034分箱　邮编100088
网　　　址	http://www.cuplpress.com（网络实名：中国政法大学出版社）
电　　　话	010-58908435(第一编辑部) 58908334(邮购部)
承　　　印	保定市中画美凯印刷有限公司
开　　　本	710mm×1000mm　1/16
印　　　张	24.75
字　　　数	431千字
版　　　次	2023年12月第1版
印　　　次	2023年12月第1次印刷
定　　　价	89.00元

国家社科基金后期资助项目
出版说明

　　后期资助项目是国家社科基金设立的一类重要项目，旨在鼓励广大社科研究者潜心治学，支持基础研究多出优秀成果。它是经过严格评审，从接近完成的科研成果中遴选立项的。为扩大后期资助项目的影响，更好地推动学术发展，促进成果转化，全国哲学社会科学工作办公室按照"统一设计、统一标识、统一版式、形成系列"的总体要求，组织出版国家社科基金后期资助项目成果。

全国哲学社会科学工作办公室

序 一

我很高兴为余萌博士即将出版的著作写序。过去几年,我有幸见证了她在学术领域的成长和发展。

余萌本硕博均就读于中国政法大学,研究生阶段关注国际法,尤其是国际私法。在攻读博士学位期间,她醉心于国际文化遗产法研究,曾赴日内瓦大学艺术法中心访学一年,展现出很大学术潜力。国际文化遗产法是新兴的法学分支,涉及法学(不限于国际法学)、文化学、人类学、社会学等交叉学科的研究。余萌勇于尝试新的研究方法和思路,多项研究成果已在国内外学术期刊上发表,并获得好评。

此外,余萌还积极投身于我国海外流失文物的追索实践,参与过多项国家级和省级科研项目,积累了丰富的研究经验和实践能力。她也乐于参与学术交流和合作,与国内外同行建立了广泛的联系和合作。

在我看来,余萌勇于尝试并敢于坚持的精神是其取得学术成就的关键。她不畏挫折失败,勇于挑战自己和研究难题,敢于坚持自己的观点,不盲目追随他人,保持独立的思考和判断能力。这些品质对于一位优秀的研究者来说是至关重要的。

本书将"文物中心原则论"作为核心主线,这是国际文化遗产法的关键议题,即追索流失文物(被盗文物和非法出口文物)。通过深入研究和探讨,本书构建了文物中心原则论的基本框架体系,有助于跨境文物返还诉讼的基本原理在我国学术研究领域的进一步成形,也为后人进一步推进国际文化遗产法的研究,提供了广泛和全面的参考资料和文献研究线索。作为作者博士学位论文的持续研究成果,本书有幸得到了国家社会科学基金后期资助项目的支持,说明其学术价值得到了学术界的认可。

本书最可贵之处在于契合时代背景与中国国家战略,在该领域首次提出了反映中国立场的理论建构——"文物中心原则",体现了人类命运共同体理念在国际文物领域的具体化,为中国追索海外文物提供了有力的理论指导,为我国参与国际文化遗产治理提供了中国特色的话语体系。在该原则的支持下,该成果进一步论证了跨境文物返还诉讼所涉及的方方面面,并专门讨论中国的实践与选择,提出了场景化、有针对性的文物追索策略建议,对于国际文化遗产法领域的发展和进步具有重要的价值和意义。我相信,这本书不仅能够为学术界提供有价值的参考和启示,还能够为广大读者带来深刻的思考和启迪。

作为余萌的博士生导师,我很高兴看到本书公开出版。考虑到海外流失文物追索从来都不是纸上谈兵,而是一项系统工程,希望本书对我国文化遗产保护事业亦有裨益。

是为序。

2023 年 10 月 10 日于武汉大学珞珈山

序 二

当下,文物的流失与返还问题愈发引起国际社会的关注。余萌博士经过多年潜心研究,撰写了这本以跨境文物返还诉讼为视角,观察海外流失文物追索与返还的书籍。作为一个多年来关注其成长的师友,这些年来我见证了她从学生一路成长为青年教师的历程。在她的首本学术专著即将付梓之际,我有幸先睹为快,并为她的理论创新和实践探索感到欣慰。

撰写这篇序言的目的,是想为读者介绍这本书的背景和主题,帮助大家更好地理解文物追索的必要性。同时,我也想借此机会分享我对文物返还工作的感悟,希望这篇序言能够引发读者对文物追索工作的兴趣,并为解决这一问题贡献智慧和力量。

本书讨论的"流失文物"是指因各种原因被非法转移或盗窃的文化遗产,包括古物、艺术品、历史文献等。这些文物代表着不同国家和民族的历史、文化和传统,具有极高的艺术、历史和文化价值。追索流失文物之所以必要,一方面,文物乃国家和民族的文化瑰宝,应该得到妥善保护和传承;文物返还将有助于恢复和保护文化遗产的完整性,促进国家和民族的文化认同和凝聚力。另一方面,流失文物往往被非法转移出境,成为国际犯罪活动的牺牲品,严重破坏了文物保护的国际法秩序;文物返还则是国际法和国际道义的要求,有助于维护国际文物保护的国际秩序和正义,促进世界范围内文物的保护和传承。

中国是文明古国,也是世界上文物流失最严重的国家之一,追索流失文物事关中国的国家利益与民族情感。随着中国文物与艺术品市场的繁荣,近年来中国已兼具文物市场大国与文物资源大国的身份,未来应更积极发挥负责任大国作用,参与文物追索返还领域国际法规则的修改和完善,促进本领域国际法秩序向着更有利于文物返还的方向发展。如今,越来越多的流失海外文物回到中国,使当代中国人能有机会近距离认识、鉴赏和研究,对促进人们更深入认识中华文明、体察中华文明的内涵具有非常重要的作用。

本书以跨境文物返还诉讼为切入点,提出了文物中心原则,试图为国际文化财产法律制度的中国解决方案提供理论基础,并为人类命运共同体理念在文化财产领域的具体化提供思路。

在学术价值层面,本书在国际传统二元理论(文化民族主义和文化国际主义)之基础上,结合中国当前国际地位,开创性地提出了文物中心理论,并论证了其与人类命运共同体理念的关系,为我国在该领域倡导人类命运共同体理念提供有力抓手。这种新的路径是从文物本位的视角观察文物、探索文物价值,并论证文物的核心价值在于知识。可以说,文物中心原则是对文化民族主义与文化国际主义两种传统理论分歧的调和,是基于二者的最大公约数而提出的新型理论,有利于解决文化财产流通领域非法贩运文物的现实问题,并促进跨境文物返还诉讼的制度创新。

在应用价值层面,本书讨论了文物中心原则的国际法基础,其影响着不断塑造中的国际秩序,在特定领域突破了国家本位,为重塑国际合作提供新的纬度和契机。与此同时,本书提出中国参与国际文化财产法改革的主张,并为中国跨境追索海外流失文物提供直接指导,可以为相关机构和人士提供参考借鉴,为解决流失文物问题提供思路和方案。

在我看来,比起如何追索流失文物,为什么要追索流失文物可能是最先需要回答,也是更需要获得当前国际社会共识的问题。

这是世界之问,也是时代之问。

作者试图在本书中问答这一问题,提出了"文物中心原则"这一理论假设,并希望在实践中检验这一理论。暂不论该理论是否成立,站得住脚,这一探索的精神值得鼓励。我希望未来,作者凭借其好奇心、勤奋与韧性,可以继续为这一问题寻找出路。

流失文物追索与文化遗产保护也是我多年来的学术关注重点。我深知文物对于一个国家和民族的重要性,也理解流失文物追索工作的复杂性和挑战性。在这个过程中,我积累了一定的心得与经验,也结识了许多志同道合的朋友和同行。

通过这本书,我想与读者分享这些心得与经验,为解决流失文物问题提供有价值的启示和思考。譬如,我相信国际合作是解决流失文物问题的关键所在。只有各国政府、文博机构、科研团体、国际政府和非政府组织共同努力,才能形成有效的追索机制。此外,加强公众教育和提高公众意识也是至关重要的。只有当更多的人关注文化遗产的保护和传承,才能形成更广泛的社会共识和支持。

最后,我要感谢作者和出版社为我们呈现这样一本优秀的书籍。这本书不仅是对流失文物追索问题的深入研究,也是对我们共同关注的文化遗产保护事业的积极贡献。我祝愿这本书能够在读者中产生积极的影响,激发更多的人关注和参与文化遗产的保护和传承。最后,我想对每一位读者表示祝福和鼓励,希望我们共同努力,为保护人类宝贵的文化遗产贡献智慧和力量。

霍政欣
2023 年 10 月 16 日于北京

前　言

从16世纪以来，大量珍贵文物在殖民与掠夺中被迫脱离了其所联系的民族和文化，不断流向西方，文物的天然民族性被野蛮撕裂。中国也是饱受文物流失之苦的国家之一。20世纪中叶以来，现代国际文化财产法律制度开始建立，这一过程伴随着文物来源国与文物市场国分别以文化民族主义和文化国际主义为理论基础展开的利益博弈。

中国是发展中国家，也是传统上的文物流失大国；随着中国的崛起，中国成为最主要的经济体，亦开始成为世界上主要的文物市场国之一。这种双重地位，使中国有可能跳出文物来源国与文物市场国胶着对立与零和博弈的思维模式和利益格局，融合共识、弥合分歧，并站在更高的立意上，为国际文化财产法律制度提供中国的解决方案。

人类命运共同体理念的提出，则为这种解决方案提供了宏大的叙事背景。为此，本书以跨境文物返还诉讼为切入点，提出了文物中心原则，试图为国际文化财产法律制度的中国解决方案提供理论基础，并为人类命运共同体理念在文化财产领域的具体化提供思路。

为了实现这一研究目的，本书先提出文物中心原则并进行初步论证，再从国际法基础和跨境文物返还诉讼各个方面，验证文物中心原则的现实基础，证明该原则确已成为发展趋势，最后结合人类命运共同体理念，为文物中心原则在中国的实践提出建议。具体而言，本书分为七章，分别展开如下：

第一章"文物中心原则及其理论基础"论述了本书的立论基础，即文物中心原则应作为国际文化财产法律制度的理论基础。为此，本章采取了先破后立的论证方式，对文化民族主义和文化国际主义两种传统理论进行了批判，认为二者的片面性不利于实现对文物的保护和利用，二者的共性也包含对文物及其文化联系的关注。在此基础上，本文提出文物中心原则的理论，主张以文物为中心，基于文物与其文化特性的联系，对文物加以保护和利用。这一理论符合文物核心价值——知识价值——的要求，以世界主义和社会认识论为哲学基础，对打击文物非法贩运也有重要的现实意义。

第二章"文物中心原则的国际法基础"证明以维护人类命运共同体下的国际社会利益为价值基点，体现文物中心原则的一套国际法原则正在形成

(或已经形成)，对所有国家具有普遍的约束力，并不以某个国家是否加入某公约而有所改变。这些原则包括武装冲突时期禁止文物劫掠、和平时期打击非法文物贩运、确保个人和社群获取和享有文化遗产等。在具体论述中，本章分别从价值基点、基本意涵和运行特征三层面，勾勒出"文物中心原则"国际法基础的演变发展。

第三章"文物中心原则下的管辖权与诉讼主体资格"证明在跨境文物返还诉讼中，管辖权与诉讼主体资格相关理论与规则的最新发展，均反映出以文物为中心的趋势转变。与文物的联系成为确定管辖权基础的重要依据，并发展出"文物追索纠纷由文物所在地法院管辖"的管辖权规则。为了尊重文物的文化背景，法院也开始参照文物来源国法的规定确定诉讼主体的能力；国家对于文物的保护性利益，以及社群对于文物的集体所有权，其作为诉讼利益的合理性也开始受到关注。临时借展文物免于扣押制度则推动了国际文化交流。在解决区分文物所有权法与出口管制法的问题、考察外国文物所有权法之有效性的过程中，也同样体现了对文物与特定个人、社群和国家之特殊联系的关注。

第四章"文物中心原则下的识别与法律适用"证明在跨境文物返还诉讼中，识别和法律适用方面出现了以文物为中心的积极发展，体现出文物中心原则对强调文物与其文化特性之联系的要求。在识别问题上，强调文物与其所附建筑物的关系，更加重视其文化联系；在法律适用问题上，国际社会已注意到"文物原属国法"蕴含的原属国与文物在文化上的紧密联系，以"文物原属国"为核心或唯一连结点的替代性冲突规则，在理论探讨和立法实践中已开始进行有益的探索。而在以文物为中心这一共识的基础上，国际社会已开始尝试在国际公约或区域性规范中，以统一实体法的方式，从根本上解决被盗文物和非法出口文物的返还问题。

第五章"文物中心原则下外国公法的效力"分析了非法出口文物返还争议所特有的文物出口管制法之域外效力问题，证明在国际立法和司法实践的新发展中，先验地排除适用外国公法的观点业已受到挑战，尤其是在文化遗产法领域已经逐渐松动，这为承认或执行外国文物出口管制法提供了可能。本章从非法出口文物的"非法性"出发，讨论外国公法的效力范围，并以此为理论指导，研究跨境文物返还争议中典型的外国公法——外国文物出口管制法的适用原则，及其具体适用途径——冲突法途径、实体法途径与国际法途径。最后，考察跨境文物返还争议中的动向发展，包括国际公共政策的出现、非法出口文物"污名化"的追索策略等，总结出"文物中心原则"对外国公法的效力问题之影响。

第六章"人类命运共同体理念下的文物中心原则:中国的主张"结合人类命运共同体理念的要求,对中国参与文物领域全球治理提出了理论、主张和实践建议。文物中心原则契合于人类命运共同体这一中国对外关系的理念,是其在文化财产领域的具体化。人类命运共同体下的文物中心原则,体现了文物利用的利益共同体和文物保护的责任共同体的统一。在此理论下,中国不仅要为文物领域的全球治理提供中国方案,也要为跨境文物返还作出自己的贡献。在当前形势下,对流失海外的中国文物,中国应以文物中心原则为理论基础,积极采取多种途径追索;对非法流入中国的文物,中国应当根据文物中心原则的要求承担大国责任,积极协助文物流失国向其返还。

第七章"从文物中心原则出发:中国的实践与选择"梳理总结中国追索流失文物的实践,并结合国情,提出中国参与文物返还国际秩序完善与改革的"中国方案",以及有针对性的文物追索策略。首先,从现状出发,回顾自1949年以来中国跨境追索流失文物的实践,总结文物回归途径的发展及其内在关联。在此基础上,该章以中国问题为归宿,聚焦文物回归途径中的法律路径,梳理中国追索流失文物的基本思路与路径选择。其次,以跨境民事诉讼为例,聚焦中国通过跨境诉讼追索流失文物的主要问题,并据此提出完善建议,以推动中国合理利用跨境民事诉讼追索流失文物,并使该领域国际法的发展朝着符合中国利益与立场,同时更加公平合理的方向演进,从而为实现中华民族伟大复兴的国家战略,奠定国际文化财产法领域的基石。

余萌
2023 年 11 月

目 录

引 言 ·· 1

第一章 文物中心原则及其理论基础 ······································ 10
第一节 提出文物中心原则的理论背景 ····································· 10
第二节 文物中心原则的含义 ··· 33
第三节 文物中心原则的哲学基础 ··· 45
第四节 文物中心原则的现实意义 ··· 52

第二章 文物中心原则的国际法基础 ······································ 67
第一节 文物中心原则的国际法价值基点 ································· 67
第二节 文物中心原则的国际法基本意涵 ································· 85
第三节 文物中心原则的国际法运行特征 ································· 102

第三章 文物中心原则下的管辖权与诉讼主体资格 ··················· 119
第一节 管辖权的一般问题 ·· 119
第二节 诉讼主体资格的一般问题 ··· 125
第三节 诉讼主体资格的特殊问题 ··· 134
第四节 文物中心原则的影响 ··· 157

第四章 文物中心原则下的识别与法律适用 ···························· 171
第一节 识别与识别冲突 ··· 171
第二节 传统的法律适用规则——"物之所在地法" ····················· 178
第三节 法律适用规则的发展与突破 ·· 183
第四节 文物中心原则的影响 ··· 201

第五章 文物中心原则下外国公法的效力 ······························· 205
第一节 文物出口的"非法性"与外国公法的效力 ······················· 205
第二节 外国文物出口管制法的适用原则 ·································· 216

第三节　外国文物出口管制法的适用途径 ……………………… 225
　第四节　文物中心原则的影响 …………………………………… 236

第六章　人类命运共同体理念下的文物中心原则：中国的主张……… 246
　第一节　理论主张：人类命运共同体理念下的文物中心原则 …… 246
　第二节　实践主张：追索与协助 ………………………………… 257

第七章　从文物中心原则出发：中国的实践与选择 ………………… 274
　第一节　现状：中国跨境追索流失文物的实证研究 …………… 274
　第二节　对策：中国跨境追索流失文物的法律路径选择 ……… 288
　第三节　以跨境诉讼为例：追索流失文物的问题及完善建议 … 324

结　论 …………………………………………………………………… 344

参考文献 ………………………………………………………………… 346

附录1：中国海外流失文物回归案例汇总表 ………………………… 368
附录2：国外案例名称中英文对照 …………………………………… 374
附录3：国际法律文件全称/简称对照 ………………………………… 380

引　言

一、研究思路

中国是文物大国,也是饱受文物流失之苦的国家之一。近现代以来,中国受帝国主义欺凌的历史伴随着大量的文物流失,中国流失海外的文物涵盖了几乎所有的文物种类,如书法、绘画、书籍、壁画、雕塑、瓷器、青铜器等。中国流失海外的文物分布广泛,公立与私立的博物馆、图书馆、美术馆及私人藏家等均有收藏,有的文物可以通过公开途径欣赏,有的藏品则长期秘而不宣。① 文物流失不仅发生在中国。欧洲资本主义发展和海外殖民的历史,同时是史上最大规模的单方向文物流失的历史,数不胜数的艺术珍品被掠夺到西方世界,文物与其文化特性的联系也因此被生硬地割裂。②

针对文物流失的问题,目前主要有两种传统理论倾向。一种被称为"文化民族主义",其认为文物应属于创造该文化成果的族群及其相应的国家,应由该国家对文物行使管理职权,包括对文物流通进行限制和追回流失海外的文物等职权。另一种观点被称之为"文化国际主义",认为文物独立于任何特定的国家,是全人类共同的遗产,任何一个国家都不能独占文物,文物应当在各个国家之间自由地流转,从而促进科学、文化和教育的进步。③ 文化民族主义的观点多为文物来源国所支持,并作为其追索文物的理由;文化国际主义则主要为文物市场国所认同,并作为其保留和购买其他国家和民族文物、拒绝文物追索主张的理由。两种观点及其背后利益方的博弈,构成了国际文化财产法律秩序的基本背景。

前述两种传统理论倾向都有其片面之处。文化民族主义关注到文物与多元民族文化的联系,却忽略了文物作为全人类共同遗产、促进人类交流和理解的作用;文化国际主义认识到文物交流对于人类社会的积极意义,却因

---

① 霍政欣:《追索海外流失文物的法律问题》,中国政法大学出版社2013年版,第245页。
② 霍政欣、刘浩、余萌:《流失文物争夺战——当代跨国文物追索的实证研究》,中国政法大学出版社2018年版,第3页。
③ See John H. Merryman, "Two Ways of Thinking about Cultural Property", *American Journal of International Law*, vol. 80, 4, 1986, pp. 831~853.

此漠视文物与其文化特性的联系。这两种理论均未客观地站在人类共同体的角度,思考文物的保护和利用,实际仅代表了文物来源国和文物市场国各自的个体利益。

为了化解当前国际社会存在的各民族和国家对自身个体利益的偏执,弥合由此造成的国际紧张关系,建立共享共赢的新型国际关系,促进人类合作和发展,中国政府提出了人类命运共同体的理念。该理念将人类作为一个共同体,站在人类命运的立场上,从整体角度考虑国际社会中遇到的种种问题,并旨在推动国际秩序和国际体系变革,为人类社会发展进步描绘蓝图。[①] 这种立意也为我们在文物流通领域中跳出文化民族主义和文化国际主义之争,以人类文化和文明为核心,寻求第三条道路——文物中心原则提供了思想基础。

文物中心原则是指一切以文物为中心,基于文物与其文化特性的联系,对文物加以保护和利用,并据此作为国际文化财产法律规则的基础。该理论聚焦于文物保护,不仅要求将文物实体的物质形态真实而完整地保存,还要求文物浸淫于其产生和存在的各种背景与环境之中;该理论也关注文物利用,努力促进世界各国人民接触人类多元文化遗产及其所联系的文化,以交流促进互相了解、互信、和平和进步。

"文物中心原则"不仅是理论上的倡导,也需要经过现实的检验。通过对国际规范与实践的归纳,并以涉及被盗文物和非法出口文物的跨境文物争议为观察对象,[②]考察跨境文物返还诉讼中若干的法律问题,可以发现文物中心原则已成为国际文化财产领域的重要发展趋势。在管辖权和诉讼主体资格上,其最新发展体现了以文物为中心的趋势转变;识别和法律适用方面也出现了强调文物与其文化特性之联系的规则发展;在外国公法的效力问题上,文物出口管制法以多种途径实现了在其他国家的间接适用,体现了国际社会以文物为中心而合作的精神。这些国际实践印证了文物中心原则的现实基础。而文物中心原则与人类命运共同体理念的契合性,也将使该原则在中国文物领域的对外关系中发挥重要的作用。

---

① 肖永平、冯洁菡主编:《中国促进国际法治报告(2016)》,社会科学文献出版社 2017 年版,第 106 页。
② 本书所研究跨境文物返还诉讼中的"文物"系指非法转移文物,主要包括两类——被盗文物和非法出口文物。至于因战争劫掠等不法原因,或因被侵略占领时期不当捐赠、交换、贸易等不道德手段被转移出境的文物,不在本书讨论之限。

二、研究背景

整体看来,中国至今尚未出现对文物中心原则的系统研究,现有研究多处于引介外国理论层面,或针对国际公约、外国国内立法的比较研究。国内的研究资料以介绍性论文为主,侧重对跨境文物追索诉讼中现有规则及传统文化民族主义与文化国际主义理论的阐释。对于文物中心原则的基本理论及实践中相关新发展的研究较少。对比之下,外国学者已开始提出类似理论,并在国际文件、国内立法、司法判例等研究方面颇有建树,值得更多深入的研究与分析。

(一)基本理论

在国内,关于跨境文物返还争议的基本理论问题,国内学者的讨论大多数仍停留在梅利曼(J. H. Merryman)于20世纪80年代提出的"文化民族主义"和"文化国际主义"之辩的基础上。① 对此,在国内的期刊评述中,杨树明、王云霞等大多数学者认为,二者的基本目标都是保护文化遗产,但在一般情况下,民族主义的立场是第一位的。② 此外,高升指出"保护与交流"原则可以协调两种主义的对立争论,③已初步接近本书的文物中心原则。学术论文中,迟君辉也辨析了前述两种理论,并提出在流失文物归属的问题,中国仍应当坚持"文化民族主义"。④

在国际上,外国学者对理论问题的研究方向更为多元。关于两种主义之辩,不同意见的学者们从人类学、社会学、法学、政治、历史等角度进行了论证。一方面,梅利曼、巴托尔(P. M. Bator)、波斯纳(E. A. Posner)等学者认为

---

① 关于梅利曼(J. H. Merryman)提出的"文化民族主义"和"文化国际主义"之辩,可参见 John H. Merryman, "International Art Law: From Cultural Nationalism to A Common Cultural Heritage", *New York University Journal of International Law and Politics*, vol. 15, 4, 1982; John H. Merryman, "Thinking about the Elgin Marbles", *Michigan Law Review*, vol. 83, 8, 1985; John H. Merryman, "The Public Interest in Cultural Property", *California Law Review*, vol. 77, 2, 1989; John H. Merryman, "A Licit International Trade in Cultural Objects", *International Journal of Cultural Property*, vol. 4, 1, 1995; John H. Merryman, *Thinking About the Elgin Marbles: Critical Essays on Cultural Property, Art and Law*, Kluwer Law International, 2009.

② 参见杨树明、郭东:《"国际主义"与"国家主义"之争——文物返还问题探析》,载《现代法学》2005年第1期;蒋新、高升:《论文化财产国际争议解决中的利益平衡原则》,载《河北法学》2006年第4期;王云霞、黄树卿:《文化遗产法的立场:民族主义抑或国际主义》,载《法学家》2008年第5期;高升:《文化财产返还国际争议的理论之争》,载《山东科技大学学报(社会科学版)》2008年第4期。

③ 参见高升、王凌艳:《文物返还国际争议解决的理念更新》,载《理论月刊》2008年第12期。

④ 参见迟君辉:《国际流失文化财产返还法律问题研究》,华东政法大学2010年博士学位论文。

来源国主张返还文物的本质是"保有主义",严苛的文物出口管制法只会助长文物黑市的滋生和发展,妨碍国家间的文化交流。① 另一方面,普罗特(L. V. Prott)、奥基夫(P. J. O'Keefe)、福瑞斯特(C. Forrest)等学者从保障人权、民族认同及社会公共利益等角度,对所谓的"文化国际主义"提出了批评。②

在传统的两种主义之辩外,还有学者提出新的理论,如梅利曼曾提出"文物立场"或称"文物本位视角",作为国际文化财产领域内的第三立场。③ 再如,弗里戈(M. Frigo)在2014年海牙国际法演讲中以最贴近文物中心原则的表述,阐明了对该原则的支持,其提出:两种传统主义之辩只是不同价值的冲突体现。相关国际法要保护的根本利益不是为了促成文物返还,也不是要确保文物自由流通,而是对文物的保护。国际法中"返还文物义务"适用的前提,是在特定情形下,返还文物能实现保护文物的目标。④

---

① See Paul M. Bator, "An Essay on the International Trade in Art", *Stanford Law Review*, vol. 34, 2, 1982; William P. Buranich, "The Art Collecting Countries and Their Export Restrictions on Cultural Property: Who Owns Modern Art", *California Western International Law Journal*, vol. 19, 1, 1988; Judith Church, "Evaluating the Effectiveness of Foreign Laws on National Ownership of Cultural Property in US Courts", *Columbia Journal of Transnational Law*, vol. 30, 1992; Eric A. Posner, "The International Protection of Cultural Property: Some Skeptical Observations", *Chicago Journal of International Law*, vol. 8, 2007.

② See Lyndel V. Prott, "Cultural Rights as People's Rights in International Law", *Bulletin of the Australian Society of Legal Philosophy*, vol. 10, 1986; Lyndel V. Prott, *Commentary on the UNIDROIT Convention*, Institute of Art and Law, 1997; Lyndel V. Prott, "The International Movement of Cultural Objects", *International Journal of Cultural Property*, vol. 12, 2, 2005; Patrick J. O'Keefe, *Commentary on the 1970 UNESCO Convention*, 2nd edition, Institute of Art and Law, 2007; Craig Forrest, *International Law and the Protection of Cultural Heritage*, Routledge, 2010.

③ See John H. Merryman, "The Nation and the Object", *International Journal of Cultural Property*, vol. 3, 1, 1994, pp. 61-76; John H. Merryman, "A Licit International Trade in Cultural Objects", *International Journal of Cultural Property*, vol. 4, 1, 1995, pp. 13~60.

④ See Manlio Frigo, *Circulation des Biens Culturels*, *Détermination de la Loi Applicable et Méthodes de Règlement des Litiges*, Collected Courses of the Hague Academy of International Law (Vol. 375), Brill, 2015.

(二)具体规则与实践发展

在国内学术专著中,①学者们主要研究了国际民事诉讼作为跨境文物返还纠纷解决机制的可行性,以及跨境文物返还诉讼中的国际私法问题和文物所有权问题。在国内学术论文中,②有学者是在"文化民族主义"的立场上,研究跨境文物追索诉讼中的若干法律问题,通过比较典型国家的立法和实践,总结外国国内法及国际法的现有规则体系。期刊评述中,学者研究了对跨境文物追索诉讼中的具体问题,如善意取得、时效制度等代表性国家的国内法规则,以及识别、法律适用、外国法的承认与执行等国际私法问题。③ 整体而言,大多数国内研究仍侧重对外国规则及实践的引介,并仅站在民族主义的立场探讨此问题,尚欠缺对规则的批判性研究。

在国外,外国学者关注各国国内与国际的立法及司法实践,主要采取实证研究方法,通过分析案例展开研究。学者们主要讨论传统规则不能有效解决跨境文物返还争议诸多问题的原因,观察并评价国际社会在立法和司法实践中如何突破传统规则的新近发展。

---

① 截至2022年初,中国学者针对文物返还问题研究的学术专著共有八部,其中设专章讨论跨境文物追索诉讼问题的,只有高升、霍政欣、白红平、刘浩四人的著作。这八部专著分别是高升:《文化财产返还国际争议的多元化解决机制研究》,中国政法大学出版社2010年版;彭蕾:《文物返还法制考——从中国百年文物流失谈起》,译林出版社2012年版;霍政欣:《追索海外流失文物的法律问题》,中国政法大学出版社2013年版;靳婷:《文化财产所有权问题研究》,中国政法大学出版社2013年版;白红平:《非法流失文物追索中的法律冲突及中国的选择》,法律出版社2014年版;霍政欣、刘浩、余萌:《流失文物争夺战——当代跨国文物追索的实证研究》,中国政法大学出版社2018年版;刘浩:《文物大浩劫——中国对日本追索战时劫掠文物的综合研究》,南京出版社2020年版;王云霞、胡姗辰、李源:《被掠文物回家路——"二战"被掠文物返还的法律与道德问题》,商务印书馆2021年版。

② 参见迟君辉:《国际流失文化财产返还法律问题研究》,华东政法大学2010年博士学位论文;汪喆:《中国文物的流失与回归问题研究》,中国科学技术大学2010年博士学位论文。

③ 参见李玉雪:《文物返还问题的法律思考》,载《中国法学》2005年第6期;李玉雪:《文物的私法问题研究——以文物保护为视角》,载《现代法学》2007年第6期;郭玉军、靳婷:《被盗艺术品跨国所有权争议解决的若干问题研究》,载《河北法学》2009年第4期;杜涛:《境外诉讼追索海外流失文物的冲突法问题——伊朗政府诉巴拉卡特美术馆案及其启示?》,载《比较法研究》2009年第2期;霍政欣:《追索海外流失文物的法律问题研究——以比较法和国际私法为视角》,载《武大国际法评论》2010年第12卷;霍政欣:《追索海外流失文物的国际私法问题》,载《华东政法大学学报》2015年第2期;郭玉军编:《国际法与比较法视野下的文化遗产保护问题研究》,武汉大学出版社2011年版;胡秀娟:《国际文物返还实践中外国文物国有立法的承认——美英两国的新发展及启示》,载《河北法学》2013年第1期;霍政欣:《追索海外流失文物:现状、难题与中国方案》,载《法律适用(司法案例)》2017年第20期;霍政欣、陈锐达:《跨国文物追索:国际私法的挑战及回应——从"章公祖师肉身坐佛案"展开》,载《国际法研究》2021年第3期;霍政欣、陈锐达:《文化主权视域下流失文物追索的法理思考——基于石窟寺流失文物的分析》,载《学术月刊》2022年第1期等。

三、论证方法与研究方法

（一）论证方法

本书采取"大胆假设、小心求证"的论证方法，①先提出文物中心原则的理论假设，再从国际法基础和跨境文物返还诉讼的各个方面进行验证，证明该原则确已成为发展趋势，最后再将该原则运用于中国实践。

在提出假设阶段，本书采取归纳法和演绎法两种推理方法：从对文化民族主义和文化国际主义两种理论的归纳中，得出二者以文物为中心的共性；从文物以知识为其核心价值，演绎出其以文物为中心的要求。

在小心求证阶段，本书从国际法基础、管辖权与诉讼主体资格、识别和法律适用、外国公法的效力等角度进行分析，发现在这些国际实践及其新发展中均体现了文物中心原则，最终证明该原则已具备必要的现实基础。

此后，本书以中国在国际关系上提出的人类命运共同体理念为大前提，以文物中心原则为小前提，通过演绎推理进一步证明文物中心原则应成为中国文物对外关系的理论指导。在此基础上，本书将该原则运用于中国的主张与实践，为中国追索海外流失文物及外国流失文物在中国追索提供了建议。

（二）研究方法

1. 人类学研究方法

本书站在国际化、全球化的角度来观察文物的知识价值，以此提出文物中心原则。文物、文物流动及文化传播等是人类学的重要研究领域，本书也不可避免地借鉴其相关理论作为文物中心原则的论据支撑。

"文化人类学（社会人类学）与体质人类学、考古学人类学、语言学人类学并列为人类学的四大学科之一"，②本书侧重的是文化人类学，即对文化的科学研究。③ "人类学之父"泰勒（E. B. Tylor）认为，"文化是一个复杂的总体，包括知识、信仰、艺术、道德、法律、风俗以及人类在社会里所得到的一切能力与习惯"。④ 文物及其蕴含的知识是文化的重要方面。人类学的主要理

---

① 参见杜光：《为胡适辩诬——对"大胆假设，小心求证"和"问题与主义"的再认识》，载《炎黄春秋》2005年第7期。
② 王铭铭：《社会人类学的中国研究——认识论范式的概观与评介》，载《中国社会科学》1997年第5期。
③ 文化人类学在英国被称为社会人类学（social anthropology），在美国则更多地被称为文化人类学（cultural anthropology），而在德国和俄国被称作民族学（ethnology）。大部分学者认为这三个学术称谓的基本内涵是一样的。参见［波兰］B. 马林诺斯基：《科学的文化理论：神话、哲学、宗教、语言、艺术和习俗发展之研究》，黄建波等译，中央民族大学出版社1999年版，第29页；白友涛：《文化人类学的社会功能》，载《贵州民族研究》2003年第4期。
④ ［英］爱德华·泰勒：《原始文化》，连树声译，广西师范大学出版社2005年版，第1页。

论倾向之一是强调文化之间的交流和互相借鉴,如一个文化吸收另一个文化的技术、物品、社会制度、宗教等,亦即"播化";还有一些人类学研究方法侧重于对典籍和古物的研究,他们主要探索文物、古迹等器物在文化中扮演的具体角色。① 关于跨境文物返还的各种理论观点都可溯源至人类学的这些研究成果。

文化人类学的功能之一是对人类社会、文化整体的理论反思,如人类的不同文化之间有没有高低差别;文化是内生的,还是自外接纳与传播;文化是体现为器物,还是心理;人类应当如何面对文明冲突。② 这些问题都构成文物、文物流动与文物返还等国际政策的理论基础。中国社会学和人类学的奠基人之一费孝通先生关于各种文明之间"各美其美、美人之美、美美与共、天下大同"的主张更成为本书最初的指导思想。③

需要注意的是,在法学研究领域还有法人类学的方法。通过将人类学的研究方法和研究对象融入法律研究,形成了法人类学的研究进路。法学与人类学的结缘已久,人类学许多早期的经典著作也是法人类学的经典,如梅因的《古代法》用进化观点研究原始社会的法律,是首部专门探讨法律的人类学著作。④ 法人类学的研究对象在海外主要针对先民法、原始部落的法律,在中国则主要针对少数民族习惯法。⑤ 法人类学通过表明人类规范生活的多样性,从而为制度建设选择提供了新的思路。⑥

法人类学立足于以人类学的研究方法(如田野调查等)和研究对象(如民间法等)进行法律规范的微观研究,但本书并未采取法人类学的这种研究方法。本书是从人类学的理论中推导出文物中心原则,将其作为一种法之价值的假说,然后以已出现的法律规范为背景,讨论文物中心原则是否已成为法的实然价值,在此基础上以文物中心原则为应然价值进行法律理论和实践的建构。⑦ 因此,人类学的相关观点,成为本书建立文物中心原则这一法之价值的理论依据。

---

① [波兰] B. 马林诺斯基:《科学的文化理论》,黄建波等译,中央民族大学出版社1999年版,第41页。
② [波兰] B. 马林诺斯基:《科学的文化理论》,黄建波等译,中央民族大学出版社1999年版,第3页。
③ 费孝通:《"美美与共"和人类文明(下)》,载《群言》2005年第2期。
④ 参见[英]梅因:《古代法》,沈景一译,商务印书馆1996年版,第8~9页。
⑤ 杨方泉:《法律人类学研究述评》,载《学术研究》2003年第2期。
⑥ 谢晖:《法(律)人类学的视野与困境》,载《暨南学报(哲学社会科学版)》2013年第2期。
⑦ 以实在法为载体背景的法的价值,是法的实有价值、实在价值。以未来的、待订的法或待改的法为载体背景的法的价值,是法的应有价值、价值目标。参见张恒山:《"法的价值"概念辨析》,载《中外法学》1999年第5期。

2. 规范分析研究

19世纪英国法学家布赖斯(J. Bryce)认为法学的研究方法分为四种："形而上学方法或先验方法(纯哲学方法)、分析方法、历史方法和比较方法"。其中,(规范)分析方法是从"当下所见之真实法律事实出发","以努力界定这些术语,对它们进行分类,解释它们的内涵,揭示它们之间的相互关系"。① 分析主义法学诞生于英国,其理论基础是实证主义哲学,如法国哲学家孔德(A. Comte)的理论。② 分析法学派的创始人奥斯丁(J. Austin)所著《法理学的范围》,主张对各种成熟的实在法律制度的共同原则、概念作纯粹逻辑的分析。③ 分析主义法学发展纯粹法学派,其创始人凯尔森(H. Kelsen)则明确提出纯粹研究法律的内部结构。④ 新分析主义法学的代表人物哈特(H. L. A. Hart)则更强调对客观的法律现象、法律语言逻辑形式的分析。⑤ 规范分析的研究方法在国际法领域里也得到发展,以分析实证主义法学的产生和萨维尼法律关系本座说的出现为理论背景,19世纪中叶国际私法从"法理学和科学的国际私法"阶段进入到"立法的国际私法"阶段。⑥

本书的论证方法是以文物中心原则的价值观来观察法律规范,规范分析研究的方法是本书的核心研究手段之一。本书通过对国际公约文本、草案、讨论稿、报告和建议文本的研读,为文物中心原则的分析提供规范基础。这些国际规范性文件主要包括:在武装冲突下文化财产保护领域的"1954年海牙公约"及其议定书和1949年日内瓦公约两项议定书;在打击非法贩运文化财产领域的"1970年公约""1995年公约"及相关欧盟指令与条例等。

3. 法律实证研究

广义上的法律实证研究主要有两个进路,即逻辑和经验。前者以逻辑为基础的法学研究方法,即前文已提及的规范分析方法,主要运用逻辑和语义的方法对于法律规范进行分析和注释,很少考虑法律以外的因素对于法律的影响,其核心问题是"书本上的法律是什么"。后者以经验为基础的法学研究方法,是狭义上的法律实证研究,⑦亦即下文所述的法律实证研究。

---

① [英]詹姆斯·布赖斯:《法学的方法》,杨贝译,载《法哲学与法社会学论丛》2003年第6期。
② 舒国滢:《法学研究方法的历史演进》,载《法律科学(西北政法学院学报)》1992年第4期。
③ [英]奥斯丁:《法理学的范围》,刘星译,中国法制出版社2002年版,第208页。
④ [奥]凯尔森:《法与国家的一般理论》,沈宗灵译,中国大百科全书出版社1996年版,第13页。
⑤ [英]哈特:《法律的概念》,张文显等译,中国大百科全书出版社2003年版,16页。
⑥ 肖永平、谭岳奇:《西方法哲学思潮与国际私法理论流变》,载《政法论坛》2001年第1期。
⑦ 黄辉:《法学实证研究方法及其在中国的运用》,载《法学研究》2013年第6期。

法律实证研究的具体方法可分为定量分析和案例研究两个方向。① 定量研究方法指通过数据统计发现法律背后的因素或规律;案例研究方法是通过分析真实案件中体现出来的具体事实和过程,从而分析法律在实践中的体现、各方的行为模式和法律实施的效果。②

定量研究方法是一种数学分析的方法。③ 定量研究方法可以在多个因素与被研究事项有关联的情况下,通过统计工具控制其他变量,从而得出两个特定研究对象之间的关联性,适合于理论研究和案例研究出现意见分歧,凭直觉和逻辑不能得出必然性结论的情境。④ 在定量分析上,本书通过对中国自1949年至2021年期间流失文物回归案例的数据统计与分析,考察中国在境外追索流失文物的实践发展,以便讨论跨境文物追索诉讼途径在中国运用的现状和发展前景。

案例研究方法主要对真实案件的细致、审慎的分析。⑤ "案例既包括立法要素,又包括司法要素;既包括了实体规则,又包括了程序性规范;既包括字面上的法律,又包括案例中当事人及法律人心目中所理解的法律;既包括法官所使用的法条,又包括法律适用获得本身对法律的生动解释"。⑥ 因此,要证明文物中心原则确已成为司法实践中发展趋势,离不开对案例的分析。借助案例研究方法,本书通过对欧美等主要文物市场国已有返还文物案例的分析,考察这些国家在国际文化财产领域的司法实践;总结了跨境文物返还诉讼各方面的发展历程和新趋势,为文物中心原则的分析提供了司法实践基础。

---

① 参见陈若英:《中国法律经济学的实证研究:路径与挑战》,载《法律和社会科学》2010年第7卷。
② 缪因知:《计量与案例:法律实证研究方法的细剖析》,载《北方法学》2014年第3期。
③ 正如西美尔所言,"经验主义以尽可能多的观察取代了单一的空想的观念和理性的观念;经验主义把这些观念的质的特性替换为个别案例的量的集合"。参见[德]格奥尔格·西美尔:《货币哲学》,陈戎女译,华夏出版社2002年版,第206页。
④ See Marin K. Levy, Kate Stith and José A. Cabranes, "The Costs of Judging Judges by the Numbers", *Yale Law & Policy Review*, vol. 28, 2, 2010, pp. 313~323.
⑤ 王利明:《民法案例分析的基本方法探讨》,载《政法论坛》2004年第2期。
⑥ 白建军:《案例是法治的细胞》,载《法治论丛》2002年第5期。

第一章 文物中心原则及其理论基础

从16世纪以来,大量珍贵文物在殖民与掠夺中被迫脱离了其所联系的民族和文化,不断流向西方,文物的天然民族性被野蛮撕裂。① 20世纪中叶以来,现代国际文化财产法律制度开始建立,这一过程伴随着文物来源国与文物市场国分别以文化民族主义和文化国际主义为理论基础展开的利益博弈。

在文化财产领域,传统的文化民族主义和文化国际主义体现了文物来源国和文物市场国的利益取向,展示了普世视角和民族视角下的文物。两种理论的对立不利于在全球范围内达成共识,实现国际合作。因此,有必要寻求第三条路径以调和分歧。本书尝试从文物本位的视角出发,以期找到第三条路径:通过探寻文物的价值,进而发现文物的核心价值在于知识,并在此背景下,本书提出文物中心原则。所谓"文物中心原则",系指一切以文物为中心,基于文物与其文化特性的联系,对文物加以保护和利用,并据此作为国际文化财产法律规则的基础。文物中心原则反映了知识作为文物核心价值的要求,在本体论层面体现了世界主义的哲学主张,从认识论角度体现了社会认识论的理论关照。在实践中,文物本体论角度中心原则将有利于解决文化财产流通领域非法贩运文物的现实问题,并促进跨境文物返还诉讼的制度创新。

第一节 提出文物中心原则的理论背景

在国际文化财产领域,存在文化民族主义和文化国际主义两种传统理论之争,焦点之一在于是否支持返还流失文物。支持返还的文化民族主义,是从民族国家的视角看待文物,而反对返还的文化国际主义,则要求从全人类的普世角度观察文物。在民族国家和普世这两种传统二分视角之外,以文物为中心的文物本位视角,则体现了对这两种视角的融合,是对文物多维度视

---

① 霍政欣、刘浩、余萌:《流失文物争夺战——当代跨国文物追索的实证研究》,中国政法大学出版社2018年版,第3页。

角的新探索。

一、传统理论:两种主义之争

(一)文化民族主义和文化国际主义

"文化民族主义"和"文化国际主义"是国际文化财产领域两种主要理论及政策倾向。美国学者梅利曼(J. H. Merryman)率先在其《以两种方式思考文化财产》一文中,对其作了归纳和界定。①

1. 文化民族主义

(1)核心观点。文化民族主义认为,文物应当属于创造该文化成果的族群及其相应的国家,应由该国家对文物行使管理职权,并有权限制文物流通、追回流失海外的文物,以保护其国家利益或民族利益。所谓"文化民族主义",是指"如果文物的创造者是特定人群,创造的目的是为该人群所用,人们也因为该文物而认识了该人群,那么这些文物应当由其人群持有"。② 这是梅利曼对文化民族主义的界定。根据梅利曼的观点,文化民族主义主张文物归属于其来源国,且文物如被不当转移的,应该返还给来源国。③

(2)理论要点。

第一,文化联系上,该观点认为文物与特定的群体之间有文化上的联系,并体现为文物是该特定群体创造的,承载其历史信息、反映其文化、传承其文明。人们通过这些文物建立情感和身份的归属,并了解、丰满、延续自身群体的文明。

第二,国家主权上,该观点认为国家有权控制其领域范围内的文化财产,有权限制文物出口,且要求返还非法出口的文物。国家将某些政治含义赋予文物之上,使其具有特定象征意义,从而使文物具有了国家利益的性质,并基于此主张文物是其文化遗产不可分割的部分,流失文物应予以返还。④

第三,在人权保护上,该观点认为文物是个人和社群(集体)权利的对象,是个人和社群尊严的体现,已成为人权的重要方面,反映了少数民族和群

---

① John H. Merryman, "Two Ways of Thinking about Cultural Property", *American Journal of International Law*, vol. 80, 4, 1986, pp. 831~853.
② *Id.*, at 831.
③ 杨树明、郭东:《"国际主义"与"国家主义"之争——文物返还问题探析》,载《现代法学》2005年第1期。
④ 高升:《文化财产返还国际争议的理论之争》,载《山东科技大学学报(社会科学版)》2008年第4期。

体的精神、宗教和文化特征。① 该理论基于人权中的财产权,认为保护个人、社群和国家对文物的所有权,是保护人权的内在要求,因此文化财产应当为其来源国所保有,由来源国的人民及其子孙后代来拥有其创造的文物。

第四,在民族自决和独立上,该观点认为因侵略、殖民等造成被掠夺和流失的文物应当予以归还。被殖民国家摆脱西方殖民国的奴役、走上独立与富强之路后,在更加公平正义的国际秩序下,应尊重并恢复曾被人为撕裂的文物民族性。②

2. 文化国际主义

(1) 核心观点。文化国际主义认为,文物不应当属于任何国家,应由全人类共同所有,是全人类共同的遗产;任何一个国家都不能对特定文物主张享有专断的所有权或控制权并据此限制文物出口,文物来源国追索文物的请求应当受到严格的限制;③文物不能永远停留在某一个国家,为了全人类的福祉,文物应当在各个国家之间自由的流转,从而促进科学、文化和教育的进步,增进国家和民族之间的互相了解。

(2) 理论要点。

第一,在文化联系上,该观点认为与文物相联系的是人类文化,文物是属于全人类的共同遗产,代表了所有国家和人民的利益,而不是个别现代民族国家的财产。在其看来,文化民族主义具有自私性,使大众无法接触和了解文物,最终结果是不利于人类文化的整体发展。④

第二,在国家主权上,该观点认为当代民族国家的文物返还主张并无合理依据。文化财产发掘地所属现代国家与文化财产形成时的文化早已没有必然联系。波斯纳(E. A. Posner)指出,现代伊拉克人和几千年前住在美索不达米亚的人并无多少共同之处。⑤ 类似的情况也发生在印度、希腊和土耳其。⑥ 这些现代国家给文物强制赋予其"(准)公民身份"并据此要求返还这些文物,此类主张缺乏合理依据。

---

① Francesco Francioni, "Public and Private in the International Protection of Global Cultural Goods", *European Journal of International Law*, vol. 23, 3, 2012, p. 722.
② 霍政欣:《追索海外流失文物的法律问题》,中国政法大学出版社2013年版,第221页。
③ 高升、王凌艳:《文物返还国际争议解决的理念更新》,载《理论月刊》2008年第12期。
④ 高升:《文化财产返还国际争议的理论之争》,载《山东科技大学学报(社会科学版)》2008年第4期。
⑤ Eric A. Posner, "The International Protection of Cultural Property: Some Skeptical Observations", *Chicago Journal of International Law*, vol. 8, 2007, p. 223.
⑥ Craig Forrest, *International Law and the Protection of Cultural Heritage*, Routledge, 2010, p. 157.

第三,在尊重文物所有权与妥善保存文物两种目标上,该观点认为后者更重要,并主张任何对文化财产的破坏都是损害人类文化完整性的行为。该观点主张任何对文化财产的破坏都是对全人类文化财产的破坏。正如梅利曼所指出,在考量流失文化财产归属的时候,应当以保存原则为首要的考虑。如果文物归还流出国后不能被保护好,那么就不能归还文物流出国。① 严格来讲,文化国际主义不是一概而论地主张文化财产不得归还来源国,而是认为在确定文物应当属于或处于哪个国家或地区时,其来源国不是首要考虑因素。

第四,在民族独立和自决上,该观点承认很多文物因为侵略、殖民及帝国主义统治而以暴力或其他不公平、非道德的方式流出,但不试图纠正其造成文物流失的后果,反而认为这段历史及其后果客观上促进了国际文化交流。② 此外,该观点还强调这段历史的特殊性,并以文物及博物馆的国际主义价值观等为理由加以辩驳。③ 2002年12月,西方多家著名博物馆联手发布的《环球博物馆价值宣言》即为典型例证。④

(二) 两种主义的争议焦点:文物返还

1. 支持返还抑或拒绝返还

在国际文化财产法律机制建立过程中,文化民族主义和文化国际主义长期博弈和互动,各自所代表的文物来源国与文物市场国两方国际影响力的对比也直接影响着规则的制定。⑤ 其中,一项直接的反映是针对流失文物支持返还和拒绝返还的对抗。

文化民族主义认为文化财产归属于其来源国,并极力主张追索流失文物。相应的,文物来源国在保护文化遗产时,采取出口管制和一揽子宣称国家所有权(尤其是对未发现文物)的文物立法则很常见。⑥ 为反驳文化国际

---

① 余萌、霍政欣:《对文化的伪善——驳詹姆斯·库诺》,载《国际法评论》2015年第六卷。
② James Cuno, "Culture War: The Case against Repatriating Museum Artifacts", *Foreign Affairs*, vol. 93, 2014, p. 119.
③ 霍政欣:《追索海外流失文物的法律问题》,中国政法大学出版社2013年版,第219页。
④ 该宣言是"国际大规模展览组织者协会"于2002年12月在德国慕尼黑召开的一次会议上通过的。包括伦敦大英博物馆、巴黎卢浮宫、圣彼得堡国家博物馆、柏林国家博物馆、波士顿精品艺术馆、纽约大都市博物馆、纽约现代美术馆、洛杉矶保罗盖蒂博物馆、芝加哥艺术研究院、费城艺术博物馆在内的世界上18所著名博物馆馆长联合签署了该宣言。Declaration on the Importance and Value of Universal Museums, http://archives.icom.museum/pdf/E_news2004/p4_2004-1.pdf,最后访问时间:2017年11月20日。
⑤ Raechel Anglin, "The World Heritage List: Bridging the Cultural Property Nationalism Internationalism Divide", *Yale Journal Law & the Humanities*, vol. 20, 2, 2008, p. 241.
⑥ Craig Forrest, *International Law and the Protection of Cultural Heritage*, Routledge, 2010, p. 157.

主义的说辞，其提出的理由包括文化遗产论、来源国所有权论、保护文化财产完整性论、不可再生资源论等。①

文化国际主义则以世界主义的标准，来判断文物的归属。② 该观点指责文物来源国出口管制法太过严苛，③文物来源国主张返还文物的诉求也应受到严格的限制和审查。具体而言，文化国际主义者拒绝返还文物的理由，可大致概括为拯救论、合法转移论、人类共同遗产论、文化财产传播论和贸易促进论。④

由此可见，文化民族主义和文化国际主义的主要争议焦点是：文物是否应返还给其来源国，或者文物是否应由其来源国保有。需要注意的是，文化国际主义者虽然表面上并不直接排斥返还文物，但实际倾向仍是尽可能不予返还，维持当前相关主体对文物的保有状态。

2. 保有抑或保护

梅利曼批评文物来源国执着于追索文物的倾向，称其为"保有主义"，并将"保有"（retention）文物，作为"保护"文物的对应面，而加以区分。依其观点，保有是贬义词，指向那些把本应该自由流通的文物藏起来的行为。⑤ 文物出口管制就是一种典型的保有行为。⑥ 在其看来，文物来源国将保有文物作为一种保护文物的措施，体现的是民族主义，而非对文物的保护。民族国家要求文物必须保留在其领土范围之内，但这些民族国家及其领土范围仅仅是最近一两个世纪才出现的。

对此，梅利曼严格限定了可返还文物的范围，主张对民族国家的文物保

---

① 高升：《文化财产返还国际争议的理论之争》，载《山东科技大学学报（社会科学版）》2008年第4期。
② John H. Merryman, "Thinking about the Elgin Marbles", *Michigan Law Review*, vol. 83, 8, 1985, p. 1881.
③ Paul M. Bator, "An Essay on the International Trade in Art", *Stanford Law Review*, vol. 34, 2, 1982, pp. 275~384; Eric A. Posner, "The International Protection of Cultural Property: Some Skeptical Observations", *Chicago Journal of International Law*, vol. 8, 2007, p. 213; George Ortiz, "The Cross-Border Movement of Art: Can & Should It Be Stemmed", *Art Antiquity and Law*, vol. 3, 1, 1998, pp. 53~60; Pierre Valentin, "The UNIDROIT Convention on the International Return of Stolen or Illegally Exported Cultural Objects", *Art Antiquity and Law*, vol. 4, 2, 1999, pp. 107~116.
④ 高升：《文化财产返还国际争议的理论之争》，载《山东科技大学学报（社会科学版）》2008年第4期。
⑤ Craig Forrest, *International Law and the Protection of Cultural Heritage*, Routledge, 2010, p. 157.
⑥ See John H. Merryman, "The retention of cultural property", *University of California Davis Law Review*, vol. 21, 1988, p. 477; John H. Merryman, "The Public Interest in Cultural Property", *California Law Review*, vol. 77, 2, 1989, p. 339.

有诉求,应从文物保护的角度具体分析。一方面,对于仍具有文化重要性和生命力的文物,若其在社群中一直保持有宗教或仪式之用,那么,现代民族国家有权保有这类文物,以建立与其历史上的联系,促进一国民族的整体公共利益。另一方面,对于虽具有很高艺术价值,但只是过去历史的遗物、不反映当下文化的文物,现代民族国家若要求"保有"这些文物,则缺乏充分、正当的理由。

综合来说,梅利曼认可文物与社群、民族和国家存在着的文化联系,并将其是否存在文化联系作为文物返还与否的判断标准。但是,梅利曼过分严格地界定这种文化联系,认为只有该文物当前在来源国的文化生活中仍持续发挥作用且是一种必不可少的文化活动用具时,这种文化联系才能成立。如果文物仅用作观赏、收藏和保管,则并不构成文化联系,因为这些用途在其他任何国家都可以实现。

二、多维视角下的文物

(一)三维视角

1. 文物多维度视角的新探索

20世纪初,意大利法学家桑蒂·罗曼诺(Santi Romano)在其经典之作《法律秩序》(L'Ordinamento Giuridico)中提及,法律不是各种规范的统一体(如法律实证主义所主张的那样),除了国内法和国际法之外,一切结构性的社会团体(譬如教会、职业性团体、协会、省、市镇、家庭等)都可以构成某种"法律秩序",并由此提出了著名的"法律多元主义"的理论。① 这种"多元化的法律秩序"的视角超越了国家法律的范畴,将其当做在国家内部、外部以及国家之上的任何社会组织的产物。这一进路也符合当前对文化财产领域国际政策的观察。多元化和多样性是文化表达的显著特征,文物作为一种本质上致力于呈现文化表达的媒介,也会反映产生该文物的社会的信仰、品味和喜好的多元化和多样性。在这方面,这与罗曼诺所提"多元化法律秩序"的观念是相一致的。② 这也意味着我们可以从多维角度观察文物。事实上,目前在国际文化财产领域的对话,其根本缺陷在于:把复杂、多维的问题看作简单而单一的问题。③

---

① See Santi Romano, *l'Ordre Juridique*, Dalloz, 1975.
② Francesco Francioni, "Public and Private in the International Protection of Global Cultural Goods", *European Journal of International Law*, vol. 23, 3, 2012, p. 720.
③ John H. Merryman, "A Licit International Trade in Cultural Objects", *International Journal of Cultural Property*, vol. 4, 1, 1995, p. 44.

为了更全面考察文化财产领域的国际政策,可以通过以主体范围的划分,将相关立场和利益进行归类。罗曼诺的多元化法律秩序理论将法律划分为了国际法、国内法和社会团队的法三个层次。参考其做法,文物的多维视角也可以在全球、国家/民族、文物的三维框架内进行认知,并拓展到其他各个方面。联合国、联合国教科文组织以及其他相关国际组织通常是基于世界主义的角度看待文物,并倾向于普世性的态度;民族国家看看待文物的视角则偏向国家性的观念;创造文物、欣赏文物、传承文物的人们看待文物的视角则是更多地基于文物本身。① 梅利曼也将这种三维视角引入了国际文化财产讨论中,并认为形成了有三个相互竞争的立场:普世视角下的"国际主义立场";民族国家视角下的民族主义/保有主义,或称"民族主义立场";本位视角下的"文物/背景(Object/Context)立场"。②

2. 普世视角下的文物

文物属于人类共同财产,这是联合国以及国际组织相关政策的思想根源。就普世性而言,1980 年博格斯(Borgese)认为"人类共同继承遗产"的基本要求包括:人类共同继承遗产;国际合作共同管理;作为人类公共财产进行统一分配;基于和平目的使用;为子孙后代而保护。③

"共同财产"的概念自古便有,如原始部落已经存在"部落公共财产共同分享"的原则。但是,这种共同共有是有边界的,对于一个部落而言,财产是公共的,但某部落的财产对于另一部落而言则并非共同所有,此时的公共财产是存在边界限制的。而目前,联合国等国际组织所确认的"公共财产"却无此边界性,即人类遗产应由人类共同拥有。④

一方面,持普世性倾向的主要是联合国及其他国际组织。这一观念最早出现在 1931 年《雅典宪章》。该文件由国际联盟支持的第一届历史纪念物建筑师与技师国际大会通过,首次提出了"公共继承遗产"的概念,并达成如下的共识:"各国各社区监护人类具有艺术和考古价值的财产,不仅是职责所在,也是其利益所系"。⑤ 其后,1954 年《关于发生武装冲突时保护文化财产

---

① 彭兆荣、李春霞:《遗产认知的共时向度与维度》,载《贵州社会科学》2012 年第 1 期。
② John H. Merryman, "A Licit International Trade in Cultural Objects", *International Journal of Cultural Property*, vol. 4, 1, 1995, p. 14.
③ See Elisabeth M. Borgese, "Expanding the Common Heritage of Mankind", in: Anthony J. Dolman ed., *Global Planning and Resource Management: Toward International Decision Making in a Divided World*, Pergamon Press, 1980.
④ 彭兆荣、李春霞:《遗产认知的共时向度与维度》,载《贵州社会科学》2012 年第 1 期。
⑤ The Athens Charter for the Restoration of Historic Monuments, adopted at the First International Congress of Architects and Technicians of Historic Monuments, Athens, 1931.

的公约》(以下简称"1954年海牙公约")设立了在武装冲突时期将各地、各国、各族群文化遗产视为"全人类文化遗产"进行保护的国际法准则。1966年联合国教科文组织"有关国际文化合作原则的宣言",提出"鉴于各文化的丰富性和多样性,以及各文化间互惠的影响,所有文化都属于全人类共同继承的遗产"。① 在1972年联合国教科文组织《保护世界文化和自然遗产公约》(以下简称"1972年世界遗产公约")里,"具有突出的普遍价值(outstanding universal value)"被作为指定"世界遗产"的决定性因素。通过国际组织的倡导,文物的普世性价值逐渐得到认可和接受。

另一方面,文物市场国家也常宣扬文物普世性立场,并以此作为批评民族国家文物保有理论的依据,认为民族国家关于出口管制、返还流失文物的主张会严重损害了国际利益。② 文物市场国的这种说法,有滥用普世理论的倾向,易沦为其支持非法文物贸易的理由,甚至是大规模掠夺考古遗址的辩词。但事实上,"文物属于全人类"这种立场本身并不是为了鼓励对文物遗址的盗窃和掠夺,也不是为了削弱保护文物的国家主权。③

3. 民族国家视角下的文物

尽管文物作为全人类遗产属于全世界所有人,不论其位于哪个国家或地区,文物的双重性在客观上是存在的。譬如,我们可以说,中国的文物既属于中国,也属于世界。那么,作为世界遗产的中国文物,如何能平等地既"属于"中国人民,也属于其他国家的人民?④ 对此,克什布雷特-金布雷特(B. Kirshenblatt-Gimblett)提出,某个民族的文物一旦变为世界遗产,将催生一批新的受益者,即其他民族国家及其人民。⑤

对此,安德森(B. Anderson)在《想象的共同体》一书中提出,"民族属性是我们这个时代的政治生活中最具有普遍合法性的价值。"⑥民族国家就是这种"想象共和体"。这种"想象共和体"的基本特征为想象的、有限的、主权

---

① UNESCO Declaration of Principles of International Cultural Co-operation, adopted on 4 November 1966.
② John H. Merryman, "A Licit International Trade in Cultural Objects", *International Journal of Cultural Property*, vol. 4, 1, 1995, p. 14.
③ Patty Gerstenblith, "The Public Interest in the Restitution of Cultural Objects", *Connecticut Journal of International Law*, vol. 16, 2, 2001, p. 200.
④ See UNESCO, "Heritage: A Gift from the Past to the Future", in: World Heritage Centre, *World Heritage Information Kit*, UNESCO, June 2008.
⑤ 彭兆荣、李春霞:《遗产认知的共时向度与维度》,载《贵州社会科学》2012年第1期。
⑥ Benedict Anderson, *Imagined Communities: Reflections on the Origin and Spread of Nationalism*, Verso Books, 2006, p. 3.

的、有领土边界的、共同体的。① 民族国家本身是一个历史的政治性产物,以主权国家的利益需求为核心。基于民族属性的国家是拥有、保护、管理和使用文物的基本单位。联合国教科文组织在各类世界遗产申报、审理和管理时即遵循这样的基本原则:"缔约国为申报主体"。

以国家为单位建立与文物的关系是当前最合适、最实际有效的管理方式,但也存在诸多问题:某个当代的民族国家并不必要与某个文化发生联系,也并不必然是历史上的某个文化在当代的继承者。换言之,某个文化可能与多个国家都发生联系,这为文物的管理带来了一些无法调和的冲突。譬如,自2008年7月联合国教科文组织应柬埔寨的申报,将柏威夏寺列为世界文化遗产以来,泰国和柬埔寨均对柏威夏寺提出主权要求,甚至因此多次爆发军事对峙。②

4. 文物本位视角下的文物

普世视角和民族国家视角的最终落脚点均是创造、保护和传承文化遗产,而使文物浸淫于其产生和存在的背景与环境之中则是最合理方式。不同的文物分别属于不同的民族、族群和地方社区,承载了这些人群共同创造、记忆的历史知识。从这个意义上说,文物只属于创造遗产的特定人群及环境,即社区。③ "社区"是人类学的重要概念,④其特点包括:拥有共同利益;在相关的地点居住;社会体系相同或相似。⑤ 换而言之,文物只有在特定的人群、地理和社会体系中,才能展现出其完整的价值。

这一观点也通常为专业考古学家、民族志学家和艺术史学家所奉行。他们侧重于"文物及其背景"的立场。这种立场强调保存文物和其环境的重要性,从而最大限度地从中获取有关人类过去的信息,并使学者和公众最大限度地接触文物及其相关各方面。⑥ 比如,考古遗产包括记录人类起源和行为的不可再生的物证,只有经过仔细保存,原始的文化背景才能为我们提供理解人类历史所依赖的信息。一旦这一背景消失,其承载的历史、文化和科学

---

① *Id.*, at 6.
② 联合国新闻:"国际法院要求泰国与柬埔寨立即从柏威夏寺附近地区撤军",https://news.un.org/zh/story/2011/07/155442,最后访问时间:2017年12月5日。
③ 彭兆荣、李春霞:《遗产认知的共时向度与维度》,载《贵州社会科学》2012年第1期。
④ 雷德菲尔德(R. Redfield)对"社区"四个特点的界定,包括"小规模的范围""内部成员具有思想和行为的共性""在确定的时间和范围内的自给自足"以及"对共同特质的认识"。See Robert Redfield, *The Little Community and Peasant Society and Culture*, University of Chicago Press, 1989, p. 4.
⑤ Nigel Rapport and Joanna Overing, *Social and Cultural Anthropology: The Key Concepts*, Routledge, 2014, p. 61.
⑥ 单霁翔:《实现考古遗址保护与展示的遗址博物馆》,载《博物馆研究》2011年第1期。

信息，就会遭到不可挽回的损害。考古学家以及其他自然和社会科学领域的研究人员，通过仔细挖掘遗址，检索一系列物质文化的证据来研究过去。一旦考古文物被发掘出土，人们就可以欣赏到它们的审美吸引力，但"只有当他们科学地挖掘，人们才可以欣赏它们的科学、历史和文化价值"。① 基于此观点，考古学界历来主张应禁止一切形式的秘密挖掘，因为其损害文物的物理环境、破坏文物的固有价值，并号召所有国家都应执行为保护文物而采取的国家和国际法律措施。梅利曼将该观点称之为"文物/背景立场"。②

不过，文物本位视角的观点在政治上缺乏强有力的代言人，诸如社区、部落等利益方分布分散、人数稀少，常被各界所弱化。梅利曼等学者则过多地强调国际社会对各国境内遗产的享有，而漠视地方社群的需求："很多国家的人们对秘鲁考古遗迹和意大利教堂油画感兴趣，这些遗产是属于全人类的，不仅仅属于秘鲁和意大利"。③ 威廉姆斯（S. A. Williams）也认为"文物世界各地的人们交流知识的载体，任何人都应当有权获及文物"。④ 值得注意的是，国际社会已关注到这一问题。1995年世界遗产委员会第19次大会同意修改公约操作指南第14段为："让本地社区参与提名过程是使他们意识到要跟国家一起分担保护和管理遗产地责任的关键"。⑤这一规定正式确立了地方社区参与文化遗产保护的权利，以及其与民族国家一起履行保护文化遗产的责任。

（二）普世与民族国家视角的融合
1. "人类共同遗产"不等于完全自由的文物市场
文物对国际社会有重要的意义，它不仅表现出人类普世的共同价值观，而且也通过展示和尊重不同文明的具体民族特征，以促进了各国相互了

---

① Paul M. Bator, "An Essay on the International Trade in Art", *Stanford Law Review*, vol. 34, 2, 1982, pp. 301~302.
② John H. Merryman, "A Licit International Trade in Cultural Objects", *International Journal of Cultural Property*, vol. 4, 1, 1995, p. 14.
③ John H. Merryman, "Thinking about the Elgin Marbles", *Michigan Law Review*, vol. 83, 8, 1985, p. 122.
④ Sharon A. Williams, *The International and National Protection of Movable Cultural Property: A Comparative Study*, Oceana Publications Inc., 1978, p. 52.
⑤ Report of the Nineteenth Ordinary Session of the World Heritage Committee, Berlin, December 1995.

解。① 正如巴托尔(P. Bator)所言,"艺术是一个优秀的大使"。② 1966年联合国教科文组织"国际文化合作原则宣言"同样承认文物的这种特质,即"在其丰富的多样性和相互的影响下,所有的文化都是属于全人类共同遗产的一部分"。③

不少文化国际主义者将"全人类文化遗产"的观念,偏执理解为对文物保护的极端追求,最终演变为极端国际主义立场,并基于此讨论文物返还、批判文化民族主义立场。他们认为,文物返还和文物保有的法律政策给文物保护和利用带来了不利的影响。④ 这些不利影响主要表现在三个方面:第一,文物来源国无法妥善保护文物,文化民族主义不利于文物保护。第二,文物来源国的出口管制不利于国际文化交流。第三,文物出口管制某种程度上将会导致文物非法贸易。

对此,必须指出,极端国际主义者的这些主张看似有道理,但实际偏颇。具体而言,理论上,在文物保护硬件条件更好的文物市场国,文物理应得到更周到的保护和使用,但实际情况可能并非如此。如大英博物馆的中国藏品有30%没有得到妥善保护和合理展示,甚至绝大多数从未展出。在文物的可及性上,文物市场国的私人藏家掌握了大量的文物,却极少向公众展示。即使是由博物馆等公立机构展示的文物,实际上仅使少数文物市场国人民可以欣赏,其他国家的人民很少有机会能欣赏甚至原本属于自身文化的文物。⑤ 因此,文化国际主义对文物自由市场的推崇,实际上反而无法实现人类共同遗产对文物保护和利用的要求。⑥

事实上,"全人类共同遗产"的观念是为了限制文物掠夺和非法交易,而不是鼓励这种行为。"全人类共同遗产"的观念植根于18世纪发展起来的习惯国际法,其目的是限制掠夺文物和艺术品作为战利品。因此,文化国际主义并不是为了支持当今的非法文物贩运,也不是为了削弱民族国家保存文

---

① Anastasia Strati, "The Implication of Common Heritage Concepts on the Quest for Cultural Objects and the Dialogue between North and South", *Structures of World Order*, vol. 89, 1995, p. 439.
② Paul M. Bator, "An Essay on the International Trade in Art", *Stanford Law Review*, vol. 34, 2, 1982, p. 306.
③ Art.1(3), UNESCO Declaration of the Principles of International Cultural Co-operation (1966).
④ 王云霞、黄树卿:《文化遗产法的立场:民族主义抑或国际主义》,载《法学家》2008年第5期。
⑤ 杨树明、郭东:《"国际主义"与"国家主义"之争——文物返还问题探析》,载《现代法学》2005年第1期。
⑥ 汪喆:《中国文物的流失与回归问题研究》,中国科学技术大学2010年博士学位论文。

物和艺术的法律。真正意义上的文化国际主义,要求各国有义务防止其境内的文物破坏和掠夺打击非法文物贩运,即使该文物源自他国。以文化国际主义理念为由,作为不受约束的文物交易市场进行辩护,实际上是对它的滥用。换言之,当前的文化国际主义者对文物自由贸易甚至是非法贩运的支持,实际上是基于这一种假设:实现文化国际主义的唯一手段是通过文物的商业贸易,而不存在其他任何途径。①

2."民族国家遗产"不等于无限制的国家主权

文物位于一国领土之内是客观存在的事实,文化民族主义据此认为,文物属于创造它们的或与之有文化历史关联的国家,如埃尔金大理石属于希腊,意大利文艺复兴时期的绘画属于意大利,阿兹台克手抄本属于墨西哥等。这一假设为世界各国的文物出口管制立法提供了思想基础。②

文化民族主义广受批评的原因在于,其管制之目的仅仅是阻止文物的出口。如果出口不会给文物或其背景带来损害或招致损害的实际风险时,"保护"就成为其不顾人类共同利益而自私的"保有"。正因如此,梅利曼认为"保有"与"保护"是不一样的。在某些情况下,民族国家保有文物是可以保护文物;而在另一些情况下,对文物的"保有"将比出口更为危险。③

"民族国家遗产"并不意味着国家对文物的绝对主权。换言之,此项主权必须受制于国际社会对文物的共同利益。④ 文化财产的所有者应当承担必要的义务。一方面,文物保护应当是最优先考虑的目标,只有妥善保存文物才能使后代及将来的文明能够与过去保持联系。另一方面,对人类文化遗产的利用要符合全人类的利益,研究人员和广大公众的参与性和可及性应得到保证。⑤ 尽管"人类共同遗产"这一概念并非法律上的所有权("人类"不具有享有所有权的法律人格),但其可作为限制国家对文物权利主张的依据。国家只是位于其领土上的文物的受托人(trustee),承担着为全人类妥善保存

---

① Patty Gerstenblith, "The Public Interest in the Restitution of Cultural Objects", *Connecticut Journal of International Law*, vol. 16, 2, 2001, pp. 200~205.

② John H. Merryman, "The Nation and the Object", *International Journal of Cultural Property*, vol. 3, 1, 1994, p. 64.

③ John H. Merryman, "A Licit International Trade in Cultural Objects", *International Journal of Cultural Property*, vol. 4, 1, 1995, p. 46.

④ Sharon A. Williams, *The International and National Protection of Movable Cultural Property: A Comparative Study*, Oceana Publications Inc., 1978, p. 54.

⑤ James A. R. Nafziger, "An Anthro-Apology for Managing the International Flow of Cultural Property", *The Houston Journal of International Law*, vol. 4, 1982, p. 194;

文物和合理利用文物这两项义务。① 1970年联合国教科文组织《禁止和防止非法进出口文化财产和非法转让其所有权的方法的公约》(以下简称"1970年公约")进一步确认了人类共同遗产的"受托(trusteeship)"观点。根据该公约第5条之规定,缔约国承诺"促进发展或成立为保证文化财产的保存和展出所需之科学及技术机构(博物馆、图书馆、档案馆、实验室、工作室……)"。②

"民族国家遗产"的重点不应只局限于对所有权的主张,而应当立足文物的保护和利用,才能因此获得国际社会的认同。③ "人类文化共同遗产"的概念一直是从保存和保护的角度来谈的,坚持国家类似"托管人"(custodian)地位的观念,其实并没有对其财产权利提出质疑。比如,"1954年海牙公约"在其序言中声明,"属于任何人民的文化财产如遭受到损失,也就是全人类文化遗产所遭受的损失,因为每国人民对世界文化作出其自己的贡献"。"1972年世界遗产公约"承认整个国际社会有责任合作保护具有"突出的普遍价值"的遗产,同时明确保护的责任主要在于文物所在的国家。④ 在这种情况下,国家文化遗产不会减少,国家是负责为了全人类的共同利益保护位于其领土的文物。根据这些原则,1978年联合国教科文组织"关于保护可移动文化财产的建议",⑤在其序言中宣布:"代表不同文化的可移动文化财产是人类共同遗产的组成部分,因此,各会员国在道德上对整个国际社会负有对其进行保护的责任"。

然而,民族国家在面对"全人类共同遗产"这一观念时,主要强调应将文物归还给文物来源国,并急于证明这种归还是否有利于文物的保存和可及性,忽视了保存和可及性是"全人类共同遗产"的观念最为重要的方面。

3. 两种视角的融合

文化民族主义和文化国际主义立场并非天然地水火不容。本质上,二者基本目标都是要保护和利用文物,只不过其所倡保护和利用的具体方式不

---

① Anneliese Monden and Geert Wils, "Art Objects as Common Heritage of Mankind", *Revue Belge de Droit International*, vol. 19, 1986, p. 336.
② 1970年联合国教科文组织《禁止和防止非法进出口文化财产和非法转让其所有权的方法的公约》("1970年公约"),第5条第3款。
③ Anneliese Monden and Geert Wils, "Art Objects as Common Heritage of Mankind", *Revue Belge de Droit International*, vol. 19, 1986, p. 329.
④ 1972年联合国教科文组织《保护世界文化和自然遗产公约》("1972年世界遗产公约")第4条规定:"本国领土内的文化和自然遗产的确定、保护、保存、展出和遗传后代,主要是有关国家的责任。"
⑤ UNESCO Recommendation for the Protection of Movable Cultural Property, adopted on 28 November 1978.

同。文化民族主义注重的是文物在特定民族文化传承中的作用,认为文物回到其来源地才能得到最好的保护和使用。文化国际主义则强调文物对于促进文化国际交流、人类共同进步上的价值,并认为文物应该置于其实体最不易毁损的地方。

第一,尽管文化民族主义关于文物保护和利用的主张是最基础的做法,但这并非唯一的可选项。在一般情况下,首先应强调文化民族主义,尊重文物来源国人民的权利。文化民族主义不能赋予文物来源国以超越全人类的优越性,也不是要赋予民族国家对文物享有无限制的排他权力。当某个民族国家以"民族主义"名义去蓄意毁灭、掠夺其他民族的文物,或者损毁、不加善待本民族文物之时,就违背了国际社会在人类共同财产上的基本价值,也必将受到国际社会的反对、约束和惩罚。①

第二,文化国际主义认为文物不一定必须一直位于其来源国,也有其合理性。民族性只有在与其他民族相对比才能体现出来,民族交流是人类社会存在的基础。因此,应当通过文物流动以促进各国文化交流,唤起全世界对多元文化的尊重,促进互相借鉴、互相理解、互相信任。文物流动也并不是只有掠夺、盗取、非法出口等方式,合理合法的文物流动同样可以实现民族文化交流的目的。

因此,文化民族主义的根本目的并不是不加区分地追回所有"流失"海外的文物,也不是妨碍世界各国人民之间基于文物为载体的文化交流,而是为了保护文物及其相联系的文化特性。文化国际主义的根本目的也是确保能够妥善保护重要的文化遗产,并以此保护人类的重要文化特征。② 这样看来,民族主义和国际主义的精神实质是相通的。

(三) 文物本位视角的凸显

1. 文物本位视角的提出

梅利曼最先提出了文物本位的视角。他认为文物领域有三个层面的利益——国家、文物和贸易。国际社会当前的讨论太重视"国家"维度。所谓"文化民族主义"与"文化国际主义"之争,都是在这个"国家"利益层面的争论,而忽视了"文物"和"贸易"。文物维度,或者说"文物/背景"立场,包括三个方面:保存(preservation),即文物及其背景的保存;真理(truth),即关于人

---

① 王云霞、黄树卿:《文化遗产法的立场:民族主义抑或国际主义》,载《法学家》2008 年第 5 期。

② Pernille Askerud and Etienne Clément, *Preventing the Illicit Traffic in Cultural Property: A Resource Handbook for the Implementation of the 1970 UNESCO Convention*, UNESCO, 1997, p. 53.

类过去的有效信息的积累;可及性(accessibility),即学者和公众最大限度的接触文物及其背景。贸易维度,是指合法国际贸易的科学、文化、教育和经济目标,包括丰富各国人民的文化生活,激发国与国之间相互尊重和欣赏,通过出售文物获取外汇,以合法市场取代黑市等。

在文物维度的三个要素中,最根本的是"保存",其次是对知识的追求,最后则是希望文物最大限度地被利用。① 正如梅利曼指出,任何一个文化财产政策最根本的内容,首要的就是保证文物得到物理上的保存。"如果我们不关心文物的保存,那么它们于我们而言,就不是文物。"②如果说在保存和可及性之间存在冲突,那么保存优先;如果是在真理和可及性之间有冲突,那么真理优先。③

不过,梅利曼在文物导向维度上界定的三个要素,已经足以将国家和贸易两个维度囊括其中。贸易是文物使用的方式,是为了保证文物的可及性而采取的具体手段。国家领土内的民族文化和遗址环境蕴藏了有关文物最全面的知识,体现了真理的要求。由此可见,文物导向才是各个维度的核心。

也正因为如此,文化民族主义和文化国际主义在文物导向这一原则问题上并不存在分歧,分歧只是在于各自往极端化方向发展中,固执于对某些个体(如文物来源国或市场国)有利的保存和使用的具体方式。假如我们回到以文物中心这一初心,不仅有可能寻求到真正有利于文物的保护和使用方式,还有可能使各方共同努力建立一个协商性的、可操作的国际文化财产制度。④

最后,需要注意的是,尽管梅利曼提出了"文物/背景"视角,但他却将文物及其背景导向的观念视为文化民族主义的同义词。⑤ 这种偏见导致其忽视了"保护主义"这种"背景化进路"(contextualized approach)的国际主义或全球化的一面。比如,梅利曼在考虑文物保存的要素时,只考虑单一文物的保存问题,却没有考虑到对某个单一文物流通性施加限制,是否有助于保存

---

① John H. Merryman, "The Nation and the Object", *International Journal of Cultural Property*, vol. 3, 1, 1994, p. 64.
② John H. Merryman, "The Public Interest in Cultural Property", *California Law Review*, vol. 77, 2, 1989, p. 355.
③ Derek Gillman, *The Idea of Cultural Heritage*, Cambridge University Press, 2010, p. 45.
④ John H. Merryman, "A Licit International Trade in Cultural Objects", *International Journal of Cultural Property*, vol. 4, 1, 1995, p. 14.
⑤ John H. Merryman, "The Nation and the Object", *International Journal of Cultural Property*, vol. 3, 1, 1994, p. 72.

尚未被掠夺的其他文物和遗址。①

2. 文物本位中的全球正义观

近代西方正义理论中,最主要的观点是罗尔斯在《正义论》中论述的正义思想。罗尔斯认为"正义是社会制度的首要价值"、"所有的社会基本善——自由和机会、收入和财富及自尊的基础——都应被平等地分配,除非对一些或所有社会基本善的一种不平等分配有利于最不利者"。② 罗尔斯的正义论包括平等和差异两大原则:一方面,每个人的基本权利和义务都是对等的,每一个人获得发展的机会也是平等的;另一方面,每个人之间必然存在差异,因此应当在机会公平的前提下,对出身和天赋较差者给予扶助,从而在结果上也实现公正。亦即实现正义的关键是程序公正和分配正义,即机会平等下的公平竞争和对弱势群体的再分配。

罗尔斯最初提出正义论主要是针对国内社会,并不针对国际关系。但国际社会中,国家与国家之间也存在类似于人与人之间的正义问题。比如,自然资源在地理上的不平均分布,这种先天性的不平等甚至远远大于个人之间出身和天赋的差异。因此,与国家之内的公民一样,不同国家之间也有程序公正和分配正义,③国际文物流通领域同样不例外。

首先,文物资源的分布不均衡,并在当代出现了文物丰富程度和经济富裕程度分离的局面。文物丰富的国家往往是在古代文明繁荣、在当代经济落后的国家,而不少当代经济发达的国家在近现代之前文明程度落后、文物匮乏。其次,文物流通方式上程序不公正。在近代,文物大规模地单向流入西方国家,是以暴力、不道德的方式实现的;现代民族国家出现以后,文物继续流入西方国家,则是通过文物市场国强大经济实力和购买力实现的,其在不受管制的国际自由市场帮助下,间接助长了文物的盗掘和走私。④

在这个意义上,当代的文化财产流通领域现状并不符合全球正义观。公正的文物流动,一方面要求体现程序正义的要求,依靠武力和殖民的非法掠夺,或者无视经济实力的差别单纯依靠自由文物市场,都不符合程序正义的要求。另一方面在文物分布上应当体现分配正义的要求,文物来源国和市场

---

① Patty Gerstenblith, "The Public Interest in the Restitution of Cultural Objects", *Connecticut Journal of International Law*, vol. 16, 2, 2001, p. 205.

② [美]约翰·罗尔斯:《正义论》,何怀宏等译,中国社会科学出版社 1988 年版,第 1 页。

③ Charles R. Beitz, *Political Theory and International Relations*, Princeton University Press, 1999. 转引自张旺:《世界主义的价值诉求——国际关系规范理论的视角》,载《教学与研究》2006 年 12 期,第 64 页。

④ 霍政欣、刘浩、余萌:《流失文物争夺战——当代跨国文物追索的实证研究》,中国政法大学出版社 2018 年版,第 3 页。

国都应当使各国人民有均等的机会接触到文物,如提供借展便利;经济实力较好的国家应给予提供文物的国家以合理的回报和支持,以弥补其在自身经济条件不足的情况下,为全人类保护和利用文物所作出的贡献。

三、文物本位下的价值理论

(一)文物的价值

从哲学范畴谈价值,主要是从主客体关系的角度进行分析,客体的存在取决于主体的意识:当客体能够满足主体的某种需求时,客体对主体而言就是有价值的,所满足的需求则是客体的具体价值。① 当我们站在文物本位的视角下,观察文物对于人们的价值:文物从其属性而言,是一种文化资源,其价值是指满足人们(个人、社区、族群、民族、国家、全人类)的某种需求而产生的效益。因此,文物的价值存在于人与文物这种主客体关系之中,并取决于人的意识。正因为文物的价值取决于人,不同时期下不同主体从不同角度对其的需求也不同,文物的价值具有一定的多样性。②

(二)梅利曼三价值学说

梅利曼认为,文物的价值包括保存、真理和可及性三项,这三者互相依存,但重要性依次递减。最根本的是"保存",即保护文物和其背景免受损害。其次是对知识的追求,即对人类过往的有效信息,对文物及其背景能提供的历史、科学、文化和审美等各领域真理的追求。最后,可及性是指希望文物能够被学者以及公众最大限度地获得,用于研究、教育和娱乐。③

(三)吉尔曼三价值学说

吉尔曼(D. Gillman)不赞同梅利曼的三价值学说。他认为应当区分文物的工具价值/外在价值(instrumental value)和内在价值(intrinsic value)。梅利曼在文物价值上的分类的出发点是工具主义,因此,所谓的"保存"和"获取"这两种价值,都只是工具层面的,仅是服务于其他内在价值而存在的。"真理"这种价值既可作为外在价值,例如为实现"保存"的目的而提供信息;也可作为内在价值,如法哲学家菲尼斯(J. Finnis)所提及的"知识(knowledge)"这一内在价值。④

---

① 何中华:《论作为哲学概念的价值》,载《哲学研究》1993 年第 9 期。
② 文芸、傅朝卿:《当代社会中遗产价值的保存与维护》,载《建筑学报》2013 年夏季号(总第 84 期),第 82 页。
③ John H. Merryman, "The Nation and the Object", *International Journal of Cultural Property*, vol. 3, 1, 1994, p. 64.
④ John Finnis, *Natural Law and Natural Rights*, Oxford University Press, 2nd edition, 2011, p. 90.

吉尔曼认为,文物的内在价值才是核心,其包括知识、审美体验和宗教三项,它们是文化遗产和文化财产权利争论中反复出现的基本价值。① 在其看来,文物本身就是一种基本的善(basic good),应该置于菲尼斯所提的基本价值之下来讨论。文物(或文化)是关于在特定空间和时间之下,特定人群的思考和讲述的方式,是与人群共享的做法、习惯和规范有联系的。这些做法、习惯和规范以特别的方式反映了菲尼斯的基本价值,例如知识、审美体验、玩乐、友爱和宗教。了解文化历史是具有内在价值的,因为知识是一种基本的善。了解我们自身的文化历史以及他人的文化历史也可以具有外在价值,以服务于实现内在价值。

梅利曼认为保存是最优先的价值,吉尔曼在一定层面也表示认同。吉尔曼认为,如果一件文物遭到损坏或灭失,那么其内在价值自然就无法实现。所以当文物遭到持续的损害时,当然应该把保存置于优先地位。因此,在文物的知识和文物实体的保存之间发生冲突时,应当优先保存文物的实体。但是保存文物的实体,是为了将来可以继续从文物中获得知识。从这个层面上,作为内在价值的知识仍优先于作为工具价值的保存。

在知识、审美体验和宗教这三种内在价值之间孰轻孰重,吉尔曼认为其相对重要性的排序应交由个体去衡量。这种次序排列往往是因人而异的,有可能对于一些文物艺术品收藏家而言,"审美价值"是优先于"知识"的;对于考古学家来说,他们则很可能会将"知识"排在更靠前的优先级。②

(四)巴托尔五价值学说

与梅利曼同时期的巴托尔(P. Bator),于1982年也提出了对文物价值维度的不同理解。③ 他认为文物的价值包括五个基本类别:保存文物;保存考古背景;保存国家/民族遗产;国际流通;可及性。巴托尔认为应当基于这些价值观来评估文化财产政策的合理性。④

1. 保存文物

对文物的保存是"根本价值"。⑤ 文化政策应保证人类后代能继续享有、

---

① Derek Gillman, *The Idea of Cultural Heritage*, Cambridge University Press, 2010, p. 21.
② *Id.*, at 45.
③ Derek Fincham, "Why US Federal Criminal Penalties for Dealing in Illicit Cultural Property Are Ineffective, and A Pragmatic Alternative", *Cardozo Arts & Entertainment Law Journal*, vol. 25, 2007, p. 597.
④ See Paul M. Bator, "An Essay on the International Trade in Art", *Stanford Law Review*, vol. 34, 2, 1982, pp. 275~384.
⑤ Paul M. Bator, "An Essay on the International Trade in Art", *Stanford Law Review*, vol. 34, 2, 1982, p. 295.

观察、研究文物。文物实体的审美和价值鼓励人们关心文物。但是,商业与美学的关系往往会引起问题。"在当前的文物艺术品交易中,最令人讨厌的是,美学和经济学在这个问题上有时是分道扬镳的。某些类型艺术品的物理切割是有利可图的,因为无论这个碎片是通过多么残酷的方式获得的,总会有一个有利可图的市场为之存在。"①值得注意的是,巴托尔认为,保存文物并不意味着在任何情况下,文物的实体都应该留在其来源国;有时候,保存在其他地方可能会更好。换言之,虽然有些物品可能在来源国才能得到最好的保护,但有时候收藏家或者更好的海外资助机构可能会做得更好。

2. 保存考古背景

保存与文物相关的考古背景是另一个根本价值。文物一旦脱离其背景(文化特性的环境),能提供的知识信息就是有限的。"没有来源出处的文物,即使保存得很好,其历史意义也是有限的。如果我们不知道它是从哪里来的,那么它只能提供关于过去的有限的科学知识。"②保存考古背景将文物与过去统一起来,让后人可以窥见过去的文明。

然而,巴托尔还是认为,文物背景的价值并不意味着文物应无限期地留在其来源国,或者来源国应保留所有的艺术或文化创作。在其看来,"一旦物体被科学地挖掘出来,它的来源出处就会被研究和记录下来,它与其他发现物的关系就会被充分地探索,将其移走将不再会威胁到其背景的价值"。③ 巴托尔的此观点来自对人类的考古能力过于自信。事实上,考虑到在特定时段下,囿于有限的技术,即使是最专业的考古专业也无法充分发掘出文物及其背景的信息。因此,要尽可能保存文物及其背景的信息,尤其是注意文物与其文物特性的联系。

3. 保存国家/民族遗产

巴托尔承认,某些文物属于某个特定位置或场景,只有在这种场景之下其价值才能充分地得到欣赏,在其他场景中文物的价值将会大打折扣、无法被充分认识欣赏。这个因素是国际文物政策制定中最棘手的问题。

文物往往与一个特定的国家紧密相连,一个拥有一件非常美丽或具有历史价值的文物的国家当然有权因此获益。文物国际政策中需要尊重这种利益,并考虑到适当的国家是否正在获得这些利益。巴托尔将国家遗产概念化为"国家/民族财富"和"文化遗产"。国家财富的问题较为简单,如果一个国家被不公平地剥夺了一些国家财富价值,通过达成一个简单的经济决议就能

---

① Id., at 296.
② Id., at 301.
③ Ibid.

解决。然而,文化遗产则更难以斟酌。正如巴托尔所言,"社会的艺术既是文化的表现形式,也是文化的一面镜子"。①这个问题的难点之一在于,很难确定该文物在哪个位置或场景才是最合理的,因为划分哪些物品是属于哪个特定国家/民族的遗产是一种很主观、也很困难的事情。

4. 国际流通

巴托尔认同文物出口的优点,并认为"(文物/艺术品)它是一位优秀的大使。它激发了对这个国家的兴趣、理解、同情和钦佩"。文物可以增强对其他文化的尊重,打破"狭隘主义"。通过与其他国家分享文物,文物来源国可以提升在其他国家的声誉,起到消除无知的作用。

5. 可及性

文物在一定程度上应放在能够找到最有利于观众触及的地方,向公众和学者提供接触文物的机会,以普遍地增加知识。因此,巴托尔认为在解决文化财产纠纷时,应留意文物财产如何最大限度地为大众获取这一价值取向。但是,巴托尔将可及性的价值置于最后,而不应超过其他四项价值。②

四、文物核心价值的提出

(一)文物中的知识

文物中的知识,包括内在和外在两个方面的知识。内在知识是文物本身以其物质实体所展现出来的知识,包括文物的形态、文物上文字图案的内容、文物所展现出来的创作工艺,也包括文物所处的遗迹和自然环境。外在知识是文物赖以存在的文化背景,既包括文物所反映的其被创造出来时的社会环境,也包括文物创造出来之后在漫长的历史发展中,与其所在地的社会环境

---

① Paul M. Bator, "An Essay on the International Trade in Art", *Stanford Law Review*, vol. 34, 2, 1982, p. 304.
② 具体而言,巴托尔认为这种对可及性的要求在时间上的紧迫性可以延后,他举例说,一件来自发展中国家的文物,由于该国没有足够的资源建立博物馆,所以不能立即向公众展示。因此,它可能会立即被出售后在一个较富裕的工业化国家向公众提供。但是,即使不马上在富裕国家展出,等经历一两代人的时间之后,文物在其来源国展出的条件也可能逐渐成熟,从而通过直接在来源国展示来实现可及性的要求。正如巴托尔所主张的那样,"我们应该抵制这样一个庸俗的假设,即艺术只有在最可见和最可及的地方才是最好的。可及性并不是仅仅支持公共机构,私人博物馆也是能提供反传统的、冒险的展示。获取的问题仍然是一个重要的因素,然而通常的辩论往往不涉及获取的水平,而涉及获取的主体,即谁应该有机会获取这些文物艺术品。它应该是富裕国家的居民,还是发达国家和发展中国家之间的平衡? 这个问题的复杂性使得获取仅仅是次要的价值,这当然应该考虑,但不应该主导讨论"。*Id.*, at 301.

发生互动而留下的历史印记。①

文物中的知识就如同遗传基因,承载着人类各种文化特征,并以此为载体实现多样性文化的代际传承。如果说生物遗传基因中蕴含的信息保证了物种的延续和多样性,那么文物中的知识则保证了文化的延续和多元化。②

以文物为中心意味着对文物的内在知识和外在知识的全面尊重,认识到文物不仅只是一个孤立的物质实体,而是与其文化背景发生着紧密联系的系统性知识。事实上,梅利曼、吉尔曼和巴托尔等人的文物价值理论,所谈及的核心其实是文物中的知识。

(二)文物中的知识是文物价值的核心

1. 民族及其文化记忆形成的基础

文物中的知识是记载民族文化的载体,是历史时空中"各个民族及其生存环境的见证物"。③

第一,民族记忆是民族得以存在的基础。根据经典马克思主义的定义,"民族是人们在历史上形成的一个有共同语言、共同地域、共同经济生活以及表现于共同文化上的共同心理素质的稳定的共同体。"④任何民族都通过关于本民族的连续记忆而形成了自身的独特性。如英国人类学家泰勒(E. B. Tylor)所言,"一切希望了解自身生活的人,都必须了解那些相连续的阶段,它们形成了他对它们的现状的观点和习惯"。⑤ 民族的文化记忆是指民族在长期发展中逐渐形成为其成员思维方式的全部内容。在心理学上人的主体性体现为记忆,通过记忆链条将过去的我和现在的我连接起来,形成稳定的自我存在。民族也有同样的机理,民族文化使其成员形成以一个民族为单位的自我存在,使其之间互相认同为具有相同特征的群体。⑥

第二,文物是民族记忆的载体。波兰历史哲学家波米扬(K. Pomian)曾指出,"艺术品成为有关群体身份的可见媒介,体现在对它们的关注上、游行

---

① 通过文物可以重建历史信息有很多,包括经济、贸易、健康、饮食、宗教仪式和作用、埋葬方法、家庭结构、政治组织、技术和文学。See Patty Gerstenblith, "Controlling the International Market in Antiquities: Reducing the Harm, Preserving the Past", *Chicago Journal of International Law*, vol. 8, 2007, p. 170.
② 李军:《什么是文化遗产——对一个当代观念的知识考古》,载《文艺研究》2005年第4期。
③ 潘守永:《人类学视野下的文化遗产:基本概念、历史和理论》,载侯远高、刘明新主编:《西部开发与少数民族权益保护》,中央民族大学出版社2006年版,第172页。
④ Joseph Stalin, *Marxism and the National Question*, International Publishers, 1942, p. 8. 转引自[英]埃里克·霍布斯鲍姆:《民族与民族主义》,李金梅译,上海人民出版社2006年版,第154页。
⑤ [英]爱德华·泰勒:《原始文化》,连树声译,广西师范大学出版社2005年版,第19页。
⑥ 张德明:《多元文化杂交时代的民族文化记忆问题》,载《外国文学评论》2001年3期。

的仪式上以及当它们从该群体中被外力转移走时留下的记忆"。① 这种记载着民族记忆的文物是民族发展动力的承载,是人类继承既有知识的载体,也是创造新知识的起点。② 因此,民族通过文物所蕴含的知识传承民族记忆,通过民族记忆得以推动自身的发展。

2. 传承文化的重要载体

人类社会只有实现文化传承,才能不断进步。文化传承将人类社会的各种知识从上一代传承到下一代,使下一代得以在人类文明的基础上进行新的创造与发展。如果在这种代际传承中遗失了某些环节,将会妨碍人类文化在某些领域的持续进步,甚至还会导致某种程度的退步。③ 正如雷丁(M. J. Radin)在其《财产与人格》(Property and Personhood)一文中所及,一个人若缺乏自我连续性,就不能称其为完整的人;为了维持这种连续性,就必须与外部环境(人和物)保持不间断的延续关系。④

文物是人类传承文化的载体。作为洞察祖先及其所处社会和环境生活的对象,文物有助于形成人们和社群的身份和尊严。⑤ 文物及其知识承担了传承文化的重要作用,这种传承是通过文物本身的器物传承和文物知识体现的心理传承两个层面实现的。心理传承是文化传承的核心,通过心理传承使文化得以在历史中持续、完整地完成代际交接。文物"与人格紧密联系,因为它们构成了我们在这个世界上作为延续的个体存在的一部分"。⑥ 器物传承是文化传承的重要方面,但是器物传承并不只是简单的物质形态的传承,而是借助以器物的象征意义进行心理传承,器物是心理传承的物质载体。⑦ 因此,在文化传承角度,文物等器物并不是以其物质形态本身发挥文物传承的价值,而是以其对人类所具有的"意义"来进行传承,对这种"意义"的叙述就是文物的知识。因此,文物中的知识是文化传承的重要载体。

---

① Krzysztof Pomian, UNESCO Forum on Memory and Universality, 5 February 2007, in: Lyndel V. Prott ed. , *Witness to History*: *A Compendium of Documents and Writings on the Return of Cultural Objects*, UNESCO, 2009, pp. 48~49.
② Georges Koumantos, "The International Protection of Cultural Property from the Standpoint of Private International Law", in: International Legal Protection of Cultural Property: Proceedings of the Thirteenth Colloquy on European Law, Delphi, 20~22 September 1983 (Council of Europe, 1984).
③ 赵世林:《论民族文化传承的本质》,载《北京大学学报(哲学社会科学版)》2002年第3期。
④ Margaret J. Radin, "Property and Personhood", *Stanford Law Review*, vol. 34, 5, 1982, pp. 957~1015.
⑤ Tolina Loulanski, "Revising the Concept for Cultural Heritage: The Argument for a Functional Approach", *International Journal of Cultural Property*, vol. 13, 2, 2006, p. 213.
⑥ Margaret J. Radin, *Reinterpreting Property*, University of Chicago Press, 1993, p. 36.
⑦ 赵世林:《论民族文化传承的本质》,载《北京大学学报(哲学社会科学版)》2002年第3期。

3. 探求人类历史的依据

历史学家通过解读文物上蕴含的信息,来重建历史话语。文物及其知识要尽可能予以全面的保存。德国哲学家卡西尔(E. Cassirer)曾提及,历史学家的一件重要事情是历史话语的重建:"历史学家必须学会阅读和解释他的各种文献和遗迹——不是把它们仅仅当作过去的死东西,而是看作来自以往的活生生的信息。……历史就是力图把所有的这些零乱的东西、把过去的杂乱无章的支梢末节融合在一起,综合起来浇铸成新的样态。"① 因此,在历史研究中需要全面、细致地考察历史中的绘画、文字、物件、建筑、遗迹、地理等背景知识。② 比如,将文物置于其物质实体产生及埋藏的环境中,才能获得全面的知识。文物及其知识也应当尽量为科学研究所而使用。考古学家、民族志学家和艺术史学家以文物所蕴含的知识为据,最大限度地挖掘出有关人类过去的信息。③

(三) 知识价值要求应以文物为核心

强调文物的知识价值并非另类,事实上其已得到现有理论观点的支持。诸如梅利曼、吉尔曼、巴托尔等学者的主张,本质上都主要是从不同角度对保存和使用文物的知识价值分别作出了论述。

梅利曼所主张的保存、真理和可及性三项价值,其核心是真理(知识)。之所以要尽可能完整地、真实地保存文物实体,是为了尽可能完整地将文物所承载的知识保存下来,以供人类在文明延续中持续获取;之所以文物的可及性是一种重要价值,是因为全世界人民都有权利获得文物中的知识。因此,保存和利用的直接对象是文物,最终指向的是文物中的知识,包括文物内在与外在的所有知识。因此,仅仅保存文物实体,或只是鼓励人们接触到单一文物,而不将文物及其文化联系一并保存并展示给世人,并不符合对知识的要求。

吉尔曼认为文物的内在价值包括知识、审美体验和宗教三项。对美的欣赏是社会的产物,审美标准离不开社会环境。因此,只有理解文物所依赖的社会关系,理解在社会中审美的发展历史,才能获取文物的审美价值。宗教同样也是社会的现象,文物之于宗教,在绝大多数情况下是一种象征性的含义,其宗教价值离不开对社会环境的解读。由此可见,无论是审美体验还是宗教价值,实际上是基于文物的内在与外在知识的价值,知识仍然是文物的

---

① [德]恩斯特·卡西尔:《人论》,甘阳译,上海译文出版社1985年版,第224~255页。
② 葛兆光:《思想史视野中的考古与文物》,载《文物》2000年第1期。
③ John H. Merryman, "A Licit International Trade in Cultural Objects", *International Journal of Cultural Property*, vol. 4, 1, 1995, p. 14.

核心。

巴托尔认为保存文物、保存考古背景、保存国家/民族遗产、国际流通和可及性是文物的五个重要价值。这些价值可大致分为两类,一类是基于保存文物知识的价值,如保存文物(物质实体)、保存考古背景(文物地理环境)、保存国家/民族遗产(文物文化背景),这些都是为了尽可能将文物中的所有知识都保存下来;另一类是基于文物知识传播的价值,如国际流通和可及性。

综上可见,尽管现有各理论观点的语境、立场、着眼点有所差异,但其实质都是在文物知识价值上进行分析,文物的知识价值是所有价值的核心,也是目前各个主流理论的最大公约数。鉴于此,保护和利用文物知识的需求应成为国际文化财产领域法律规范的核心目标,文物中心原则也应成为跨境文物返还及文化遗产国际治理主要的法之价值。

第二节 文物中心原则的含义

文物中心原则,是指一切以文物为中心,基于文物与其文化特性(cultural identity)的联系,对文物加以保护和利用。保护文物的文化价值、基于文化联系的文物返还以及对国家主权进行合理制衡,不仅是文物中心原则的现实要求,亦是其在国际文化财产规则中的具体体现。从文物中心原则出发,文物返还与否的问题的核心应当立足于文物本身,考察文物的返还是否有利于文物在其文化联系下的保护和使用。

一、基本涵义

(一)文物中心原则的界定

1. 定义

文物中心原则,是指一切以文物为中心,基于文物与其文化特性的联系,对文物加以保护和利用,并据此作为国际文化财产法律规则的基础。文物中心原则包括保护和利用两个方面。对于文物保护,在物质文化遗产领域,应当保持其物体的真实性和完整性;在非物质文化遗产领域,应当确保其生命力和连续性,使文化遗产融入其文化特性的背景之中。对于文物利用,首先保障与其具有最紧密文化联系的个人、社群和民族获取和享有文化遗产的权利,其次保证全人类平等获取和享有该文化遗产的权利。

传统理论,如文化民族主义和文化国际主义,采取了一种功能主义视角。其立足点要么关注于文物来源国的利益,要么关注于文物市场国的利益。文物中心主义则采用对象中心主义视角,站在全人类的角度,认为文物属于人类世界、将文物视为人类共同遗产。文物中心主义弱化了文物的收藏价值、经济价值、政治价值等重要性,而让文物的完整性,或者说将文物中的知识完整性提高到最重要的地位,从而为考古学、人类学提供信息来源,为人类文明延续提供载体。①

文物中心原则是法的一种价值。法的价值是立法的思想先导,立法活动是在一定的价值观指导下的行为,"(立法)这一行为的动因、意图和目标都无不由一定的价值需要所决定并为这一价值需要服务"。② 法的价值体现了人的需求以及法律规范对该需求的满足,通过先确定人的需求,继而为此满足该需求制定或修改法律。③ 因此,文物中心原则作为跨境文物返还乃至文化遗产全球治理的一种理论观点,体现了人类作为一个共同体在文化遗产领域的共同利益和需求,④是指导该领域构建法律秩序的价值取向。

2. 理论发展

文物中心原则的观点已由不同学者从不同角度和层面上进行了讨论,尽管其所表述的场景及具体所指可能与本书观点略有差别,但正是在这些观点的启发之下,本书对之进行了扬弃、归纳和发展。

梅利曼认为"大多数来源国的政策和关于文化财产的国际对话仍然是以'国家导向'为重的",并建议"这一对话应更加丰富多元,应该将更少的注意力投放在国家上,而更多地关注文物本身",如此才能进一步推进国内和国际的文化财产政策。⑤ 梅利曼也提出,在文化民族主义和文化国际主义之外,还有以文物为中心的第三条道路。"在国际文化财产领域内,有三个相互竞争的立场,其中之一通常为文物来源国所奉行,……我们称其为民族主义立场;第二个立场,通常为文物市场国家坚持,……我们可以称之为国际主义立场;第三个立场,通常为专业考古学家、民族志学家和艺术史学家所奉行,主要侧重于'文物及其背景'。这种观点强调保存文物和其环境的重要性,最大限度地可以从中获取有关人类过去的信息,并使学者和公众能最大限度地接触文物。我们可以称之为文物立场"。⑥ 梅利曼也曾作出了"文物中心"

---

① Markus M. Müller, "Cultural heritage protection: Legitimacy, property, and functionalism", *International Journal of Cultural Property*, vol. 7, 2, 1998, p. 397.
② 卓泽渊:《法的价值论》,法律出版社 2018 年版,第 62 页。
③ 张恒山:《"法的价值"概念辨析》,载《中外法学》1999 年第 5 期。
④ Stephanie O. Forbes, "Securing the Future of Our Past: Current Efforts to Protect Cultural Property", *Transnational Law*, vol. 9, 1996, p. 235.
⑤ John H. Merryman, "The Nation and the Object", *International Journal of Cultural Property*, vol. 3, 1, 1994, p. 61.
⑥ John H. Merryman, "A Licit International Trade in Cultural Objects", *International Journal of Cultural Property*, vol. 4, 1, 1995, p. 14.

这样的表述:"对于文物和背景的关心可以支持要求归还非法出口文物的道德主张,前提是这些文物的转移造成或严重危及:对物的损坏;或对人类历史信息的严重丢失;或一个完整的文物被分隔。不过,这种对文物及其背景的关心也可用于反对文物来源国的返还主张,只要情况表明会危及对'文物中心'(object-centered)的关心"。①

意大利学者弗里戈(M. Frigo)于 2014 年在海牙国际法学院的演讲中,以最贴近文物中心原则的表述,阐明了对该理论的支持:"通过考察该领域的主要国际公约可以发现,真正受保护的利益是对文化财产的保护,保护作为其所属文化遗产的表达形式,并因此具有的重要意义"。当然,国家主权和财产权利同时存在的问题很普遍,几乎不可避免,但即便这样,"保护国家主权或保护财产权利并不是前述国际规则的根本目的。所谓'归还或返还财产的义务',只有在返还或归还的效果符合保护文物的目的时,才能体现对前述法益的保护。不过,很明显的是,在两个相对立、看似不可调和的视角立场中寻求平衡的这种需要,贯穿了整个规则制定过程的始终"。②

(二)现实要求

1. 保护文物的文化价值

文物的世界文化不是以超越民族文化的"纯粹"形式存在的。③ 文物是一个文化的考古遗迹、材料、艺术以及其他任何对定义一个国家/民族至关重要的表达。④ 文物作为与某个群体密不可分的、具有特殊地位的财产,对这个群体的价值与外界如何评估其经济价值无关。⑤ 如果认为某件文物对全世界所有人民具有相同的文化、历史和精神重要性,而不考虑其来源和文化背景,这实际是对文物价值的贬损。正如黑格尔(Hegel)在《法哲学原理》中指出的,如果说财产是人格的延伸,那么对某些人而言,文化财产就是国家/

---

① John H. Merryman, *Thinking About the Elgin Marbles: Critical Essays on Cultural Property, Art and Law*, Kluwer Law International, 2009, p. 384.
② Manlio Frigo, *Circulation des Biens Culturels, Détermination de la Loi Applicable et Méthodes de Règlement des Litiges*, Collected Courses of the Hague Academy of International Law (Vol. 375), Brill, 2015, p. 346.
③ Anastasia Strati, "The Implication of Common Heritage Concepts on the Quest for Cultural Objects and the Dialogue between North and South", *Structures of World Order*, vol. 89, 1995, p. 440.
④ Daniel Shapiro, "Repatriation: A Modest Proposal", *New York University Journal of International Law and Politics*, vol. 31, 1999, pp. 98~99.
⑤ Patty Gerstenblith, "Identity and Cultural Property: The Protection of Cultural Property in the United States", *Boston University Law Review*, vol. 75, 1995, pp. 569~570.

民族性(nationhood)的延伸。① 文物独特的文化价值蕴含着某些民族或社群的文化,如果抛开文化背景看待文物,文物则只是普通的物品而已,其价值会大打折扣。

因此,保护文物必须与保护文物的文化价值相一致。如果仅仅将文物作为单一物件进行保护,而没有一并保护其文化价值,文物保护的意义也必将随之丧失。文物是应为其原先的创造者及其民族国家所保有,抑或应由当下的实际控制者继续持有,这一问题的答案主要取决于哪种方式能有效地将文物连同其文化价值一并保护。如果实际控制者对不属于本民族文化传统的外来文物缺乏深入的人文关怀,割裂了文物与其背景的文化联系,其持有的状态未体现出文物中心原则的要求,则是一种不合理的状态。

文物保护的核心是保护其文化价值。如果返还文物可以实现文物与其所属文化的联系,且不会产生文物实体损毁的客观风险,那么将文物返回给其来源国是保护文物文化价值最好的手段。因为"文物只有在发生过的本土上,才是活动的,才具有认识价值"。② 相反,文物如果离开了其所赖以产生的文化,便如同无源之水,无本之木,面临"去背景化"(de-contextualization)的尴尬境地。③ 从这个角度来看,文物中心原则蕴含着文物返还的要求。

2. 基于文化联系的文物返还

文物中心原则是实践中的智慧,这亦是"埃尔金大理石雕争议"的核心。该案是最著名的国际文化财产返还争议之一,反映了有关文化艺术珍宝回归最具象征性的争论。④ 希腊主张埃尔金大理石应该归还希腊,因为它们体现了希腊精神,将现代希腊人与祖先联系起来。正如穆斯塔卡斯(J. Moustakas)强调,民族与代表一个民族"不可替代的文化遗产"的古迹之间的联系,并指出"埃尔金勋爵(Lord Elgin)将雅典卫城的帕特农神庙浮雕群拆卸分割并移走,毁坏了希腊文化中最伟大的艺术"。⑤埃及最高文物委员会秘书长哈瓦斯(Z. Hawass)也表达过类似观点,认为同样收藏于大英博物

---

① Georg W. F. Hegel, Allen W. Wood ed., H. B. Nisbet trans., *Hegel: Elements of the Philosophy of Right*. Cambridge University Press, 1991, pp. 77~81.
② 冯骥才:《为了文明的尊严——关于敦煌文物的归还》,载《中国文化》2001年第Z1期。
③ 杨树明、郭东:《"国际主义"与"国家主义"之争——文物返还问题探析》,载《现代法学》2005年第1期。
④ Kate F. Gibbon, "The Elgin Marbles", in Kate F. Gibbon ed., *Who Owns the Past? Cultural Policy, Cultural Property, and the Law*, Rutgers University Press, 2005, p. 119.
⑤ John Moustakas, "Group Rights in Cultural Property: Justifying Strict Inalienability", *Cornell Law Review*, vol. 74, 1988, pp. 1195~1196.

馆的罗塞塔石碑应归还给埃及,因为"这是埃及人身份的象征"。①

文物与其文化的联系,与该文物是否仍在现实地被使用无关。梅利曼曾在定义文化联系时,进行了非常狭窄的解释,认为在处理部落族群提出的归还仪式类和宗教性质物品的诉求上,必须达到三个条件:①该文物所处的文化和信仰体系仍在发挥作用;②该文物是出于礼仪或宗教之用而被创造的,反映该信仰体系的文化;③如果归还该文物,那么它将被再次加以使用。② 梅利曼的观点削弱了文物与民族的情感价值,仅保留了其作为文化用品的使用价值。但正如边沁(Bentham)所言:"在我看来,我的财产除却其固有价值以外,更有其情感价值——它们或是我从祖先那里继承来的,或是我通过自己的劳动获得的,或是我未来将留给子孙后代的……因此,财产应看做我们自身存在的一部分,不能被强行从我们身上割除"。③民族国家的文物返还请求,实际上也是情感联系的体现,这种联系是返还的重要基础。这也能解释即使一国国内政治关系无论如何变化,其对外的文物返还主张往往会随着时间的推移而持续下去。④

正因为这样,基于文物及其背景而提出的返还,对文化联系的审查是关键。在实践中,这一问题则体现为在设立文物应归还来源国的规则中,如何确定文物的来源地。在现有的法律框架下,确定一件文化财产是否构成一国文化遗产之部分,主要有两项主要标准——国籍与领土联系。《联合国海洋法公约》最早系统地将人类的共同遗产与来源国的合法利益结合起来。在确定来源国上,该公约第149条采用了三种方式来确定:①"来源国";②"文化上的发源国";③"历史和考古上的来源国"。这一做法使所有与被发现物具有"空间联系或性质联系(spatial or qualitative link)"的国家都有法律依据来促进他们的利益。其中"文化上的发源国"强调对象与国家之间的文化联系,而"来源国"一词则指向领土联系。⑤ 来源国与文化上的发源国一旦发生

---

① C. Edwardes and C. Milner, "Egypt Demands Return of the Rosetta Stone", *The Daily Telegraph*, 20 July 2003.
② John H. Merryman, "The Nation and the Object", *International Journal of Cultural Property*, vol. 3, 1, 1994, p. 69.
③ See Jeremy Waldron, "Property, honesty, and normative resilience", in: Stephen R. Munzer ed., *New Essays in the Legal and Political Theory of Property*, Cambridge University Press, 2001, p. 27.
④ Daniel Shapiro, "Repatriation: A Modest Proposal", *New York University Journal of International Law and Politics*, vol. 31, 1999, pp. 98~99.
⑤ Anastasia Strati, "The Implication of Common Heritage Concepts on the Quest for Cultural Objects and the Dialogue between North and South", *Structures of World Order*, vol. 89, 1995, pp. 442~443.

冲突会使问题更为复杂,优先考虑与文物的文化联系最紧密的国家,可以在一定程度上作为化解难题的关键。

3. 对国家主权进行合理制衡

文物中心原则要求对国家主权进行合理的制衡,以服务于为全人类保护和利用文物的普遍利益。文物中心原则是在文物跨境流动和文化遗产全球治理的背景下提出的,不可避免地遇到全球化的挑战。面对这种挑战,国际社会日益达成共识,即:任何国家均不能仅为其主权完整而漠视人类共同利益,不可凭借其资源的优势而独占或损害人类的共同遗产,因为这样的行为有可能危及地区甚至世界安全,殃及本国人民乃至全人类的发展。为了规范国家行为、保护人类共同利益,国际条约与国际组织开始发挥规制国家间关系的作用,从而造成国家主权日益受到限制。① 一方面,国际组织的数量和对国际社会影响日益凸显,其成员国将国家主权的部分权利持久地或暂时地让渡与国际组织,如联合国及联合国教育、科学与文化组织(UNESCO)是其中突出的代表。另一方面,国际法开始渗透国家管辖的范围,从而缩小了国家主权管辖的空间。②

基于前述共识,文物中心原则认为,尽管某些文物依然属于主权国家,但这种主权必须符合国际社会普遍利益,即基于文物与其文化特性的联系而保护和利用文物。③ 当文化财产所在国发生不符合这种普遍利益的情况,如破坏对人类具有重大价值的文物、强制割裂文物与其文化背景的联系、蓄意阻扰与文物有文化特性关联的族群获取文物或妨碍全世界人民平等的利用文物时,则该国必须容忍国际社会对其审查和干预,特别是来自相关国际组织方面的审查和干预。换言之,如果相关国家对文物的使用或管理可能危及重要的普遍价值,那么该国便不能援引"保留领域例外(exception of reserved domain)"来说明其行为的正当性。此时国家的"保留领域"必须让位于更高的利益,即保护具有这种突出的普遍价值的财产。④ 从这个意义上说,文化

---

① 车丕照:《身份与契约——全球化背景下对国家主权的观察》,载《法制与社会发展》2002年第5期。
② 曾令良:《论冷战后时代的国家主权》,载《中国法学》1998年第1期。
③ See James A. R. Nafziger, "An Anthro-Apology for Managing the International Flow of Cultural Property", *The Houston Journal of International Law*, vol. 4, 1982, p. 195; Sharon A. Williams, *The International and National Protection of Movable Cultural Property: A Comparative Study*, Oceana Publications Inc., 1978, p. 54.
④ Francesco Francioni, "Evolving Framework for the Protection of Cultural Heritage in International Law", in: Silvia Borelli and Federico Lenzerini eds., *Cultural Heritage, Cultural Rights, Cultural Diversity: New Developments in International Law*, Martinus Nijhoff Publishers, 2012, p. 19.

财产作为人类的共同遗产,已成为制衡国家主权的重要手段。

(三)国际规则上的体现

"1954年海牙公约"是体现文物中心原则的主要国际条约,其序言已指明公约的立法目的:"缔约各方,……深信属于任何人民的文化财产如遭受到损失,也就是全人类文化遗产所遭受的损失,因为每国人民对世界文化作出其自己的贡献;……考虑到文化遗产的保存对世界各国人民都是非常重要,因此文化遗产必须获得国际性的保护;……决心采取一切步骤来保护文化财产"。① 在此之后,文物中心原则进一步发展成为国际文化财产领域内更普遍的共识,并主要体现在基于文化联系返还文物以及对国家主权的合理制衡两个方面。

基于文化联系返还文物的典型代表是1995年国际统一私法协会《关于被盗或者非法出口文物的公约》(以下简称"1995年公约"),特别是其第5条第3款。依据该款,"被请求国的法院或者其他主管机关应命令归还非法出口的这一物品",只要请求国证实"从其境内移出文物严重地损害了下列一项或者多项利益,或者证实该文物对于请求国具有特殊的文化方面的重要性",上述利益系指:"(a)有关该物品或者其内容的实物保存;(b)有关组合物品的完整性;(c)有关诸如科学性或者历史性信息的保存;(d)有关一部落或者土著人社区对传统或者宗教物品的使用"。② 依据公约,有关返还非法出口文物的"重要性标准"即是以文物为中心的考量——物理上的完整性保存、文物所含信息的保存,以及基于文化特性联系(社群部落的文化特性)的保存。③ 事实上,这些条款正是梅利曼作为专家组成员在"1995年公约"起草阶段所提的建议。该建议最终被公约吸收采用,被称为"梅利曼清单(Merryman list)"。④ 虽然这一严格标准客观上这造成了"返还非法出口文物"范围的缩小,但至少说明国际社会已关注并开始运用文物中心原则。

对国家主权进行合理制衡的典型代表是"1972年世界遗产公约"确立的机制。该公约缔约国大会选举产生的机构——世界遗产委员会有权对缔约国国内管辖领域内进行适当干预。例如,对缔约国保护遗产的系统性评估,通过反应性监测和定期报告,审查已经列入《世界遗产名录》的遗产的保护

---

① "1954年海牙公约",序言。

② 1995年国际统一私法协会《关于被盗或者非法出口文物的公约》("1995年公约"),第5条第3款。

③ John H. Merryman, "The Nation and the Object", *International Journal of Cultural Property*, vol. 3, 1, 1994, p. 71.

④ Lyndel V. Prott, *Commentary on the UNIDROIT Convention*, Institute of Art and Law, 1997, p. 59.

状况;①当出现实际或潜在会影响文化财产完整性的危险时,世界遗产委员会将决定《世界遗产名录》中的哪些遗产应该从《濒危世界遗产目录》移除,或甚至决定是否应将一项遗产直接从《世界遗产名录》从中移除。②迄今为止,总共已发生两例遗产被《世界遗产名录》除名的案例,这是国家主权被限制的具体表现。第一例是阿拉伯大羚羊保护区(阿曼),于2007年从该名录中删除(第31 COM 7B.11号决定),原因是阿曼未能履行"1972年世界遗产公约"规定的义务,尤其是保护和养护阿拉伯大羚羊保护区这一世界遗产的义务。③ 第二例是德累斯顿易北河峡谷(德国)于2009年从该名录中删除(第33 COM 7A.26号决定),原因是德国未能履行公约规定的义务,在景观中心位置修建了一座四车道桥,该遗产不再具有当初列入该名录时所具有的"突出的普遍价值"。④

二、文物中心原则下保护与利用

(一)保护与利用

保护和利用,是文物中心原则在国际文化财产法律中应当坚持的两个方面。"保护"不仅意味着确保文物实体的真实与完整,还应当保护文物所联系的文化、地理等各方面的信息。在妥善保护文物的前提之下,文物还应当得到合理的利用,提供多种形式的交流以保证全人类对文物的可及性,从而促进诸多价值的实现。⑤

1. 保护

将文物实体的物质形态真实而完整地保存,是文物保护的首要目标。现有国际文物保护法规范中,绝大多数都是关于文物利用、维护、修缮的原则和方法的规则,主要涉及文物保护、修复和保存。在联合国教科文组织和世界知识产权组织(WIPO)等国际立法框架下,"保护""保存"和"维护"的意义有所不同。对物质遗产使用"保存"时,强调的是遗产的"真实性"和"完整性";"维护"则侧重于非物质遗产的"生命力"和"连续性"。⑥ 这里,以物质

---

① "1972年世界遗产公约",第11条第7款和第29条。
② "1972年世界遗产公约",第11条第4款和第5款。
③ UNESCO Decision, No. 31 COM 7B. 11, State of Conservation of World Heritage Properties-Arabian Oryx Sanctuary, 31st session of the Committee (31 COM), 2007.
④ UNESCO Decision, No. 33 COM 7A. 26, Dresden Elbe Valley (Germany), 33rd session of the Committee (33 COM), 2009.
⑤ 高升、王凌艳:《文物返还国际争议解决的理念更新》,载《理论月刊》2008年第12期。
⑥ Farida Shaheed, Report of the independent expert in the field of cultural rights, Human Rights Council, Seventeenth session, 21 March 2011, A/HRC/17/38, p. 15.

遗产为例,这些国际规范有一个共同点,它们都遵循了文物保护的真实性原则和整体性原则。这两个原则源自《威尼斯宪章》,并很快在世界范围内达成共识,成为文物保护的基本原则。①

真实性原则,或称"原真性原则",是指文物因具有真实性而获得的独特价值。在文物保护中应尊重文物的历史真实性,尽可能保留其全部的历史信息。原真性的系统阐述源自1994年联合国教科文组织在日本奈良的"原真性会议"。会上形成的《奈良真实性文件》指出,文物的价值主要通过该文物的"信息源的可信性与真实性程度"来体现,并认为"原真性判断会与大量不同类型的信息源的价值相联系",这些信息源的内容包括"形式与设计、材料与物质、用途与功能、传统与技术、地点与背景、精神与感情以及其他内在或外在因素"等。② 根据原真性原则的要求,对文物的保护要遵循最小干预原则,在移动和修复中确保修旧如旧,不得进行任何有违或忽略文物真实性要求的移动和修复行为。对文物的使用必须符合文物的文化属性和特点,在使用中不得有损于文物的真实性。③

整体性原则,亦称"完整性原则",是指文物只有在它原本的文化和物理环境中才能完整准确地体现其内涵,不仅要保证文物实体本身的完整性,还要保持文物所赖以存在的环境。一方面,文物的存在环境同样应遵循整体性要求,不仅包括地理空间上的环境,也包括文化氛围和历史记忆上的完整性。这要求将文物作为纯物质的创造性产物加以保护,转变为一个更加宏伟目标:维护这个创造并传承这类产物的社会结构和过程。④ 另一方面,从整体性原则还引申出了另一项文物保护原则,即"原址保护"原则。对于不可移动或文化上不应移动的文物,要尽量实行"原址保护",避免不必要的任何迁建。⑤ 从这个角度上看,梅利曼认为埃尔金大理石放置于英国博物馆是其能受到"最好保护"的地方,⑥显然不符合整体性原则。因为该石雕作为不可移动文物作为帕特农神庙的部件,本应遵从原址保护的原则,即留在雅典帕特农神庙的遗迹之上;希腊民族也正是在包括古希腊时期在内的复杂历史变迁

---

① 李玉雪:《应对文物危机的路径选择——以国内法和国际法对文物的保护为分析框架》,载《法律科学(西北政法大学学报)》2009年第3期,第113页。
② See The Nara Document on Authenticity (Nare, Japan, 1994).
③ 李玉雪:《应对文物危机的路径选择——以国内法和国际法对文物的保护为分析框架》,载《法律科学(西北政法大学学报)》2009年第3期,第113页。
④ Francesco Francioni, "Beyond State Sovereignty: The Protection of Cultural Heritage as A Shared Interest of Humanity", *Michigan Journal of International Law*, vol. 25, 2003, p. 1121.
⑤ 王景慧:《论历史文化遗产保护的层次》,载《规划师》2002第6期,第9页。
⑥ John H. Merryman, "Whither the Elgin Marbles?", in: John H. Merryman ed., *Imperialism, Art and Restitution*, Cambridge University Press, 2006, p. 111.

中形成了现有的民族特性,帕特农神庙代表了是这种独特文化基因不可缺少的一部分。

原真性和整体性原则在全球一体化背景下意义更加凸显,因为文化边界本来就呈现弱化的趋势,文化的地方性更加难以保证,在这种情况下强调文物的地方性和"文化层面"的保护也就格外富有意义。强调"文化层面"的文物保护,要求将与文物相关的文化背景、创造性过程及其对历史、文化的连续性影响一并保存下来,保护其创造和使用过程中蕴含的与特定时间、地点与文化的相关性,保护其在历史和文化中连续发挥的作用,保护文物对地方情感所塑造出来的"地方感"和"集体记忆"。①

2. 利用

文物利用应保证文物在与其发生文化联系的社群以及全人类范围内的可及性,鼓励文物的国际间合法流动,以便全人类都有机会得以接触、了解和研究文物及其所联系的文化。"文化国际主义"对文物返还、文物出口管制的批评,多集中于担忧其限制了各国人民接触文物的能力。文物中心原则充分认识到这种需求的合理性,并将文物交流作为与文物保护并立的重要一面,从而为化解争论、协调立场提供了重要的选项。②

文化国际主义主张文物合理地分布于世界各地,从而便利各国人民接触到文物,以理解本国和他国文化。该目的存在合理性,但不能以违背文化保护义务为代价,破坏文物的真实性和整体性,特别是破坏了文物与其文化特性的联系,如采取掠夺、非法贸易等方式获取文物。③

事实上,文物保护和利用完全可以协调一致,因为文物交流并非只有掠夺与非法贸易一种形式。合理的文物交流手段,不仅使公众对文物的接触和研究更深入、广泛,也可以替代非法文物贩运在此方面的作用,抑制非法文物贩运的需求,使非法文物发掘丧失动力,从而实现合理的文物利用,促进妥善的文物保护。

(二)保护和利用的必要性

文物的另一表述——"文化财产",表现了文物既是"文化"之物,应当受到保护;亦是"财产"之物,应当妥善利用。换言之,文物既表现出一般财产的经济价值、需要体现出其使用价值,也体现出教育、科学、文化、历史、艺术、

---

① 文芸、傅朝卿:《当代社会中遗产价值的保存与维护》,载《建筑学报》2013年夏季号(总第84期)。
② 高升、王凌艳:《文物返还国际争议解决的理念更新》,载《理论月刊》2008年第12期。
③ 杨树明、郭东:《"国际主义"与"国家主义"之争——文物返还问题探析》,载《现代法学》2005年第1期。

审美等文化价值、需要合理保存。以文物为中心,应当注重"保护"和"利用"的统一。

第一,文物是一种财产,具有占用、使用、收益及处分之用途。一方面,文物可以成为商业交易的标的。文物的财产性价值,主要体现为经济价值,即通过货币作为一般等价物展现出其在市场上的价值。在和平时期,文物的经济价值是文物流通的主要动因。大量的文物交易,无论是合法的还是非法的,大多源于对文物市场价值的追逐。另一方面,文物还可以其他非交易的方式产生收益。比如博物馆通过展览、文物形象再开发等方式获得收益,①不可移动文物和文物发掘遗址则可作为旅游景点而获得收益。② 文物本身的经济价值是其价值的重要方面,也成为文物流失的直接动因。

第二,文物蕴含着文化,是具有文化意义的物品。文物之所以是"文化财产",而不只是"财产",意味着文化价值是其区别于其他财产的主要特征。文物是历史上创造出来的、与某种文化具有紧密联系、具有独特审美价值的物品。这种历史、文化和审美趣味反映了某些人类群体的传统,是该群体形成身份认同的基础,对于这个群体有独特的"联想和象征意义"。正如莫斯塔卡斯(J. Moustakas)指出,文物是一个群体的人格化体现,是来自并隶属于这个群体的集体财产;文物作为"群体所有的财产"具备与"相关群体关联密切的实质性标记",与该群体的身份紧密"绑定"。③ 文物的文化价值是其受到与之产生文化联系的群体所推崇的原因,也是其成为国际社会追捧的理由。这种推崇和追捧则使文物在流通市场上具有了可被交易的经济价值。文物的文化价值是基础,决定了其经济价值。④ 因此,本书也主要讨论文物的文化价值。

(三)保有和返还的例外

1. 武装冲突时期的文物转移

在某些情况下,将文物从与之文化联系最紧密的地区转移出去,反而可能是保护文物免遭战乱破坏和劫掠的最好方式。⑤ 例如,在西班牙内战期

---

① 苏东海:《文博与旅游关系的演进及发展对策》,载《中国博物馆》2000年第4期。
② 单霁翔:《大型考古遗址公园的探索与实践》,载《中国文物科学研究》2010年第1期。
③ John Moustakas, "Group Rights in Cultural Property: Justifying Strict Inalienability", *Cornell Law Review*, vol. 74, 1988, p. 1184.
④ 高升:《文化财产返还国际争议的理论之争》,载《山东科技大学学报(社会科学版)》2008年第4期。
⑤ Francesco Francioni, "Evolving Framework for the Protection of Cultural Heritage in International Law", in: Silvia Borelli and Federico Lenzerini eds., *Cultural Heritage, Cultural Rights, Cultural Diversity: New Developments in International Law*, Martinus Nijhoff Publishers, 2012, p. 15.

间,普拉多博物馆(Prado Museum)的部分艺术品就被转移到瑞士躲避战祸;1939年,在德国向波兰发起闪击战之前,一些文物艺术品也从克拉科夫被转移到加拿大。这些将文物转移到第三国的例子,都证明在特定情况下让文物暂时脱离来源国是保护文物免于损毁流失的最佳方案。当然,在这些转移的案例中,文物的流动都是经过有关各方的主管政府授权同意后转移的,而不是由占领军决定的转移。①

2. 联合国教科文组织的文物拯救机制

对于因武装冲突或恐怖主义而濒临危境的文化财产,在联合国教科文组织的框架下,国际社会有权对文物来源国进行有限的干预,以国际社会的力量来保障文物的安全。例如,联合国教科文组织联合法国、沙特阿拉伯等国家已着手设立一个保护武装冲突形势下文化遗产的国际基金(ALIPH),②建立一个临时保护因武装冲突或恐怖主义而濒临危境的文化财产的庇护网络,并促成联合国安理会为此通过框架决议。③ 中国政府也将积极承担国际义务,接收濒危文化遗产临时避难避险,并动员、鼓励、支持中国企业向保护濒危文化遗产国际基金提供积极捐助。④

3. 文物拯救的实践

联合国教科文组织曾与阿富汗保护文化遗产协会(SPACH)签订了与保护阿富汗文物有关的双边协议。依据协议,由瑞士阿富汗图书馆基金会和日本文化遗产基金会临时储藏和保存部分阿富汗文物,在教科文组织认为可以归还给阿富汗时再将其送回阿富汗。联合国教科文组织为国际市场上找到的阿富汗文物,特别是从博物馆盗窃的文物或是在近期非法挖掘中找到的文物提供保护性托管。一旦条件允许,这些文物将立即归还阿富汗。⑤ 2007年3月,联合国教科文组织宣布,自1999年以来保存在瑞士布本多夫"阿富汗流亡博物馆"的1300件阿富汗文物重返家园,在喀布尔的阿富汗国立博物馆

---

① Lyndel V. Prott, "The Protection of Cultural Movables from Afghanistan: Developments in International Management", in: Juliette van Krieken-Pieters, *Art and Archaeology of Afghanistan: Its Fall and Survival*, Brill, 2006, pp. 189~200.

② 联合国教科文组织:"参加冲突地区遗产保护国际联盟(ALIPH)基金会理事会",执行局第二〇一届会议(2017年4月25日), https://unesdoc.unesco.org/ark:/48223/pf0000248090_chi,最后访问时间:2017年12月14日。

③ Resolution 2347 (2017), adopted by the Security Council at its 7907th meeting, on 24 March 2017, S/RES/2347 (2017).

④ 新华社:"中国愿积极参与和支持濒危文化遗产国际保护", http://www.gov.cn/xinwen/2016-12/04/content_5142680.htm,最后访问时间:2017年12月3日。

⑤ 联合国教科文组织:"联合国系统各组织近期内与教科文组织工作有关的决定和活动",执行局第一六四届会议(2002年4月24日)。

安家落户。这次返还活动由阿富汗信息文化部组织,联合国教科文组织瑞士国家委员会、瑞士外交部和德国国防部提供了资金支持和运输工作等协助。①

第三节 文物中心原则的哲学基础

讨论文物中心原则的哲学基础,离不开世界主义(cosmopolitanism)和社会认识论(social epistemology)。世界主义是从本体论出发,解决什么是文物的问题,而社会认识论是从认识论角度,关注如何认识文物的问题。

一方面,文物中心原则是世界主义在文物领域的折射。基于自我与他性、沟通共同体的世界主义,突破了普遍性与特殊性的僵局,承认更大共同价值观存在的可能。这也印证了文物中心原则的核心要义,即文物是全人类共同知识的载体,其价值基点是从维护全人类共同利益出发,来保护和利用文物。

另一方面,文物中心原则也反映了社会认识论的关照。正因为人类知识是通过社会化生产出来的,知识生产离不开信息的交流,知识因而不能局限于被任何一个群体所独有。而文物的核心价值是知识,为了认识文物的知识价值,促进人类知识生产,应当基于文物与其文化特性的联系,保障全人类获取和使用文物的权利,这也是文物中心原则的必然要求。

一、世界主义下的文物中心原则

文物中心原则要求,看待文物需要站在全人类的立场,跳出文物来源国或文物市场国的传统利益视角。在何为文物的本体论上,文物中心原则折射出世界主义的反思,体现了与世界主义思潮的自然契合。

总体来看,当代有关文物的观念转变体现在,对文物的关注不限于一个个民族国家,而是超越了这些政治共同体,认为人类社会是(或至少应当是)一个想象的道德共同体,②且文化遗产是人类社会建构的天然组成。③ 换言之,文物的关注成为世界主义理念建构的一部分,体现了人类作为一个共同

---

① 联合国教科文组织:"1300件阿富汗文物返回家园",http://www.un.org/chinese/News/story.asp? NewsID=7416,最后访问时间:2017年12月3日。
② Benedict Anderson, *Imagined Communities: Reflections on the Origin and Spread of Nationalism*, Verso Books, 2006, p.4.
③ Jan Turtinen, *Globalising Heritage: On UNESCO and the Transnational Construction of a World Heritage*, Stockholm Center for Organizational Research, 2000, p.7.

体,对人类历史和文化关注。

(一)世界主义概述

世界主义是一个观点丰富、历史悠久的思想派别,其共有的核心理念可大致概括为:所有人,无论其政治派别如何,都是(或可以且应该是)一个社群的公民。① 最彻底的世界主义者会认为,"我们应该首先效忠的不是单纯的政府形式,不是世俗的权力,而是由全人类的人性组成的道德共同体。"②尽管这种跨国利他主义听起来可能脱离国家实体、脱离世俗社会。③ 不同版本的世界主义可能并不会如此彻底或激进,而是进一步以不同的方式设想这种理念,其中一些关注政治制度,另一些关注道德规范或关系,还有一些关注共享市场或文化表达形式。

值得注意的是,世界主义与本书前述文化国际主义并不一样。尽管他们都强调文物是全人类遗产、由全人类共同所有,文化国际主义落脚于对文物国际流通性的片面要求,支持的是文物市场国的局部利益需求,不具有真正意义上的"国际性"或"世界性"。相比之下,世界主义是以文物及其承载着人类世界历史与文明为中心,提供实质性的"国际性"视角。

(二)世界主义的历史渊源

1. 古典时期的世界主义

世界主义渊源于古希腊的斯多葛学派。当古希腊哲学家第欧根尼被问及他来自哪里时,其回答"我是世界公民"。因为其拒绝被他的当地血统和当地社群成员身份所定义,并坚持用他从更广泛意义上来界定自身。斯多葛学派则在此基础上,发展了第欧根尼的世界公民理念,认为我们每个人实际上都居住在两个社区中——我们出生的本地社区,以及全人类所讨论和渴望的社区。④ 古希腊哲学家普鲁塔克斯转述芝诺所说,"我们这个世界的所有居民不应该被各自的正义规则所区分,并进入不同的城市和社区。我们应该认为,所有人都属于同一个社区和同一个政体,我们应该有一个共同的生活和一个我们所有人共同的秩序,就如同是一群共同饲养和分享共同土地的牧

---

① Cosmopolitanism, Stanford Encyclopedia of Philosophy, available at https://plato.stanford.edu/entries/cosmopolitanism/#GreeRomaCosm, last visited on 24 June 2022.
② Martha Nussbaum, "Patriotism and cosmopolitanism", in: Garrett W. Brown, David Held eds., *The Cosmopolitan Reader*, Polity, 2010, p.157.
③ Bruce Robbins, "Actually Existing Cosmopolitanism", *Cosmopolitics*, 1998, p.2.
④ Martha Nussbaum, "Patriotism and cosmopolitanism", in: Garrett W. Brown, David Held eds., *The Cosmopolitan Reader*, Polity, 2010, p.157.

群"。① 随着亚历山大大帝建立起横跨亚欧非的世界性帝国,希腊文化开始向东方和北非逐渐传播,开启所谓的"希腊化时期"。由于亚历山大本人的理念,及其为了统治被征服的多元民族和地区所采取的举措,世界主义开始成为一种政治现实,并在一定程度上塑造希腊的世界主义政治和文化。②

在古罗马征服希腊后,希腊世界主义也深刻地影响了罗马的政治与法律。伴随罗马的不断扩张,各个城邦融入了一个共同的帝国,世界主义开始成为罗马的选择。深受斯多葛学派影响、兼具罗马政治家和自然法学家身份的西塞罗(M. T. Cicero)认为,存在一种超然于各个国家之上的自然法,"罗马和雅典不会有不同的法律,现在和将来也不会有不同的法律,因为其共有一个永恒不变的法律,这个法律对所有国家和所有时代都有效,并且会有一位主人和统治者,那就是在我们所有人之上的上帝,因为他是这部法律的作者、颁布者和执法者。"③西塞罗作为斯多葛学派成员,其所称的上帝,实际是指理性与自然。对于西塞罗来说,正义约束着整个人类社会,并且基于一种法律,即适用于命令和禁止的正确理性。④ 因此,整个人类都适用于同样一个自然法。事实上,罗马也成为第一个世界性的国家,罗马各省居民既是本地居民也是罗马居民,不同语言、文化和民族的居民在帝国内部共存和交往。⑤

2. 近现代的世界主义

地理大发现、环球贸易和殖民主义的发展,使文艺复兴与启蒙运动融入了世界主义的思想。文艺复兴前期的但丁认为,为了造就普天下的幸福,有必要建立一个一统的世界政体;无论何种机构都需要统一治理,因此,从整体的角度看,人类必然也需要统一治理;尘世政体不过是那同上帝相结合的单一的世界政体的一个部分。⑥ 在启蒙运动时期,尤其是在法国大革命的最初几年,世界主义受到了最强烈的推动,其中1789年的法国《人权宣言》在一定

---

① Moralia Plutarch, On the Fortunes of Alexander, available at https://penelope.uchicago.edu/Thayer/E/Roman/Texts/Plutarch/Moralia/Fortuna_Alexandri*/1.html, last visited on 24 June 2022.
② Johannes Haubold, "Hellenism, Cosmopolitanism, and the Role of Babylonian Elites in the Seleucid Empire", in: Myles Lavan, Richard E. Payne eds., *Cosmopolitanism and Empire*, Oxford University Press, p. 89.
③ M. T. Cicero, *De re publica*, CW Keyes trans., Harvard University Press, 1982, Book III, p. 22.
④ F. L. Alonso, "Cosmopolitanism and natural law in Cicero", in: Francisco José Contreras eds., *The Threads of Natural Law*, Springer, 2013, pp. 31~32.
⑤ C. H. Pieper, "Cosmopolitanism and the Roman Empire: Political, Theological and Linguistic Responses—three Case Studies (Cicero, Augustine, Valla)", *The Journal of Latin Cosmopolitanism and European Literatures*, vol. 5, 2021, p. 12.
⑥ [意]但丁:《论世界帝国》,朱虹译,商务印书馆1985年版,第7~10页。

程度上即源于世界主义的思维模式,并反过来强化了世界主义思想。① 其将人类作为一个整体来强调"人生来就是而且始终是自由的,在权利方面一律平等。"在此基础上,其认为经过国民的授权,才形成了主权和主权国家。

与此同时,康德(I. Kant)则对世界主义进行了深刻的论述。在人的层面,康德认为人类作为一个物种应当进入世界公民状态,"使人类物种的全部原始秉赋,都将在它那里面得到发展的一种普遍的世界公民状态。"因为国家之间的扩张与战争阻扰了人类的全面发展,为此必须在全体人类的人与人之间"制订一部个人与个人之间的合法的公民宪法","导致一种保卫国际公共安全的世界公民状态"。例如,国家和民族之间通过联合起来而获得和平,"每一个国家,纵使是最小的国家,也不必靠自身的力量或自己的法令,而只须靠这一伟大的各民族的联盟,只须靠一种联合的力量以及联合意志的合法决议,就可指望着自己的安全和权利了。"②

(三)世界主义下的文物中心原则:文物代表人类共同利益

世界主义将世界作为一个整体来看待,从人类的共同利益角度来看待事物,这与将文物作为人类共同遗产的逻辑是一致的。事实上,最先站在该角度看待文物的正是基于世界主义思潮。

格劳秀斯在《战争与和平法》第三卷中表示,"波利比乌斯说,摧毁那些既不会削弱敌人、也不会为摧毁它们的人带来好处的东西,只是标志着思想上的愤怒;这些东西是寺庙、柱廊、雕像等。而西塞罗则称赞马塞勒斯,因为他们使锡拉丘兹的所有建筑幸免于难,无论它们是公共的还是私人的,是神圣的和世俗的,就好像他带着他的军队是来保卫它们的,而不是俘虏它们。"③格劳秀斯在论述战争与和平的法则时,强调文物不应当沦为战争的对象,即使它们是敌对方的。这意味着,在格劳秀斯看来,文物已经超脱于战争参与任何一方的利益,而代表了更高层次的共同利益。尽管他只是在战争的背景下,提及文物的共同性,但不难推及,即使在战争中都应当特别保护作为人类共同遗产的文物,那么在和平环境下更应如此。

瑞士学者瓦泰尔(Vattel)在《万国法》中进一步重审了格劳秀斯的该观点,其认为,"破坏它们(文物)就是肆意剥夺全人类欣赏这些艺术作品的权

---

① Vittorio Cotesta, *Global Society and Human Rights*, Brill, 2012, pp. 151~164.
② [德]康德:《历史理性批判文集》,何兆武译,商务印书馆1990年版,第9~12页。
③ Hugo Grotius, *The Rights of War and Peace*, Edited by Richard Tuck, Liberty Fund, 2005, Chapter VI, Section XII.

利,就等于宣布自己与全人类为敌"。①瓦泰尔是首个将文化财产直接与全人类的利益建立联系的学者,其明确提出了摧毁文物是与人类为敌,是对人类文明的摧毁。这意味着,文物的价值已超出于任何一个国家、民族或地方的利益,而代表了人类的共同利益。

拿破仑在发动对意大利战争期间,其掠夺了大量的文物并收藏至卢浮宫。大肆掠夺文物的行为触发了人们对文物共同性的反思,尤其是在法国知识分子界引发了辩论。正如在讨论法国是否应返还拿破仑在意大利战役中所掠夺的文物时,法国考古学家卡特勒梅尔·德·坎西(Quatremère de Quincy)认为"艺术与科学属于全欧洲,不再仅为一国之专有财产。对价值观和健全政策的所有考量和努力,必须有利于维护、促进和扩展这一共同体……"②美国第二次独立战争期间,针对英国扣押美国一家艺术学院的文物的行为,一位英国法官在审理该纠纷时也表示,"它们不被认为是这个或那个国家的私有物,而是整个人类的财产,属于整个物种的共同利益。"③

一战之后,国际社会开始尝试通过国际法来确立文物对于全人类的价值。美洲国家组织于1935年签订了《洛里奇协定》,其目的在于"在任何危急时刻保存构成民族文化宝藏的所有国家和私人所有的不可移动古迹",并指出"历史古迹、博物馆、科学、艺术、教育和文化机构应被视为中立,并因此受到交战方的尊重和保护。上述机构的人员也应受到同样的尊重和保护。历史古迹、博物馆、科学、艺术、教育和文化机构在和平时期和战争时期都应受到同样的尊重和保护。"④

二战后,基于对纳粹德国掠夺文物的反思,以及随着文物中心主义思想的发展,国际社会最终通过"1954年海牙公约",在规范意义上,将世界主义的主张贯彻出来。正如公约序言指出,"深信属于任何人民的文化财产如遭受到损失,也就是全人类文化遗产所遭受的损失,因为每国人民对世界文化作出其自己的贡献;考虑到文化遗产的保存对世界各国人民都是非常重要,

---

① Emer de de Vattel, Le Droit des Gens, ou Principes de la Loi Naturelle, appliqués à la Conduite et aux Affaires des. Nations et des Souverains, Londres, 1758, p. 104. 转引自霍政欣:《追索海外流失文物的法律问题》,中国政法大学出版社2013年版,第14页。

② See A-C. Quatremère de Quincy, "Extracts from Letters to General Miranda 1796", in: Lyndel V. Prott ed., *Witness to History: A Compendium of Documents and Writings on the Return of Cultural Objects*, UNESCO, 2009, p. 20; John H. Merryman, The Free International Movement of Cultural Property, *New York Journal of International Law and Politics*, vol. 31, 1998, p. 10.

③ John H. Merryman, "Cultural Property Internationalism", *International Journal of Cultural Property*, vol. 12, 1, 2005, p. 22.

④ Roerich Pact and Banner of Peace, 1935.

因此文化遗产必须获得国际性的保护"。①此后,联合国教科文组织成立并组织签订的多个国际条约,逐渐在不同层面上实现了世界主义的理想。

二、社会认识论下的文物中心原则

社会认识论认为,知识的生产是一种社会行为,这种生产离不开知识在社会中的交流。文物的核心价值是知识,以文物为中心妥善保护和利用文物,实际上是为了使人类历史上的知识得到合理保存和充分交流,从而人类知识得以传承、人类知识生产的链条得以衔接,最终使人类的文明得以延续和发展。从这个意义上看,文物中心原则是社会认识论的必然要求。

(一)社会认识论概述

社会认识论起源于对学术知识生产的研究,是一种有关知识起源的跨学科运动,其认为知识内部具有社会性。当代认识论领域,存在着个人认识论和社会认识论两种分支。②传统的分析认识论主要是指个人认识论,其以笛卡尔的观点为代表,认为知识是一种个人事业,是认识主体如何利用其个人认知能力和工具来调查与研究各种问题。正如笛卡尔所认为,追求真理最有希望的方法是靠自己的推理。对此,社会认识论则认为,人们的基础信息来自于从他人那里获得的常识性信息,并通过社会交往来开展研究工作。③

社会认识论认为,知识这一产品的生产过程,与经济领域里普通商品的生产虽有差别,但也有相当的一致性,都是一种社会化大生产。个人虽然也可以生产出"意见"或"信仰",但只有经过一定的社会团体的肯定后,才可以成为知识,因此,在某种程度上知识是特定群体的一致看法。④ 所以,知识是社会建构出来的,是社会生产的产物。

(二)社会认识论的理论基础

由于知识是社会建构出来的,而不是一个人的独思,这意味着交流是必要的,否则无法完成社会性的知识生产。就像商品生产需要产品的"供应链"一样,知识生产也需要知识的"供应链"。

一方面,知识的生产需要社会交流。随着人类知识的数量和复杂性的增加,知识变得越来越碎片化且互相依赖,这意味着知识的生产需要被协调和整合到复杂的社会体系中。知识如果要在一个群体内部传播,或者被任何一

---

① 1954 年《关于发生武装冲突时保护文化财产的公约》("1954 年海牙公约"),序言。
② 陈嘉明:《社会知识论(上)》,载《哲学动态》2003 年第 1 期。
③ Steve Fuller, *Social Epistemology*, Indiana University Press, 2002, p.3.
④ 欧阳康,[美]斯蒂夫·富勒:《关于社会认识论的对话(上)》,载《哲学动态》1992 年第 4 期。

个群体所吸收,或者由多个社会成员分工协作进行生产,都需要就知识开展沟通。任何思想得以存在的前提是,从个体到个体、从个体到群体的思想交流必须完整,任何链条的缺失,都可能导致这个思想消失乃至永远消逝。①

另一方面,知识的消费,或者说其社会价值的体现,需要通过交流来验证。对于知识生产而言,必须在特定群体内有适当的信息交流,如在每个学术圈内,或者在学者专家的若干个学术圈之间,以及在学术圈与从业者、经营者、教育工作者和公众等不同圈子之间开展交流。只有这样,才能使知识成果对社会来说是有实用价值的,并且只有这样才能证明,我们所为学术研究所投入的社会经济成本,相对于其产生的社会效用而言是有价值的。②

(三)社会认识论下的文物中心原则:文物中知识的世界交流

文物价值的核心是文物中的知识。文物实际上是作为人类知识生产的环节之一,承载着人类在不同历史时期所生产出来的知识。人类世界作为一个整体要开展知识的生产和文明的发展,离不开在整个人类社会中的知识共享与交流。所以,法国科学家巴斯德有一句名言,"科学无国界,因为知识属于全人类,是照亮世界的火炬"。③

如果认可知识属于全世界,那么文物中的知识也应当属于全世界。如果文物被局限于为一个国家所保有,无论是文物来源国还是文物市场国,那么文物中的知识就无法有效地保存和利用,无法为人类社会所共享和交流,也就无法发挥其促进人类世界知识生产的作用。因此,社会认识论要求我们看待文物的视角应当跳出文物来源国、文物市场国的利益取向,而应当以文物为中心,以文物对于全人类的价值为出发点,促进文物中知识在全世界的交流。

与此同时,知识无法脱离知识生产的场景,正如人类认识世界的"语言游戏"无法脱离特定的周边环境,其脱胎于特定的文化环境,依赖"由科学和教育维系的社群"。④ 认识文物的知识价值,也应以文物和文化特性的联系为基础,将文物置于相应的文化、历史和环境背景之中去理解。

也因此,我们注意到某些知识系统在当代社群中具有特殊的文化价值,并且从本身及其贡献的价值出发,呈现出"认识的多样性"。这种认识多样

---

① Jesse Shera, "Epistemologia Social, Semântica Geral e Biblioteconomia", *Ciência da Informação*, vol. 6, 1, 1977, pp. 10~12.
② M. E. Egan, J. H. Shera, "Foundations of a Theory of Bibliography", *The Library Quarterly*, vol. 22, 2, 1952, p. 126.
③ Louis Pasteur, toast at banquet of the International Congress of Sericulture, Milan, 1876, in Maurice B. Strauss Familiar Medical Quotations (1968).
④ Ludwig Wittgenstein, *On Certainty*, Blackwell, 1969, p. 38.

性,在文物领域常表达为"文化多样性",是文化遗产的重要形式,是宝贵的文化资源,决定了全人类的认知韧性和复原力,并确保了人类对未来社会更强大的适应能力。① 在这个意义上,文物中心原则不仅要求人们跳出文物来源国或文物市场国的片面视角,从人类共同体更高的角度,去观察和思考文物的功能;更重要的是,其代表了人们将自己作为人类社会的成员,对人类知识交流和文明延续的整体利益的价值追求。

第四节 文物中心原则的现实意义

非法贩运对文物的文化价值造成了极大的威胁,是当代国际社会在文化财产流通领域面对的主要问题。从文物中心原则出发,为了打击非法文物贩运,应当加强市场监管,抑制对非法流失文物的需求,合理采取刑事追诉和民事追索措施。跨境文物返还民事诉讼各环节中的法律问题也投射出文物中心原则在跨境文物返还争议纠纷解决的影响。

一、文化财产流通领域的根本利益

(一)"保护文物"作为根本利益

1. 流通中主体利益倾向的不合理性

在文化财产流通领域,"非法文物贩运"是国际社会关注的重点问题,并已经表现为有组织的严重犯罪。国际社会为此进行了不懈的合作,旨在最有效地打击非法文物贩运。联合国教科文组织、国际统一私法协会、欧洲理事会、国际刑警组织、国际博物馆理事会等都在不断改进国际规则,推动跨国合作。

值得注意的是,当前也出现了简化问题性质的倾向,即把任何涉及文化财产的流通都视作"贩运",并因此是"非法"的。换言之,任何涉文化财产的流通均是"非法贩运"。在这种简单化的倾向下,世界也被简单化地严格区分为两类国家,即文物进口国和文物出口国。客观来说,就文物贸易流向来看,确实可以作出"出口国"和"进口国"的划分。前者主要集中在地中海地区(土耳其、希腊、意大利、埃及和中东国家)、中美洲和南美洲(包括墨西哥、危地马拉、哥伦比亚、秘鲁和厄瓜多尔等)、亚洲(印度、泰国、柬埔寨、印度尼西亚)、非洲和大洋洲;后者通常为西方工业化国家(美国、法国、英国、日本、

---

① Fulvio Mazzocchi, "Diving Deeper into the Concept of 'Cultural Heritage' and Its Relationship with Epistemic Diversity", *Social Epistemology*, vol. 36, 3, 2022, p. 401.

瑞士、德国等）。此外还有"出口兼进口国"（法国、意大利、澳大利亚）和"近年来新晋的进口国兼出口国"（如中国、印度）。①

文物进口国的极端观点认为，文物出口国保有凡其认为是民族文化遗产一部分的文物，都构成以民族主义为名而自私地限制其他地区人民接触文物的合理需求。② 文物出口国的极端观点则认为，文化资源贫弱但经济实力强大的文物进口国，通过文物流通，对文化资源丰富但经济实力较弱的文物出口国进行剥削。③ 文物单方面流向"进口国家"的现象，被批评为新殖民主义的"剥削"和对发展中国家的文化"资源"的征用，这种观点已实际影响到文物来源国追索文物的国际实践。当然，这两种非黑即白的立场都招致了理论界和实务界的激烈批评，客观上都应当予以摒弃。

2. 保护文物是文化财产流通领域的根本利益

对非法贩运文物的评价应基于更广泛的国际政治、经济和法律关系背景，而不能仅从简单的经济往来角度作分析。换言之，在文化财产流通领域，不能只看到"文化财产"的"财产"属性，还应当关注其"文化"属性。为了找到文物流通中真正应受到保护的利益，应撇开任何特定的意识形态，抛开简单化的文化民族主义和文化国际主义的旗号。④

通过考察主要国际文件可以发现，真正受保护的利益是对文物的保护，保护与之联系的文化特性，以及其展现出来对全人类的重大文化意义。⑤ 当然，对国家主权和财产权利的关注同样很普遍且几乎不可避免，但是保护国家主权或保护财产权利并不是前述国际规则的根本目的。所谓"归还或返还财产的义务"，只有在返还或归还的效果符合保护文物的目的时，该返还行为才体现对前述法益的实现。正如瑞士专家组在考察是否加入"1995 年公约"时所表达的观点，当"国家保护其文化遗产免遭掠夺的利益压倒了对财

---

① Manlio Frigo, *Circulation des Biens Culturels, Détermination de la Loi Applicable et Méthodes de Règlement des Litiges*, Collected Courses of the Hague Academy of International Law (Vol. 375), Brill, 2015, pp. 343~344.

② See John H. Merryman, "Two Ways of Thinking about Cultural Property", *American Journal of International Law*, vol. 80, 4, 1986, p. 831; Paul M. Bator, "An Essay on the International Trade in Art", *Stanford Law Review*, vol. 34, 2, 1982, p. 346.

③ Emil Aleksandrov, *International Legal Protection of Cultural Property*, Sofia Press, 1979, p. 128.

④ Erik Jayme, *Identité Culturelle et Intégration: Le Droit International Privé Postmoderne*, Martinus Nijhoff, 1995, p. 197.

⑤ Manlio Frigo, *Circulation des Biens Culturels, Détermination de la Loi Applicable et Méthodes de Règlement des Litiges*, Collected Courses of the Hague Academy of International Law (Vol. 375), Brill, 2015, p. 346.

产权的保护"时,则应当归还非法出口文物。① 这种在两个相对立、看似不可调和的视角立场中寻求以文物为中心的平衡,贯穿了规则制定过程的始终。

(二)非法文物贩运的危害及现实性

1. 非法贩运鼓励文物盗掘和掠夺

由于文物的市场价值不断攀升,非法文物交易规模日益庞大。据估计,文化财产的非法贸易每年接近60亿美元,②仅次于毒品和枪支的地下市场。③ 而在"合法"文化财产流通中,许多文物实际上也很可能来自被盗、盗掘或非法出口等渠道。有统计显示,"世界上30%到40%的文物通过纽约和伦敦的交易商流通。这里有大约90%的物品来源不明,这意味着它们几乎可能是被盗物,走私物或者两者兼而有之"。④

非法文物市场的存在会直接刺激对考古遗址和墓葬的有组织劫掠。走私贩破坏、洗劫整个考古遗址或墓穴的事例数不胜数,有时还伴有肆意毁坏古代文物,以使其更稀缺、更有销路的恶劣做法。⑤ 非法贸易往往破坏考古环境,有时甚至破坏文物本身,这些文物也经常因被割裂、伪装等原因遭到毁损。⑥ 非法贸易甚至有可能消除一个国家的大部分文化遗产。根据意大利2002年的报告,从其博物馆、教堂、历史遗迹和考古遗址中被盗取的文物高达18000多件,这些文物对于意大利的艺术、文化和历史意义都具有相当的价值。⑦

2. 盗掘将会破坏文物的知识价值

在非法贩运文物的背景下,文物劫掠在绝大多数情况下以非科学的发掘方式进行,极大损害了文物的知识价值。这些损失无法估量,因为当文物及其考古资料被盗或被毁时,人们也失去了从文物中学习和了解过去的能力。

---

① See Report of the Working Group, "International Transfer of Cultural Objects: UNESCO Convention of 1970 and UNIDROIT Convention of 1995", Federal Office of Culture, Switzerland, 1999, p. 28.
② Siobhán N. Chonaill, Anais Reding and Lorenzo Valeri, *Assessing the Illegal Trade in Cultural Property from a Public Policy Perspective*, Rand Corporation, 2011, p. 7.
③ Lisa J. Borodkin, "The Economics of Antiquities Looting and Proposed Legal Alternative", *Columbia Law Review*, vol. 95, 2, 1995, p. 377.
④ Richard M. Murphy, A Corrupt Culture, *New Leader*, Feberuary 23, 1998, at 15.
⑤ See Clemency Coggins, "Archeology and the Art Market", *Science*, vol. 175, 4019, 1972, pp. 263~266; Karl E. Meyer, *The Plundered Past*, Atheneum, 1974, p. 74.
⑥ Clemency Coggins, "United States Cultural Property Legislation: Observation of a Combatant", *International Journal of Cultural Property*, vol. 7, 1, 1998, pp. 52~68.
⑦ Derek Fincham, "Why US Federal Criminal Penalties for Dealing in Illicit Cultural Property Are Ineffective, and A Pragmatic Alternative", *Cardozo Arts & Entertainment Law Journal*, vol. 25, 2007, p. 610.

如果考古遗址能在科学方法的控制下进行发掘,基于对地层学的理解,考古学家就可以确定所有遗骸的空间和年代关系,并且过去生活的许多知识都可以被重建,包括经济、贸易、健康、饮食、宗教仪式和作用、埋葬方法、家庭结构、政治组织、技术和文学等。这一套完整的信息是一种容易破坏且无法再生的文化资源。一旦它们被摧毁,就不能被恢复。而只要非法市场还能蓬勃发展一日,破坏遗迹、劫掠文物的行为就会一直持续下去。①

与此同时,文物非法贩运中出现伪造文物的行为,这些伪造的文物将会破坏历史记录,进而导致历史解读的能力遭到严重削弱。首先,在非法贩运中,买家愿意接受无正式文件的文物,这就意味着允许市场上的伪造文物泛滥。其次,去背景化(decontextualized)的被掠文物不能提供任何信息,对于它们的发现地、年代以及原始背景,甚至是其真实性,都无从了解。譬如,曾经一段时间有大量的基克拉迪雕塑出现在国际市场上,并且都缺乏正式文件记录其来源出处。由于这是一场大规模的文物劫掠,人们无法确定这些雕塑的具体年代、用途,或者出自爱琴海的哪些岛屿,甚至连区分它们其中哪些是真,哪些是假,都无法辨明。② 再次,通常一种新的考古文物出土时,会增加了我们的知识总量,但由于赝品的盛行,一个新的文物类型在市场上出现时,尽管其可能是真品,却因为背景的缺失而被当作赝品,从而导致本来可以增加的知识无法实际被确认。③

3. 非法交易威胁世界安全

几千年来,战争的胜利者往往会掠夺战败者的文物和考古遗址。"伊拉克与黎凡特伊斯兰国"(ISIS)等恐怖团体对叙利亚和伊拉克文化遗产的袭击是这一历史现象在当代的体现。④ 与古代不同的是,现代文物贸易更为发达,现代技术扩大了非法文物贸易的规模,更快的交流方式意味着文物更迅

---

① Lawrence M. Kaye, "The Future of the Past: Recovering Cultural Property", *Cardozo Journal of International and Comparative Law*, vol. 4, 1996, p. 38.
② Christopher Chippindale and David W. J. Gill, "Cycladic Figures: Art versus Archaeology?", in: Kathryn W. Tubb ed., *Antiquities Trade or Betrayed: Legal, Ethical & Conservation Issues*, Archetype, 1995, pp. 133~134.
③ Patty Gerstenblith, "Controlling the International Market in Antiquities: Reducing the Harm, Preserving the Past", *Chicago Journal of International Law*, vol. 8, 2007, p. 170.
④ Jessica L. Jones, "Using a Market Reduction Approach to Tackle the Illicit Trade in Cultural Property", in: Daniel Serwer, Stephanie Billingham and Ceriel Gerrits eds., *Culture in Crisis: Preserving Cultural Heritage in Conflict Zones*, Create Space Independent Publishing Platform, 2017, p. 19.

速、更容易地流动,互联网也为非法获取的文物的全球市场提供了便利。① 一个普通买家可以上网购买到那些本来不会被传统消费者和拍卖行购买的商业价值较小的文物。② 这些进一步推动了当代在武装冲突地区的文物掠夺。

最近,联合国安理会已把文物劫掠作为关涉世界和平与安全的重要问题,正是因为文物劫掠与非法交易表现出其在资助恐怖主义方面的作用。随着国际执法继续以传统的恐怖融资渠道为目标,非国家武装行为者正把筹集恐怖主义资金的渠道转向文物贸易。2005 年,德国《明镜》周刊曾报道,参与 2001 年 9 月 11 日袭击事件的劫机者之一穆罕默德·阿塔(Mohammed Atta),曾联系过一位德国的大学教授,就如何出售阿富汗文物寻求建议,其目的就是筹集恐怖主义资金。③ 除了出售文物,恐怖分子还对希望在其控制领土过境的文物走私者征税。2015 年,"反洗钱金融行动特别工作组"(FATF)在其报告中就已指出,ISIS 已经对走私文物实行了税收制度。④

二、打击非法文物贩运的路径选择

(一)放开市场还是管制市场

关于如何打击非法文物贩运、减少文物劫掠的办法,已有过不少讨论,例如,增加文物来源国和市场国的公众教育,加大宣传力度;向来源国提供更多的财政援助,帮助其保护文化遗址等。⑤ 但是,这里最直接的分歧,集中在无出处文物市场是否应该受到管制的问题上。对此,主要有两类方案:一类是减少对文物市场的监管;另一类方法是通过直接或间接手段来增加对市场的监管。⑥ 相比之下,受管制的文物贸易市场,其效果更能体现文物中心原则的目的。

---

① See Helen Lidington, "The Role of the Internet in Removing the 'Shackles of the Saleroom'", *Public Archaeology*, vol. 2, 2, 2002, pp. 67~84.
② Siobhán N. Chonaill, Anais Reding and Lorenzo Valeri, *Assessing the Illegal Trade in Cultural Property from a Public Policy Perspective*, Rand Corporation, 2011, p. 8.
③ Colonel M. Bogdanos, "Thieves of Baghdad: Combating Global Traffic in Stolen Iraqi Antiquities", *Fordham International Law Journal*, vol. 31, 3, 2008, p. 730.
④ Financial Action Task Force (on Money Laundering), *Financing of the Terrorist Organisation Islamic State in Iraq and the Levant (ISIL)*, 2015, p. 17.
⑤ See Patrick J. O'Keefe, *Trade in Antiquities: Reducing Destruction and Theft*, Archetype Publications Ltd, 2007.
⑥ Patty Gerstenblith, "Controlling the International Market in Antiquities: Reducing the Harm, Preserving the Past", *Chicago Journal of International Law*, vol. 8, 2007, p. 182.

1. 减少对文物市场监管的做法无法保护文物

减少监管的方案之一是对文物市场进行较少的监管,将交易劫掠文物行为合法化。这一观点的理由是:将交易劫掠文物的行为定为犯罪行为,正是造成黑市的原因。① 如果劫掠文物交易不再被定罪,那么黑市就会基本消失。但是,这一方案能让黑市消失,却不能阻止对文物的掠夺,其结果很可能是更多的劫掠,因为非法文物市场的参与者没有任何理由要克制。

减少监管的方案之二是建立不严格监管文物的可控市场,通过向市场供应合法挖掘的文物,合法的市场将会把非法的劫掠文物市场赶走。② 因为购买者可能更喜欢购买合法的文物,由此可实现以合法市场驱逐非法市场的效果。但是,这一方案推定拥有丰富考古资源的国家会出售不太重要或"重复"的文物。③ 而事实上,许多国家不太可能出售其古物,也没有现实的机制可以迫使其出售。再者,即使一个国家把低端的物品放在市场上出售,高端收藏家和一些博物馆获得"博物馆质量"级别高端文物的欲望也不能通过合法销售来满足,因此,继续寻找满足高端需求的文物,仍会鼓励非法文物贩运。④

2. 增加对文物市场监管的做法利于文物保护

与低监管市场的提议相对的方案是建立一个更加受管制的市场,以减少对无出处文物的需求。有多种方法可以实现更多的管制:①通过直接监管,由政府对市场参与者施加严厉惩罚;②市场参与者通过自愿的自律来实现监管;③间接监管,通过税收等政府调控措施,鼓励个人和机构避免收购无出处文物。

市场监管存在的必要性在于,自由市场助长了文物掠夺,也削弱了文物的普世价值。首先,自由市场假定市场机制能够找到最适合于体现文物中心原则、妥善保护和利用文物的公共和私人收藏家。但是,在市场导向下的盗掘和掠夺却经常无意或故意破坏文物,或仅仅只是为了交易而不当转移文物。其次,自由市场假定市场将会把文物运送到世界各地,从而使更多的人可以接触到文物。但实际上文物总是单向地流转到特定的文物目的国城市

---

① John H. Merryman, "Cultural Property Internationalism", *International Journal of Cultural Property*, vol. 12, 1, 2005, pp. 11~39.

② John H. Merryman, "Cultural Property Internationalism", *International Journal of Cultural Property*, vol. 12, 1, 2005, p. 23.

③ John H. Merryman, "A Licit International Trade in Cultural Objects", *International Journal of Cultural Property*, vol. 4, 1, 1995, pp. 36~37.

④ Patty Gerstenblith, "Controlling the International Market in Antiquities: Reducing the Harm, Preserving the Past", *Chicago Journal of International Law*, vol. 8, 2007, p. 181.

(如纽约、伦敦、巴黎、苏黎世和东京等),世界上大多数民众并没有机会接触到这些东西。最后,自由市场假定市场能够发挥教育功能,通过对文物的欣赏来激发市民的审美能力。然而,市场对"去情景化物品(decontextualized object)"的欣赏,以及对私人所有权的强调,都是以审美价值为唯一的欣赏价值,而忽略了科学研究的价值。①

(二)控制供应还是抑制需求

1. 抑制需求利于文物保护

(1)非法文物市场为需求导向型。对非法文物贩运问题进行专门研究的犯罪学家普遍认为,对非法市场的控制应把重点放在抑制需求上。只要需求量居高不下,就没法实现真正的非法市场控制。实证研究表明,文物掠夺活动是为了响应市场对特定类型文物的需求。当前文物掠夺的形式已经从偶然的、机会主义的活动,发展成复杂、资金充足、组织严密的业务,包括专门雇佣劫掠者,全职服务于特定的文物贩运中间商,根据市场具体需求掠夺特定文物等。② 因此,非法文物贩运是需求驱动供应的,需求通常来自富裕的文物市场国,而供给则常来自较为贫穷的文物来源国。将控制机制从供给侧转移到需求侧,实际是将非法文物管控的职责从文物来源国转移到文物市场国身上。从控制能力来说,文物市场国所掌握的资源也足以使其承担比来源国更多的义务。

(2)控制需求符合经济原理。市场对文物需求在增加,已出土文物的数量是有限的,为了适应需求的增长,考古地点被大量盗掘以增加供应。从经济学角度看,减少盗掘的唯一途径是在市场终端减少对缺乏来源记载文物的需求。为此,可以采取两种方式:一是施以法律后果,如通过文物返还这种补救办法,让购买缺乏来源记载文物的消费者来承担丧失文物所有权的后果。法律通过惩罚倒卖、出售和购买被掠文物的参与者,使掠夺文物者的成本增加。③ 二是通过提升公众对问题的认识和理解,增加非法流失文物的购买者的道义成本以抑制需求,在这方面作为教育机构的博物馆应该发挥领导作用。④

(3)文物保护的职责不能单由文物来源国承担。文物劫掠最常发生在

---

① Patty Gerstenblith, "The Public Interest in the Restitution of Cultural Objects", *Connecticut Journal of International Law*, vol. 16, 2, 2001, pp. 205~209.
② See Peter Watson and Cecilia Todeschini, *The Medici Conspiracy: The Illicit Journey of Looted Antiquities, From Italy's Tomb Raiders to the World's Greatest Museums*, Public Affairs, 2006.
③ Patty Gerstenblith, "The Public Interest in the Restitution of Cultural Objects", *Connecticut Journal of International Law*, vol. 16, 2, 2001, p. 174.
④ *Id.*, at 211.

考古资源丰富的"文物来源国",较富裕的"文物市场国"则是购买走私货物的主力。以往对文物劫掠问题的讨论,总是认为文物来源国应承担其所有保护文物的职责,以减少非法文物供应。但文物来源国往往会面临诸多障碍。首先,劫掠者往往是发现考古遗址的当事方,来源国无法及时监测到当时尚未发现的遗址及其被掠夺的情况。① 其次,文物来源国以发展中国家为主,没有足够的资源、手段或人力来监测所有已知的遗址和博物馆。最后,当来源国陷入武装冲突和动乱时,其遗址及其守护者很可能成为军事目标。②

(4)文物需求集中,便于执法。文物贸易是围绕着一些高度本地化的需求中心进行的国际化组织获得,而供应范围则更为广泛和分散。文物贸易需求非常集中地出现在诸如纽约、伦敦等城市。③ 对市场国家的需求进行监管,对高端消费者灌输"有逮捕和起诉之可能"的危险信号,有利于控制对非法流失文物需求。④ 总体而言,对需求的控制,一方面使盗贼认识到运输、储存和销售非法流失文物,至少和盗窃赃物一样有较高风险;另一方面使所有相关人员认识到购买、交易和消费此类赃物的风险明显较高。⑤

2. 减少文物需求的方法

(1)扩大刑事追诉,增加惩罚严厉性。为了有效地抑制对非法流失文物的需求,应当扩大刑事起诉的可能性,并增加对被定罪者惩罚的严厉性,比如,将故意或重大疏忽下购买非法流失文物的行为作为犯罪。⑥ 例如,2003年英国《文物交易(犯罪)法》第1条规定,在明知或确信某件文物有污点的情况下依然不诚实地进行交易行为,构成"交易有污点文物罪"。被认定有罪者,法院可以对之处以最高七年的有期徒刑,并(或)处罚金。⑦ 再如,2017

---

① Derek Fincham, "Why US Federal Criminal Penalties for Dealing in Illicit Cultural Property Are Ineffective, and A Pragmatic Alternative", *Cardozo Arts & Entertainment Law Journal*, vol. 25, 2007, p. 597.
② Neil Brodie, "Syria and its Regional Neighbors: A Case of Cultural Property Protection Policy Failure?", *International Journal of Cultural Property*, vol. 22, 2-3, 2015, pp. 319~322.
③ Simon Mackenzie and Penny Green eds., *Criminology and Archaeology: Studies in Looted Antiquities*, Hart Publishing, 2009, p. 2.
④ Patty Gerstenblith, "Controlling the International Market in Antiquities: Reducing the Harm, Preserving the Past", *Chicago Journal of International Law*, vol. 8, 2007, pp. 178~179.
⑤ Neil Brodie, "Syria and its Regional Neighbors: A Case of Cultural Property Protection Policy Failure?", *International Journal of Cultural Property*, vol. 22, 2-3, 2015, pp. 317~335.
⑥ Ricardo A. St. Hilaire, "International Antiquities Trafficking: Theft by Another Name Protecting Archaeological Sites Abroad by Prosecuting Receivers, Sellers, and Smugglers of Looted Antiquities under United States Domestic Law", in: Vasilike Argyropoulos, Anno Hein and Mohamed A. Harith eds., *Strategies for Saving Our Cultural Heritage*, TEI of Athens, 2007, p. 199.
⑦ Art. 1, Dealing in Cultural Objects (Offences) Act 2003.

年的欧洲委员会《关于针对文化财产犯罪的公约》(以下简称"2017年文化财产犯罪公约")第5条规定,各缔约国有义务确保,非法进口被盗文物或非法挖掘、非法进出口文物的行为构成犯罪。①

(2)举证责任倒置。文物犯罪学家麦肯兹(S. M. R. Mackenzie)指出,为了使法律制度的威慑效果最为有效,犯罪行为被发现的风险和惩罚的确定性和严厉性必须较高。② 一项可行的建议是将举证责任倒置,由文物持有人来证明其文物来源的合法性。譬如,为履行联合国安理会第1483号决议,英国通过了《2003年伊拉克(联合国制裁)法令》。③ 根据该法令,在针对交易自1990年8月6日以后从伊拉克非法转移文物行为的刑事诉讼中,由犯罪嫌疑人承担举证责任。④ 这就是"举证责任倒置"的例子。市场统计资料显示,这一刑事规定确实起到了打压伦敦市场上有关美索不达米亚缸滚筒印章交易的作用,这些缸滚筒印章大多数都来自伊拉克地区。⑤ 不过,举证责任倒置,特别是在刑事案件采取这种模式,可能会在很多国家遇到障碍,如在美国则有可能违反宪法。⑥

(三)刑事追诉还是民事追索

1. 刑事追诉的特点

(1)举证难度大。研究显示,刑事制裁在文物犯罪领域发挥的效果低于其他领域。文物领域的白领犯罪分子受到侦查风险和惩罚的可能性和严重程度都较为有限。据估计,市场上大约80%至90%的古物缺乏足够的来源出处记载。⑦ 在国际市场上有如此大比例的无来源记载文物,与背后的两大因素密不可分。其一,市场参与者相信,许多市场无出处文物是偶然发现的文

---

① Art. 5, Council of Europe Convention on Offences relating to Cultural Property.
② S. M. R. Mackenzie, *Going, Going, Gone: Regulating the Market in Illicit Antiquities*, Institute of Art and Law, 2005, p. 21.
③ The Iraq (United Nations Sanctions) Order 2003, adopted on 12 June 2003.
④ 《2003年伊拉克(联合国制裁)法令》第8条第3款规定,凡交易任何(自伊拉克)非法转移的文化财产者,均构成犯罪,除非行为人能证明其不知道,并且也没有理由认为这些物品是自伊拉克非法转移的文化财产。See Art. 8 (3), The Iraq (United Nations Sanctions) Order 2003.
⑤ Neil Brodie, "The plunder of Iraq's Archaeological Heritage, 1991~2005, and the London Antiquities Trade", in: Neil Brodie, Morag M. Kersel and Christina Luke eds., *Archaeology, Cultural Heritage, and the Antiquities Trade*, University Press of Florida, 2008, pp. 217~218.
⑥ Patty Gerstenblith, "Controlling the International Market in Antiquities: Reducing the Harm, Preserving the Past", *Chicago Journal of International Law*, vol. 8, 2007, p. 187.
⑦ S. M. R. Mackenzie, *Going, Going, Gone: Regulating the Market in Illicit Antiquities*, Institute of Art and Law, 2005, pp. 32-50.

物（chance finds），而这可以成为非法销售的借口。① 其二，对被盗物提起刑事诉讼的举证责任通常由公诉方来承担，这种举证责任难度较大，致使交易被盗文物的不法行为者经常能逃避法律的制裁。

（2）追诉难度大。有观点建议更严厉的惩罚措施，如对考古遗址的掠夺者处以罚款或监禁。② 但是，加大惩罚的力度和广泛性不一定会改善事态。原因之一在于，大多数警察和海关官员都不是文物专家，他们很难判定物品是否属于保护类别；目前的执法部门往往缺乏保护重要文物所需的条件，导致证据无法在漫长的案件审理中妥善保管，这些都导致刑事制裁发挥实际效果的作用有限。③

2. 民事追索的特点

（1）惩罚力度不够。鉴于刑事诉讼的证明标准高，刑事制裁难度较大，许多涉及被掠文物的案件更多是通过民事诉讼程序解决的。④ 但是，民事诉讼没有足够有意义的惩罚，对非法市场交易者来说不具有足够的威慑力。换言之，由于文物交易往往低成本、高价格，溢价非常高，对交易者而言，损失一件藏品影响并不大，算不上真正有意义的惩罚。只要风险低、损失少，违法行为就不会停止。从一个被劫掠的伊拉克南部考古遗址，达到纽约和伦敦等终端市场，文物的市场价格可翻上百倍。如果收藏家或经销商不得不放弃一件文物以逃避法律制裁，那么，对其而言不过是一小笔经济损失。正如麦肯齐所言，"只要被发现的风险和有意义的惩罚的风险仍然很低，那些违法市场参与者的行为就不会被阻止"。⑤

（2）证明标准较低。以比较法经验观之，将文物返还给来源国的机制，一种是跨境文物返还诉讼，即文物来源国通过在文物流入国提起民事诉讼直接追索其流失文物的途径；另一种是民事没收机制，是文物流入国政府以系争文物为被告，向法院申请没收该文物的民事诉讼程序，后者主要运用在美国和澳大利亚。在这两种程序下，一般都不要求证明现持有人有（犯罪）意

---

① Id., at 163~165.
② Patrick J. O'Keefe, "Protection of the Archaeological Heritage: the Role of Criminal Law", in: G. Kassimatis ed., *Archaeological Heritage: Current Trends in Its Legal Protection*, P. Sakkoulas Bros., 1995, pp. 55~79.
③ Lyndel V. Prott, "Strengths and Weaknesses of the 1970 Convention: An Evaluation 40 years after Its Adoption", in: *Meeting of The 1970 Convention: Past and Future*, UNESCO, 2011, p. 7.
④ S. M. R. Mackenzie, *Going, Going, Gone: Regulating the Market in Illicit Antiquities*, Institute of Art and Law, 2005, pp. 243~244.
⑤ Patty Gerstenblith, "Controlling the International Market in Antiquities: Reducing the Harm, Preserving the Past", *Chicago Journal of International Law*, vol. 8, 2007, p. 180.

图(明知或应当知晓等),证明标准要求与刑事诉讼相比更低。事实上,在美国、加拿大和其他市场国,大量文物都是通过前述两种途径回归到文物来源国的。①

(3)文物归还本身是对非法贸易的一种威慑。文物的归还通常是文物来源国主要的关注点,只要能实现文物回归,就已经实现了个案中的文物保护,对非法贸易也会有所威慑,使买卖缺乏来源证明的外国文物的交易降低其吸引力。②

综上可知,与刑事追诉相比,民事追索具有更现实的操作性。在现阶段,跨境文物返还诉讼是一种可加以利用的途径,能够促成流失文物回到与之联系的文化环境中,从而实现文物中心原则的宗旨。

三、文物中心原则的"三棱镜":跨境文物返还诉讼

跨境文物返还诉讼是"三棱镜",将文物中心原则折射到其各个环节的法律问题上,为研究文物中心原则在跨国民事诉讼领域的发展,提供了绝佳的观察视角。

所谓"跨境文物返还诉讼",是指文物原所有人或相关利益主体在文物流失目的国,通过提起文物返还的跨国民事诉讼,追回流失文物的途径。本书所研究跨境文物返还诉讼中的"文物"系指非法转移文物,主要包括两类——被盗文物和非法出口文物。至于因战争劫掠等不法原因,或因被侵略占领时期不当捐赠、交换、贸易等不道德手段被转移出境的文物,不在本书讨论之限。

(一)从两个中国案例说起

近几十年来,跨境文物返还诉讼,已在全球范围内发展成被频繁运用、颇具现实意义的流失文物追索途径。③ 在中国,运用跨国民事诉讼追索海外流失文物,也正经历着诉讼策略由"被动"转变为"相对主动"的转变。④

---

① Patty Gerstenblith, "Models of Implementation of the 1970 UNESCO Convention: Can Their Effectiveness Be Determined?", in: Lyndel V. Prott, Ruth Redmond-Cooper and Stephen Urice eds., *Realising Cultural Heritage Law: Festschrift for Patrick O'Keefe*, Institute of Art and Law, 2013, p.21.
② Lyndel V. Prott, "Strengths and Weaknesses of the 1970 Convention: An Evaluation 40 years after Its Adoption", in: *Meeting of The 1970 Convention: Past and Future*, UNESCO, 2011, p7.
③ 霍政欣:《追索海外流失文物的国际私法问题》,载《华东政法大学学报》2015年第2期。
④ 在1998年从英国追回3000余件流失文物案中中国迫于形势"被动应诉",2008年中国从丹麦追回156件流失文物时,接受了丹麦警方建议选择"主动起诉",向丹麦哥本哈根地方法院提出文物返还请求,并最终获得胜诉判决。这是中国在诉讼策略上由"被动"转为"相对主动"的体现。详见本书第七章第一节"现状:中国跨境追索流失文物的实证研究"。

第一章　文物中心原则及其理论基础

尽管不同的跨境文物返还诉讼案例都各有其特殊性和复杂性，但其反映出国际民事诉讼中各环节的法律问题，无论是实体法问题，还是诉讼法问题，都具有共同之处。以下两起中国案例，一起是现实发生的跨境文物返还诉讼，涉及集体所有文物被盗后的追索；另一起是可能会发生诉讼的流失文物追索案例，涉及国有文物被盗后的追索，颇具代表性地展现了此类诉讼各法律环节的经典问题。

1. 追索被盗宋代章公祖师肉身像案①

第一例是中国村民追索被盗宋代章公祖师肉身像一案。2015年3月，福建三明市大田县吴山乡阳春村的村民发现，当时正在匈牙利自然科学博物馆"木乃伊世界"展览中一尊标名为约公元1100年的中国佛僧肉身宝像，与该村供奉了上千年并于1995年被盗走的宋代章公六全祖师肉身宝像（以下简称"章公祖师肉身像"）极为相似。② 多年供奉这尊肉身像的场所，正是吴山乡阳春村和东浦村共同拥有的普照堂。此后，中国村民与佛像的现持有人荷兰藏家就归还章公祖师肉身像归还一事，展开了为时半年有余的谈判，几经波折后未果而终。2015年末，福建省大田县吴山乡阳春村民委员会、东埔村民委员会委托中荷两国律师，以该荷兰藏家为被告，分别在中国和荷兰两地，几乎同时提起了追索章公祖师肉身像的民事诉讼。③ 2018年12月，荷兰阿姆斯特丹地区法院作出一审判决，驳回原告起诉。④ 2020年12月，中国三明市中级人民法院作出一审判决，支持了福建村民要求荷兰藏家返还章公祖师肉身像的诉讼请求。⑤ 2022年7月，福建省高级人民法院作出二审判决，维持原判。⑥ 至此，历经八年，有关章公祖师肉身像的返还纠纷，基本走完了中荷两国的民事诉讼程序（这里暂且不考虑未来可能发生的向荷兰法院申请承认与执行中国判决的程序）。该案也成为中国目前少有的通过国际民

---

① 关于本案案情和追索路径的讨论，详见本书第七章第二节"常规路径：跨境民事诉讼"。
② 李震："匈牙利展出肉身坐佛突然被撤，疑为中国文物"，载人民网，http://world.people.com.cn/n/2015/0323/c157278-26732527.html，最后访问时间：2017年10月1日。
③ 刘芳、杨昕怡："追索'章公祖师'最新进展"，载新华网，http://news.xinhuanet.com/mrdx/2017-07/16/c_136447162.htm，最后访问时间：2017年10月1日。
④ C/13/609408 / HA ZA 16-558, Court of Amsterdam, 12 December 2018, available at https://uitspraken.rechtspraak.nl/inziendocument?id=ECLI:NL:RBAMS:2018:8919, last visited on 8 December 2020.
⑤ 张逸之："福建三明中院判令荷兰收藏家归还'章公祖师'肉身坐佛像"，载新华网，http://www.xinhuanet.com/2020-12/04/c_1126823602.htm，最后访问时间：2021年1月3日。
⑥ 何晓慧：《"章公祖师"肉身坐佛像追索案二审维持原判》，载《人民法院报》2022年7月22日，第3版。

事诉讼途径追索海外流失文物的现实案例。①

对于此类被盗的集体所有文物,在通过跨国民事诉讼诉讼追索的过程中,自然会不可避免地遇到管辖权、诉讼主体资格和法律适用的问题。首先,要解决的是管辖权问题,即确定哪一国的法院有权并适合审理文物追索诉讼。文物所在地国、被告(文物现占有人)住所地国或国籍国、文物来源国以及文物借展所在国等都有可能对跨境文物返还争议享有管辖权。其次,要面对诉讼主体资格问题,即确定原告是否具有诉讼主体资格。该案抛出了一个特殊问题——如何对待集体所有的文物。当追索的文物是如章公祖师肉身像这样的集体所有文物时,"集体所有"这种经济体制和所有权关系的特殊之处,将可能导致追索方(如本案的村民委员会)的诉讼主体资格无法得到外国法院认可的问题。外国法院在确定诉讼主体资格时,是否会参考文物来源国的法律,也是这一环节的常见议题。再次,跨境文物返还诉讼还会涉及法律适用问题,即确定支配文物归属的准据法。对于涉外物权关系的法律适用,传统的"物之所在地法"规则对于跨境文物返还争议会带来哪些积极或消极的影响,当前世界范围内寻找替代性冲突规范的尝试是否会掀起实质性的变革,也是这一环节颇受关注的问题。本书将在第三章讨论管辖权和诉讼主体资格的问题,在第四章讨论法律适用的问题。

2. 追索被盗广州美院国有文物案

第二例是广州美术学院(以下简称"广州美院")图书馆原馆长萧某贪污案涉案文物一案。② 该案涉及广州美院图书馆所藏的上百件国有文物,其中包括张大千、齐白石等名家的书画作品。自 2002 年至 2010 年期间,广州美院图书馆原馆长萧某利用职务之便,以自己临摹赝品调包的方式,将涉案文物窃为己有,并将其中 125 件涉案文物委托国内两家拍卖公司拍卖,部分文物或已通过拍卖流失出境。

对于此批流失出境的被盗国有文物,如拟通过跨国民事诉讼途追索,同样会产生前述管辖权、诉讼主体资格等常见法律问题。不过,可能会出现最为棘手的法律问题莫过于——在国内属于"限制流通物"的国有文物因被盗流失出境后,外国法院会如何对待此类文物。文物来源国有关"限制流通

---

① 中国目前通过跨国民事诉讼途径实现的文物回归案例总共仅 2 例,一例是 1998 年从英国追回 3000 余件流失文物,另一例是 2008 年从丹麦追回 156 件流失文物。参见 See Meng Yu, "Approaches to the Recovery of Chinese Cultural Objects Lost Overseas: A Case Study from 1949 to 2016", *International Journal of Cultural Policy*, vol. 24, 6, 2018.

② 杨储华:《"国有文物被盗追索法律问题"学术研讨会综述》,载《中国博物馆》2016 年第 1 期。

物"的规定,如专属国家所有的财产,无论被何人占有以及如何取得,所有权仍属于国家,并排除善意取得制度的适用等,这些规定是否会被外国法院承认?再如,文物来源国对此类"限制流通物"的出口管制规范,是否会对有关非法出口的国有文物的交易行为产生私法效果的影响?这些问题都涉及外国公法的效力,是跨境文物返还争议中较为常见且争议颇多的外国公法之适用的问题。这一问题将在本书第五章予以讨论。

(二)文物中心原则与跨境文物返还诉讼

跨境文物返还诉讼之于文物中心原则,就如同一面"三棱镜",能通过诉讼各个环节的法律问题,投射出文物中心原则在跨境文物返还争议纠纷解决的影响。这些法律问题不仅涉及实体法的问题,如善意取得、时效制度等,还包括不少诉讼法和国际私法的问题,如管辖权、诉讼主体资格、法律适用、外国公法的效力等。囿于讨论范围之限,本书将集中研究诉讼法和国际私法的问题,分别从管辖权、诉讼主体资格、法律适用、外国公法的效力四个角度,论证文物中心原则对跨境文物返还诉讼的影响。

第一,第三章讨论了文物中心原则在管辖权和诉讼主体资格问题上的影响。一方面,就管辖权而言,文物中心原则在该问题上的具体表达为:以保护文物为出发点,要关注文物与管辖法院的联系,将与文物的联系(或称"对物联系")作为确定管辖权基础的重要依据,并由此逐渐发展出来的"文物追索纠纷由文物所在地法院管辖"的管辖权规则。另一方面,在诉讼主体资格的问题上,文物中心原则在该问题上的具体表达为:以强调文物与其文化特性的联系为出发点,关注文物与特定个人、社群和国家存在的特殊联系,从而在解决区分文物所有权法与出口管制法的问题、考察外国文物所有权法之有效性的过程中,校验这种超越一般诉讼利益的特殊联系所要求的准确性和现实性。

第二,第四章讨论了文物中心原则在法律适用问题上的影响。一方面,为弥补传统"物之所在地法"冲突规则的内生性缺陷,国际社会在寻找替代性冲突规范的尝试中,"文物原属国"作为唯一或主要连结点的建议频频提出。另一方面,考虑到冲突规则被"利用"的根本原因在于各国在善意取得、时效制度等实体法问题上差异之大,国际公约或区域性规范相继通过,如"1970年公约""1995年公约"和相关欧盟指令条例等,以统一实体法的方式,从根本上解决被盗物和非法出口文物的返还问题。这种"统一实体法"解决路径的最终目标是为了最大限度地保护文物、打击非法文物贩运,同样也是文物中心原则的体现。

第三,第五章讨论了文物中心原则在外国公法的效力问题上的影响。一方面,"外国公法不适用"的原则逐渐呈现出松动的趋势,文物出口管制法这类外国公法可以通过冲突法、实体法和国际法途径得到间接适用。同时,在实践中发展起来的非法出口文物"污名化"策略,即通过确认之诉,确认非法出口的文物违反文物来源国的文物出口管制法,以达到遏制文物非法流通的目的。这都体现了在世界范围内逐步承认文物与出口国的"(文化)联系利益"的过程中,文物中心原则所起到的推动作用。另一方面,以保护各国国家文化遗产、防止文化财产非法流动为核心的国际公共政策正在形成,保护与归还非法转移文物的国际公共利益也在各国司法实践中被赋予更多的关注和考量,这同样是文物中心原则的体现。

第二章 文物中心原则的国际法基础

文物中心原则要求以文物为中心,基于文物与其文化特性的联系,对文物加以保护和利用。那么,文物中心原则有无其国际法基础?如果说文物中心原则是以保护文物的完整性和延续性为中心,并且为国际社会所普遍接受的原则,那么这样的原则能否有其独立的国际法价值基点,有无具体的国际法意涵,以及呈现出何种国际法运行特征,这些问题值得专门的研究和讨论。

研究国际实践可发现:首先,就国际法价值取向而言,文物中心原则以维护人类命运共同体下的国际社会利益为最高宗旨。其次,国际社会已开始明确承认某些一般性原则。这样一套正在形成(或已经形成)的适用于保护文化遗产的国际法原则,对所有国家具有普遍的约束力,并不以某个国家是否加入某项公约而有所改变。[①] 这些一般性原则,包括武装冲突时期禁止文物劫掠、和平时期打击非法文物贩运、确保个人和社群获取和享有文化遗产等,都是文物中心原则的国际法基本意涵。最后,在国际法运行层面,尽管国家在国际法的运行中占据了主导地位,国家利益贯穿了国家的立场和主张,但这不意味着不能存在超越国家本位的国际社会共同利益,不意味着国家利益和国际社会利益不能协调发展。以文物中心原则为代表的国际法价值正在被越来越多的国家认可,其维护的国际社会利益,也为超越国家本位的国际合作奠定了基础。

文物中心原则的国际法基础,围绕以下三个维度展开——价值基点、基本意涵和运行特征。本章试图从这三个维度出发,勾勒出文物中心原则之国际法基础的演变发展。

第一节 文物中心原则的国际法价值基点

文化财产作为人类共同遗产,关系和平与安全。对文化财产的保护,就

---

① Francesco Francioni, "Evolving Framework for the Protection of Cultural Heritage in International Law", in: Silvia Borelli and Federico Lenzerini eds., *Cultural Heritage, Cultural Rights, Cultural Diversity: New Developments in International Law*, Martinus Nijhoff Publishers, 2012, p. 25.

是保护以文化财产为载体、人类命运共同体下的国际社会利益,是文物中心原则的国际法价值基点。换言之,该领域国际法秩序的建立与实现,是以维护和推进全人类的共同利益为其最高宗旨,体现了"以人类为本"的国际法价值取向。①

在国际法框架下,随着保护文化财产原则的出现,"保护"义务也呈现出多元化发展:在保护内容上,赋予诸如保障与尊重、完善国内制度、返还被盗文物和非法出口文物等多层面的要求;在保护主体上,由国家和个人对蓄意破坏文化遗产分别承担国家责任和个人责任;以及在当前国际局势下,将文物保护与维护全球和平与安全结合起来。

一、人类命运共同体下的国际利益

(一)作为人类共同遗产的文化财产

1. 文化财产中的国际社会利益

对"文化财产"中国际社会利益的关切出现得较晚。② 起初,国际社会的关注点主要集中在武装冲突期间保护文化财产的完整性,此后延伸至考虑和平时期的文化财产。自19世纪末开始,这种国际社会利益开始体现在一系列国际公约的法律措施中,其目标是在和平与武装冲突时期建立具体形式的国际合作。这些公约界定作为保护对象的文化财产,规定缔约国维护文化财产完整性的义务,确立文化财产流动的标准,以及建立归还不法转移财产的法律制度。

"1954年海牙公约"最早对国际社会利益进行了描述,即文化财产之所以受到保护,不是因其物质价值,而是出于全人类对文明世界所作的多样性贡献的这种国际社会利益。

为了体现这种对国际社会利益的关注,文化财产有时候也会以"世界文化遗产"的集体概念来扩大其适用范围。③ 这体现为"1972年世界遗产公约"第11条及其"世界遗产名录";"2005年文化遗产价值公约"及其第3条提出的"欧洲共同遗产"之概念。承认文化财产具有普遍价值,文化财产也

---

① 曾令良:《现代国际法的人本化发展趋势》,载《中国社会科学》2007年第1期。
② Manlio Frigo, *Circulation des Biens Culturels, Détermination de la Loi Applicable et Méthodes de Règlement des Litiges*, Collected Courses of the Hague Academy of International Law (Vol. 375), Brill, 2015, p. 112.
③ *Id.*, at 114.

因此被认为是"全球性遗产"。① 尽管目前国际社会仅建立起偶发的、不完全的国际管理,但这标志着人们已日益认识到一致合作保护文化财产的必要性。

总体而言,从国际社会利益的理念出发,对文化财产进行"保护"的共同利益超出了各国的特殊利益。② 体现这种理念的国际公约可以大致分为:①跨国界的保护,其中武装冲突时期的保护主要体现在"1954年海牙公约",和平时期的保护主要体现在"1972年世界遗产公约";②考虑到文化财产的特殊性,与财产流通有关的具体保护,如"1970年公约"和"1995年公约";③与普遍保护有关的特殊保护,如"1954年海牙公约""2003年非物质文化遗产公约""2005年文化多样性公约";④建立国际机构和资金支持机制。

2. 文化财产作为人类共同遗产

根据人类共同遗产原则,某些特定的财富资源乃全人类所共同拥有,因此,"禁止任何国家、组织或私人将这些资源据为私有并排除其他国家或人民的利用机会"。③ 所谓"特定的财富资源",通常主要是指深海海床、南极大陆、月球以及其他的星体。依据共同遗产理论,各国应当遵守四个原则:①任何国家皆不能占有或拥有这些领域;②所有国家负有共同经营管理这些领域的责任;③所有国家共同分享采自于该领域的利益或资源;④所有国家都只能以和平的目的使用这些领域。④ 此外,有时还会加上第五个原则:"为了未来的世代,所有的国家都应该共同承担保护该领域之独特与不可取代资源之责任"。⑤

---

① 参见"1972年世界遗产公约"第6条第1款之规定,"本公约缔约国,在充分尊重第1条和第2条中提及的文化和自然遗产的所在国的主权,并不使国家立法规定的财产权受到损害的同时,承认这类遗产是世界遗产的一部分,因此,整个国际社会有责任合作予以保护"。

② See Stanisław E. Nahlik, *La protection internationale des biens culturels en cas de conflit armé*, Collected Courses of the Hague Academy of International Law (Vol. 120), Martinus Nijhoff, 1967, p. 65; Lyndel V. Prott, *Problems of Private International Law for the Protection of the Cultural Heritage*, Collected Courses of the Hague Academy of International Law (Vol. 217), Martinus Nijhoff, 1989, p. 226; Kurt Siehr, *International Art Trade and the Law*, Collected Courses of the Hague Academy of International Law (Vol. 243), Martinus Nijhoff, 1993, p. 262; Wojciech W. Kowalski, *Restitution of Works of Art Pursuant to Private and Public International Law*, Collected Courses of the Hague Academy of International Law (Vol. 288), Martinus Nijhoff, 2002, p. 54.

③ Melissa L. Sturges, "Who Should Hold Property Rights to the Human Rights Genome——An Application of the Common Heritage of Humankind", *American University International Law Review*, vol. 13, 1, 1997, p. 223.

④ Id., at 247~248.

⑤ Id., at 249.

目前,"共同遗产"(common heritage)的概念已延伸发展至文化财产领域,但与其他共同遗产的所有权属于全人类不同,文化财产是属于某主权国家的、某个人或组织的财产。有观点认为,其他的共同遗产是一种"法律意义上的共有——合伙制度,通过让各共有人共同共有、共同管理、共同参与、共同获利实现此目的。"相比之下,文化财产作为"全人类世界遗产"则采用了双重所有权理论,"遗产属于全人类共有,实际上确认它们还是为所在国所有,国际社会只是承担保护它们的补充义务"。① 因此,也有观点认为,"虽然许多国际公约和协定将文化遗产描述为全人类的文化遗产,但其目的是保护各个国家的文化遗产,尽管在某种意义上承认其涉及了全人类的利益"。②

因此,文化财产属于全人类的概念,并不是法律上的权属问题,而是表明在国家所有权和私人所有权之外,还有国际社会对保护和享有文化财产的共同利益。在这个意义上,文化财产和其他共同遗产一样,是全球性的公共物品(如人权、环境),反映了"人类共同关切"。③

这一原则在武装冲突时期与和平时期都是有效的。在武装冲突期间保护文化财产方面,"1954年海牙公约"现已被133个国家批准加入;许多非缔约国实际上(de facto)也承认公约序言所称的"……属于任何人民的文化财产如遭受到损失,也就是全人类文化遗产所遭受的损失,因为每国人民对世界文化作出其自己的贡献"。④ 在和平时期保护文化财产方面,"1972年世界遗产公约"现已有194个成员国,同样确认了此项原则。就具有突出的普遍价值的文化和自然遗产而言,这一原则要求公约缔约国在"充分文化和自然遗产的所在国的主权,并不使国家立法规定的财产权受到损害的同时","承认这类遗产是世界遗产的一部分,因此,整个国际社会有责任合作予以保护"。⑤

(二)关系和平与安全的文化财产

在当今新形势下,国际社会已关注到非法文物贩运与资助恐怖主义集团

---

① 徐国栋:《"一切人共有的物"概念的沉浮——"英特纳雄耐尔"一定会实现》,载《法商研究》2006年第6期。
② Craig Forrest, "Cultural heritage as the common heritage of humankind: a critical re-evaluation", *Comparative and International Law Journal of Southern Africa*, vol. 40, 1, 2007, p. 125.
③ Francesco Francioni, "Evolving Framework for the Protection of Cultural Heritage in International Law", in: Silvia Borelli and Federico Lenzerini eds., *Cultural Heritage, Cultural Rights, Cultural Diversity: New Developments in International Law*, Martinus Nijhoff Publishers, 2012, p. 18.
④ Francesco Francioni, "Beyond State Sovereignty: The Protection of Cultural Heritage as A Shared Interest of Humanity", *Michigan Journal of International Law*, vol. 25, 2003, p. 1213.
⑤ "1972年世界遗产公约",第6条第1款。

之间的联系,认识到保护文化遗产对维护世界和平与安全的重要性。因此,保护文化财产已提升至关涉全球和平与安全的问题,并成为联合国安理会决议的议题。

1. 禁止交易武装冲突地区的文化财产

(1)第2199(2015)号决议。2015年国际社会对文化遗产的态度发生了真正的转折。是年二月,在联合国教科文组织的支持下,联合国安理会通过了第2199(2015)号决议。① 该决议禁止交易来自伊拉克和叙利亚的文化财产。时任联合国教科文组织总干事伊琳娜·博科娃(Irina Bokova)指出:"该决议承认文化遗产目前处在冲突的前线,而且应当被置于应对危机的安全和政治方案的前沿"。② 第2199(2015)号决议体现了与"1954年公约"及其议定书、"1970年公约"以及"1995年公约"等国际文书的宗旨和原则,即保护文化财产是为了全人类的共同利益。③ 因此,该决议也可以被视为对已有规范的确认与进一步发展。

第2199(2015)号决议声明,谴责毁坏伊拉克和叙利亚的文化遗产的行为,特别是"伊拉克和黎凡特伊斯兰国"与"胜利阵线"的此种行为,无论这种毁坏是有意还是无意的,包括有针对性地毁坏宗教场所和物品的行为。该决议规定,所有会员国都应与联合国教科文组织、国际刑警组织和其他国际组织合作,采取适当步骤,防止买卖在冲突期间从两国流出的文化财产和其他具有考古、历史、文化、科学和宗教意义的物品,以便把这些物品最终安全交还伊拉克和叙利亚人民。

第2199号(2015年)决议并不是联合国安理会首次提到文化遗产的决议。1999年,联合国安理会通过关于阿富汗局势的第1267(1999)号决议,④表示尊重阿富汗的文化和历史遗产。2003年,联合国安理会通过了关于伊拉克局势的第1483(2003)号决议。⑤ 该决议以《联合国宪章》具有法律约束力的第七章为基础,其第7段涉及从伊拉克国家博物馆、国家图书馆和伊拉克其他地点非法取走的文物问题,要求所有会员国将此类文物安全交还伊拉克机构,并规定禁止买卖或转让这类物品和可合理怀疑是非法取走的物

---

① Resolution S/RES/2199 (2015) (12 February 2015).
② Catherine Fiankan‑Bokonga, "A Historic Resolution to Protect Cultural Heritage", *The UNESCO Courier*, vol. 3, October–December, 2017, p. 10.
③ Vincent Négri, Legal Study on the Protection of Cultural Heritage through the Resolutions of the Security Council of the United Nations, 25 March 2015, accessed 29 November 2017, http://www.unesco.org/fileadmin/MULTIMEDIA/HQ/CLT/pdf/Study_Negri_RES2199_01.pdf.
④ Resolution S/RES/1267 (1999) (15 October 1999).
⑤ Resolution S/RES/1483 (2003) (22 May 2003).

品。

第1483(2003)号决议是第2199(2015)号决议的启发来源,后者在第17段中也明确重申安理会第1483(2003)号决议第7段中的决定。这两项决议将对文化财产的国际保护纳入到了联合国安理会的规范体系中。

需特别注意的是,这两项决议都是建立在有国际法约束力的《联合国宪章》第七章的基础之上,因而对联合国各成员国均有约束力,即使其并未加入"1954年海牙公约""1970年公约""1995年公约"等文化财产领域的任何一项公约。据此,联合国成员国都有义务采取措施阻止伊拉克和叙利亚文物的贩运交易。①

(2)后续影响。多个国家宣布已开始采取措施,落实联合国安全理事会第2199号决议的行动。例如,塞浦路斯修订其法律程序,以期促进执法活动。巴基斯坦向各执法机构下发了国际博物馆理事会(ICOM)的"叙利亚濒危文物紧急红色清单",以期提高其打击非法贩运文物的能力。加拿大、捷克、法国、前南斯拉夫马其顿共和国(现北马其顿共和国)和巴基斯坦等国的主管机关专门加强了海关的监管力度。②

此外,还有一些国家在立法方面采取举动。德国于2016年通过的《文化财产保护法》,合并并强化了多项法律文件,特别是要求在文化财产交易和记录保存方面应当普遍履行尽职调查的责任。以德国为榜样,欧洲委员会于2017年通过的《关于针对文化财产犯罪的公约》(以下简称"2017年文物犯罪公约")已正式开放供各国签署。该公约堵住了很多常见的法律漏洞,例如规定进口、取得、买卖被盗文物、非法挖掘文物和/或非法进出口文物都属于犯罪。③

除此之外,国际社会也开始探索一些创新的做法。譬如,2015年,已被列为世界文化遗产的叙利亚帕尔米拉古城贝尔神庙遭到"伊斯兰国"极端分子摧毁,意大利为此向联合国大会提出成立"文化蓝盔(Blue Helmets for Culture)"部队的想法。2016年2月,意大利与联合国教科文组织签署协定,创建了全世界首支由文职专家和意大利宪兵组成的文化紧急任务工作队。又如,2016年12月,在联合国教科文组织的支持下,阿拉伯联合酋长国与法国

---

① Vincent Négri, Legal Study on the Protection of Cultural Heritage through the Resolutions of the Security Council of the United Nations, 25 March 2015, accessed 29 November 2017, http://www.unesco.org/fileadmin/MULTIMEDIA/HQ/CLT/pdf/Study_Negri_RES2199_01.pdf.

② Samuel Hardy, "Curbing the Spoils of War", *The UNESCO Courier*, vol. 3, October-December, 2017, p. 16.

③ *Ibid.*

在阿布扎比联合举办了有关在武装冲突期间保护文化遗产的国际会议(简称"阿布扎比会议"),提出设立保护武装冲突中濒危文化遗产国际基金,鼓励会员国提供捐款,以支持预防和应急行动,打击非法贩运文化财产。①

2. 为和平和安全保护文化财产

(1)第2347号(2017年)决议。2017年,联合国安理会一致通过了第2347(2017)号决议,②该决议确认了阿布扎比会议的两项成果,即设立国际基金和组建濒危文化财产安全保藏所网络。决议再次强调:"在某些情况下,根据国际法的规定,非法袭击宗教、教育、艺术、科学或慈善专用场所及建筑物或历史古迹可构成战争罪,必须将此种袭击的肇事者绳之以法"。

第2347号(2017年)决议还突出强调了贩运文化财产与资助恐怖主义集团之间的联系,以及恐怖主义与有组织犯罪之间的联系,涵盖了文化遗产面临的所有威胁,并且没有作出任何地理上的限制,也无论肇事者是否为已被列入联合国名单的恐怖团体或隶属于其他的武装团体。这种做法在历史上尚属首次。③

(2)后续影响。第2347(2017)号决议是安理会采纳的第一个完全关于文化遗产保护的决议。对这一决议的一致支持,显示出各国已进一步认识到保护文化遗产对维护世界和平与安全的重要性。正如博科娃所言,"新的文化图景"正在建立,"新的全球意识"正在形成,随之而来的,还有"为和平与安全目的保护文化的新办法"。④ 为此,联合国教科文组织会员国发起了把保护文化和促进文化多元化作为持久和平关键的呼吁,要求以联合国安理会第2347号决议为基础,将文化、文化遗产和多样性纳入国际人道主义、安全和建设和平的政策和行动中。

(三)保护文化财产的国际利益

在文化财产流通领域,为了协调保护文化财产和保护其自由流通两种利益导向,需要确定国际法规则要保护的法律利益。调和归还文物与保护交易两种利益倾向的冲突,最早可追溯至20世纪30年代由国际联盟推动起草首

---

① Catherine Fiankan - Bokonga, "A Historic Resolution to Protect Cultural Heritage", *The UNESCO Courier*, vol. 3, October-December, 2017, p. 10.

② Resolution 2347 (2017), adopted by the Security Council at its 7907th meeting, on 24 March 2017, S/RES/2347 (2017).

③ 联合国教科文组织,"联合国安理会就遗产保护问题采纳历史性决议",载 https://zh.unesco.org/news/lian-he-guo-li-hui-jiu-yi-chan-bao-hu-wen-ti-cai-na-li-shi-xing-jue-yi,最后访问时间:2017年12月7日。

④ Catherine Fiankan - Bokonga, "A Historic Resolution to Protect Cultural Heritage", *The UNESCO Courier*, vol. 3, October-December, 2017, p. 10.

批相关国际规范性文件的尝试。① 这里包括国际联盟协调起草的 1933 年《关于归还被盗、遗失或遭不法掠夺或出口的具有艺术、历史或科学价值之物品的公约》(草案)②及 1936 年《关于保护国有历史艺术遗产的公约》(草案)③。这些公约历经了类似国内法起草、出台、修改等反反复复的演变。由于公约草案未甄别私有文物与公有文物，原则上一律要求归还，因而受到荷兰、英国、美国等诸多欧美国家的强烈反对，并以失败告终。④

事实上，国际法要保护的根本利益，既不是确保文物归还本身，也不是确保财产的自由流通。真正受保护的根本利益是对文化财产的保护，保护作为其所属文化的表达形式。⑤ 当然，文化财产同时存在国家主权和财产权利两个层面的问题，但保护国家主权或保护财产权利并不是前述国际规则的根本目的。所谓"归还或返还财产的义务"，只有在返还或归还的效果符合保护文化遗产的要求时，返还文物才体现对前述根本利益的保护。

在返还文物和保护交易这两个看似不可调和的立场中，以文物为中心寻求平衡，贯穿了整个国际规则制定过程的始终。国际法规则的立法方案如果希望在国际社会得到最大范围的认同，就必须考虑这种利益平衡。要建立一个公平、合理的争端解决方式的法律基础，必须以一系列建立在这些利益的竞争和平衡之上的标准为指导。目前，国际社会已在某些特定领域开始进行尝试，以努力平衡利益冲突、确立共同的法律规则。⑥

在这些国际立法实践中，"1995 年公约"是典型代表。"1995 年公约"在私法领域为文物追索提供了法律依据，为缔约国追索被盗和非法出口文物创设了私人请求权。公约确立了一项至关重要的原则，即"被盗物应当返还"。

---

① Manlio Frigo, *Circulation des Biens Culturels, Détermination de la Loi Applicable et Méthodes de Règlement des Litiges*, Collected Courses of the Hague Academy of International Law (Vol. 375), Brill, 2015, p. 345.

② The draft Convention on the Repatriation of Objects of Artistic Interest, Historical or Scientific, Lost or Stolen, or Which Has Given Rise to An Alienation or Illicit Exportation, submitted in 1933 to the Member States of the League of Nations (14 League of Nations OJ, 1933, p. 1394).

③ The draft Convention for the Protection of National Historical and Artistic Heritage (17 League of Nations OJ, 1936, p. 1310).

④ Raymond Goy, "Le Régime International de L'importation, de L'exportation et du Transfert de Propriété des Biens Culturels", *Annuaire Français de Droit International*, vol. 16, 1, 1970, p. 614. 转引自霍政欣：《追索海外流失文物的法律问题》，中国政法大学出版社 2013 年版，第 102 页。

⑤ Manlio Frigo, *Circulation des Biens Culturels, Détermination de la Loi Applicable et Méthodes de Règlement des Litiges*, Collected Courses of the Hague Academy of International Law (Vol. 375), Brill, 2015, p. 346.

⑥ *Id.*, at 347.

需要指出的是,确立这项原则的出发点,不是要在保护原所有人还是保护善意购买人之间,作出"二选一"的道德选择,而是要考虑什么样的务实方案,更能有效地打击非法文物贩运。① 考虑到盗窃的受害者别无选择,而买家可以选择不购买被盗文物,有更大的权力影响市场,以阻止此类文物进入流通环节,公约因此不做任何保留地确立了此原则。这正体现出公约努力平衡文物原所有者与持有者之间的利益冲突,通过制定最低限度的共同法律规则,实现保护文化财产、打击非法文物贩运的公约目的。②

二、保护文化财产的国际法义务

(一)文化财产与文化利益

联合国教科文组织于1945年成立以来,陆续通过多项条约对"文化财产(cultural property)"的概念作出界定,使其成为具有独立含义的财产类别。"1954年海牙公约"首次使用了"文化财产"的概念,成为保护此类新型财产的首个多边条约。而在此之前,国际文件中从未将"文化财产"作为特定类型的概念予以定义,常以模糊而碎片化的经验性描述,用于代指具有历史意义或人道主义利益且应免于战争行为的物品。③ 具体而言,"1954年海牙公约"从三个标准方面定义"文化财产":①财产对人类和文明"具有重大意义"的重要性标准;②符合三类文化财产之一的类型标准;④③列入受特别保护的文化财产登记册以示文化财产之重大意义的登记标准。⑤

文化财产在国际法上的概念,反映了其实质是受国际保护的文化利益。"文化利益"在不同空间、时间下强弱不同,可以通过文化价值、重要性、性质或利益等标准予以划分。这种划分标准代表了一个社会对文化财产及其保

---

① Prott, Lyndel V. Commentary on the UNIDROIT Convention. Institute of Art and Law, 1997, p. 31.
② Marina Schneider, "UNIDROIT Convention on Stolen or Illegally Exported Cultural Objects: Explanatory Report", *Uniform Law Review*, vol. 61, 2001, p. 502.
③ Francesco Francioni, "Public and Private in the International Protection of Global Cultural Goods", *European Journal of International Law*, vol. 23, 3, 2012, p. 722.
④ 根据"1954年海牙公约"第1条之规定,这三类文化财产包括:①对各国人民的文化遗产具有重大意义的动产或不动产;②其主要目的为保存或展览第①类可以移动的文化财产的建筑物,如博物馆、大型图书馆和档案库,以及发生武装冲突时准备用以掩护第①类所述可以移动的文化财产的保藏所;③用以存放大量的第①和②类文化财产的纪念物中心站。
⑤ Francesco Francioni, "Evolving Framework for the Protection of Cultural Heritage in International Law", in: Silvia Borelli and Federico Lenzerini eds., *Cultural Heritage, Cultural Rights, Cultural Diversity: New Developments in International Law*, Martinus Nijhoff Publishers, 2012, p. 9.

护权利所赋予的公共利益的表达。① 例如,2005年欧洲委员会《社会文化遗产价值框架公约》(以下简称"2005年文化遗产价值公约")即体现了这一表达方式。② 该公约第2条将"文化遗产"界定为"从过去继承下来的一批资源,人们独立拥有并认为其反映和表达了他们不断变化的价值观、信仰、知识和传统"。③

此外,文化财产的概念不妨碍国际实践中采用其他表达方式,尤其是"文化遗产"这样的表述。"文化遗产"的概念有时取代了"文化财产",特别是在2001年联合国教科文组织《保护水下文化遗产公约》(以下简称"2001年水下遗产公约")④和2003年联合国教科文组织《保护非物质文化遗产公约》(以下简称"2003年非物质遗产公约"),⑤两项公约将这二词几乎视为同义。

在当代国际实践中,"文化遗产"这个术语主要用作集体名词,是指在国际保护层面,所有被保护的文化财产,而"文化财产"则更具体地指代作为法律保护对象的商品。"文化财产"和"文化遗产"在表达上的区别比较微妙,抛开术语和法律翻译的问题,"文化遗产"这一概念似乎更接近于表达该领域国际秩序的本质和目的,即更接近于为后代保护财产,而不影响其所有权制度。⑥

(二)保护文化财产原则的出现

1. 从掠夺合法到掠夺非法

(1)掠夺合法。最初战胜国掠夺战败国财产的做法并不违法,属于古罗马法中的"战时财产取得"(*ius predae*),可以像买卖或捐赠一样取得有效的所有权。即使发展到了中世纪,出于神学和哲学的考虑,法学家关注的理论问题很少论及对战争的纪律管理(*ius in bello*),而主要集中在关于发动战争

---

① Manlio Frigo, *Circulation des Biens Culturels, Détermination de la Loi Applicable et Méthodes de Règlement des Litiges*, in: Collected Courses of the Hague Academy of International Law (Vol. 375), Brill, 2015, p.135.
② Council of Europe Framework Convention on the Value of Cultural Heritage for Society, adopted on 27 October 2005.
③ 2005年欧洲委员会《社会文化遗产价值框架公约》("2005年文化遗产价值公约"),第2条。
④ UNESCO Convention on the Protection of the Underwater Cultural Heritage, adopted on 2 Nov. 2001.
⑤ UNESCO Convention for the Safeguarding of the Intangible Cultural Heritage, adopted on 17 Oct. 2003.
⑥ Manlio Frigo, *Circulation des Biens Culturels, Détermination de la Loi Applicable et Méthodes de Règlement des Litiges*, in: Collected Courses of the Hague Academy of International Law (Vol. 375), Brill, 2015, p.134.

(*ius ad bellum*)权利的讨论,并以此为基础,区分"正义战争"(*bellum iustum*)和"非正义战争"(*bellum iniustum*)。不过,自 16 世纪起,伴随着文艺复兴时期对于文化财产是集体的价值认识开始萌芽,对战败地的掠夺在法律上虽依然并不禁止,但在道德上已倍受谴责。①

(2)掠夺非法。进入 18 世纪,文物掠夺已不再是一种普遍现象,战争演化为具有国家间冲突关系的性质,其影响必须局限于破坏敌方的战争潜力,尽可能不影响不直接参与的人员和财产。② 正如洛克(J. Locke)在《政府论》中论证,"敌方在战争中使用了血腥的暴力,他们因而成为'可憎的生物',这赋予战胜方剥夺敌方生命的权利,但并不赋予前者剥夺后者财产的权利……战胜方的权利客体只包括敌方人员的生命,而不包括其财产,除非为支付战争赔款所用。"③1758 年,瑞士学者瓦泰尔在《万国法》中更直接指出,战争期间文化财产应当得到特殊保护,并应成为国际法的基本原则之一:"洗劫一个国家不论是出于什么原因,我们均应确保那些给人类社会增光的建筑免受破坏与劫掠,否则,我们就是在增强敌人的力量,因为这些美轮美奂的建筑——如庙宇、陵墓、公共建筑等是全人类的财富,破坏它们就是肆意剥夺全人类欣赏这些艺术作品的权利,就等于宣布自己与全人类为敌"。④

2. 禁止破坏文化财产和返还掠夺文化财产的规则

(1)禁止破坏文化财产。禁止破坏文化财产的国际习惯法,始于拿破仑战争结束后的 1815 年维也纳会议。⑤ 在此期间,第一批规则逐步形成,即禁止破坏对被占领国文化遗产具有重要意义的财产,并限制剥削和劫掠敌方财产的行为。

在武装冲突法领域,保护文化财产的国际原则逐渐萌发。在 1899 年和 1907 年的海牙会议上,与这一原则相关的《1899 年海牙第二公约》⑥与《1907

---

① Manlio Frigo, *Circulation des Biens Culturels*, *Détermination de la Loi Applicable et Méthodes de Règlement des Litiges*, in: Collected Courses of the Hague Academy of International Law (Vol. 375), Brill, 2015, p. 114.
② *Id.*, at 115.
③ John Locke, *Two Treatises of Government*, Awnsham and John Churchill, 1698, pp. 309~310.
④ Emer de de Vattel, *Le Droit des Gens*, *ou Principes de la Loi Naturelle*, *appliqués à la Conduite et aux Affaires des. Nations et des Souverains*, Londres, 1758, p. 104. 转引自霍政欣:《追索海外流失文物的法律问题》,中国政法大学出版社 2013 年版,第 14 页。
⑤ Manlio Frigo, *Circulation des Biens Culturels*, *Détermination de la Loi Applicable et Méthodes de Règlement des Litiges*, in: Collected Courses of the Hague Academy of International Law (Vol. 375), Brill, 2015, p. 116.
⑥ 《陆战法规和惯例公约》(1899 年 7 月 29 日《海牙第二公约》)。

年海牙第四公约》①先后通过。此后,就武装冲突时期各方对所占领土上文化财产负有的义务,涌现了一系列国际法规则,如《1907 年海牙第四公约》的第 27 条,1949 年"关于战时保护平民的日内瓦"(日内瓦第四公约)的第 53 条,以及日内瓦四公约的两项附加议定书——《1949 年 8 月 12 日日内瓦四公约关于保护国际性武装冲突受难者的附加议定书》("第一附加议定书")的第 53 条和《1949 年 8 月 12 日日内瓦四公约关于保护非国际性武装冲突受难者的附加议定书》("第二附加议定书")的第 16 条。

武装冲突时期保护文化财产这一特定领域的国际习惯,在最近的国际判例得到再次确认,尤其是在尊重文化财产的完整性方面,譬如 2004 年前南斯拉夫问题国际刑事法庭(ICTY)在"检察官诉约基奇案"(以下简称"约基奇案")中的判决,②以及 2004 年"埃厄战争索赔委员会"做出的裁决。③ 以涉及 1991 年炮击杜布罗夫尼克(Dubrovnik)老城事件的"约基奇案"为例,前南斯拉夫问题国际刑事法庭指出,"破坏或蓄意损害专用于宗教、慈善、教育、艺术和科学的建筑物、历史纪念物、艺术品及科学作品……都是对国际社会特别保护的价值观的侵犯"。④ 而且,这种犯罪行为针对的受"世界遗产名录"代表全人类保护的遗址,指向的是"一个特别受保护的地点……",因此"(这类罪行)更加严重……"⑤

(2)返还掠夺文化财产。除了禁止破坏文物的规则之外,第二组规则——对劫掠被占领土的文化财产的返还义务,同样萌发于 19 世纪。拿破仑战争期间,法军漠视国际法规则,四处劫掠艺术品,使得刚形成的保护文化财产免受战争影响的国际法秩序受到严重破坏。不过,也正是在这场战争后,人类社会得以首次见证系统实施返还被劫文化财产的法律规则逐步成型。⑥ 这场战争结束后,英、俄、奥、普等国与法国于 1815 年 11 月签订《巴黎

---

① 《陆战法规和惯例公约》(1907 年 10 月 18 日《海牙第四公约》)。
② *Prosecutor v. Miodrag Jokić*, Judgment of International Tribunal for the Prosecution of Persons Responsible for Serious Violations of International Humanitarian Law Committed in the Territory of Former Yugoslavia since 1991, Case No. IT-01-42/1-S. (Mar. 18, 2004).
③ Partial Award-Central Front, Eritrea's Claims 2, 4, 6, 7, 8 and 22, 28 April 2004, reprinted in Brooks W. Daly, "The Potential for Arbitration of Cultural Property Disputes: Recent Developments at the Permanent Court of Arbitration", *The Law and Practice of International Courts and Tribunals*, vol. 4, 2, 2005, p. 261.
④ *Prosecutor v. Miodrag Jokić*, Judgment of International Tribunal for the Prosecution of Persons Responsible for Serious Violations of International Humanitarian Law Committed in the Territory of Former Yugoslavia since 1991, Case No. IT-01-42/1-S. (Mar. 18, 2004), at para 46.
⑤ *Ibid.*
⑥ 霍政欣:《追索海外流失文物的法律问题》,中国政法大学出版社 2013 年版,第 15 页。

条约》。依据该条约,法国须归还拿破仑战争时期从各国掠走的珍贵艺术品。① 从 1815 年前后实施的返还实践中,可以总结当时返还文化财产的基本规则:其一,只有身份得到具体确认的物件,才能在遭到非法掠夺后得到返还。其二,返还不仅限于拿破仑战争期间遭劫掠的财产,在此之前被法国非法劫掠的文物也在返还之列。② 其三,返还应遵守属地原则。③

(三)"保护"义务的多元化发展

国际法律文件很少对"保护"的概念进行界定。④ 保护的文化财产类型不同,保护的含义也有所不同,如可移动文化遗产、不可移动文化遗产、无形的文化遗产、土著人民的文化遗产等均对应适用不同的"保护"。不过,对"保护"义务的界定大多空泛,或只涉及具体情况下的保护手段,比如武装冲突期间保护有形文化财产的物理存在,在和平时期保存和维护有形文化财产,保护水下文化遗产,以及保护非物质文化遗产等。因此,国际法中的"保护"概念,并不像"文化财产"的概念那样已经形成相对一元化定义。这里"保护"的含义,主要是通过比较 20 世纪以来主要的国际多边公约的不同定义所归纳得出的。这种归纳可能并不周延,但能反映当前的现状。

1. 保护等于保障与尊重

"1954 年海牙公约"第 2 条规定,"就本公约而言,文化财产的保护应包括对此项财产的保障和尊重"。在这方面,缔约各国承允"采用其认为适当的措施",以便在和平时期"准备保障在其自己领土内的文化财产"。⑤ 并且,缔约各国承允"尊重在其自己领土内的以及在其他缔约各方领土内的文化财产",特别是"不得采取针对此项财产的任何敌对行为"。⑥ 此外,还应指出公约及其两项议定书对"保护"概念的丰富,包括"1954 年海牙公约"的"特别保护"制度,⑦以及 1999 年《关于发生武装冲突时保护文化财产的公约第二

---

① Lawrence M. Kaye, "Laws in Force at the Dawn of the World War II: International Conventions and National Law", in: Elizabeth Simpson ed., *The Spoils of War: World War II and Its Aftermath: The Loss, Reappearance, and Recovery of Cultural Property*, Harry N. Abrams, 1997, p. 102.

② Wojciech W. Kowalski, Restitution of Works of Art Pursuant to Private and Public International Law, Collected Courses of the Hague Academy of International Law (Vol. 288), Martinus Nijhoff, 2002, p. 62.

③ 霍政欣:《追索海外流失文物的法律问题》,中国政法大学出版社 2013 年版,第 17 页。

④ Manlio Frigo, *Circulation des Biens Culturels, Détermination de la Loi Applicable et Méthodes de Règlement des Litiges*, Collected Courses of the Hague Academy of International Law (Vol. 375), Brill, 2015, p. 129.

⑤ "1954 年海牙公约",第 3 条。

⑥ "1954 年海牙公约",第 4 条。

⑦ "1954 年海牙公约",第 8 条至第 11 条。

议定书》(以下简称"1954年海牙公约第二议定书")的"重点保护"制度。①

"一般性尊重义务"是对文化财产保护的首要原则,即避免蓄意破坏和损害的行为,其对象是在武装冲突时期具有重要意义的文化遗产。② "1954年海牙公约"的序言雄辩地表达了这一基本原则,即"鉴于各国人民均对世界文化作出了贡献,对文化财产(不管它属于哪国人民)的损害将构成对整个人类文化遗产的破坏"。③ 该序言提到的是"人民"而不是"国家",并且提到是"全人类的文化遗产",以强调它与人权的联系,并预示了这是对国际社会整体的义务(erga omnes),而不是以契约为基础对个别国家所负有的义务。

2003年10月,联合国教科文组织大会通过了"关于蓄意破坏文化遗产问题的宣言",④扩大了这一原则的保障范围,使其不仅适用于武装冲突时期,也适用于和平时期。在该宣言通过一年后,依据结束1998年至2000年埃塞俄比亚-厄立特里亚战争之和平协定设立的"埃厄战争索赔委员会"指出,马塔拉石碑(Stela of Matara)是对厄立特里亚具有重大历史和文化重要性的文物,埃塞俄比亚军队有意破坏马塔拉石碑的行为是国际不法行为,埃塞俄比亚应对此负责。由于冲突双方都不是"1954年海牙公约"的缔约国,埃厄战争索赔委员会依靠这一习惯国际法作出了裁决。该决定第113段明确规定:"……对石碑的破坏劫掠违反了习惯国际人道主义法"。⑤

2. 保护等于完善国内制度

"1970年公约"第5条要求成员国承诺:如果尚未设立保护文化遗产的国家机构的,那么在与其本国国情相适应的情况下,应在其领土之内建立一个或多个的此类国家机构,并配备足够人数的合格工作人员,以有效地行使下述职责:"(a)协助制订旨在切实保护文化遗产特别是防止重要文化财产的非法进出口和非法转让的法律和规章草案;(b)根据全国受保护财产清册,制订并不断更新一份其出口将造成文化遗产的严重枯竭的重要的公共及私有文化财产的清单;(c)促进发展或成立为保证文化财产的保存和展出所

---

① 1999年《关于发生武装冲突时保护文化财产的公约第二议定书》("1954年海牙公约第二议定书"),第10条。

② Francesco Francioni, "The Human Dimension of International Cultural Heritage Law: An Introduction", *European Journal of International Law*, vol. 22, 1, 2011, p. 13.

③ "1954年海牙公约",序言。

④ UNESCO Declaration Concerning the Intentional Destruction of Cultural Heritage, adopted on 19 October 2005.

⑤ Partial Award-Central Front, Eritrea's Claims 2, 4, 6, 7, 8 and 22, 28 April 2004, reprinted in Brooks W. Daly, "The Potential for Arbitration of Cultural Property Disputes: Recent Developments at the Permanent Court of Arbitration", *The Law and Practice of International Courts and Tribunals*, vol. 4, 2, 2005, p. 261.

需之科学及技术机构(如博物馆、图书馆、档案馆、实验室、工作室……);(d)组织对考古发掘的监督,确保在原地保存某些文化财产,并保护某些地区,供今后考古研究之用;(e)为有关各方面(博物馆长、收藏家、古董商等)的利益,制订符合于本公约所规定道德原则的规章;并采取措施保证遵守这些规章;(f)采取教育措施,鼓励并提高对各国文化遗产的尊重,并传播关于本公约规定的知识;(g)注意对任何种类的文化财产的失踪进行适当宣传"。①

3. 保护等于返还被盗文物和非法出口文物

"1995年公约"通过确保"归还被盗文物"、②"退还非法出口的文物",③来解释"保护"的概念。

4. 保护等于国家责任和国际责任的统一

在不可移动文化遗产方面,"1972年世界遗产公约"规定为"保护""保存"本国领土内的文化和自然遗产,成员国要采取"积极有效的措施";规定成员国有责任"保证第一条和第二条中提及的、本国领土内的文化和自然遗产的确定、保护、保存、展出和遗传后代",以及整个国际社会有责任合作予以保护,④并通过建立保护世界文化和自然遗产政府间委员会,在国际层面采取行动。⑤

在水下文化遗产方面,"2001年水下遗产公约"旨在"提高国际、地区和各国为就地保护水下文化遗产,或因科研及保护的需要,小心打捞水下文化遗产而采取的措施的有效性"。⑥ 基于此,各缔约国不仅要保护专属经济区内或大陆架上的水下文化遗产,⑦还要保护"区域"(即"国家管辖范围以外的海床和洋底及其底土")内的水下文化遗产。⑧

在非物质文化遗产方面,"2003年非物质遗产公约"的宗旨是"保护……尊重有关社区、群体和个人的非物质文化遗产"。⑨ 该公约的"保护"是"指

---

① 1970年《关于禁止和防止非法进出口文化财产和非法转让其所有权的方法的公约》("1970年公约"),第5条。
② 1995年国际统一私法协会《关于被盗或者非法出口文物的公约》("1995年公约"),第3条和第4条。
③ "1995年公约",第5条至第7条。
④ 1972年联合国教科文组织《保护世界文化和自然遗产公约》("1972年世界遗产公约"),第4条至第6条。
⑤ "1972年世界遗产公约",第8条至第14条。
⑥ 2001年联合国教科文组织《保护水下文化遗产公约》("2001年水下遗产公约"),序言。
⑦ "2001年水下遗产公约",第10条。
⑧ "2001年水下遗产公约",第12条。
⑨ 2003年联合国教科文组织《保护非物质文化遗产公约》("2003年非物质遗产公约"),第1条。

确保非物质文化遗产生命力的各种措施",包括这种遗产各个方面的"确认、立档、研究、保存、保护、宣传、弘扬、传承(特别是通过正规和非正规教育)和振兴"。① 根据公约,在国家一级,缔约国应取必要措施确保其领土上的非物质文化遗产受到保护,特别是有义务拟订这类遗产的清单并保持更新;②在国际一级,对非物质文化遗产的保护,体现在编制和更新两个名录——"人类非物质文化遗产代表作名录"和"急需保护的非物质文化遗产名录",③以及开展国际合作与援助。④

5. 保护等于采取合理措施的自主性

在区域层面,欧洲委员会发起了"文化遗产综合保护"的概念,特别是1985年《保护欧洲建筑遗产公约》("格拉纳达公约"),⑤其原则规定了考虑到这类遗产对社会的价值和作用,制定了保护和恢复文化遗产综合政策的准则(该公约第10条)。最近,"2005年文化遗产价值公约"提出文化遗产的"个人和集体责任(individual and collective responsibility)",并且强调通过鉴定、研究、保护、保存和展示来提升文化遗产的价值。⑥

在国际层面,2005年联合国教科文组织《保护和促进文化表现形式多样性公约》(以下简称"2005年文化多样性公约")的目标之一是"加强文化间性,本着在各民族间架设桥梁的精神开展文化互动",并重审"各国拥有在其领土上维持、采取和实施他们认为合适的保护和促进文化表现形式多样性的政策和措施的主权"。⑦

(四)"保护"义务与国际法责任

1. 双重责任

在通常情形下,只有国家才是国际不法行为的主体。在特定的范围内,个人也是国际义务的主体,并因此成为国际不法行为的主体,如海盗行为和战争法等领域。比如,战争法的前提是:"战争法的规定不但拘束国家,而且拘束它们的国民,不论这些国民是否是他们的武装部队的成员"。⑧ 例如,在

---

① "2003年非物质遗产公约",第2条第3款。
② "2003年非物质遗产公约",第11条和第12条。
③ "2003年非物质遗产公约",第16条和第17条。
④ "2003年非物质遗产公约",第19条和第20条。
⑤ Convention for the Protection of the Architectural Heritage of Europe, ETS No. 121, adopted on 3 October 1985.
⑥ "2005年文化遗产价值公约",第1条和第5条。
⑦ 2005年联合国教科文组织《保护和促进文化表现形式多样性公约》("2005年文化多样性公约"),第1条第d款和第h款。
⑧ [英]赫希·劳特派特(修订):《奥本海国际法》(第一分册),王铁崖、陈铁强译,商务印书馆1989年版,第255页。

二战结束后,纽伦堡国际法庭在其1946年9月30日的判决中指出:"……违反国际法的罪行是个人所作的,而不是抽象的实体所作的,因此只有处罚犯有这种罪行的个人,国际法的规定才能执行。"①现代国际关系越来越复杂,这为扩大国际法所明白宣告的个人责任提出了要求。

2003年10月17日,联合国教科文组织大会通过的《关于蓄意破坏文化遗产问题的宣言》重申了存在"双重责任"——国家责任和个人责任。该宣言第6条确认了有关国家的责任,即"蓄意破坏对人类具有重要意义的文化遗产,或故意不采取适当措施禁止、防止、制止和惩罚一切蓄意破坏行为的国家,不论该遗产是否列入教科文组织或其他国际组织的保护名录,均应在国际法规定的范围内对该破坏行为承担责任"。②同时,第7条还确认了个人的刑事责任,即"各国应根据国际法采取一切适当的措施,确立有关的司法管辖权,并对那些犯有或下令犯有蓄意破坏对人类具有特别重要意义之文化遗产行为的个人予以有效的刑事制裁,不论该文化遗产是否列入教科文组织或其他国际组织的保护名录"。③

2. 个人责任的凸显

保护文化遗产的原则还体现在个人对严重破坏文化遗产行为所承担的国际刑事责任。④"1954年海牙公约第二议定书"在其第四章确定,各缔约国应采取必要措施,对个人作出的针对文化财产的各种故意严重破坏行为,依据国内法加以指控,并通过适当刑罚制止此类行为。⑤ 这项原则也在前南斯拉夫问题国际刑事法庭(ICTY)的判例中得到了确认。该法庭将针对文化财产的犯罪行为认定为"违反战争法和惯例"的不法行为,明确承认将故意破坏文化遗产定为刑事犯罪,并受到习惯国际法的制裁。⑥

此后通过国际武装冲突法与国际刑法的实践,在个人刑事责任问题上,已经出现了两方面的新近发展:⑦

第一,确立个人对文物的严重违法行为,不仅是国内犯罪行为,也是国际刑法中的犯罪行为,有对应的个人刑事责任。《前南斯拉夫问题国际刑事法

---

① [英]赫希·劳特派特(修订):《奥本海国际法》(第一分册),王铁崖、陈铁强译,商务印书馆1989年版,第255页。
② 2003年联合国教科文组织《关于蓄意破坏文化遗产问题的宣言》,第6条。
③ 2003年联合国教科文组织《关于蓄意破坏文化遗产问题的宣言》,第7条。
④ Francesco Francioni, "The Human Dimension of International Cultural Heritage Law: An Introduction", European Journal of International Law, vol. 22, 1, 2011, p. 13.
⑤ 1954年海牙公约第二议定书,第15条。
⑥ Prosecutor v. Kordic and Cerkez, ICTY Case No. IT-95-14/2-T (Feb. 26, 2001), para. 207.
⑦ Francesco Francioni, "Public and Private in the International Protection of Global Cultural Goods", European Journal of International Law, vol. 23, 3, 2012, p. 723.

庭规约》第3(d)条将蓄意破坏、损坏、劫掠"专用于宗教、慈善和教育、艺术和科学的公共机构建筑物、历史纪念物和艺术品及科学成果"的行为列入违反战争法和惯例的犯罪行为。基于该条规定，前南斯拉夫问题国际刑事法庭（简称"前南法庭"）对蓄意破坏、损坏、劫掠文化遗产的国际刑事案件行使管辖权。前述提及的2004年"约基奇案"和2005年"检察官诉斯特鲁加尔案"（以下简称"斯特鲁加尔案"），就是典型例证。① "斯特鲁加尔案"中，被告帕夫莱·斯特鲁加尔（Pavle Strugar）因以前南斯拉夫军队司令的身份，下令轰炸杜布罗夫尼克旧城（该城已被列入联合国教科文组织世界遗产名录），被指控破坏或蓄意损害专用于宗教、慈善、教育、艺术和科学的建筑物、历史纪念物、艺术品及科学作品。② 前南法庭在审理中，回顾了《1907年海牙第四公约》、"1954年海牙公约"以及日内瓦四公约的两项附加议定书等一系列国际公约，详细阐述了国际法框架下保护文化遗产与个人国际刑事责任问题相辅相成的发展关系。③ 最终，前南法庭认定被告斯特鲁加尔包括"蓄意破坏文化遗产"在内的两项指控罪名成立。④

第二，将对文化财产的攻击行为提高到战争罪的层面。与《前南斯拉夫问题国际刑事法庭规约》第3(d)条相似，《国际刑事法院罗马规约》（以下简称"罗马规约"）第8条第2款第2(9)项和第5(4)项，将在国际性武装冲突和非国际性武装冲突中，"故意指令攻击专用于宗教、教育、艺术、科学或慈善事业的建筑物、历史纪念物、医院和伤病人员收容所，除非这些地方是军事目标"的行为也认定构成"战争罪"。⑤ 2016年，国际刑事法院（ICC）审理的"检察官诉迈赫迪案"（以下简称"迈赫迪案"）中，⑥艾哈迈德·法基·迈赫迪（Ahmad Al Faqi Al Mahdi）因蓄意袭击列入世界遗产名录的马里廷巴克图（Timbuktu）文化遗址、摧毁十余处宗教和历史古迹，被判处战争罪。这是国

---

① *Prosecutor v. Pavle Strugar*, Judgment of International Tribunal for the Prosecution of Persons Responsible for Serious Violations of International Humanitarian Law Committed in the Territory of Former Yugoslavia since 1991, Case No. IT-01-42-PT (Jan. 31, 2005). [hereinafter Prosecutor v. Pavle Strugar Judgment]

② *Prosecutor v. Pavle Strugar*, Third amended indictment, Counts 4-6 (filed Dec. 10, 2003).

③ Prosecutor v. Pavle Strugar Judgment, at para. 307.

④ Francesco Francioni, "Beyond State Sovereignty: The Protection of Cultural Heritage as A Shared Interest of Humanity", *Michigan Journal of International Law*, vol. 25, 2003, p. 1215.

⑤ Francesco Francioni, "Evolving Framework for the Protection of Cultural Heritage in International Law", in: Silvia Borelli and Federico Lenzerini eds., *Cultural Heritage, Cultural Rights, Cultural Diversity: New Developments in International Law*, Martinus Nijhoff Publishers, 2012, p. 10.

⑥ *Prosecutor v. Ahmad Al Faqi Al Mahdi*, Judgment of International Criminal Court, Case No. ICC-01/12-01/15 (Sept. 27, 2016).

第二章　文物中心原则的国际法基础

际刑事法院首次对破坏文化古迹的行为作出判决,也是历史上国际刑事法院首次将这种行为判定为战争罪。①

此外,"迈赫迪案"也反映出补充管辖原则在以"罗马规约"为核心的国际刑事司法制度中所发挥的重要作用。在武装冲突时期,马里当局无法就针对文化遗产的严重罪行进行调查和起诉,国际刑事法院应马里政府之请求,对该案行使管辖权。② 这是国际刑事法院对国家管辖的补充,只有当国家当局没有能力或不愿意对大规模暴行进行调查和起诉时,国际刑事法院才会介入。这种补充管辖原则能够推动在国际和国家两个层面反对有罪不罚现象,以确保消除有罪不罚的漏洞,体现了国际刑事司法在文化遗产领域的有力保障。

第二节　文物中心原则的国际法基本意涵

文物中心原则强调以文物为中心,基于文物与其文化特性的联系,对文物加以保护和利用,并据此作为国际文化财产法律规则的基础。在国际文化财产流通领域,国际法保护的根本利益不是要确保归还本身,也不是要确保财产的自由流通,而是"对文化财产的保护",这是对文物中心原则最直接的体现。

从维护这一根本利益出发,文物中心原则的国际法基本意涵为:在武装冲突时期,禁止掠夺被占领土的文化财产,并返还劫掠自被占领土文化财产;在和平时期,则体现为通过国际合作,打击非法文物贩运,防止文物非法转移;以及确保个人和社群获取和享有文化遗产等。

一、武装冲突时期禁止文物劫掠

(一)武装冲突时期文化财产被劫掠的风险

在武装冲突期间,对于文化遗产最大的威胁,除了因战争带来的毁损、灭失外,莫过于在军事占领期间对文化财产的非法占有和转移。③ 所谓"非法",系指在"违背被占领土国内立法或国际法适用法规的情况下,以强迫手

---

① Anissa Barrak, "Ahmad Al Faqi Al Mahdi: I plead guilty", *The UNESCO Courier*, vol. 3, October-December, 2017, p. 9.
② International Criminal Court (ICC), "ICC Prosecutor Fatou Bensouda on the Malian State referral of the situation in Mali since January 2012", ICC-OTP-20120718-PR829, Press Release, 18 July 2012, available at http://www.icc-cpi.int/Pages/item.aspx?name=pr829.
③ Francesco Francioni, "The Human Dimension of International Cultural Heritage Law: An Introduction", *European Journal of International Law*, vol. 22, 1, 2011, p. 13.

段或其他手段从事的非法行为"。① 以往这种威胁主要具体化为占领方劫掠文化财产的官方行径。目前国际社会已普遍谴责这种行径,但其仍然顽固存在、甚至有恶化的趋势。其原因主要来自两方面,一是在新时期武装冲突下民族仇恨的作用;二是来自国际文物艺术品市场的需求。②

一方面,在20世纪90年代巴尔干战争期间,在民族仇恨的作用下,战争暴行极为残酷。为达到煽动民族仇恨的目的,出现了将宗教和文化机构及其文物作为武装打击目标,恶意消灭敌方的人文遗迹及其相关文化的恶劣行径。③ 在这一时期发生了一系列的恶性事件,包括蓄意破坏教堂、清真寺及历史文化古迹等,其中最典型的莫过于炸毁莫斯塔尔古桥事件和袭击布罗夫尼克古城。④ 另一方面,近年来,在阿富汗和伊拉克被军事占领期间,大量文物从其博物馆和收藏机构被盗或丢失,而后由世界各地的私人藏家和个别博物馆收购,这都显示出国际文物艺术品市场需求的巨大影响,市场对此类文物供不应求的状态持续存在。⑤

(二)禁止掠夺被占领土文物的国际法原则

1. 禁止掠夺被占领土文物原则的出现

在国际条约法方面,禁止掠夺被占领土文物的原则,首先在1907年《陆战法规和惯例公约及其附件:陆战法规和惯例章程》("海牙第四公约")得到确定。⑥ 该公约附件"陆战法规和惯例章程"之第56条明确规定,被占领土的市政当局的财产,"包括宗教、慈善和教育、艺术和科学机构的财产,即使是国家所有,也应作为私有财产对待";"对这些机构、历史性建筑物、艺术和科学作品的任何没收、毁灭和有意的损害均应予以禁止并受法律追究"。⑦

在第一次世界大战之后,返还特定文物的义务也曾出现在某些和平条约

---

① 参见"1954年海牙公约第二议定书",第1条。
② Francesco Francioni, "Evolving Framework for the Protection of Cultural Heritage in International Law", in: Silvia Borelli and Federico Lenzerini eds., *Cultural Heritage, Cultural Rights, Cultural Diversity: New Developments in International Law*, Martinus Nijhoff Publishers, 2012, p. 12.
③ Ibid.
④ Council of Europe, *Information Report: The Destruction by War of the Cultural Heritage in Croatia and Bosnia and Herzegovina*, Parliamentary Assembly, doc. 6956, 2 February 1993.
⑤ Lyndel V. Prott, "The Protection of Cultural Movables from Afghanistan: Developments in International Management", in: Juliette van Krieken-Pieters, *Art and Archaeology of Afghanistan: Its Fall and Survival*, Brill, 2006, pp. 189~200.
⑥ Francesco Francioni, "The Human Dimension of International Cultural Heritage Law: An Introduction", *European Journal of International Law*, vol. 22, 1, 2011, p. 13.
⑦ 1907年《陆战法规和惯例公约及其附件:陆战法规和惯例章程》之附件"陆战法规和惯例章程",第56条。

中,但在实践中,履行这样的义务出现了某些障碍。譬如,奥地利就曾拒绝返还文物给匈牙利,其理由该文物已成为某公共收藏系列的一部分,出于对该收藏系列完整性的保护,不能归还该文物。① 尽管有前述国际条约在前,在第二次世界大战期间,被纳粹德国军事占领的大部分地区仍遭遇了一场史无前例的大浩劫。在德军罗森贝格任务小组(Einsatzstab Reichsleiter Rosenberg)的操纵指挥下,大量文物艺术品被掠夺或下落不明。②

值得注意的是,早在1943年第二次世界大战期间,盟军就通过了《反对在敌人占领或控制领土上进行掠夺的法案的同盟国间宣言》(史称"伦敦宣言")。③ 根据《伦敦宣言》,"一切被占领土上财产的转移、交易行为均属无效,不管这种转移或交易采取公开掠夺还是合法的形式,即便它们被赋予'自愿'的形式也是无效的"。④ 当然,《伦敦宣言》作为同盟国的单方声明,并没有真正达到使一切被占领土上财产的转移、交易行为均归于无效的效果。尽管如此,该宣言还是在纽伦堡审判中发挥了影响,间接促成了数位纳粹德国的军政首领因破坏文物的罪行而受到起诉并被判刑。⑤

2. 返还劫掠自被占领土文物义务的确立

《伦敦宣言》尽管只是同盟国间发表的单方声明,但其确立了战争期间劫掠和转移文物属于非法无效的原则,开启了国际流失文物返还的新秩序。⑥ 更重要的是,《伦敦宣言》直接促成"返还劫掠自被占领土的文化财产"作为国际义务的基本成型,并被吸收纳入到其后的国际公约,如"1954年海牙公约"和"1970年公约"。⑦ 1954年《关于发生武装冲突时保护文化财产

---

① Lyndel V. Prott and Patrick J. O'Keefe, *Law and the Cultural Heritage*, Butterworths, 1989, p. 804.
② Francesco Francioni, "Evolving Framework for the Protection of Cultural Heritage in International Law", in: Silvia Borelli and Federico Lenzerini eds., *Cultural Heritage, Cultural Rights, Cultural Diversity: New Developments in International Law*, Martinus Nijhoff Publishers, 2012, p. 13.
③ The Inter-Allied Declaration against Acts of Dispossession Committed in Territories under Enemy Occupation and Control, January 5, 1943.
④ 王云霞:《二战被掠文物返还的法律基础及相关问题》,载《辽宁大学学报(哲学社会科学版)》2007年第4期。
⑤ Jacqueline Nowlan, "Cultural Property and the Nuremberg War Crimes Trial", *Humanitares Volkerrecht*, vol. 4, 1993, p. 221.
⑥ 王云霞:《从纳粹掠夺艺术品的返还看日掠文物返还可行性》,载《政法论丛》2015年第4期。
⑦ Francesco Francioni, "Evolving Framework for the Protection of Cultural Heritage in International Law", in: Silvia Borelli and Federico Lenzerini eds., *Cultural Heritage, Cultural Rights, Cultural Diversity: New Developments in International Law*, Martinus Nijhoff Publishers, 2012, p. 14.

的公约议定书》(以下简称"1954年海牙公约第一议定书")即规定,各缔约国应防止文化财产从被其占领的领土上输出,并要求将被其转移的此类文化财产归还给被占领土的主管当局,并且"对于根据前款应予返还的文化财产,应向此项财产的善意持有人给付赔偿金"。①

不过,与《伦敦宣言》类似,在缺乏国内法实施的情况下,"1954年海牙公约第一议定书"在打击武装冲突时期的文物劫掠上,可能同样缺乏成效。其中一个风险就是在跨境文物返还争议中,国内法院可将议定书的条文认定为"不可自动执行(non-self-executing)",荷兰法院审理的"塞浦路斯希腊正教会诉朗斯案"(简称"朗斯案")就是典型例证。② 该案中,原告塞浦路斯希腊正教会依据"1954年海牙公约"及其议定书,在荷兰提起了文物返还诉讼,要求持有人朗斯(Lans)归还在土耳其占领塞浦路斯北部地区期间被非法出口的数件珍贵文物。原告援引了"1954年海牙公约第一议定书"相关条款,但是,荷兰法院以议定书条款不是荷兰宪法第94条意义上的"自动执行条款"为由拒绝适用,驳回了原告的文物返还请求。由该案可知,如果荷兰没有在其国内立法中规定议定书属于"自动执行",该议定书就无法直接适用。③

为解决这一问题,荷兰在"朗斯案"之后,于2007年通过了《源自被占领土的文化财产(返回)法》。④ 根据该法,"1954年海牙公约第一议定书"已在荷兰法律中实施。与之类似的解决方案,在英国也有体现。2017年,英国在加入"1954年海牙公约"及其两项议定书后,也通过国内法予以实施,颁布了《(武装冲突时期)文化财产法案》。⑤ 该法案第21条涉及"补偿",即法院在作出没收令时,可以裁定向善意的且不知是从被占领土非法转移的购买人支付补偿,支付主体是国家。⑥

最后,值得关注的是,禁止掠夺被占领土文物原则已衍生出相关的强制性规则。譬如,联合国安全理事会2003年第1483号决议确立了涉及向伊拉

---

① "1954年海牙公约第一议定书",第1条。
② *Greek Orthodox Church of Cyprus v. Lans*, Rotterdam Civil Court, 44053HAZ 95/2403 (Feb. 4, 1999).
③ The Netherlands, Report on the Implementation of the 1954 Hague Convention for the Protection of Cultural Property in the Event of Armed Conflict and its 1954 and 1999 Protocols, January 2004-March 2010.
④ Act of 8 March 2007 containing rules on the taking into custody of cultural property from an occupied territory during an armed conflict and for the initiation of proceedings for the return of such property (Wet tot teruggave cultuurgoederen afkomstig uit bezet gebied).
⑤ Cultural Property (Armed Conflicts) Act 2017 (UK).
⑥ Art. 21, Cultural Property (Armed Conflicts) Act 2017 (UK).

克归还战时非法转移文物的规定。① 这一决议的背景是在美英联军入军伊拉克后,伊拉克国内政局动荡倒塌,在巴格达国家博物馆、国家图书馆和其他场所接连发生劫掠文物的事件。第1483号决议的意义在于:根据"联合国宪章"第七章,决议对所有联合国会员国具有约束力;同时,安理会以此确认了一项强制性规则,即占领国有义务采取行动确保被占领土的文化财产不被非法挪用和转移的,并且在非法转让的情况下,应将其予以归还。②

二、和平时期打击非法文物贩运

在全球化市场时代,对文化遗产最严重的威胁来自世界范围内的非法文物贩运。尽管在以梅利曼为代表的自由主义者看来,文物在国际市场上最大可能的流通是有益的,可以促进文化交流和科学进步。③ 但不可否认的是,正是由于至今仍旧猖獗的盗掘和非法贩运文物现象,才导致大量文化遗产遭到毁损、肢解、流散之厄运,以及对考古科学研究至关重要的信息丢失。此外,非法贩运文物若能给不道德的文物交易商带来经济收益,那同时也必定会导致文物来源国文化遗产资源的枯竭,进而使其发展文化产业和旅游业的资源遭受损失。从这个角度来看,通过开展国际合作,共同打击非法文物贩运是十分必要的。在现代国际法实践中,国家在公法和私法层面都展开了国际合作。

(一)公法层面的合作

通过缔结国际公约,公约成员国有义务为防止贩运被盗文物或非法出口文物而合作。"1970年公约"是这方面最重要的公约。根据公约第2条规定,各缔约国明确承认"文化财产非法进出口和所有权非法转让是造成这类财产的原主国文化遗产枯竭的主要原因之一",并承认"国际合作是保护各国文化财产免遭由此产生的各种危险的最有效方法之一"。④ 尽管最初通过"1970年公约"的缔约国大多数都是文物出口国,但如今随着越来越多文物进口国的加入,该公约也在最主要的文物进口国得到了实施,这些国家包括美国、法国、瑞士、英国和日本等。

在此之后,各个国家已逐步认识到,无论从法律还是政治角度,一个缺乏

---

① UN Doc. S/RES/1483 (2003).
② Francesco Francioni, "The Human Dimension of International Cultural Heritage Law: An Introduction", *European Journal of International Law*, vol. 22, 1, 2011, p. 13.
③ John H. Merryman, "Two Ways of Thinking about Cultural Property", *American Journal of International Law*, vol. 80, 4, 1986, p. 831.
④ "1970年公约",第2条。

规制的文物交易市场是不可接受的。为此,国际社会通过合作逐渐形成了具有法律内容和强制性的原则——国际社会应当为防止被盗文物或非法出口文物的贩运而合作。①

欧洲的区域立法已确认了这一原则,或者至少将其确认为一项程序性义务。1993年3月15日,欧共体通过了第93/7/EEC号"关于返还从成员国领土非法转移的文物指令"(以下简称"欧共体1993年指令"),②以此在文物领域确立了一个机制,即限制文物的自由流通,并要求成员国有义务通过外交和司法领域共同合作,以确保返还从成员国领土非法转移的文物。与此同时,欧共体还于1992年12月9日通过第3911/92号"关于文物出口的条例"(以下简称"欧共体1992年文物出口条例")。③ 该条例引入了出口许可制度,以统一的出口管制措施来防止文物被非法转移出欧共体的外部边界。

目前欧盟已先后于2009年和2014年颁布了第116/2009号"关于文物出口的条例(合并版本)"(以下简称"欧盟2009年条例")、④第2014/60/EU号"关于返还从成员国领土非法转移的文物指令(重订)"(以下简称"欧盟2014年指令")⑤,以替代之前的"欧共体1992年文物出口条例"和"欧共体1993年指令"。此外,欧盟还于2019年颁布《关于文物引进和进口的条例》(以下简称"欧盟2019年文物进口条例"),⑥补齐了全链条监管的版图。新的欧盟条例和指令在防止非法贩运文物方面,向欧盟成员国提出了更深层次、更精细化的国际协助要求。⑦

---

① Francesco Francioni, "Evolving Framework for the Protection of Cultural Heritage in International Law", in: Silvia Borelli and Federico Lenzerini eds., *Cultural Heritage, Cultural Rights, Cultural Diversity: New Developments in International Law*, Martinus Nijhoff Publishers, 2012, p. 16.

② Council Directive 93/7/EEC of 15 March 1993 on the Return of Cultural Objects Unlawfully Removed from the Territory of a Member State (Official Journal L 074, 27/03/1993, pp. 74~79).

③ Council Regulation (EEC) No 3911/92 of 9 December 1992 on the Export of Cultural Goods (Official Journal L 395, 31/12/1992, pp. 1~5).

④ Council Regulation (EC) No 116/2009 of 18 December 2008 on the Export of Cultural Goods (Codified version) (Official Journal L 39, 10.2.2009, pp. 1~7).

⑤ Directive 2014/60/EU of the European Parliament and of the Council of 15 May 2014 on the Return of Cultural Objects Unlawfully Removed from the Territory of a Member State and Amending Regulation (EU) No 1024/2012 (Recast).

⑥ Regulation (EU) 2019/880 of the European Parliament and of the Council of 17 April 2019 on the introduction and the import of cultural goods, PE/82/2018/REV/1 OJ L 151, 7.6.2019.

⑦ Francesco Francioni, "Evolving Framework for the Protection of Cultural Heritage in International Law", in: Silvia Borelli and Federico Lenzerini eds., *Cultural Heritage, Cultural Rights, Cultural Diversity: New Developments in International Law*, Martinus Nijhoff Publishers, 2012, p. 16.

在国际和区域层面的法律框架之外,更常见的国际合作是基于双边协定。近年来,为共同打击非法贩运文物,通过双边协定建立起来的国际协作网络越来越广泛。在这样的双边协定下,文物进口国通过承诺采取紧急措施(如进口管制等),协助其他国家打击猖獗的非法文物贩运活动。

在这方面,美国是签订此类双边协定的先行者,也是践行以双边协定为基础开展国际合作的典型。早在20世纪70年代初,美国就与墨西哥等拉丁美洲部分国家缔结了旨在打击劫掠前哥伦布时期文物的双边协定。① 与此同时,美国在其国内法层面,颁布了1972年《前哥伦布时期遗址或建筑雕像或壁画进口条例》。依此条例,美国海关对未取得原属国签发的出口许可而进入美国的前哥伦布时期考古材料、雕塑、壁画或其碎片进行扣押和没收。② 其中,所涉文物涵盖了来自墨西哥、中美洲、南美洲和加勒比群岛的前哥伦布时期印第安文物。③ 美国在加入1970年公约之后,基于公约第9条与更多国家签订了双边协定。截至2017年12月,美国已与伯利兹、玻利维亚、保加利亚、柬埔寨、中国、哥伦比亚、塞浦路斯、埃及、萨尔瓦多、希腊、危地马拉、洪都拉斯、伊拉克、意大利、马里、尼加拉瓜、秘鲁和叙利亚等18国签订了双边协议或签发了进口限制令。④

此外,打击非法文物贩运的国际合作还在国际政府间或非政府组织之间展开。例如,国际刑警组织(INTERPOL)通过设立被盗文化财产数据库,在被盗文物追索问题上提供国际协作。⑤ 再如,国际博物馆理事会(ICOM)也定期发布丢失文化财产的信息,并与联合国教科文组织合作建设文物身份档案制度。⑥

(二)私法层面的合作

第二种形式也是该领域最值得关注的合作形式,是以"1995年公约"为

---

① See Treaty of Cooperation between the United States of America and the United Mexican States, 22 US Treaty Series 494, T. I. A. S. n. 7088, 1971.
② Regulation of Importation of Pre-Columbian Monumental or Architectural Sculpture or Murals, Title II of Public Law 92-587, 19 U. S. C. 2091 et seq.
③ Section 205, 19 U. S. C. 2095.
④ Bureau of Educational and Cultural Affairs, "Cultural Heritage Center-Bilateral Agreements", https://eca. state. gov/cultural-heritage-center/cultural-property-protection/bilateral-agreements,最后访问时间:2017年12月2日。此外,美国与加拿大于1997年4月签订了双边协议,该协议已在2002年4月因五年有效期届满且未顺延,到期失效。
⑤ 如2003年7月8日,国际刑警组织和联合国教科文组织签署了特别协议,启动了建设伊拉克被盗财产数据库的工作,该项合作的长远目标是建立收藏品编目的国际标准。
⑥ 国际博物馆理事会与联合国教科文组织在文物身份档案方面的开展合作,包括编写一份关于文物目录基本编制方法的简短手册,其中重点介绍文物身份档案制度,也可提供一些与编制文物目录有关的其他信息。

核心、建在私法层面上的国际合作。更确切地说,这样的国际合作是指在私法领域,承认国家和私人对被盗文物或非法出口文物的财产权利,为缔约国追索被盗和非法出口文物创设了请求权。这样的私法问题是"1970年公约"不调整的。尽管"1970年公约"第7条第2款也有关于禁止进口被盗文化财产的规定,但"被盗文化财产"限于"从本公约另一缔约国的博物馆或宗教的或世俗的公共纪念馆或类似机构中盗窃的文化财产",且"该项财产业已用文件形式列入该机构的财产清册"。① 类似地,"1970年公约"第7条第1款也规定了成员国防止获取非法出口文物的义务,但这里的适用范围仍仅限于成员国应采取必要措施,防止"其领土内的博物馆及类似机构"获取非法出口文物,②而排除了对私主体之间文物交易的调整。此外,"1970年公约"也未赋予私人提出文物返还请求的权利。③

"1995年公约"正是为了克服了前述"1970年公约"的若干缺陷。"1995年公约"在私法领域为文物追索提供了法律依据,为缔约国追索被盗和非法出口文物创设了请求权。

更重要的是,"1995年公约"提出了更先进的国际协调合作原则,即通过制定统一的实体法,协调不同法律制度的差异。这里的"统一实体法"就是对文物的财产权利取得问题上适用统一的实体法规则。④ 具体而言,"1995年公约"确立了被盗文物应当返还的原则,规定"被盗文物的占有人应归还该被盗物"。⑤ 这也意味着许多大陆法国家,如果加入"1995年公约",则需修改其相关国内法,对被盗文物作出特殊规定,摒弃原来善意购买人可在一定条件下取得被盗物所有权的"善意取得"制度,改为"善意购买人应归还该被盗物,但有权得到公平合理的补偿"。此外,在法律制度上更巧妙的合作形式,还体现在"1995年公约"第3条第2款关于盗掘文物的规定。根据该款,"凡非法发掘或者合法发掘但非法持有的文物,应当视为被盗,只要符合发掘

---

① "1970年公约",第7条第2款第1项。
② "1970年公约",第7条第1款。
③ 根据"1970年公约"第7条,文化财产的返还请求只能由该财产原主缔约国提出,且必须通过外交部门进行,这使得个人提出的权利请求得不到公约的支持。因此,绝大多数法学家认为,该公约并未规定私人诉权。See Jennifer Sultan, "Combating the Illicit Art Trade in the European Union: Europol's Role in Recovering Stolen Artwork", *Northwestern Journal of International Law & Business*, vol.18, 1997, p.759.
④ Francesco Francioni, "Evolving Framework for the Protection of Cultural Heritage in International Law", in: Silvia Borelli and Federico Lenzerini eds., *Cultural Heritage, Cultural Rights, Cultural Diversity: New Developments in International Law*, Martinus Nijhoff Publishers, 2012, p.17.
⑤ "1995年公约",第3条第1款。

发生地国家的法律"。① 这意味着,公约要求成员国的受理法院在处理盗掘文物的返还请求时,应考虑文物原属国的法律,只要该国法律将非法发掘或合法发掘但非法持有之行为规定为盗窃。

此外,"1995年公约"还影响了传统的国际私法规则,突破了在涉外案件中排除外国公法适用的传统做法。可以说,在当代国际法律意识中,一种"法律义务感"正在形成,即每个国家都应尽最大善意地,考虑其他国家在保护其本国文化遗产上的合法利益,并因此适当考虑为保护此类利益的外国法律,即使其具有公法性质。②

当然,"1995年公约"确立的这些具体国际合作形式,包括其确立的统一实体法规则等,可能尚未构成一般国际法原则的一部分。但是,这些规则建立在打击文物非法贩运的国际合作原则之基础上,代表了符合文物中心原则的、更具先进性的发展方向。

三、确保获取和享有文化遗产

文物中心原则要求以文物为中心,基于文物与其文化特性的联系,对文物加以保护和利用。在国际法层面,对于文物的保护,体现在前面所及"武装冲突时期禁止文物劫掠"和"和平时期打击非法文物贩运";对于文物的利用,则体现为"确保获取和享有文化遗产",展现的是文物中心原则的人权纬度。

国际法不仅关注文化遗产的一般人权,也关注文化财产的社群人权,这在根本上体现了对文化遗产与个人和社群的联系之重视,确保个人和社群获取和享有文化遗产的权利,是文物与其文化特性的联系在人权维度上的表达。因此,从这个意义上来说,对文化财产的保护和利用,也是人权保护的必然要求。

(一)文化财产的一般人权

1. 文化财产的人权基础

(1)文化财产的双重属性。对文物保护范围的扩大来源于对"文化"与

---

① "1995年公约",第3条第2款。
② Francesco Francioni, "Evolving Framework for the Protection of Cultural Heritage in International Law", in: Silvia Borelli and Federico Lenzerini eds., *Cultural Heritage, Cultural Rights, Cultural Diversity: New Developments in International Law*, Martinus Nijhoff Publishers, 2012, p. 18.

"财产"概念二分法的认识。① 一方面,文化财产具有"财产"属性。这是有形的方面,重在文化资产(cultural assets)之意,表示法律上的所有权,侧重于保护物件的物理完整性,并表明其在交易市场上的经济价值。另一方面,文化财产具有"文化"属性。这是无形的方面,表示其所体现的象征性、历史性和科学性等文化上的价值,而不侧重其经济价值如何。② 在国际法话语下,从"文化财产"到"文化遗产"的发展,不仅是单纯的术语转换,也是从原有的保护理念转变而来的,并且更强调文物的文化属性。③

文物的文化价值是其经济价值的基础,正如学者伯恩(C. Byrne)所论述的那样,"标准化和易于取代的商品与具有情感、精神或文化特质的商品之间存在着根本的区别",因为只有后者"保留了赋予其独特和卓越的文化意义所带来的内在价值"。④

文化财产的人权维度正是这样一种源于文化财产独特性的复合概念,包括"文化"和"财产"两个方面的人权。一方面它代表了文化遗产因其象征性、情感性、宗教性和历史性价值而引起的对个人和民族的特殊感受。另一方面,它是个人或集体要求追回非法转移文化财产之权利要求的基础。在文化财产被剥夺的情况下,人们所丧失的不仅仅是单纯的经济价值,而且还是物品所代表的象征性和文化价值。⑤

(2)文化财产的人权维度。文物追索的主张体现了人权的要求。"只要文化遗产代表了一个社群或群体认可作为其历史和身份一部分的实践、知识和表现的总和,那么,这个群体的成员,无论单独还是集体地,必须有权获得、使用和享受这种文化遗产,这是一种不言自明的权利"。⑥

譬如,在2005年,东帝汶"真相、接纳与和解委员会(Commission for Re-

---

① Alessandro Chechi, "Multi-level cooperation to safeguard the human dimension of cultural heritage and to secure the return of wrongfully removed cultural objects", in: Silvia Borelli and Federico Lenzerini eds., *Cultural Heritage, Cultural Rights, Cultural Diversity: New Developments in International Law*, Martinus Nijhoff Publishers, 2012, p. 349.
② James A. R. Nafziger and Robert K. Paterson eds., *Handbook on the Law of Cultural Heritage and International Trade*, Edward Elgar Publishing, 2014, p. 26.
③ Lyndel V. Prott and Patrick J. O'Keefe, "'Cultural Heritage' or 'Cultural Property'?", *International Journal of Cultural Property*, vol. 1, 2, 1992, p. 307.
④ Christopher S. Byrne, "Chilkat Indian Tribe v. Johnson and NAGPRA: Have We Finally Recognized Communal Property Rights in Cultural Objects", *Journal of Environmental Law & Litigation*, vol. 8, 1993, p. 118.
⑤ John Carman, *Against Cultural Property: Archaeology, Heritage and Ownership*, Duckworth, 2005, p. 73.
⑥ Francesco Francioni, "Culture, Heritage and Human Rights: An Introduction", in: Francesco Francioni and Martin Scheinin eds., *Cultural Human Rights*, Brill, 2008, p. 6.

ception, Truth and Reconciliation)"表明了文化财产的财产与文化两种权利之间的关系。① 该委员会建议印度尼西亚政府设立"针对东帝汶文物、档案资料及其他目前在国外的文化材料的返还方案,并邀请持有这些物品的政府、机构和个人将此类物品返还给东帝汶,并以此依据《经济、社会及文化权利国际公约》第 15 条,协助东帝汶保护、发展和传播东帝汶文化"。② 此外,与二战大屠杀时期纳粹劫掠文物有关的追索也表明,对于一些幸存者或其继承人来说,追回在战争之前属于他们或其家人的文化财产同样是人权事业的重要方面,无论其财产的经济价值如何。③

对文化财产的出口管制也体现了人权的要求。一国对文化财产施加的出口管制,从表面上看,就是对个人自有处分财产权利的侵犯,但是,正如欧洲人权法院(ECHR)所指出的,出于保护一国文化遗产之目的的文物出口管制可以是合法的,只要能够确定这种管制能够在合法公共利益和个人权利之间达到合理的平衡。④ 从参与文化生活的人权角度出发,出口管制能实现双重目的:一方面,出口管制可以让一个国家认识其文化,确保某些构成国家文化遗产的文物留在国内;另一方面,出口管制也能让人们去欣赏他国的文物,如通过出境借展许可的方式,实现文化交流。

2. 国际法与文化财产的人权维度

第一,联合国教科文组织所有与有形遗产有关的国际条约及其他规范性文件,都旨在提升对文化财产及其保护的认识。不过,并不是所有的国际文件都强调文化财产的人权维度。⑤ 例如,"1954 年海牙公约"第 1 条只是规定"文化财产"的定义应包括:"…(甲)对各国人民的文化遗产具有重大意义的动产或不动产"。⑥ "1970 年公约"也并不更加明确。相反,"促进文化财产归还原属国或返还非法占有文化财产政府间委员会"(简称"ICPRCP")在

---

① Report of the Commission for Reception, Truth and Reconciliation in Timor-Leste (CAVR), http://www.cavr-timorleste.org/en/chegaReport.htm,最后访问时间:2017 年 11 月 23 日。
② Id., at 11.
③ Jennifer A. Kreder, "The Holocaust, Museum Ethics and Legalism", Southern California Review of Law and Social Justice, vol. 18, 2008, pp. 4~5.
④ James A. R. Nafziger and Robert K. Paterson eds., Handbook on the Law of Cultural Heritage and International Trade, Edward Elgar Publishing, 2014, p. 26.
⑤ Alessandro Chechi, "Multi-level cooperation to safeguard the human dimension of cultural heritage and to secure the return of wrongfully removed cultural objects", in: Silvia Borelli and Federico Lenzerini eds., Cultural Heritage, Cultural Rights, Cultural Diversity: New Developments in International Law, Martinus Nijhoff Publishers, 2012, p. 352.
⑥ "1954 年海牙公约",第 1 条。

其"ICPRCP委员会规约"中,①则相对明确地规定可以要求归还的是"从教科文组织成员国或准成员国的精神价值和文化遗产的角度来看,具有根本重要性的任何文化财产,这类财产或因殖民地或外国占领,或因非法占用而遗失"。②

"1972年世界遗产公约"似乎更加意识到承认文化遗产的人文维度的重要性。例如,公约第5条规定:"本公约各缔约国应视本国具体情况尽力做到以下几点:(1)通过一项旨在使文化遗产和自然遗产在社会生活中起一定作用,并把遗产保护工作纳入全面规划纲要的总政策;……"③这个"世界遗产"的概念还包含了"文化景观"(cultural landscape)的范畴。④ 其中,文化景观包括"关联性文化景观","这类景观体现了强烈的与自然因素、宗教、艺术或文化的关联,而不仅是实体的文化物证,后者对它来说并不重要,甚至是可以缺失的"。⑤

与之类似,"1995年公约"承认促进各国人民相互了解的重要性,承认通过保护文化遗产促进文明进步,以及承认有必要保护部落和土著社群对传统用品或祭祀用品所赋予的特殊价值。⑥ "2001年水下遗产公约"确认了文化遗产保护与维护人民、民族及其关系的历史之间的等同性。⑦ 此外,该公约还将人类遗骸列入"人类生存的遗迹",并提出应给予保护和尊重。⑧

第二,除前述联合国教科文组织的条约外,其他公约也在不同层面体现了文化财产的人权维度,如1966年《经济、社会及文化权利国际公约》、⑨1966年《公民权利和政治权利国际公约》、⑩1989年国际劳工组织(ILO)《土

---

① Statutes of the Intergovernmental Committee for Promoting the Return of Cultural Property to its Countries of Origin or its Restitution in case of Illicit Appropriation, adopted by 20 C/Resolution 4/7.6/5 of the 20th session of the General Conference of UNESCO, Paris, 24 October-28 November 1978.
② *Ibid*, Article 3(2).
③ "1972年世界遗产公约",第5条。
④ 联合国教育、科学及文化组织《实施〈世界遗产公约〉操作指南》,第 II. A. 条,WHC. 15/01,2015年7月8日。
⑤ 联合国教育、科学及文化组织《实施〈世界遗产公约〉操作指南》,附件3"特定类型遗产列入《世界遗产名录》指南",WHC. 15/01,2015年7月8日。
⑥ 参见"1995年公约"的第3(8)条,第5(3)条和第7(2)条。
⑦ 参见"2001年水下遗产公约"序言,"认识到水下文化遗产的重要性,它是人类文化遗产的组成部分,也是各国人民和各民族的历史及其共同遗产方面的关系史上极为重要的一个内容"。
⑧ 参见"2001年水下遗产公约",第1条第1(a)(i)款和第2条第9款。
⑨ International Covenant on Economic, Social and Cultural Rights, adopted on 16 December 1966.
⑩ International Covenant on Civil and Political Rights, adopted on 16 December 1966.

著及部落人民公约》、①2005 年联合国教科文组织《保护和促进文化表现形式多样性公约》等。②

第三,若干"软法"性质的规范文件,也都在不同领域内承认和保护文化遗产的人权维度,如 1948 年《世界人权宣言》、③ 2007 年《联合国土著人民权利宣言》、④2008 年国际古迹遗址理事会(ICOMOS)《关于保存遗产地精神的魁北克宣言》、⑤国际博物馆协会(ICOM)《博物馆职业道德准则》等。⑥ 此外,在 2009 年第 64/78 号"文化财产返还或归还原主国"决议中,联合国大会表示"一些原主国十分重视对本国具有根本性精神、历史与文化价值的文化财产的返还,使这些财产得以成为代表本国文化遗产的珍藏"。⑦

最后,还有一些不具约束力的举措来指导解决第二次世界大战期间被劫掠文物的返还索赔,包括敦促博物馆和其他机构开放档案,以便查明被掠艺术品和文化财产的来源,并在适当情况下要求赔偿,并坚持道德考虑应胜过法律辩护。这些倡导性文件包括 1998 年《被纳粹没收艺术品返还的原则宣言》(即"《华盛顿宣言》")、⑧1999 年《关于被劫掠犹太人文化财产的第 1205 号决议》、⑨2000 年《大屠杀时期被劫掠文化资产的维尔纽斯宣言》(即《维尔纽斯宣言》)、⑩以及 2009 年《大屠杀时期资产及相关问题的泰雷津宣言》(即《泰雷津宣言》)等。⑪

(二)文化财产的社群人权

1. 文化财产与个人和社群的联系

(1)个人和社群是文化财产人权的权利主体。从武装冲突法到和平时

---

① Convention Concerning Indigenous Peoples and Tribal Peoples in Independent Countries ("ILO Convention No. 169"), adopted on 27 June 1989.
② UNESCO Convention on the Protection and Promotion of the Diversity of Cultural Expressions, adopted on 20 October 2005.
③ The Universal Declaration of Human Rights (Paris, 10 December 1948).
④ The UN Declaration on the Rights of Indigenous Peoples (GA Res. 61/295, 13 September 2007).
⑤ The ICOMOS Quebec Declaration on the Preservation of the Spirit of the Place through the Safeguarding of Tangible and Intangible Heritage, 4 October 2008.
⑥ ICOM Code of Ethics for Museums, approved by ICOM's 15th General Assembly in 1986, revised in 2001 and 2004.
⑦ Resolution on the Return or Restitution of Cultural Property to the Countries of Origin (UN Doc. A/RES/64/78, 11 February 2010).
⑧ Washington Conference Principles on Nazi-Confiscated Art, December 3, 1998.
⑨ Council of Europe Parliamentary Assembly Resolution on Looted Jewish Cultural Property, Resolution 1205, 1999.
⑩ Vilnius Declaration on Holocaust Era Looted Cultural Assets, 2000.
⑪ Terezin Declaration on Holocaust Era Assets and Related Issues, June 30, 2009.

期的国际法,文化财产的人权层面日益凸显,人权与文化财产法律相互促进。其中,文化财产的最新人权维度之一是对"活态文化"(living culture)的保护。"2003年非物质文化遗产公约"将对文化财产与人权的联系拓展到群体文化的集体层面。① 该条约首次将文化财产的国际保护范围从有形文化财产扩大到口头和非物质遗产,并把保护的重点从文物转向创造和发展文化遗产的社会结构和文化进程。尽管该公约的成员是各缔约国,但实质对象则是包括少数群体在内的文化社群和个人。② 经济、社会、文化权利委员会在"关于人人都有参加文化生活的权利"的第21号一般性意见(以下简称"经社委员会第21号意见")也强调,参加文化生活的权利可以单独或与其他人联合或作为一个群体予以行使。③ 因此,获取和享有文化遗产的权利必须被视为既是一项个人人权,同时也是一项集体人权。④

个人和社群的不同利益取决于其与特定文化遗产的关系,这些主体大致分为如下几类:①原创者或"原拥有社群",认为自己是某一具体文化遗产的守护人或拥有者的社群,使文化遗产保持生命力或对之承担责任的人民;②认为有关文化遗产是本社群生活的组成部分,但可能并未积极参与保存该遗产的个人和社群,包括地方社群;③科学家和艺术家;④获取其他人的文化遗产的一般公众。⑤

"2005年文化遗产价值公约"提到"遗产界"的概念,其中"包括重视文化遗产的具体方面的人,他们希望在公共行动框架内保存该文化遗产并相传后代"。⑥ 这意味着有关社群可在他们认为所共同拥有的特定文化遗产问题上,使不同文化、宗教、种族和语言背景的人重新团结起来。正因为不同主体对文化遗产有不同的利益,在制定有关文化财产的磋商和参与程序时,应特别确保原拥有社群和地方社群的积极参与,而不是只泛泛地号召公众参与;在国家或法院需要解决有关文化遗产的利益冲突时,也需要考虑到个人和群体的不同情况。

(2)个人和社群享有的权利。获取和享有文化遗产互为条件,表明社群

---

① UNESCO Convention for the Safeguarding of the Intangible Cultural Heritage, adopted on 17 Oct. 2003.
② Francesco Francioni, "The Human Dimension of International Cultural Heritage Law: An Introduction", *European Journal of International Law*, vol. 22, 1, 2011, p. 15.
③ 经济、社会、文化权利委员会第21号一般性意见,E/C.12/GC/21,2009。
④ 参见欧洲委员会《社会文化遗产价值框架公约》,第4条(a)款规定,"人人都有权单独或集体享有享受文化遗产……"
⑤ Farida Shaheed, Report of the independent expert in the field of cultural rights, Human Rights Council, Seventeenth session, 21 March 2011, A/HRC/17/38, p. 15.
⑥ 欧洲委员会《社会文化遗产价值框架公约》,第2条(b)款。

获悉、了解、获取、参观、利用、保存、交流和发展文化遗产以及受益于其他人的文化遗产和创造的能力,不应存在任何政治、宗教、经济或物理上的障碍。个人和社群不只是文化遗产的受益人或使用者,也应当对文化遗产的鉴定、解释和发展,以及对保护政策和方案的设计和实施做出贡献,并有效参与文化遗产相关决策进程。①

1976年教科文组织《关于广大人民群众参与并促进文化生活的建议》反映了这一方针,有关文化遗产的信息的权利,无国界之分;利用决策和监督程序,包括行政和它将"获取文化"界定为"人人都能享有的具体机会,特别是通过创造适当的社会经济条件,使他们能自由地获得情报、培训、知识和认识,并享受文化价值和文化财产"。② 经济、社会、文化权利委员会对"获取"的概念作出了进一步明确,其要求必须确保对文化遗产适用以下原则:①实际获取文化遗产,同时还可采用信息技术;③②以经济手段获取,是指获取应为所有人都能负担得起;③信息获取,是指寻求、接受和传授司法程序和补救办法。④

(3)国家负有的义务。不同的国际文件就国家对文化遗产承担的义务规定不同,以人权语言来表述,对国家义务的描述通常使用的一类词是尊重、保护和落实。

尊重的义务要求国家避免以直接或间接方式干预获取和享有文化遗产的权利;保护的义务则要求国家防止第三方对该权利予以干预。"经社委员会第21号意见"特别强调,国家有义务:"(a)在战争和和平时期以及自然灾害期间,尊重和保护所有形式的文化遗产……(b)在经济发展和环境政策和方案中,尊重和保护一切群体和社区的文化遗产,特别是最弱势和处境最不利的个人和群体的文化遗产……(c)尊重和保护土著人民的文化生产,包括其传统知识、天然药物、民俗、礼仪和其他表现形式;这方面的工作包括提供保护,使他们的土地、领土和资源不受国家实体或私人或跨国企业和公司

---

① Farida Shaheed, Report of the independent expert in the field of cultural rights, Human Rights Council, Seventeenth session, 21 March 2011, A/HRC/17/38, p.15.
② 联合国教科文组织《关于广大人民群众参与并促进文化生活的建议》,第1段(a)款。
③ 参见联合国教科文组织《保存数字遗产宪章》(2003年)。
④ 参见经济、社会、文化权利委员会第21号一般性意见,E/C.12/GC/21,2009,第15(b)段:"享有具体涉及人人有权单独、或与他人联合或作为一个群体了解和理解自己和他人的文化,通过教育和信息享有其他任何的遗产,并在适当考虑到文化特点的情形下接受优质教育和培训。人人还有权通过任何信息或通信的技术媒介掌握表达和传播方式,通过使用土地、水、生物多样性、语言或特殊机制等文化产品和资源追求一种生活方式,并从文化遗产和其他个人和社群的创造中获益"。

的非法或不正当剥削"。①

落实的义务要求国家采取适当措施,以期充分实现所有人获取和享有文化遗产的权利,并改善可享有这一权利的条件。根据《经济、社会、文化权利国际公约》第15条第1款,国家的一般义务是采取积极措施,保护、发展和传播文化,这就要求"保护、保存/维护、传播有关文化遗产的信息并促进文化遗产"。②

此外,国家还有义务"消除禁止或限制一个人在不受歧视和不考虑任何边界的情况下使用自己的文化或别人的文化的人和壁垒或障碍"。③ 国家应当制定"旨在保存和恢复文化遗产"的方案,促进援助与合作,以保护和促进获取和享有文化遗产。这意味着国家应促进国家文化交流;在保存/保护文化遗产方面向有困难的国家提供知识或财政支持;在起草国际协定,特别是有关贸易与发展的国际协定时,应考虑到获取和享有文化遗产的权利并确保尊重这一权利。④

2. 与个人和社群人权相关的国际文件

(1) 个人和社群人权维度的转向。近年来国际社会保护重心已发生了转移,从以往保护对人类有卓越价值的文化遗产,转为保护对个人和社群文化特性有重要价值的文化遗产,特别是将非物质文化遗产列为需加以保护的文化物品,以助于进一步增强文化遗产与文化特性之间的联系。⑤ 与此同时,非物质文化遗产和物质文化遗产之间"内在相互依存关系"日益进入人们的考虑范围。⑥

一般而言,国际文件制定的时间越近,其与个人和社群权利之间的联系就越紧密。尤其是 2003 年通过的教科文组织《关于蓄意破坏文化遗产问题的宣言》,强调"文化遗产是社会、群体和个人的文化特性和社会凝聚力的重要组成部分,因此蓄意破坏文化遗产会对人的尊严和人权造成不利影响"。⑦

(2) 国际规范性文件。前述保护重心的转移,在国际规范性文件中也可

---

① 经济、社会、文化权利委员会第 21 号一般性意见,E/C.12/GC/21,2009,第 50 段。
② Farida Shaheed, Report of the independent expert in the field of cultural rights, Human Rights Council, Seventeenth session, 21 March 2011, A/HRC/17/38, p.16.
③ 经济、社会、文化权利委员会第 21 号一般性意见,E/C.12/GC/21,2009,第 54-59 段。
④ Farida Shaheed, Report of the independent expert in the field of cultural rights, Human Rights Council, Seventeenth session, 21 March 2011, A/HRC/17/38, p.17.
⑤ *Ibid.*
⑥ 参见 2003 年联合国教科文组织《保护非物质文化遗产公约》("2003 年非物质遗产公约"),序言。
⑦ 参见《教科文组织关于蓄意破坏文化遗产问题的宣言》,序言。

以看到。首先,国际条约强调个人和社群有权参与文化遗产的界定和管理进程。① 例如,"2003年非物质遗产公约"承认"各社区、尤其是原住民,各群体,有时是个人,在非物质文化遗产的生产、保护、延续和再创造方面发挥着重要作用,从而为丰富文化多样性和人类的创造性做出贡献"。② 该公约和公约指南强调,国家活动只能在有关社群、团体和个人的积极参加下进行。在急需保护的非物质文化遗产名录或人类非物质文化遗产代表名录上录入非物质文化遗产要素,以及将有关方案、项目或活动列入《最佳做法登记册》方面,需事先征得他们自由和知情的同意。③

其次,国际社会也关注到全球化和自由贸易对表达、弘扬和传播文化遗产的作用。如2001年《世界文化多样性宣言》特别强调,"文化物品和文化服务的特殊性,因为它们体现的是特性、价值观和观念,不应被视为一般的商品或消费品",以及"文化政策应当在确保思想和作品的自由交流的情况下,利用那些有能力在地方和世界一级发挥其作用的文化产业,创造有利于生产和传播文化物品和文化服务的条件"。④ "2005年文化多样性公约"所规定的"平等享有原则"也体现了这一思想。根据该原则,"平等享有全世界丰富多样的文化表现形式,所有文化享有各种表现形式和传播手段,是增进文化多样性和促进相互理解的要素"。⑤

(3) 区域规范性文件。区域规范性文件也同样重视人权维度下的文化遗产保护,如2006年《非洲文化复兴宪章》在文化权利、文化多样性和文化遗产之间建立了明确的连接纽带。该宪章承认,所有的文化都产生于社会、群体、团体和个人,非洲的任何文化政策都应当也有必要使各族人民在其文化发展过程中承担更大的责任。⑥ 该宪章第15条特别呼吁各国"创造一个有利的环境,促进全民,包括边缘化和弱势群体在文化方面的获取和参与"。⑦ 该宪章与《非洲人权和人民权利宪章》相呼应,后者规定,"所有人民都有权发展其经济、社会和文化,同时适当注意其自由和特性,并平等地享有

---

① Farida Shaheed, Report of the independent expert in the field of cultural rights, Human Rights Council, Seventeenth session, 21 March 2011, A/HRC/17/38, p. 8.
② "2003年非物质遗产公约",序言。
③ "2003年非物质遗产公约",第11和第15条,以及《实施非物质文化遗产公约的业务指南》。
④ 《世界文化多样性宣言》,第8条、第9条和第11条。
⑤ 2005年联合国教科文组织《保护和促进文化表现形式多样性公约》("2005年文化多样性公约"),第2.7条。
⑥ 《非洲文化复兴宪章》,序言。
⑦ 《非洲文化复兴宪章》,第15条。

人类共同遗产"。①

2000年《东盟文化遗产宣言》在涉及文化遗产人权问题的表述中承认"……所有的文化遗产、特性和表达形式、文化权利和自由来自于与其他人的创造性互动过程中人所固有的尊严和价值,并认识到东盟人民的创作界是主要行动者,因此应成为主要受益人并积极参与这些遗产、表达形式和权利的实现……"②此外,该宣言还提到"人民享有自身文化的权利",承认共同的知识产权,需要确保"传统社区获取、保护和拥有其自身遗产的权力",并呼吁要更加努力协助各成员国"创造条件,以便使更多的人参与到文化遗产保护计划与开发计划中来"。③

欧洲"2005年文化遗产价值公约"的表述则更为明确,其承认"作为自由参加文化生活的权利的一个方面……每个人都享有从事自己选择的文化遗产活动的权利"。④在强调"需要使全社会人人都参与到持续进行的文化遗产的界定和管理进程中"时,公约还要求人人参与"文化遗产的确定、研究、解释、保护、保存和展示进程"。该公约呼吁各国"鼓励对展示文化遗产的道德标准和方法进行反思,以及尊重多样性的解释",并"制定协调程序,公平地处理不同社区对同一文化遗产所持价值观相互矛盾的情况"。⑤

第三节　文物中心原则的国际法运行特征

理想情况下,根据文物中心原则,出于对人类文化遗产这一国际社会利益的保护,各国要承担起保护文化财产的国际法义务,包括在武装冲突时期,禁止掠夺被占领土的文化财产,并返还劫掠自被占领土文化财产;在和平时期,则体现为通过国际合作,打击非法文物贩运,防止文物非法转移;以及确保个人和社群获取和享有文化遗产。

但是,文物中心原则仅仅依靠国际条约、决议、宣言等系列国际文书,作为其国际法基础和规范依据,还远远不够。这一原则能否顺利运行,能否实现其价值目标,还有赖于国际社会最重要的行为体——国家的作用。在现代国际法中,国家本位作为国际法的动力特征。国家在国际法的运行中占据了主导地位,贯穿了国际法的全进程,在主导国际法结构,塑造国际法格局中,

---

① 《非洲人权和人民权利宪章》,第22.1条。
② 《东盟文化遗产宣言》,序言。
③ 《东盟文化遗产宣言》,第3条、第9条和第14条。
④ 欧洲委员会《社会文化遗产价值框架公约》,序言。
⑤ 欧洲委员会《社会文化遗产价值框架公约》,第7条、第12条和第14条。

扮演着不可替代的关键角色。① 在国际文化遗产法这一领域,亦不例外。

一、国家本位对文物中心原则的影响

国家要维护国家利益,而文物中心原则代表的国际法价值,体现了国际社会利益,国家利益和国际社会利益有无位阶次序,若冲突应如何处理;两种利益有无可能,以及在多大程度上可以协调发展;文物中心原则及其代表的国际社会利益能否成为独立存在的价值追求,这些是实践中被反复追问检验的命题。

以打击非法文物贩运这一国际法义务为例,当前的国际文化遗产法围绕文物中心原则,确立了两种形式的国际合作,既有以"1970年公约"为核心国际公法层面的合作,也有以"1995年公约"为核心私法层面的国际合作。但各国出于对国家利益的维护,在履行国际法义务过程中,对这一义务的内涵、适用条件由每个国家按照自身的理解进行了阐释,加之条约文本作为国家博弈产物不可避免的建设性模糊,国际法的通约性就会降低,围绕文物中心原则展开的国际法义务在不同程度上受到减损。

譬如,"1970年公约"的第7条,作为公约的核心条款之一,确立了各国对非法出口文物实施进口控制,以及归还被盗文物的义务。根据该条,缔约国有义务:①采取与本国立法相一致的必要措施,防止本国领土内的博物馆及类似机构获取来源于另一缔约国的非法出口文物[第7条第(a)款];②禁止进口从本公约另一缔约国的博物馆或宗教的或世俗的公共纪念馆或类似机构中的被盗文物[第7条第(b)款第(i)项];③根据原主缔约国的要求,采取适当措施收回并归还进口的被盗文物,同时请求国须向善意买家或对该财产具有合法权利者给予公平的赔偿[第7条第(b)款第(ii)项]。然而,不少公约成员国,尤其是主要的文物市场国,从维护本国利益出发,采取不同模式,对这项核心义务做了限制性解读,导致履约效果大幅度减损,个别情况下甚或形同虚设。

(一)双边化模式

将公约核心义务的实现,解读为以双边协定内容为限,是典型的多边公约双边化模式,明显限缩公约义务的适用范围。采用此类模式的国家代表有美国和瑞士。

美国的多边公约双边化模式,体现在美国为实施1970公约所颁布的

---

① 何志鹏:《国家本位:现代性国际法的动力特征》,载《当代法学》2021年第5期。

1983年《文化财产公约实施法》。① 早在其加入1970公约时,美国就同时作出了包含一项保留、六点"理解"的声明,"附条件地"接受了公约的约束。② 随后,《文化财产公约实施法》确立了签订协议、签发紧急进口限制令、经协议或紧急进口限制令指定的考古类或人种学材料、进口限制的执行、被盗的文物以及扣押与没收等。其中,《文化财产公约实施法》对归还非法进口的考古类或人种学材料和归还被盗文化财产规定了不同的处置程序,前者对应公约下对非法出口文物实施进口控制的义务,后者则对应归还被盗文物的义务。

在双边化模式下,依据《文化财产公约实施法》,针对非法出口文物的进口限制,是需要在满足一定条件的情况下,通过总统与外国签订双边或多边协议,或颁布紧急进口限制法令来实现。③ 换言之,公约另一成员国可以要求美国施加进口限制的文物,限于经双边协议或进口限制令指定的清单范围内。对于尚未与美国签双边协定的"1970年公约"成员国,无法仅直接依据公约提出进口限制的请求。对于已与美国签订双边的公约成员国,如果其要求施加进口限制的非法出口文物不在指定清单范围内的,亦无法向美国提出此类请求。可见,公约下对非法出口文物实施进口控制的义务,被限制解释成了对"指定清单范围内的"非法出口文物实施进口限制。

而"指定清单"的范围有多大,哪些文物可纳入清单,哪些文物被排除在清单之外,则完全取决于各国与美国在双边谈判时的议价能力。此时,多边公约确定的义务仅仅是双边协定谈判的基础,该义务能否实现以及在多大程

---

① Convention on Cultural Property Implementation Act (CPIA), Title III of Public Law 97-446; 19 U. S. C. 2601 et seq.

② 霍政欣:《1970年UNESCO公约研究:文本、实施与改革》,中国政法大学出版社2015年版,第114~115页。所谓"一项保留、六点'理解'"是指:①美国保留是否对文化财产施加出口控制的决定权。②按美国的理解,公约既不是自执行公约,也不具有溯及力。③按美国的理解,公约第3条不会修改文化财产依公约成员国法律包含的财产权益。④按美国的理解,如依据公约成员国法律,被盗文化财产的合法拥有者享有无偿索回的权利,那么,公约第7条第2款无损于其依该法享有的其他救济,不论是民事,还是刑事救济。美国准备采取进一步措施以便实现公约第7条第2款第2项所考量的被盗文化财产的无偿归还,但须满足以下两个条件:其一,在美国宪法所要求的范围内;其二,仅适用于对美国机构给予同等对待的公约成员国。⑤按美国的理解,公约第10条第1款"视各国情况"的措辞允许各成员国决定涉及古董商的法规(如果有此类法规)的宽严程度,对美国而言,该措辞表明美国的州政府及市政府的适当机构有此决定权。⑥按美国的理解,公约第13条第4款适用于公约对相关国家生效后从原主国转移出境的物品,正如起草公约文本的政府专家特别委员主席所声明的那样(此声明载于该委员会报告第28段),同时,依该条第4款,归还文化财产的方式系该条第3款所指的司法诉讼,此类诉讼由被请求国的法律支配,请求国须提交必要证据。

③ Section 303-305 & 307, 19 U. S. C. § § 2602-2604 &2606.

度实现,取决于每一个国家与美国双边谈判、博弈协商的效果。

双边化模式导致的明显后果是,美国与不同国家所签双边协定的清单范围各异,就清单指定的文物年代跨度而言,有的很窄,有的很宽,有的经年不变,有的灵活调整。譬如,中国和美国签订的《中美谅解备忘录》是范围较窄且多年不变的代表,其限制进口的考古材料(不含古迹雕塑和壁上艺术)的年代范围划定在唐代结束(公元907年)以前。① 换言之,中国唐代之后的考古材料,如宋、元、明、清时期的书画、陶瓷、纺织品等,都不在指定清单之内。与之相对,经统计考察美国与其他15个国家签订的双边协议或谅解备忘录,可发现:大多数(13个)国家的指定考古材料最晚年份都划定在公元16世纪前后,仅两个国家(意大利、塞浦路斯)的最晚年份划定在公元4世纪。同为文明古国的埃及与希腊,其指定考古材料年代范围也分别是从埃及前王朝时期(约公元前3200年之前)至公元1517年,及从希腊旧石器时代晚期(约公元前20 000年)至公元15世纪。② 此外,与《中美谅解备忘录》确定的清单范围经年不变不同,柬埔寨和塞浦路斯分别于2008年、2012年向美政府提出过扩大了其指定清单范围,并都成功通过谈判实现了目的。③ 双边化模式将各国在多边公约谈判上的努力置于一旁,导致国家在多边公约之外另起炉灶,在国家利益驱动下,重新划分国际法格局。

类似地,《关于文化财产国际转让的瑞士联邦法》作为瑞士实施"1970年公约"的国内法,④也针对返还非法出口文物的义务,附加以公约成员国与瑞士已签订相关的双边协议为前提。根据该法,"1970公约"成员国只有在与瑞士签订了关于文化财产进口和归还的双边协定之后,方可根据协定,向瑞

---

① 列入《中美谅解备忘录》指定清单的文物有两类:第一类是从旧石器时代(约公元前75,000年)到唐代结束(公元907年)的源于中国并代表中国文化遗产的考古材料。第二类是迄本备忘录生效之日(2009年1月14日)至少250年的古迹雕塑和壁上艺术。

② 原始数据来自美国国务院教育与文化事务局(Bureau of Educational and Cultural Affairs)网站,"Cultural Heritage Center-Bilateral Agreements",https://eca.state.gov/cultural-heritage-center/cultural-property-protection/bilateral-agreements,最后访问时间:2017年2月28日。

③ 2008年,柬埔寨与美国的谅解备忘录对清单指定的考古材料范围,在已有"从公约6世纪至16世纪"的基础上,新增了"从青铜时代(约公元前1500年到公元前500年)至铁器时代(约公元前500年到公元550年)"的考古材料。2012年,塞浦路斯与美国的谅解备忘录对清单指定的人种学材料范围,在已有"从公约4世纪到15世纪"的基础上,新增了"后拜占庭时期(约公元1500年至1850年)"的人种学材料。参见2008年柬、美谅解备忘录指定清单(Cambodia 2008 Revised Designated List),Federal Register:September 19, 2008 (Volume 73, Number 183);2012年塞、美谅解备忘录指定清单(Cyprus 2012 Revised Designated List),Federal Register:August 1, 2008 (Volume 77, Number 148)。

④ Loi fédérale sur le transfert international des biens culturels [Federal Act on the International-Transfer of Cultural Property], 20 June 2003.

士提出返还非法出口文物的请求。提出归还请求的时限，是在请求国知晓文物的所在地和持有人身份之日起1年内，且受最长时限30年的限制。① 截至2021年2月，瑞士与中国、意大利、希腊等八个国家签订了双边协定。② 对于尚未与瑞士签双边协定的"1970年公约"成员国，无法仅依据公约提出相应请求。

从依双边协定提请归还的程序要求来看，《关于文化财产国际转让的瑞士联邦法》在公约之外，为请求国加重了不合理的义务。根据该法，请求国不仅要承担保全、维护和归还文化财产所需措施的费用，③还须向善意买家给予赔偿，且赔偿额为购买价款以及保护该文化财产的必要费用。④ 这里的"赔偿额"是建立在购买价款的基础上，考虑到文物艺术品市场价格常常畸高，这明显超出了公约所称的"公平的赔偿"标准，加重了请求国的经济负担。

(二) 附条件模式

对公约核心义务附加特定条件，为其实现前提，是典型的公约义务附条件模式，同样起到了最大限度缩减公约义务的效果。采用此类模式的国家代表有德国（2016年之前的早期立法）和日本。

德国的公约义务附条件模式，体现在德国为实施1970公约所颁布的2007年《关于实施〈关于采取措施禁止并防止文化财产非法进出口和所有权非法转让公约〉的法案》。⑤ 该法案在同年与德国《关于实施1993年返还从成员国境内非法转移文物的93/7/EEC指令的法案》合并后，统称为《文化财产归还法》。在2016年德国通过新法——《文化财产保护法》⑥——大幅度修正《文化财产归还法》之前，《文化财产归还法》在长达近十年的时间，作为实施"1970年公约"的国内法，为公约成员国请求返还非法转移文物（含被

---

① Art. 9. 4, Loi fédérale sur le transfert international des biens culturels [Federal Act on the InternationalTransfer of Cultural Property].

② Federal Office of Culture (Switzerland), Bilateral agreements, available at https://www.bak.admin.ch/bak/en/home/cultural-heritage/transfer-of-cultural-property/bilateral-agreements.html, last visited May 2, 2022.

③ Art. 9. 3, Loi fédérale sur le transfert international des biens culturels [Federal Act on the InternationalTransfer of Cultural Property].

④ Art. 9. 5, Loi fédérale sur le transfert international des biens culturels [Federal Act on the InternationalTransfer of Cultural Property].

⑤ Act implementing the UNESCO Convention of 14 November 1970 on the means of prohibiting and preventing the illicit import, export and transfer of ownership of cultural property (Act Implementing the Cultural Property Convention), Federal Law Gazette 2007, Part I, No. 21, published in Bonn on 23 May 2007.

⑥ Cultural Property Protection Act of 31 July 2016 (Federal Law Gazette [BGBl.] Part I p. 1914)

盗文物和非法出口文物)提供了法律依据。但据统计,在该法实施期间,并无一例归还请求成功的案例。① 究其原因,"零成功案例"现实归咎于对公约义务附加苛刻条件,提升了国家合作的门槛,最终几乎架空公约义务。

在附条件模式下,德国《文化财产归还法》为归还非法转移文物的公约义务,增设了一项条件——"公开清单原则"。② 根据公开清单原则,当且仅当被列入文物原属国公开清单的文物,且该清单在德国公开可查时,文物原属国才有权利提出归还文物的请求。③ 需指出的是,"清单义务"在"1970年公约"中出现过,其对应的是公约第5条项下的"列出其受保护的文化财产清单的义务",即成员国要根据全国受保护财产清册,制订并不断更新一份其出口将造成文化遗产的严重枯竭的重要的公共及私有文化财产的清单。然而,"清单义务"并不与归还非法转移文物义务挂钩,公约并未将"文物已列入清单"作为归还非法转移文物的前提条件。④

无独有偶,日本的《文化财产非法进出口控制法》⑤作为该国实施"1970年公约"的国内法,⑥引入类似德国的清单要求,将禁止进口的被盗文物以"特定外国文化财产"为限。根据该法,所谓的"特定外国文化财产",需满足两个要件:其一,时间要件,即文物系该法生效之日(2002年12月9日)以后被盗的文化财产;其二,清册要件,即文物须已被列入文物收藏机构的财产清单。

由此可见,无论是德国《文化财产归还法》,还是日本的《文化财产非法进出口控制法》,均将可提出归还请求的文物,限定为"已被列入文物原属国公开清单"的文物。此外,德国法律还另附加"文物系被单独确定列入(而非概括式列入)"、"该清单必须在德国境内公开可查,查阅不存在不合理的障碍"等诸多要求。

此类公约义务附条件的做法,明显背离了公约宗旨,脱离大多数文物

---

① J. Weiler-Esser, "The New German Act on the Protection of Cultural Property: A Better Protection for Archaeological Heritage in Germany and Abroad", *The Journal of Art Crime*, vol. 18, 2017, p. 6.
② 在2016年德国《文化财产保护法》中,该公开清单原则已被废除。
③ Art. 6, Act implementing the UNESCO Convention of 14 November 1970 on the means of prohibiting and preventing the illicit import, export and transfer of ownership of cultural property (Act Implementing the Cultural Property Convention).
④ Heike Krischok, *Der rechtliche Schutz des Wertes archäologischer Kulturgüter*, Vandenhoeck & Ruprecht, 2015, p. 54.
⑤ 日本《非法进出口文化财产规制法》(平成14年7月3日法律第81号)。
⑥ Loi fédérale sur le transfert international des biens culturels [Federal Act on the International Transfer of Cultural Property], 20 June 2003.

(尤其是地下或水下考古类文物)很难被及时单独列入清单的现实,致使文物原属国提出归还非法转移文物的请求门槛大幅增高,鲜有请求能达到此标准,也最终导致德国十年文物返还"零成功案例"的窘境。

二、超越国家本位的国际合作

诚然,国家在国际法的运行占据了主导地位,国家利益贯穿了国家在国际法各领域、各事项上的主张。但这不意味着不能存在超越国家本位的国际社会共同利益,不意味着国家利益和国际社会利益不能协调发展。在环境、反恐等不少领域,国际社会有共同的认知,也有很多协调合作的基础和机制。① 国际文化遗产法领域也是如此,以文物中心原则为代表的国际法价值正在被越来越多的国家认可,其维护的国际社会利益,也为超越国家本位的国际合作奠定了基础。

(一)国家利益与国际社会利益的协调

国家利益与国际社会利益密不可分,二者共同塑造了国际法秩序。在国际文化遗产法领域,保护文化财产是国际社会利益,而确定受保护文化财产的范围,尤其哪些是值得重点保护的文物,则反映国家利益,是属于国家主权确定的事项。无论是多边条约还是区域性条约,都无一列外地确认,指定什么构成其国家文化财产完全属于国家的主权范围。譬如,"1970年公约"规定,"文化财产"一词系指"每个国家,根据宗教的或世俗的理由,明确指定为具有重要考古、史前史、历史、文学、艺术或科学价值的财产"(第1条),并且其丧失将造成"原主国文化遗产枯竭"(第2条)。类似地,在《欧洲联盟运作条约》中,②第36条作为该条约中唯一专门处理文化财产流动的条款,确立了货物自由流动一般原则的基本例外,并允许欧盟成员国就特定的文化财产施加进出口限制,前提是这类财产是"具有艺术、历史或考古价值的国宝(national treasure)"。此处,所谓一国之"国宝"(或称"国家文化财产"),则是属于每个欧盟成员国主权范围内确定的事项。③

总体来看,在国际文化遗产法领域,双重利益——国家利益和国际社会利益——的协调发展呈现出三个特点。

---

① Eyal Benvenisti, Moshe Hirsch, *The Impact of International Law on International Cooperation: Theoretical Perspectives*, Cambridge University Press, 2004, p. 52.
② The Treaty on the Functioning of the European Union (TFEU) ([consolidated version] OJ C 326), 26. 10. 2012.
③ Robert Peters, "The Protection of Cultural Property: Recent Developments in Germany in the Context of New EU Law and the 1970 UNESCO Convention", *Santander Art and Culture Law Review*, vol. 2, 2, 2016, p. 90.

第二章　文物中心原则的国际法基础

第一,在国家本位的驱动下,国家利益自始至终贯穿了国家在国际法各领域的立场与主张,即使是在欧盟这样高度一体化的区域性经济政治组织,也不例外。如前所述,欧盟成员国对货物自由流动的原则与保护国家文化财产的利益进行了协调,确立了"国宝例外",并且"国宝"的范围由各国自行确定。与很多国家一样,所有欧盟成员国都颁布了保护国家文化财产的法律,规定禁止出口某些类型或类别的文化财产(无论该财产权属是公有还是私有)。

有趣的是,若仔细考察"国宝"的涵义,其出处来自《欧洲联盟运作条约》第36条,在不同语言版本下,"国宝"定义存在较大差异。例如,该条的英文版和法文版指的是"国家宝藏"(法文:trésors nationaux),而意大利文和西班牙文版系指"国家遗产"(意大利文:patrimonio nazionale,西班牙文:patrimonio nacional),德文版则指"国家文化财产"(德文:nationales kulturgut)。可见,"国宝"(或"国家宝藏")一词通常指少数珍贵文物,其范围比"国家遗产"、"国家文化财产"无疑更窄,也比"1970年公约"的文化财产更窄。考虑到与联合国条约类似,欧盟条约各语言文本同等作准,欧盟24种官方语言不同版本的术语差异,也意味着欧盟成员国自行确定的文化财产概念会大相径庭。这种差异的背后,反映了各国文物保护法的基本立场和对应的国家利益:意大利和希腊等几个历史悠久、文物资源丰富的欧盟成员国,其对国家文化财产的法律保护也相对高。与之相对,其他一些国家,尤其是地处北欧的几个欧盟成员国,对所谓"国家文化财产"的艺术品类型提供了较窄的定义,提供的保护较少,对出口少有限制。可见,欧盟各国基于不同的国家利益,形成了各自不同的立场和主张,即使是在欧洲统一市场内部,某些事项也难以协调一致。

第二,与国家利益不同,国际社会利益从被确立到被国际社会广泛认可,其发展过程具有明显的渐进性。以文物流通领域为例,打击非法文物贩运这一国际社会利益,最早在"1970年公约"被确认下来。公约序言多处重申,"各国有责任保护其领土上的文化财产免受偷盗、秘密发掘和非法出口的危险",并且"为避免这些危险,各国必须日益认识到其尊重本国及其他所有国家的文化遗产的道义责任",便可见一斑。

在国际社会利益初步形成的早期发展阶段,各国尽管都认可这一国际社会利益的存在,但就如何实现这一公共利益,尚未形成共识,且针对非法贩运的问题,并未拿出实质性的法律方案。从许多方面来看,第7条等核心条款在公约起草中,被不断修正或淡化。① 其后果是最终通过的"1970年公约"对签署国的国内法律制度没有直接影响,公约将涉及文物流通任何形式的控制权都留给了国家。② 由此,"1970年公约"的实施完全依赖各国的国内法律法规,也最终导致各国家地区在文物保护上,程度不同、效果各异的不均衡局面。③ 为克服"1970年公约"的弱点,在20世纪80年代,国际社会不断有对公约进行修订或起草议定书的呼声,提出集中解决阻碍归还非法转移文物的关键私法问题。④

正是在这一背景下,打击非法文物贩运这一国际社会利益,走向了逐步取得共识的中期发展阶段。在联合国教科文组织与国际统一私法协会合作下,"1995年公约"历经九年起草、谈判并终获通过。该公约确立的法律原则逐渐清晰,并通过将"被盗文物必须返还"和"履行尽职调查的买方可获赔偿"等一系列制度方案,将打击非法贩运文物、返还非法转移文物的国际社会利益固定下来。此外,公约的文本是自动执行的,没有给分散的国家实施留下太多空间。更为关键的是,鉴于各国法律制度之间对"善意"概念的解释存在很大差异,公约有意避免使用该术语,以"尽职调查"取而代之,并确立了评估标准,通过法律技术手段,为协调各国私法的法律冲突,提供了可操作的折中路径。

尽管在现阶段,"1995年公约"的成员国数量有限,且许多文物市场国(如美国、瑞士、荷兰等)都尚未加入公约,但公约的影响力已实际超出了公约缔约国的范围。"1995年公约"确立的原则,尤其是"尽职调查"的概念,已被非公约缔约国的判例采纳或承认,在某些情况下甚至被纳入国家立法,譬如荷兰《民法典》的第3:87条,以及瑞士2003年的《关于文化财产国际转让的瑞士联邦法》的第16条和第24条。换言之,荷兰、瑞士这样的文物市场国,虽然在国内艺术市场利益团体的抵制声下,未能最终批准"1995年公约",但其通过修改国内立法的途径,在批准了"1970年公约"之外,也间接接

---

① Patrick J. O'Keefe, *Commentary on the UNESCO 1970 Convention on Illicit Traffic*, Institute of Art and Law, 2000, p. 57.
② Manlio Frigo, *Circulation des Biens Culturels, Détermination de la Loi Applicable et Méthodes de Règlement des Litiges*, Collected Courses of the Hague Academy of International Law (Vol. 375), Brill, 2015, p. 281.
③ European Commission, *Commission Staff Working Document accompanying the document Report from the Commission to the European Parliament and to the Council on the assessment of the risks of money laundering and terrorist financing affecting the internal market and relating to cross-border situations*, 26 June 2017, SWD (2017) 241, p. 7.
④ Lyndel V. Prott, "A UNESCO/ UNIDROIT Partnership Against Trafficking in Cultural Objects", *Uniform Law Review*, Vol. 1, 1, 1996, p. 60.

受了"1995年公约"确立的基本原则。这种被学界称为"1970公约加其他(the Convention of 1970 plus)"的模式选择,①也曲线性地朝维护国际社会利益的方向,迈出了积极的一步。

第三,国家利益和国际社会利益在协调中互动和发展,最终实现协调共进。如果说保护世界各国文化遗产是跨越国家中心的价值基点,那么要可持续性发展并实现这一国际社会利益,还需要通过建立更广泛的共识,引导国家社会利益与各国国家利益的良性互动和发展,并协调相伴产生的法律、经济和文化的冲突。而超越国家本位的呼唤,如果不建立在切实具体的价值目标上,则很容易落入空泛的理想主义。②

在21世纪,最能凝聚国际共识的价值追求之一是人的安全与发展。③ 在文化遗产法领域,保护文化财产已提升至关涉和平与安全的问题,保护武装冲突地区的文物,也最先成为国际社会公认的价值目标。除了前文提到的第1483(2003)号决议、第2199(2015)号决议等联合国安理会决议,将文化财产的国际保护纳入到了联合国安理会的规范体系之外,各国家/地区也通过国内法或超国家法,保护在伊拉克、叙利亚及其他政治动荡地区,处于毁灭劫掠危境下的珍贵文物。譬如,美国在2004年《紧急保护伊拉克文物法》的基础上,④签发《伊拉克考古类和人种学材料进口限制令》;⑤美国在2016年《保护和维护国际文化财产法》的基础上,⑥签发了《叙利亚考古类和人种学材料进口限制令》;⑦以及欧盟通过关于伊拉克文化财产的第1210/2003号条例和关于叙利亚文化财产的第1332/2013号条例,⑧禁止这些文物的进出口和贸易等。这些国内法或超国家法的举措,超越了以国家利益或区

---

① Marina Schneider, "The 1995 UNIDROIT Convention: An Indispensable Complement to the 1970 UNESCO Convention and an Inspiration for the 2014/60/EU Directive", *Santander Art and Culture Law Review*, vol. 2, 2, 2016, p. 149.

② 何志鹏:《国家本位:现代性国际法的动力特征》,载《当代法学》2021年第5期。

③ Gary King, Christopher JL Murray, "Rethinking Human Security", *Political Science Quarterly*, vol. 116, 2001, p. 599.

④ Emergency Protection for Iraqi Cultural Antiquities Act of 2004, Title III of Public Law 108-429.

⑤ Import Restrictions Imposed on Archaeological and Ethnological Material of Iraq, Federal Register: April 30, 2008 (Volume 73, Number 84).

⑥ Protect and Preserve International Cultural Property Act, Public Law 114-151.

⑦ Import Restrictions Imposed on Archaeological and Ethnological Material of Syria, Federal Register: August 15, 2016 (Volume 81, Number 157).

⑧ Council Regulation (EC) No 1210/2003 of 7 July 2003 concerning certain specific restrictions on economic and financial relations with Iraq and repealing Regulation (EC) No 2465/96, OJ L 169, 08/07/2003. Council Regulation (EU) No 1332/2013 of 13 December 2013 amending Regulation (EU) No 36/2012 concerning restrictive measures in view of the situation in Syria OJ L 335, 14/12/2013.

域共同体利益为中心的立场,通过步调一致的国际合作,朝着打击全球非法贩运文物的正确方向前进。

(二)从区域合作走向国际合作

在国际法秩序运行过程中,国家是国际社会最重要的行为体,除国家之外,还有区域组织和次区域组织等,一同发挥关键作用。在国际文化遗产法领域,更广泛的区域集团,如欧盟、美洲国家组织(Organization of American States)、非盟(African Union)等,也在保护文物免遭非法贩运方面,作出了区域化合作的有益尝试。譬如,美洲国家组织通过的《保护美洲国家考古、历史和艺术遗产公约》(又称"《圣萨尔瓦多公约》"),①旨在推动美洲各国合作对文化遗产进行识别、登记和保护,并防止非法进出口文物,将非法转移的文物返还原属国。② 这是一类超越了以国家为中心,具有典型性的区域立法模式。③

一般而言,区域合作以区域组织为依托,为实现区域共同体利益为目标。但区域合作是国际合作的一种表现形式,它不单单止步于关注区域共同体利益这样的集团利益,如果能超越集团利益,朝着服务更广泛意义的国际社会利益前进,方可称得上真正意义上的国际合作。

在这方面,欧盟因其特殊的单一市场,在共同体内不设边境海关控制、人货得以自由流通的背景下,防止文物非法贩运的问题尤其突出,相应的区域化合作实践也十分丰富。也正因如此,欧洲先后经历了两拨区域合作的发展浪潮,这为观察区域合作何以可能走向国际合作,提供了充分的观察视角。

在20世纪90年代,第一波区域合作浪潮在欧盟建立单一市场后兴起,其特点是服务于区域共同体利益,关注对共同体成员国文化遗产的保护。在这一阶段,欧盟先后推出了新旧两代的二级立法。第一代二级立法是"欧共体1992年文物出口条例"和"欧共体1993年指令",④旨在对各成员国通过国内法在单一市场之前就确立的"分散式"保护,进行一系列重整和补充。第一代二级立法中,欧共体1992年文物出口条例和欧共体1993年指令各有

---

① Convention on the Protection of the Archaeological, Historical, and Artistic Heritage of the American Nations, 16 June 1976, UNEP/GC. 15/Int. 2.
② 王毅:"亚洲文化遗产保护行动:基于区域公共产品的思考",载《东南文化》2022年第3期。
③ Richard Scott, "The European Union's Approach to Trade Restrictions on Cultural Property: A Trendsetter for the Protection of Cultural Property in Other Regions?", *Santander Art and Culture Law Review*, vol. 2, 2, 2016, p. 222.
④ Council Regulation (EEC) No 3911/92 of 9 December 1992 on the Export of Cultural Goods. Council Directive 93/7/EEC of 15 March 1993 on the Return of Cultural Objects Unlawfully Removed from the Territory of a Member State.

分工：一个负责出口，另一个负责区域内流动。前者引入出口许可制度，以统一的出口管制措施，来防止文物被非法转移出欧共体的外部边界；后者确保在区域共同体内，成员国有义务通过合作，返还从另一成员国领土非法转移的文物。

作为第二代二级立法，欧盟 2009 年文物出口条例和欧盟 2014 年指令，①通过拓宽文物范围、延长救济时效、倒置举证责任、建立内部市场信息系统等完善措施，向欧盟成员国提出了更精细化的国家间协助要求，织就更细密的区域协作网络。然而，不难发现，第二代二级立法并未偏离既有"出口+区域内"的监管环节，宗旨仍是确保区域共同体各成员国的文物不能非法外流，确保区域内文物流转有序合法，而在"进口"环节不做任何限制，对从区域外国家非法流出的文物未给予任何关注。原本对区域共同体内文物流通监管最重要的三个环节——"进口—区域内—出口"，在很长一段时间内，都仅有后两个环节，无异于缺少一条腿的三脚架。这一现象直至 20 年后第二波区域合作浪潮的到来，才得以改变。

自 2015 年起，欧盟区域合作引来了第二波发展浪潮，从区域合作迈向国际合作，在维护区域共同利益的既有立场之上，朝着保护世界各国文化遗产、维护国际社会利益这方向，向前迈了一大步。其间最具标志性的事件，当属欧盟先后推动通过一项国际公约——2017 年文物犯罪公约，②以及一部欧盟二级立法——2019 年欧盟文物进口条例。③ 这两份国际和区域型法律文书的共同点之一，在于确认一项关键等式，即"非法出口=非法进口"。换言之，一国承认外国文物出口管制法的效力，一件文物从他国出口系非法，则进口至本国亦被视为非法。

这两份文书对第二波区域合作浪潮意义重大。在此之前，欧盟只管"出口+区域内"，不管"进口"。除了对伊拉克和叙利亚文物的进口限制外，欧盟没有规定一般进口法规，以控制从欧盟外国家非法移走的文物的进口。这造成了巨大的漏洞——使从欧盟以外国家非法移走的文物（甚至包括从"1970 年公约"缔约国被盗或非法出口的文物），可以在没有任何进口管制的情况下，进入欧洲单一市场。一旦这些物品进入欧盟境内，走私者就会受益于欧

---

① Council Regulation (EC) No 116/2009 of 18 December 2008 on the Export of Cultural Goods (Codified version). Directive 2014/60/EU of the European Parliament and of the Council of 15 May 2014 on the Return of Cultural Objects Unlawfully Removed from the Territory of a Member State and Amending Regulation (EU) No 1024/2012 (Recast).
② Council of Europe Convention on Offences relating to Cultural Property (CETS No. 221).
③ Regulation (EU) 2019/880 of the European Parliament and of the Council of 17 April 2019 on the introduction and the import of cultural goods, PE/82/2018/REV/1 OJ L 151, 7. 6. 2019.

洲单一市场的自由流动规定,尤其是欧盟成员国之间没有海关管制。换言之,在欧洲单一市场,成员国无权在该领域采取文物进口限制,文化财产的非法贩运并未受到压制,反而受到某种程度的鼓励。① 在此背景下,《文物犯罪公约》将非法贩运文化财产定罪,确立非法进口与非法挖掘、盗窃一样为刑事犯罪,《欧盟2019年文物进口条例》明确禁止进口从欧盟外国家非法出口的文物,填补了长期存在的漏洞,补齐全链条监管,使得从区域合作真正走向了国际合作。

(三)人本化对国际合作的再塑造

在第二次世界大战以后,人本化的价值观在应然国际法中兴起,并成为现代国际法的重要发展趋势。尽管国家本位仍是现代国际法的运行特征,和平与发展的秩序主要靠国家间相互依存和合作所建立,但是现代国际法在逐步树立"以个人为本"和"以人类为本"的理念,代表着国际法不断进步的发展方向。② 在国际文化遗产法领域,人本化发展也预示着,国家利益不是国际社会唯一的关注点,个人权益和全人类利益同样需要维护,甚至要给予更多应有的关注,尤其是要关注到文化遗产对于个人与社群的联系和重要性,确保个人和社群获取和享有文化遗产。这也从侧面印证了,文物中心原则对文物与其文化特性之联系的强调,在本质上,是该原则其在人权维度上的表达。

对于现代国际法的发展,人本化为超越国家本位提供了一种可能。如果说前面讨论的区域组织在超越区域共同体利益层面的协作,是在比国家更大的单位上,突破了国家本位的国际合作,那么,在人本化发展下,对社群利益的关注,强调社群参与国际法秩序构建,则是在比国家更小的单位上,实现了对国家本位的超越。在此背景下,近十年来涌向对特定文物的重点关注,尤以殖民时期被掠文物、土著社群文物和人体遗骸为代表,看似呈分散式、非连续性发展,其核心仍高度统一,即关注文物与人类发展的联系,及相伴产生的个人及社群的文化权利。这体现了国际文化遗产法的价值基点,从原来的国家利益,逐渐转向个人与社群利益。③ 从文化遗产对于个人与社群的联系出发,不断塑造中的国际秩序,在特定领域突破了国家本位,为重塑国际合作提

---

① Robert Peters, "The Protection of Cultural Property: Recent Developments in Germany in the Context of New EU Law and the 1970 UNESCO Convention", *Santander Art and Culture Law Review*, vol. 2, 2, 2016, p. 98.

② 曾令良:《现代国际法的人本化发展趋势》,载《中国社会科学》2007年第1期。

③ Francesco Francioni, "The Human Dimension of International Cultural Heritage Law: An Introduction", *European Journal of International Law*, vol. 22, 1, 2011, p. 11.

供新的纬度和契机,并呈现出以下两个特点。

第一,人本化为全球文化遗产治理,提供多元化的视角,在国际实在法的"盲区"发挥作用。同其他国际法分支领域一样,以"1970年公约""1995年公约"为代表的国际条约,纵然为文化遗产领域的国际实在法奠定了基石,但囿于条约无溯及力等,其实际效用有限。基于法不溯及既往这项时际法基本原则,① 20世纪以来各类国际文化财产公约,均不具有追溯力,无法适用于公约生效之前被掠的文物。为处理将此类文物"物归原主"的主张,国际社会设置了对应的机构——"促进文化财产归还原属国或返还非法占有文化财产政府间委员会"(ICPRCP),并选择特定的术语——"归还"(return),以区别于另一术语"返还"(restitution),后者仅用于因不法行为(被盗、非法出口等)而转移的文物,且判定非法性的依据是被转移时的法律。② 换言之,历史上被掠流失的文物,尤以殖民时期被掠文物为代表,处在国际实在法的"盲区",此类文物回归的主张和讨论,也自然被归为基于道德理由的"归还",而非基于法律理由的"返还"。③

面对"盲区",现代国际法也不断发展,在国际文化遗产领域,人本化的视角也逐渐进入主流讨论。人本化不仅是应然国际法的新价值取向,更标志在特定领域,更高层次的共识正在形成,丰富了以国际实在法为核心的既有叙事框架。人本化视角建立在个人及社群的文化权利为基础,关注文物与个人及社群的文化联系,强调对文化联系的剥夺是持续性的不正义,是对人权的侵犯。④

以殖民时期被掠文物为例,相应的软法在过去几十年不断涌现,标志着道德标准的变化和对新型国际规则的呼唤。在早期,尤其是20世纪与21世纪之交,宣言、决议等相关软法,包括前面所及的1998年《华盛顿宣言》、⑤1999年《关于被劫掠犹太人文化财产的第1205号决议》、⑥2000年

---

① Taslim O Elias, "The doctrine of Intertemporal Law", *American Journal of International Law*, vol. 74, 2, 1980, p. 285.
② See ICPRCP, "Circumstances under which the object left the country of origin", The Guidelines for the Use of the "Standard from Concerning Request for Return or Restitution", CC-86/WS/3, Paris: UNESCO, 1986, p. 11.
③ Evelien Campfens, "Artefact or heritage? Colonial collections in Western museums from the perspective of international (human rights) law", *Völkerrechtsblog*, 24 September 2018.
④ Evelien Campfens, "Whose Cultural Objects? Introducing Heritage Title for Cross-Border Cultural Property Claims", *Netherlands International Law Review*, vol. 67, 2, 2020, p. 285.
⑤ Washington Conference Principles on Nazi-Confiscated Art, December 3, 1998.
⑥ Council of Europe Parliamentary Assembly Resolution on Looted Jewish Cultural Property, Resolution 1205, 1999.

《维尔纽斯宣言》、①以及2009《泰雷津宣言》等,均由被掠文物的原属人及其社群、国家所推动成就的。②而最近五年来,全球掀起新一波的殖民文物返还浪潮,发展成为去殖民化进程的新纬度。③并且,较以往不同的是,本次推动进程的力量是双向的,不仅来自殖民时期被掠文物的原属国家和地区,更有法国、德国、荷兰等被掠文物所在国的加入。前者如西非经共体(ECOWAS)提出的2019—2023年文化财产归还行动计划,④旨在强调归还被掠文物,对于重建该地区的文化遗产之必要,同时还提出促进区域协作的策略指南,及建立负责监督计划实施的区域委员会。后者如2017年受法国总统委托,由萨尔(Sarr)等人完成的报告《返还非洲文化遗产:迈向一种新的关系伦理》,⑤建议修改法国法律和设立专门程序,以便使殖民时期劫掠自撒哈拉以南非洲的文物艺术品,得以永久性回归其原属国,开启前殖民国归还被掠文物的首个通道;紧随其后的还有:2018年德国博物馆联盟《殖民背景相关文物的收藏指南》,⑥2019年荷兰国立世界文化博物馆《文物的返还:原则和程序》等,⑦为一件件来自非洲大陆的殖民时期被掠文物,铺就了回归之路。

无论其形式如何,背后逻辑是一致的。人本化不是停留在形式意义上的人文关怀,而是从尊重个人文化权利出发,在法律之外寻找方案。这个方案的进步性在于:其源于对殖民历史的反思,却不止步于反思;不问过去合法性,而关注当下正当性;不追问导致殖民时期文物被掠的方法在当时是否确为非法,而强调如何补救文化联系被剥夺这种持续中的不公正。⑧

第二,人本化通过观念塑造增进国际协作,推动渐进性、渗透式的国际协调发展。国际法的运行离不开国家实践,而国家的行为模式由其观念决定,

---

① Vilnius Declaration on Holocaust Era Looted Cultural Assets, 2000.
② Terezin Declaration on Holocaust Era Assets and Related Issues, June 30, 2009.
③ Magdalena Pasikowska-Schnass, *Colonial-Era Cultural Heritage in European Museums*, European Parliament, 2021, p. 1.
④ Education, Science and Culture of the Economic Community of West African States, 2019-2023 Action Plan on the Return of African Cultural Property to their Countries of Origin.
⑤ Felwine Sarr, Bénédicte Savoy, *The Restitution of African Cultural Heritage: Toward A New Relational Ethics*. Ministère de la Culture, 2018.
⑥ German Museums Association, *Guidelines for German Museums: Care of Collections from Colonial Contexts*, 2nd Edition 2019.
⑦ Nationaal Museum van Wereldculturen, Return of Cultural Objects: Principles and Process, 2019.
⑧ Evelien Campfens, "Whose Cultural Objects? Introducing Heritage Title for Cross-Border Cultural Property Claims", *Netherlands International Law Review*, vol. 67, 2, 2020, p. 286.

取决于各国如何理解本国与外部世界关系。① 文化遗产领域的国际法秩序,或者更广泛意义上国际文化遗产治理,也必须基于一种思想观念产生。② 在20世纪后半叶,"文化民族主义-文化国际主义"二元论曾占据了文化遗产治理的观念大本营。如今,随着现代国际法人本化价值观的兴起,国际社会开始反思传统二元叙事的限度,并关注到文化遗产对个人和社群的价值,强调在单一狭隘的二元叙事之外,有必要引入"社群"作为第三种声音。

从观念层面考察,观念的更新为超越国家本位,提供了可能的沃土。在早期,传统"文化民族主义-文化国际主义"的二元叙事框架下,利益相关方近乎只有阵营对立的国家,一方是文物流失国,另一方是文物市场国。国际社会关于保护和利用文物的相关讨论,也离不开国家这个基本单位,以国家疆域为界,去衡量一国与外部世界的利益格局。21世纪初,更多人本化的呼声要求关注文物与社群的文化联系,社群作为比国家更小的单位,才是文化遗产权利主体,这种假设正在获得越来越多的认可。这种新的观念注意到,早期狭隘的二分叙事将社群这一关键行为主体,排除在国际决策形成机制之外。③ 新的观念认识到社群视角和社群作用的重要性,提出社群应当也有能力参与国际秩序建立,克服原有的二分思维,为全球文化遗产治理提供更多元的途径。

国际社会通过观念塑造,拓展国际协作的广度和深度。近年有关土著社群文物(有时亦称"原住民文物")的人本化观念塑造,即是典型一例。首先说明的是,所谓"社群",国际上并没有统一的概念,常见的一种理解是指与特定文化遗产具有文化联系的社会群体,既包括土著社群,也涵盖非土著社群(如追索被盗宋代章公祖师肉身像案中,多年供奉该肉身像的福建省三明市当地村民)。而国际上对土著社群文物的关注明显较多,主要是因为土著社群更容易动员发声,尤其是参与以社群为中心的议题辩论,且更多参与追索流失文物实践。④

在此背景下,当社群文物被剥夺时,社群丧失的不仅是其单纯的经济价值,更是其象征性和文化价值。这里反映了文化遗产的人权纬度,不仅包含社群的文化权利,也涉及社群自决权。换言之,对文化财产的获取和享用,已

---

① 张辉:《人类命运共同体:国际法社会基础理论的当代发展》,载《中国社会科学》2018年第5期。
② 何志鹏:《国际法的现代性:理论呈示》,载《清华法学》2020年第5期。
③ Lucas Lixinski, "A Third Way of Thinking about Cultural Property", *Brooklyn Journal of International Law*, vol. 44, 2018, p. 564.
④ Lucas Lixinski, "Selecting Heritage: The Interplay of Art, Politics and Identity", *European Journal of International Law*, vol. 22, 1, 2011, p. 81.

经被扩展到确保土著社群参与其社群文化生活的权利。从自决权的角度出发，自决权也可包括一国人民决定其如何保护文化遗产的权利，而社群文物的非法贩运则会害及这种权利。① 这也是为何近年来，土著社群在提出归还文物主张，经常将文物回归与自决权联系起来的原因。② 对应地，在人本化观念更新的影响下，不仅有国际条约如"1995年公约"，会专门肯定土著社群的权利，如该公约强调，要保护部落和土著社群对传统用品或祭祀用品所赋予的特殊价值；③更有一批"软法"性质的规范文件，去承认和保护社群文物的人权维度，如2007年《联合国土著人民权利宣言》确认土著人民对"未事先获得其自由知情同意，或在违反其法律、传统和习俗的情况下"被剥夺占有的文物，享有包括归还原物在内的补偿权利，④类似的规范还有联合人权促进和保护委员会《保护土著人民遗产的原则和准则（草案）》(2000年)，⑤联合国教科文组织《实施1970年公约操作指南》(2015年)，⑥国际博物馆协会《归还和返还大学博物馆收藏品指南》(2022年)。⑦总体来看，人本化观念不断革新与发展，推动了国际社会对社群文物的关注，该领域的规范和实践呈现出渐进性、渗透式的发展，为超越国家本位，重塑国际合作提供新的契机。

---

① John Carman, *Against Cultural Property: Archaeology, Heritage and Ownership*, Duckworth, 2005, p. 73.
② Shea Elizabeth Esterling, "Under the Umbrella: The Remedial Penumbra of Self-Determination, Retroactivity and the Restitution of Cultural Property to Indigenous Peoples", in: Alexandra Xanthaki, Sanna Valkonen, eds., *Indigenous Peoples' Cultural Heritage*, Brill Nijhoff, 2017, p. 315.
③ 参见"1995年公约"的第3(8)条，第5(3)和第7(2)条。
④ 参见《联合国土著人民权利宣言》的第11条。
⑤ Draft Principles and Guidelines for the Protection of the Heritage of Indigenous Peoples, E/CN. 4/Sub. 2/2000/L. 19.
⑥ Operational Guidelines for the Implementation of the Convention on the Means of Prohibiting and Preventing the Illicit Import, Export and Transfer of Ownership of Cultural Property (UNESCO, Paris, 1970).
⑦ Guidance for Restitution and Return of Items from University Museums and Collections (ICOM International Committee for University Museums and Collections, 2022).

第三章　文物中心原则下的管辖权与诉讼主体资格

在跨境文物返还之诉中,管辖权和诉讼主体资格是需要解决的首要问题。在这两个问题上,相关理论与规则的最新发展均反映出以文物为中心的趋势转变。

在管辖权上,将与文物的联系作为确定管辖权基础的重要依据,并发展出"文物追索纠纷由文物所在地法院管辖"的管辖权规则。就诉讼主体资格而言,在诉讼主体的能力上,尽管受理法院通常会依法院地法来判断,但为了尊重文物的文化背景,法院也开始参照文物来源国法的规定;在诉讼利益上,除了传统的所有权之外,国家对于文物的保护性利益,以及社群对于文物的集体所有权问题,也开始受到关注,文物的文化特性得以充分反映。此外,在文物的利用上,临时借展文物免于扣押的制度,大大推动了文物在世界范围内的交流,促进了不同文化的交流和各国人民的相互理解。

此外,在面对区分文物所有权法与出口管制法、考察外国文物所有权法之有效性等问题时,以强调文物与其文化特性的联系为出发点,关注文物与特定个人、社群和国家存在的特殊联系,以此校验这种超越一般诉讼利益的特殊联系所要求的准确性和现实性,同样是文物中心原则的体现。

第一节　管辖权的一般问题

同其他跨境民事诉讼一样,跨境文物返还争议中首要解决的法律问题是管辖权。[①] 跨境文物返还诉讼中的"管辖权"问题,是指哪一国的法院有权并适合审理此类诉讼。一方面,管辖权的确定需以法律依据为前提。尽管对于大多数跨境文物返还之诉,调整跨境动产纠纷的传统管辖权规则仍旧适用,但是在传统规则之外,在国内法和国际法层面,专门调整跨境文物返还纠纷

---

① Thomas W. Pecoraro, "Choice of Law in Litigation to Recover National Cultural Property: Efforts at Harmonization in Private International Law", *Virginia Journal of International Law*, vol. 31, 1, 1990, p. 7.

的管辖权规则已逐渐发展成型,①其重要性不言而喻。另一方面,管辖权的确定并不是孤立存在的问题。在司法实践中,管辖权问题还常与识别、诉讼主体资格、国家豁免等问题联系起来,环环相扣。这不仅反映了跨境文物返还争议的复杂性,也说明新时代下跨境文物返还之诉对传统规则提出的挑战,此类问题都值得深入关注和思考。

跨境文物追索诉讼的管辖权依据,是一国法院就某跨境文物返还争议行使诉讼管辖权的依据、标准或理由。需要指出的是,这里讨论的"管辖权"系指国际民事诉讼管辖权,即一国司法机关受理、审判国际民商事案件的权限,旨在解决"某一特定国际民商事案件究竟应由哪一个国家的法院管辖的问题"。② 至于在此后,要确定纵向上由哪一级别的法院管辖(级别管辖),横向上由哪一地区的法院管辖(地域管辖),则是该国国内民事诉讼法所要解决的问题。

通常,由于被盗文物和非法出口文物的返还争议涉及不同的法律关系,其对应的管辖权依据也有所不同。细言之,在被盗文物返还争议中,追索方是基于所有权权益,主张被盗文物的返还;而在非法出口文物返还争议中,追索方是依据相关的国际公约(如"1995年公约")、超国家法(如欧盟相关指令和条例)或国内法,基于文物出口国与文物的"联系利益"(affiliation interests),提出返还非法出口文物的主张。③ 这两类请求即可同时并存,又相互独立、互不影响。④ 对于前者,通常适用调整普通动产权属纠纷的管辖权规则;而对于后者,往往另有一套管辖权规则,故下文分作两种情况讨论。

一、被盗文物返还争议的管辖权

(一)传统的管辖权规则

被盗文物返还争议的性质是文物所有权归属纠纷。纵观各国民事诉讼的法律,此类纠纷通常同其他普通动产纠纷一样,适用调整动产权属纠纷的传统管辖权规则。以比较法的视角来看,世界上主要通行两类管辖权规则,一类是由被告住所地国/惯常居所地国或国籍国的法院管辖,另一类是文物所在地国的法院管辖。

---

① Erik Jayme, *Narrative Norms in Private International Law-The Example of Art Law*, Collected Courses of the Hague Academy of International Law (Vol. 375), Brill, 2014, p. 37.
② 黄进、李庆明:《诉权的行使与国际民事诉讼管辖权》,载《政治与法律》2007年第1期。
③ 更多有关"联系利益"的讨论,参见 Beat Schönenberger, The Restitution of Cultural Assets, Stampli Publishers, 2009, p. 80.
④ Erik Jayme, *Narrative Norms in Private International Law-The Example of Art Law*, Collected Courses of the Hague Academy of International Law (Vol. 375), Brill, 2014, p. 37.

第一类规则主要集中在大陆法国家,以德国为代表的日耳曼法族国家遵循的是"原告就被告"原则,以法国为代表的拉丁法族国家则奉行以国籍作为管辖权依据。① 因此,在大陆法国家,文物追索方可在相应的文物持有人住所地国/惯常居所地国法院或国籍国法院,提起被盗文物返还之诉。

第二类规则在普通法国家较为常见,因为文物所有权归属纠纷通常被归为"对物诉讼",②此类案件一般以财产处于法院地国境内为管辖权依据,或以被告的住所(或惯常居所)处于该国境内作为管辖权依据。③

(二)管辖权规则的新发展

一般而言,以被告的住所地/惯常居所地为管辖权基础是大多数国家民事诉讼法普遍采用的管辖规则。④ 不过,值得注意的是,对于被盗文物返还之诉,除传统管辖规则外,另一项管辖权基础——"诉讼时文物所在地"也在发挥着不容忽视的作用,一套适用于文物返还纠纷的特殊管辖权规则正在形成。

"1995年公约"第8条正是这一特殊管辖权规则的体现。该条规定,追索文物(包括被盗文物和非法出口文物)的请求不仅可以向"根据其现行法律拥有管辖权的缔约国法院或其他主管机关"提出,还可以向"文物所在地的缔约国法院或其他主管机关"提出。⑤ 据此,公约在确认各国既有的管辖权基础之外,创设了一项新的管辖权基础——"诉讼时文物所在地"。

以"诉讼时文物所在地"为管辖权基础,是颇具革新意义、符合现实需要的管辖权规则发展。首先,在大多数欧洲国家,动产权属纠纷由诉讼时动产所在地的法院管辖是极为罕见的做法,因此,这对许多欧洲国家而言是一项全新的管辖权依据。也正是基于此,在"1995年公约"的外交会议上,各国代表对该条草案进行了长时间的辩论。最终,该条在几乎不做修改的情况下顺

---

① 杜新丽:《国际私法实务中的法律问题》,中信出版社2005年版,第47~49页。
② 霍政欣:《追索海外流失文物的法律问题研究——以比较法与国际私法为视角》,载《武大国际法评论》2010年第12卷。
③ 以美国民事诉讼管辖权为例,对被告管辖权的依据包括对人管辖权(in personam jurisdiction)、对物管辖权(in rem jurisdiction)和准对物管辖权(quasi-in-rem jurisdiction)。对人管辖权是建立在建立在被告人身基础上的管辖权,而对物管辖权与准对物管辖权则是以被告的财产作为管辖权依据。参见王学棉:《美国民事诉讼管辖权探究——兼论对Personal Jurisdiction的翻译》,载《比较法研究》2012年第5期。
④ See Peter Kaye, *Civil Jurisdiction and Enforcement of Foreign Judgments*, Professional Books, 1987, p. 255. See also Gary B. Born and Peter B. Rutledge, *International Civil Litigation in United States Courts*, Aspen Publishers, 2007, p. 110.
⑤ 1995年国际统一私法协会《关于被盗或者非法出口文物的公约》("1995年公约"),第8条。

利获得通过。①

其次,这一管辖权基础也符合文物追索诉讼的实践需要。在不少文物追索的实际案例中,文物持有人的住所地(或惯常居所地)与文物所在地并不必然一致。更常见的情形是,文物持有人位于一国,而文物处在另一个艺术品贸易发达的市场国,可能是在某家拍卖行待拍出售,也可能由某文物交易商代持,又或者是在某博物馆巡展等。② 在此情况下,如果文物所在地国是公约缔约国,而文物持有人的住所地国(或惯常居所地国或国籍国)不是公约缔约国,倘若没有"诉讼时文物所在地"这一管辖权基础,文物原所有人就会失去司法救济的途径。③ 因此,创设"诉讼时文物所在地"这一管辖权依据更有利于文物原所有人提起文物返还之诉。此外,由文物所在地的法院行使管辖权,其作出的判决能够在该国境内得到有效执行,不涉及判决在境外的承认与执行问题,更有利于文物原所有人实现追索文物的主张。④

二、非法出口文物返还争议的管辖权

(一)国际规则

非法出口文物的返还争议是在国际文化财产法领域近几十年发展起来的、较为特殊的财产争议。与基于所有权权益提起的被盗文物返还请求不同,非法出口文物的归还请求建立在文物出口国与文物的"联系利益"之上,而非某种私法性质的物权权利。即便如此,由于非法出口文物与被盗文物一样,都属于动产,各国针对动产权属纠纷的传统管辖权规则,也常适用于非法出口文物的返还争议。⑤

---

① Lyndel V. Prott, *Commentary on the UNIDROIT Convention*, Institute of Art and Law, 1997, p. 71.

② UNIDROIT, Study LXX-Doc. 18, Summary report on the third session of the UNIDROIT study group on the international protection of cultural property, held at the seat of the Institute from 22 to 26 January 1990, §§ 128-131. UNIDROIT, Study LXX-Doc. 23, Committee of Governmental Experts on the International Protection of Cultural Property. Report on the first session from 6 to 10 May 1991, §§ 147-150.

③ UNIDROIT, Study LXX-Doc. 30, Report on the second session of the Committee of Governmental Experts on the International Protection of Cultural Property from 20 to 29 January 1992, §§ 178-180; UNIDROIT, Study LXX-Doc. 48, Report on the fourth session of the Committee of Governmental Experts on the International Protection of Cultural Property from 29 September to 8 October 1993, § 221.

④ The Law Reform Commission of Ireland, *The Consultation Paper for 1995 UNIDROIT Convention*, November 1996, p. 35.

⑤ Kurt Siehr, *International Art Trade and the Law*, Collected Courses of the Hague Academy of International Law (Vol. 243), Martinus Nijhoff, 1993, p. 183.

无独有偶,在 20 世纪末期,一套适用于非法出口文物返还争议的特殊管辖权规则在国际规范层面应运而生,并逐步发展成以"文物所在地"为管辖权基础的新型管辖权规则体系。这类国际规范,不仅包括国际公约,如"1995年公约",还包括欧盟法这类"超国家法",如欧盟指令和条例等。鉴于"1995年公约"中关于被盗文物追索诉讼的管辖权规则同样适用于非法出口文物的返还争议,且该规则内容已在前展开讨论,此处不作赘述。这里将以欧盟法为例,侧重介绍在欧盟范围,以相关欧盟指令和条例构建起的非法出口文物争议管辖权规则。

第一,在有关文化财产的特别法律方面,欧盟《关于返还从成员国境内非法转移文物的 2014/60/EU 指令》(以下简称"欧盟 2014/60/EU 指令"),①与其前身《关于归还从成员国境内非法转移的文物的 93/7/EEC 指令》(以下简称"欧盟 93/7/EEC 指令"),②确定了以"文物所在地"为管辖权基础。其内在逻辑是请求成员国可根据"欧盟 2014/60/EU 指令"第 6 条(原"欧盟 93/7/EEC 指令"第 5 条),向被请求成员国的管辖法院提出归还非法转移文物的请求;③而根据"欧盟 2014/60/EU 指令"第 2(3)条(原"欧盟 93/7/EEC 指令"第 1 条),被请求成员国是指非法转移文物的所在地国。④ 换言之,该欧盟指令确立了非法转移文物的所在地国法院对此类文物争议享有的管辖权。

第二,在民商事判决的承认与执行领域,欧盟《关于民商事案件管辖权和判决执行的第 1215/2012 号条例(重订)》(以下简称"布鲁塞尔条例 I(重订)")肯定了前述欧盟指令以"文物所在地"为管辖权基础的模式,并将该模式推广至文物原所有人基于所有权提起的文物返还之诉。⑤ 根据该条例第 7(4)条规定,若一方基于所有权提起文物返还之诉,且该文物属于"欧盟 93/7/EEC 指令"第 1 条所称"国宝(national treasure)"的,此类诉讼可由起诉时文物所在地法院管辖。⑥

---

① Directive 2014/60/EU of the European Parliament and of the Council of 15 May 2014 on the return of cultural objects unlawfully removed from the territory of a Member State and amending Regulation (EU) No 1024/2012 (Recast) (hereinafter referred as "Directive 2014/60/EU").
② Council Directive 93/7/EEC of 15 March 1993 on the return of cultural objects unlawfully removed from the territory of a Member State (hereinafter referred as "Directive 93/7/EEC").
③ Art. 6, Directive 2014/60/EU; Art. 5, Directive 93/7/EEC.
④ Art. 2(3), Directive 2014/60/EU; Art. 1, Directive 93/7/EEC.
⑤ Regulation (EU) No 1215/2012 of the European Parliament and of the Council of 12 December 2012 on jurisdiction and the recognition and enforcement of judgments in civil and commercial matters (hereinafter referred as "Brussels I recast").
⑥ Art. 7(4), Brussels I recast.

由此可见,在欧盟体系内,追索属于"欧盟 93/7/EEC 指令"调整范围内的"国宝"文物,可分为两种途径,且二者互不妨碍。① 第一种途径是由文物来源国(请求成员国)向文物所在地国(被请求成员国)提出归还文物的请求,此类纠纷由文物所在地国(被请求成员国)的法院管辖;第二种途径是由文物原所有人基于所有权向持有人提出归还文物的请求,此类纠纷同样可由文物所在地国的法院管辖。

(二)国内法体现

无论是在被盗文物返还争议,还是在非法出口文物返还争议中,管辖权规则发展的一大趋势是文物追索纠纷可由文物所在国法院管辖。值得注意的是,这种以"文物所在地"为管辖权基础的规则创新,不仅体现在"1995 年公约"、欧盟法等国际法文件中,其对各国国内法的发展也产生了积极影响。

瑞士的《联邦国际私法典》即为一典型例证。一方面,瑞士既非欧盟成员国,也未加入"1995 年公约"。因此,前述欧盟法和"1995 年公约"并不适用于瑞士。不过,另一方面,瑞士在 2003 年加入"1970 年公约"后,为实施该公约,瑞士对其《联邦国际私法典》作出了修正。② 该法典在原第 98 条"动产纠纷的管辖权"之外,增设第 98a 条"文化财产纠纷的管辖权"的规定。根据该条,文化财产返还之诉,除可由被告住所地(或惯常居所地)的法院管辖外,还可由文化财产所在地的法院管辖。可见,瑞士法在传统的"原告就被告"管辖原则外,引入了新的管辖权基础——"文物所在地",以共享管辖权(concurrent jurisdiction)的机制,为原告提供了"特别法院"的司法救济选择。③

考虑到"1970 年公约"本身不涉及私法领域的问题,对管辖权亦未作规定,④瑞士《联邦国际私法典》这一突破性的管辖权规定,无疑是对"1995 年公约"和欧盟法中相应规则的肯定和吸收。这也再次说明"跨境文物追索诉讼由文物所在地法院管辖"这一国际规则,正在世界范围内逐渐获得更广泛的认可。

---

① See Consideration No. 17, Brussels I recast.
② Federal Act on Private International Law of 18 December 1987, Switzerland.
③ Erik Jayme, *Narrative Norms in Private International Law–The Example of Art Law*, Collected Courses of the Hague Academy of International Law (Vol. 375), Brill, 2014, p.38.
④ 尽管"1970 年公约"第 13(c)条要求缔约国保证"受理合法所有者或其代表提出的关于找回失落的或失窃的文化财产的诉讼",但公约对管辖权并未作出具体规定。

第二节 诉讼主体资格的一般问题

正如任何其他诉讼程序一样,原告是否具有诉讼主体资格(locus standi, standing to sue)的问题在跨境文物追索诉讼中也会出现。① 这一问题由法院地法官判定,且因其为程序问题,根据国际私法原理,程序问题通常适用法院地法。② 但问题并未到此结束。在许多大陆法国家,法院在适用程序规则的同时,还会参考实体法,以此确定原告是否具有起诉能力、是否与案件有相关权益联系等。③

总体而言,尽管各国关于诉讼主体资格的规定各有不同,原告要成为适格的诉讼主体通常要满足以下两项条件:其一,原告具有诉讼能力。换言之,原告是具有法律人格的、能享有权利、承担义务的实体。原告不仅可以是自然人,也可以是法律承认的团体和社会组织等。其二,原告享有诉的利益。这要求原告对争议事项有直接、实质的利害关系。④ 下文将分别就"诉讼能力"和"诉的利益"这两项考察原告是否适格的基本要件展开讨论。

一、诉讼能力

在跨境文物追索诉讼中,个人、组织或国家原则上都可以作为原告,向法院提出要求持有人返还文物的诉讼请求。但是,要成为适格的诉讼主体,原告首先需具备诉讼能力。所谓"诉讼能力",是指原告应是法院地国承认的、具有法律人格的实体。⑤ 具体而言,原告须满足以下两项要求,方才具有诉讼能力:其一,原告是法院地国承认的实体。其二,原告是法律意义上的实体,具有法律人格。

---

① 原告资格(standing to sue),又作"起诉权"或"司法救济请求权",是指一方当事人因与某项纠纷有充分的利害关系,从而可向法院寻求司法解决该纠纷的权利或资格,即有权提出某项法律请求或者寻求以司法途径实现某项权利或使义务得到履行。在美国联邦法院,当事人若要取得原告资格须表明:①他所反对的行为已给自己造成了实际损害;②他所寻求保护的权益属于制定法或宪法所保障的权益范围之内。薛波主编:《元照英美法词典》,法律出版社 2003 年版,第 1284 页。
② Geoffrey C. Cheshire, P. M. North and J. J. Fawcett, *Cheshire and North's Private International Law*, 13th edition, Butterworths, 1999, p. 84.
③ István Szászy, *International Civil Procedure: A Comparative Study*, Akadémiai Kiadó, 1967, p. 233.
④ Lyndel V. Prott, *Problems of Private International Law for the Protection of the Cultural Heritage*, Collected Courses of the Hague Academy of International Law (Vol. 217), Martinus Nijhoff, 1989, pp. 245~246.
⑤ Janet Blake, *International Cultural Heritage Law*. Oxford University Press, 2015, p. 53.

(一)原告是法院地国承认的实体

原告是否被法院地国承认的问题,通常发生在原告是国家或其他政治实体的情况下,且与"国家承认"理论密切相关。这不仅是国际法问题,更是国际政治问题。某些政治实体,如"北塞浦路斯土耳其共和国"及冷战时期的德意志民主共和国,在实效上管治自身领地,是事实上的主权国家,但缺乏普遍的国际承认。在此情形下,此类政治实体若欲以原告身份提起跨境文物返还之诉,其诉讼主体资格是否适格,完全取决于法院地国是否承认该政治实体。

一方面,如果原告是不被法院地国承认的政治实体,那么,此类原告自然会被认定为缺乏诉讼能力,因而不具有诉讼主体资格。例如,在"塞浦路斯共和国、塞浦路斯希腊东正教自主教会诉哥德堡-费尔德曼艺术公司与佩格·哥德堡案"(以下简称"哥德堡案"),①"北塞浦路斯土耳其共和国"申请以原告身份加入诉讼,但被美国联邦法院驳回。

在"哥德堡案"中,涉案文物是塞浦路斯北部帕纳基亚-卡纳卡瑞亚教堂(Church of Panagia Kanakaria,简称"卡纳卡瑞亚教堂")的四件公元6世纪拜占庭时期镶嵌画。1974年,土耳其入侵塞浦路斯,"北塞浦路斯土耳其共和国"在塞浦路斯岛北部成立,是至今仅由土耳其一国承认的政权。卡纳卡瑞亚教堂所在区域沦为"北塞浦路斯土耳其共和国"控制地区。20世纪70年代末,教堂内四件拜占庭时期镶嵌画被劫掠盗走,后流转至美国,由印第安纳州艺术品交易商哥德堡(Goldberg)持有。② 1989年,在请求哥德堡归还涉案镶嵌画未果后,塞浦路斯共和国与塞浦路斯教会向美国联邦地方法院提起"返还原物之诉"(replevin action),最终成功追索回了涉案四件镶嵌画。在诉讼过程中,"北塞浦路斯土耳其共和国"曾提出以原告身份加入诉讼的请求,但被美国两级联邦法院驳回。③

对此,上诉法院美国联邦第七巡回法院维持了一审法院的裁判意见,肯定塞浦路斯共和国和塞浦路斯希腊东正教自主教会的原告资格,而否定"北

---

① *Autocephalous Greek-Orthodox Church of Cyprus and The Republic of Cyprus v. Goldberg & Feldman Fine Arts, Inc. and Peg Goldberg*, 717 F. Supp. 1374 (S.D. Ind. 1989), aff'd, 917 F. 2d 278 (7th Cir. 1990), reh'g denied, No. 89-2809, 1990 U.S. App. LEXIS 20398 (7th Cir. Nov. 21, 1990), stay vacated by 1991 U.S. Dist. LEXIS 6582 (S.D. Ind. May 3, 1991) (ordering judgment entered for plaintiffs), cert. denied, 502 U.S. 941 (1991), reh'g denied, 502 U.S. 1050 (1992).

② *Autocephalous Greek-Orthodox Church of Cyprus and The Republic of Cyprus v. Goldberg & Feldman Fine Arts, Inc. and Peg Goldberg*, 917 F. 2d 278, 280 (7th Cir. 1990).

③ *Autocephalous Greek-Orthodox Church of Cyprus and The Republic of Cyprus v. Goldberg & Feldman Fine Arts, Inc. and Peg Goldberg*, 717 F. Supp. 1374, 1378 (S.D. Ind. 1989).

塞浦路斯土耳其共和国"具有原告资格,其理由是:美国不承认"北塞浦路斯土耳其共和国"是主权国家,而仅承认涉案原告之一塞浦路斯共和国的主权国家地位。①

另一方面,某些政治实体被法院地国承认与否的状态并非一成不变,因国际政治、国际关系等原因,有可能出现从不承认到承认的转变,反之亦然。在此情况下,法院对原告是否具有诉讼能力的判断,也会随之改变。"魏玛艺术展览馆诉埃里克封案"(以下简称"埃里克封案")就是例证,②原告魏玛艺术展览馆(Kunstsammlungen zu Weimar)的诉讼主体资格就经历了从无到有的转变。

在"埃里克封案"中,系争文物是文艺复兴时期德国画家阿尔布雷特·丢勒(Albrecht Dürer)的两幅画作。画作于1945年从德国施瓦茨堡城堡被一美国士兵盗走,后由美国收藏家埃里克封(Elicofon)于1946年购得。1966年,在得知画作下落后,德意志联邦共和国(以下简称"联邦德国")和魏玛博物馆在纽约提起诉讼,要求持有人埃里克封归还画作。在该案中,美国法院否定了魏玛博物馆的诉讼主体资格,理由是该博物馆是代表德意志民主共和国(以下简称"民主德国")的国家机构,而美国在当时并不承认民主德国,美国法院也因此否认民主德国及其代表的诉讼主体资格。③

直至1974年,美国正式承认民主德国后,案件重又出现转机。1975年,魏玛博物馆和联邦德国再次提起诉讼,随后不久联邦德国自愿撤诉。④ 这一次,上诉法院认可了这家民主德国博物馆的诉讼主体资格。最终,法院判定被告埃里克封有关善意取得和时效的主张均不成立,涉案画作的所有权由原告魏玛博物馆享有。⑤

(二)原告具有法律人格

在判定原告是否具有法律人格,是否构成法律意义上的实体时,受理法院通常会依照法院地法来判断。换言之,以法院地法确定原告的诉讼主体资

---

① *Autocephalous Greek-Orthodox Church of Cyprus and The Republic of Cyprus v. Goldberg & Feldman Fine Arts, Inc. and Peg Goldberg*, 717 F. Supp. 1374, 1379 (S. D. Ind. 1989).

② *Kunstsammlungen zu Weimar v. Elicofon*, 478 F. 2d 231 (2d Cir. 1973); 536 F. Supp. 829 (E. D. N. Y. 1981); aff'd, 678 F. 2d 1150 (2d Cir. 1982).

③ Reported in *Federal Republic of Germany v. Elicofon*, 358 F. Supp. 747 (E. D. N. Y. 1972), aff'd, 478 F. 2d 231 (2d Cir. 1973), cert. denied, 415 U. S. 931, reh. denied, 416 U. S. 952 (1974).

④ *Federal Republic of Germany v. Elicofon*, 536 F. Supp. 813, 815 (E. D. N. Y. 1978).

⑤ *Kunstsammlungen zu Weimar v. Elicofon*, 678 F. 2d 1150, 1165-1166 (2d Cir. 1982).

格是绝大多数国家法院普遍遵循的基本原则。① 尽管如此,不少法院在这一标准也可能走得较远,有时甚至能承认法院地法没有规定享有诉讼能力的主体。②

1. 寺院及其供奉主神被认定具有法律人格

受理法院在考察原告是否构成法律意义上的实体时,法院地法并非唯一的考察标准,文物来源地法(或原告所在地法)也能作为参考的判断依据。例如,在"邦培发展公司诉伦敦警务署案"(以下简称"邦培案")③中,英格兰法院承认了一家印度寺院及其供奉主神作为原告的资格,尽管普通法在传统上并不认可这样的诉讼主体。

在"邦培案"中,诉讼标的是一件公元12世纪印度朱罗王朝的青铜雕像。1976年前后,该雕像从印度泰米尔纳德邦的某寺院遗址地下被非法挖掘出土,而后被走私出境,几经流转后由加拿大邦培发展公司购得。④ 20世纪80年代末,正值雕像在大英博物馆做修复鉴定之际,伦敦警务署扣押了该文物,并意图将其归还给原所有者。邦培公司随之对伦敦警务署提起了返还诉讼,并要求赔偿。⑤ 在此期间,印度方共有五名追索主体申请以第三方原告加入诉讼,要求归还涉案文物。这五名追索主体分别是印度联邦、印度泰米尔纳德邦、最初拥有这尊佛像的寺院、寺院的委托人以及庭审开始后追加为第三方原告的该寺院供奉主神——湿婆(Sivalingam)。⑥

对此,英国法院面对的棘手问题是:印度寺院及其供奉主神,作为根据普通法不享有诉讼能力、但被印度法确认为享有诉讼能力的法律实体,可否在英格兰法院起诉,以追回被盗文物?⑦ 最终,英国上诉法院依据国际礼让,给

---

① Geoffrey C. Cheshire, P. M. North and J. J. Fawcett, *Cheshire and North's Private International Law*, 13th edition, Butterworths, 1999, p. 74.
② Alessandro Chechi, *The Settlement of International Cultural Heritage Disputes*, Oxford University Press, 2014, pp. 87-88.
③ *Bumper Development Corporation Ltd. v. Commissioner of Police of the Metropolis* [1991] 4 All E. R. 638, [1991] 1 WLR 1362 (CA).
④ See Sandy Ghandhi and Jennifer James, The God That Won, *International Journal of Cultural Property*, vol. 1, 2, 1992, pp. 369-382.
⑤ Christa Roodt, "Cultural Heritage Jurisprudence and Strategies for Retention and Recovery", *Comparative and International Law Journal of Southern Africa* vol. 35, 2, 2002, pp. 161~163.
⑥ *Bumper Development Corporation Ltd. v. Commissioner of Police of the Metropolis* [1991] 4 All E. R. 638, at 643.
⑦ Barbara T. Hoffman ed., *Art and Cultural Heritage: Law, Policy and Practice*, Cambridge University Press, 2006, p. 92.

予了肯定答复。① 英格兰法官指出,在判定印度寺院及主神湿婆是否具有诉讼主体资格时,判定依据并不限于法院地的法律规定,而是应"依据礼让,认可另一国的法律所创制的法律人格",进而认定寺院及湿婆在英格兰法院也具有诉讼主体资格。②

2. 宗教圣物被认定为具有法律人格

在另一些案件中,一些被赋予某种人格的宗教圣物也被认定是法律意义上的实体,享有诉讼能力。其结果是,宗教圣物从争议的客体转变为争议的主体之一。③ 例如,在"穆立克诉穆立克案"中,④英国枢密院就裁定,一尊印度教家神神像不仅仅是一项动产,更是一件宗教圣物,并且在印度教法中,它有法律人格和诉讼主体资格。同样是基于礼让,枢密院认定家神神像是既享有权利又承担义务的法律实体,具有适格的诉讼主体资格。⑤

3. 教会被认定为具有法律人格

在司法实践中,也有案例表明,法院会依文物来源地法来判定原告是否具有法律人格,至于法院地法对诉讼能力的要求可不予考虑。在"哥德堡案"中,上诉法院美国联邦第七巡回法院需要判断塞浦路斯教会是否具有塞浦路斯国籍,从而确定联邦法院是否对案件享有异籍管辖权。⑥

美国法院就此明确指出,这里的重点是依据塞浦路斯法律,考察教会是不是塞浦路斯法下的法律实体。对此,美国法院指出,首先,原告已证明了塞浦路斯宪法确认塞浦路斯教会的存在,并且赋予教会"对其内部事务和财产享有支配、管理的排他性权利"。其次,塞浦路斯的动产法也对此予以确认。再者,塞浦路斯教会已在该国土地登记处完成注册登记。基于前述三点理由,法院认定塞浦路斯教会是塞浦路斯法下的法律实体。而至于教会是否具

---

① Kurt Siehr, *International Art Trade and the Law*, Collected Courses of the Hague Academy of International Law (Vol. 243), Martinus Nijhoff, 1993, p. 74.
② 参见霍政欣:《追索海外流失文物的法律问题》,中国政法大学出版社2013年版,第76~77页。
③ Alessandro Chechi, *The Settlement of International Cultural Heritage Disputes*, Oxford University Press, 2014, p. 88.
④ *Mullick v. Mullick*, Privy Council, 1925, 51 Law Reports, Indian Appeals (1925) 245.
⑤ Lyndel V. Prott and Patrick J. O'Keefe, " 'Cultural Heritage' or 'Cultural Property'?", *International Journal of Cultural Property*, vol. 1, 2, 1992, p. 310.
⑥ "异籍管辖权",是指美国联邦法院对争议标的额大于7.5万美元的异籍案件享有管辖权[28 U.S.C. § 1332(a)(2)]。这里的"异籍"(diversity of citizenship),不仅指不同的州籍,也包括不同的国籍,并且要求双方所有当事人间"完全异籍"(complete diversity)。换言之,如果在涉及多名原告和被告的案件中,只要有任意两人是同籍的,则该案就不是异籍案件,联邦法院对其就不能行使异籍管辖权。参见李响:《美国民事诉讼法的制度、案例与材料》,中国政法大学出版社2006年版,第20页。

有法人资格,以及美国法如何确定宗教组织的籍贯或如何规定法人的特征等问题,与本案并无关系,在所不问。①

二、诉的利益

原告如要成为适格的诉讼主体,除应具有诉讼能力之外,还须享有诉的利益。这里"诉的利益",是指与案件的争议事项有直接、实质的利害联系。② 在判定原告是否具有诉的利益时,受理法院可以参考文物来源国法。尤其是在许多大陆法国家,即使诉讼主体资格问题被视为程序问题,且通常由法院地法决定,但程序规则常指向实体法(包括外国私法),以此确定当事方是否具有诉讼利益。③

以荷兰为例,在为实施"1970 年公约"颁布的《执行"1970 年公约"的法案》(以下简称"执行法案")中,④明确提到当文物来源国与所有权人对非法入境荷兰的文物提起返还之诉时,法院将"通常参考文物来源国的法律,确定其享有该财产所有权,并因此有权提起返还之诉"。⑤ 该《执行法案》通过"参考文物来源国的法律"确定诉讼主体资格的表述,可看作对类似案件通常做法的总结。

值得注意的是,在跨境文物追索诉讼中,所谓的"利害联系",不一定要求是基于所有权权益(proprietary interest)的联系。利害联系也可以基于保护文物等更广泛意义上的联系。但前提是,这样的联系是直接、实质的,超过了普通大众对争议事项的联系。⑥

(一)基于所有权权益的诉的利益

原告若主张对系争文物享有所有权,则原告对争议事项享有的诉的利益

---

① *Autocephalous Greek-Orthodox Church of Cyprus and The Republic of Cyprus v. Goldberg & Feldman Fine Arts, Inc. and Peg Goldberg*, 917 F. 2d 278, 285(7th Cir. 1990).
② Janet Blake, *International Cultural Heritage Law*. Oxford University Press, 2015, p. 53.
③ István Szászy, *International Civil Procedure: A Comparative Study*, Akadémiai Kiadó, 1967, p. 233.
④ Implementation of the Convention on the Means of Prohibiting and Preventing the Illicit Import, Export and Transfer of Ownership of Cultural Property adopted in Paris on 14 November 1970 [1970 UNESCO Convention on the Illicit Import, Export and Transfer of Ownership of Cultural Property (Implementation) Act, the Netherlands].
⑤ Section 4 of the 1970 UNESCO Convention on the Illicit Import, Export and Transfer of Ownership of Cultural Property (Implementation) Act. Also see Article 4 of the Bill for the Implementation of the 1970 UNESCO Convention, Tweede Kamer, vergaderjaar 2007-2008.
⑥ Lyndel V. Prott, *Problems of Private International Law for the Protection of the Cultural Heritage*, Collected Courses of the Hague Academy of International Law (Vol. 217), Martinus Nijhoff, 1989, p. 248.

第三章 文物中心原则下的管辖权与诉讼主体资格

建立在所有权权益基础之上。这里的"所有权权益"并不以所有权为限,占有权、用益物权等都是所有权权益的组成内容。

值得注意的是,在普通法系国家,由于并不存在完全意义上大陆法国家的"所有权"概念,①对因不法妨害动产引起的纠纷,适用的是以"动产侵占之诉"(conversion)为主的侵权之诉。② 细言之,罗马法承认完整的对物权——所有权(dominium),并严格区分所有和占有。因而,如今在大陆法国家,所有权诉讼和占有诉讼是共存的,对财产的保护也可提起两类诉讼:一类是"消极诉讼"(nugatory action),财产所有人可对任何影响其享有财产的人提起;另一类是"原物返还之诉"(rei vindication),财产所有人可对占有财产的非所有人提起。而与之相对,在英美法国家,所有权概念不如在大陆法国家那样清晰,如今只有占有诉讼,且以"动产侵占之诉"为主要的诉讼形式。③

因此,追索方在普通法国家提起文物返还的诉讼,不是物权之诉,而是侵权之诉。在此情形下,追索方需要证明的是在不法行为发生时,其对物"实际占有"或"享有直接占有之权利"。④ 在美国法院审理的"土耳其共和国诉OKS合伙案"(以下简称"OKS合伙案")中,⑤这一点得到了充分体现。美国法院通过考察土耳其立法,最终认定土耳其对系争文物享有直接、无条件的

---

① See Norman Palmer, "Conversion, Trespass and Title to Art Works", In: Norman Palmer ed., *The Recovery of Stolen Art: A Collection of Essays*. Kluwer Law International, 1998, pp. 33~65.

② 在英国法上,由于不存在原物返还请求权,故通过侵权法上不法妨害动产之救济规则予以替代。不法妨害动产之救济包含了"trespass"、"conversion"、"trover"、"detinue"、"replevin"等侵权之诉,其中最为重要的是"侵占"(conversion)。确切地说,"conversion"是一种侵权行为,而"trover"则是指诉讼形式。在"诉讼形式"(form of action)废除以后,"trover"等诉讼形式已很少使用。动产被侵占的,可以直接提起"动产侵占诉讼"(action in conversion)。此外,"detinue"主要针对有权占有人(如保管人)扣留动产不返还所有人的情形,"trover"最初针对的是拾得人保留拾得物为己所用或将其出卖给他人的情形。后来,"detinue"几乎废弃不用,仅"trover"和"trespass"保留。另外,"replevin"常译为"原物返还之诉"或"收回不法取得动产之诉"(台湾地区译法),目前也主要作为美国法中常见的临时程序措施,又称为"claim and delivery",要求被告在诉讼开始前将动产返还给原告。参见杨桢:《英美契约法论》,北京大学出版社1997年版,第363页。

③ Mara Wantuch-Thole, *Cultural Property in Cross-Border Litigation: Turning Rights into Claims*, Walter de Gruyter GmbH & Co KG, 2015, pp. 299~300.

④ Norman Palmer, "Fetters and Stumbling Blocks: Impediments to the Recovery and Return of Unlawfully Removed Cultural Objects – A Common Law Perspective", in: Lyndel V. Prott, Ruth Redmond-Cooper and Stephen Urice eds., *Realising Cultural Heritage Law: Festschrift for Patrick O'Keefe*, Institute of Art and Law, 2013, p. 99.

⑤ *Republic of Turkey v. OKS Partners*, 797 F. Supp. 64 (D. Mass. 1992) (denying motion to dismiss), *discovery motion granted in part and denied in part*, 146 F. R. D. 24 (D. Mass. 1993), *summary judgment denied*, No. 89-CV-2061, 1994 U. S. Dist. LEXIS 17032 (D. Mass. June 8, 1994), *summary judgment on different claims denied*, No. 89 – CV – 3061 – RGS, 1998 U. S. Dist. LEXIS 23526 (D. Mass. Jan. 23, 1998), settled in 1999.

占有权利,并因此是适格的诉讼主体。①

"OKS 合伙案"中,诉讼标的是来自土耳其安塔利亚省埃尔玛勒(Elmali)的古希腊和古吕基亚银制钱币,亦称"埃尔玛勒宝藏"。② 20 世纪 80 年代中期,1900 余枚古希腊和古吕基亚银币被盗掘出土,不久后被走私转移出境,后由美国 OKS 合伙购得。③ 1989 年,土耳其向美国马萨诸塞州联邦地方法院提起民事诉讼,要求 OKS 合伙返还埃尔玛勒宝藏。

原告土耳其是否享有诉讼主体资格是该案的争议点之一。被告 OKS 合伙以土耳其对涉案钱币不享有所有权,主张原告不适格。其主张理由是土耳其的立法并未"足够清晰"地规定涉案钱币这类文物由国家所有;相关条文的用词是"构成(qualify)国家财产",而非"是(are)国家财产";④此类规定的性质是出口管制法,而非所有权法,因此,不能认定原告对涉案钱币享有国家所有权。⑤ 被告辩称,鉴于土耳其对涉案钱币不享有所有权,对争议事项没有诉的利益,原告因而缺乏诉讼主体资格。

对此,美国法院否定了被告的主张,并指出土耳其法律条文的具体措辞是"构成"抑或"是",与案件没有联系。在考察了土耳其 1983 年第 2863 号法令《文化与自然财产保护法》第 4 条、第 24 条和第 25 条之后,⑥美国法院得出结论:依据土耳其法律,原告土耳其对涉案钱币有"直接、无条件的占有权利",对钱币享有充分的"所有权权益",并因此享有诉讼利益,是本案适格的原告。⑦

由此可见,特别是当追索方是国家的情况下,原告文物来源国如要证明自己对争议事项有诉的利益,不仅可通过证明其对系争文物享有国家所有权来实现,也可选择证明其对系争文物享有占有权等其他所有权权益。对于文物来源国而言,在其有关国家所有权的法律条文规定得不甚清晰,或条文规

---

① Sibel Özel, "Under the Turkish Blanket Legislation: The Recovery of Cultural Property Removed from Turkey", *International Journal of Legal Information*, vol. 38, 2, 2010, p. 181.
② 吕基亚(Lycia)是安纳托利亚历史上的一个地区,位于今土耳其安塔利亚省境内。在罗马帝国时期,吕基亚曾是罗马帝国在亚洲的一个行省。
③ *Republic of Turkey v. OKS Partners*, 146 F. R. D. 24, 26 (D. Mass. 1993).
④ Sibel Özel, "Under the Turkish Blanket Legislation: The Recovery of Cultural Property Removed from Turkey", *International Journal of Legal Information*, vol. 38, 2, 2010, p. 181.
⑤ *Republic of Turkey v. OKS Partners*, 797 F. Supp. 64, 67 (D. Mass. 1992) (denying motion to dismiss).
⑥ Law No. 2863 of July 21, 1983 on Conservation of Cultural and Natural Property (as last amended by Law No. 648 of August 8, 2011 and Law No. 653 of August 23, 2011).
⑦ *Republic of Turkey v. OKS Partners*, No. 89 - CV - 2061, 1994 U.S. Dist. LEXIS 17032 (D. Mass. June 8, 1994) (summary judgment denied).

第三章 文物中心原则下的管辖权与诉讼主体资格

定不足以让受理法院认定构成所有权依据时,选择"占有权"等其他所有权权益作为请求返还文物之诉的利益基础,不失为一种诉讼策略。

(二)基于其他利害联系的诉的利益

首先,对本国珍贵文化遗产的保护性利益可以作为诉的利益。以"哥德堡案"为例,美国地区法院和上诉法院均认定两名原告——塞浦路斯共和国和塞浦路斯教堂对涉案镶嵌画享有诉的利益,并因此享有适格的诉讼主体资格。值得注意的是,该案两名原告对争议事项享有的"诉的利益"的性质并不相同。一方面,原告塞浦路斯教堂的诉的利益是基于所有权权益。在起诉书中,有关"塞浦路斯教堂和塞浦路斯共和国两名原告,一致请求法院判决被告将涉案镶嵌画返还给原所有人塞浦路斯教堂"的表述,①可予以印证。另一方面,原告塞浦路斯共和国作为文物来源国,同样享有诉的利益。不过,塞浦路斯共和国享有的诉的利益不是基于所有权权益,而是基于保护国内文化遗产的保护性利益。

具体而言,原告在起诉状中表示,塞浦路斯共和国和其国民"对涉案的四件镶嵌画,享有保护其作为具有文化、宗教和艺术价值的塞浦路斯珍贵遗产的权利,这是法律认可的利益"。对此,美国法院予以确认。② 换言之,美国法院肯定了文物来源国享有对其本国珍贵文化遗产的保护性利益。这种保护性利益,虽然不是基于所有权权益,但是出于文化遗产与民族国家的联系,同样是法律认可的利益,并能作为文物来源国对争议事项享有的"诉的利益"。

其次,以"保护性利益"作为"诉的利益"的前提是,这样的利益联系是实质、直接的联系,至于是否属于经济性利益,在所不问。在美国司法实践中,这也与公益诉讼领域经典判例——"美国诉反对管理机关程序学生联合会(SCRAP)案"相呼应③。该案中,美国最高法院肯定了原告对涉案火车线路沿线的自然资源享有以观赏、娱乐为目的的享用权利,并且,管理机构提高铁路票价的决定会给原告带来"具体、直观"的侵害,因此,原告享有讼的利益,具有适格的诉讼主体资格。④

最后,对于某些社会团体或组织,尤其是土著社群而言,要证明其享有诉

---

① *Autocephalous Greek-Orthodox Church of Cyprus and The Republic of Cyprus v. Goldberg & Feldman Fine Arts, Inc. and Peg Goldberg*, 717 F. Supp. 1374, 1377 (S. D. Ind 1989).
② *Autocephalous Greek-Orthodox Church of Cyprus and The Republic of Cyprus v. Goldberg & Feldman Fine Arts, Inc. and Peg Goldberg*, 717 F. Supp. 1374, 1377 (S. D. Ind 1989).
③ *United States v. Students Challenging Regulatory Agency Procedures*, 412 U. S. 669 (1973).
④ Id., at 686-690.

的利益,可能存在不小的障碍。例如,在20世纪两例涉及澳大利亚土著人民的判例——"米勒本诉纳巴克私人有限公司"案①和"澳大利亚保护基金会诉澳大利亚联邦"案中,②澳大利亚法院都以原告没有普通法认定的土地权为由,否定了原告土著社群对争议事项享有诉的利益。③在同处大洋洲的新西兰,也存在类似问题。鉴于土著社群的"所有权"或相关权益牵涉到复杂的本国法律问题,新西兰为此专门设立了毛利人土地特别法庭来处理这些问题。这也解释了为什么在"新西兰司法部长诉奥蒂兹案"(以下简称"奥蒂兹案")中,④代表毛利人在英国法院起诉的不是毛利人社群,而是新西兰政府。新西兰政府这么做,就是为了回避毛利人社群的诉讼主体资格可能不被认可的问题。⑤ 不过,因为新西兰政府请求文物返还时援引的依据是出口管制法,而这样的公法通常不被外国法院所认可,所以最终未能成功追回涉案文物。⑥ 此外,土著社群文物的集体所有权通常不被外国法院认可,也是土著社群难以获得诉讼主体资格的重要原因,对此,本书将在下一节有关"集体所有权与土著文物"的讨论中展开。

第三节 诉讼主体资格的特殊问题

一、国家所有权与未发现文物

在跨境文物返还诉讼中,当文物来源国基于所有权权益提起文物返还之诉,"该国家对诉讼标的享有或曾享有国家所有权"是其提起此类诉讼的必要条件。⑦ 至于如何判定文物来源国是否(曾)享有国家所有权,法院一般依据文物来源国法加以判定。对此,大陆法国家通过将之识别为实体问题,来

---

① *Milirrpum v. Nabalco Pty. Ltd.* (1971) 17 FLR 141.
② *Australia Conservation Foundation Incorporated v. Commonwealth of Australia*, (1980) 28 ALR 257.
③ Ruth S. Kerr, *Aboriginal Land Rights: A Comparative Assessment*, Queensland Parliamentary Library, Resources and Publications Section, 1991, pp. 11~12.
④ *Attorney-General of New Zealand v Ortiz* [1982] 3 QB 432, rev'd [1982] ALL ER 432, add'd [1983] 2 All ER 93.
⑤ Alessandro Chechi, *The Settlement of International Cultural Heritage Disputes*, Oxford University Press, 2014, p. 88.
⑥ 关于外国公法的效力,将在第五章"文物中心原则下外国公法的效力"展开讨论。
⑦ 霍政欣:《追索海外流失文物的国际私法问题》,载《华东政法大学学报》2015年第2期。

第三章 文物中心原则下的管辖权与诉讼主体资格

为适用外国法提供法理依据；①普通法国家则以"既得权"理论解释，认为文物来源国法律将财产的所有权赋予某个体或国家构成"既得权"，其他国家应尊重此项权利。②

然而，即使存在这一原则，法院如何看待文物来源国法律，如何理解此类法律的性质及含义，司法实践中依然存在不容小觑的意见分歧。③ 不同国家的法院对同一文物来源国的法律可能会有不同的理解，例如，前述提及美国法院审理的"OKS合伙案"与瑞士法院审理的"土耳其共和国诉巴塞尔城市州"（以下简称"土耳其诉巴塞尔州案"）④，两国法院对土耳其有关国有文物的法律作出了截然相反的解读。有时，甚至连同一国家的法院对同一文物来源国的法律也会产生不同的认识，20世纪80年代英格兰法院审理的"新西兰司法部长诉奥蒂兹案"（以下简称"奥蒂兹案"）即为典型一例，⑤说明了外国法院在适用和理解文物原属国法律时存在的诸多不确定性。

（一）不同国家法院对文物来源国法律的不同理解："OKS合伙案"与"土耳其诉巴塞尔州案"

在涉及国有文物的跨境文物返还争议中，文物来源国的国有文物立法能否得到外国法院的承认至关重要。如前所述，在"OKS合伙案"中，美国法院通过考查土耳其立法，确认土耳其对未发现文物享有直接、无条件的占有权利，并因此成为适格的诉讼主体。⑥ 这里对土耳其国有文物立法的承认十分关键，因为这项国家所有权权益是否被认可，直接影响到土耳其能否作为适格的原告提出返还文物的请求。

然而，文物来源国关于国有文物的立法在一国法院得到承认，并不意味着在另一国法院也能得到承认。譬如，在"OKS合伙案"中，美国法院承认了土耳其的国有文物所有权；而在一瑞士案例"土耳其诉巴塞尔州案"中，⑦瑞

---

① ［德］马丁·沃尔夫：《国际私法》，李浩培、汤宗舜译，北京大学出版社2009年版，第266页。
② Albert V. Dicey, J. H. C. Morris and Lawrence Collins, *Dicey and Morris on the Conflict of Laws*, Sweet & Maxwell, 2000, p. 172.
③ 霍政欣：《追索海外流失文物的法律问题》，中国政法大学出版社2013年版，第78页。
④ *The Republic of Turkey v. the Canton of the City of Basel*, Basler Juritiche Mitteilung（BJM 1997 17 ss）.
⑤ *Attorney-General of New Zealand v Ortiz*［1982］3 QB 432, rev'd［1982］ALL ER 432, add'd［1983］2 All ER 93.
⑥ Sibel Özel, "Under the Turkish Blanket Legislation: The Recovery of Cultural Property Removed from Turkey", *International Journal of Legal Information*, vol. 38, 2, 2010, p. 181.
⑦ *The Republic of Turkey v. the Canton of the City of Basel*, Basler Juritiche Mitteilung（BJM 1997 17 ss）.

士法院却作出了相反的认定。① 该案中,瑞士联邦法院认为,土耳其的1906年法令和1973年法律等有关国有文物的立法,并没有将法律上的所有权(ipso jure ownership)赋予国家,国家享有的仅仅是"准所有权"(quasi-ownership)。换言之,在瑞士联邦法院看来,土耳其的相关法律并不是真正的所有权立法。② 瑞士联邦法院还指出,根据土耳其法律,出土文物的所有权首先是赋予私人的,因此,国家如欲取得国家所有权,有必要实施收购行为。换言之,国家所有权的取得以收购为前提,即政府在合理的时间内、以合理的方式,通知私主体(土地的所有人和文物发现者)以行使其所有权。

本案的吊诡之处在于如何理解土耳其的民法典。考虑到土耳其民法典是以瑞士民法典为蓝本制定的,那么,瑞士法院在解读土耳其民法时,是否应参考所涉土耳其民法条款相对应的瑞士民法条款?在"土耳其诉巴塞尔州案"中,瑞士法院确实做了此般参考,通过对应的瑞士民法条款来类推解释土耳其民法的规定,并由此得出前述结论。

对此,以奥泽尔(S. Özel)为代表的土耳其学者指出,瑞士法院对土耳其民法的解释是不正确的。"土耳其民法是在瑞士民法的基础上编纂的,但这并不表示要通过解读瑞士法来解释土耳其法,即使二者表述一致,也不代表其含义就一定相同"。③ 在其看来,进口国当然没有义务来执行文物原属国的出口管制法和行政、刑法等保护性措施,但是本案并不涉及出口管制问题。本案的关键点是土耳其一揽子立法确立了不以实际占有为前提的、法律上的国家所有权,但这样的国家所有权并未得到瑞士法院的承认,瑞士法院对土耳其的解释因而是错误的。④

由此可见,文物来源国的法律在不同国家的法院可能被赋予不同的理解,并最终导致同一部文物来源国的文物所有权法能在一国的法院得到承认,而在另一国的法院则不然。进一步讲,只有文物来源国的文物所有权法规定得足够清晰,并且清晰、明确到不会让外国法院产生曲解或多重理解时,才有可能真正实现文物所有权法的立法目的,最大限度地促使外国法院承认

---

① Howard Spiegler and Yael Weitz, "The Ancient World Meets the Modern World: A Primer on the Restitution of Looted Antiquities", The Art Law Newsletter of Herrick, Feinstein LLP, vol. 6, 2010, p. 2.

② Sibel Özel, "Under the Turkish Blanket Legislation: The Recovery of Cultural Property Removed from Turkey", International Journal of Legal Information, vol. 38, 2, 2010, p. 184.

③ Sibel Özel, "The Basel Decisions: Recognition of the Blanket Legislation Vesting State Ownership over the Cultural Property Found within the Country of Origin", International Journal of Cultural Property, vol. 9, 2, 2000, p. 334.

④ Id., at 336.

文物所有权法的有效性,进而促成流失文物的回归。

(二)同一国家法院对文物来源国法律的不同理解:奥蒂兹案

"奥蒂兹案"涉及新西兰毛利人部落的一件19世纪木质雕花门板(以下简称"木雕")。[①] 1972年,在新西兰北岛塔拉纳基的一片沼泽地中,一位毛利人部落成员曼努空伽(Manukonga)发现了这件毛利部落的木雕遗物。1973年,伦敦艺术品交易商兰斯·恩特沃斯(Lance Entwistle)从曼努空伽手中,以6000美元的价格购得涉案木雕,并在未获得任何出口许可的情况下,将之非法出口运至纽约。同年在纽约,木雕又由恩特沃斯以65000美元的价格,出售给了瑞士收藏家乔治·奥蒂兹(George Ortiz),并由后者运至日内瓦,成为奥蒂兹的重要收藏品之一。1978年,奥蒂兹委托伦敦苏富比拍卖行拍卖涉案木雕。新西兰政府获悉后提出追索之诉,并称依据1962年《历史古物法案(Historical Articles Act)》,[②]新西兰政府对非法出口的涉案木雕享有所有权,故请求法院签发禁令中止拍卖及转让交易,并判令被告奥蒂兹返还涉案木雕。[③] 该案通过三级法院的审理,最终三审法院上议院维持了上诉法院的判决,驳回了原告新西兰政府的诉讼请求。

该案的争议焦点有两项:其一,根据新西兰1962年《历史古物法案》以及1913年和1966年的海关法相关规定,原告新西兰政府对涉案木雕是否享有国家所有权。其二,这些法案是否会因其具有外国公法性质,在英国是不可执行的,或者说,不被英国法院认可。关于第一点,在一审中,施涛顿法官(Staughton J.)认为原告享有国家所有权,因为在木雕被非法出口之时,新西兰政府就自动获得了木雕的所有权。在二审中,上诉法院作出了相反的裁定,认为原告不享有国家所有权,因为根据1962年《历史古物法案》,新西兰政府只有在"扣押"(seize)非法出口的文物之后,才能通过没收取得国家所有权,而本案"扣押"这一要件并不成立。随后,在三审中,上议院维持了上诉法院的裁定,同意其对1962年《历史古物法案》的理解,并明确指出新西兰政府对非法出口文物的没收并非自动的,完成"扣押"是取得该文物所有权

---

① 涉案木雕由五件雕花木板拼接而成,曾被毛利人用以装饰粮食仓库的后门。木雕的制作年代可追溯至19世纪20年代。Kim Griggs, "Motunui epa: Maori storehouse carvings returned home after 150 years buried in a swamp, 40-year European exile", ABC News, 16 Dec 2015, http://www.abc.net.au/news/2015-12-16/maori-carvings-returned-home-after-swamp-burial-europe-exile/7032322,最后访问时间:2017年11月5日。

② 1962年《历史物品法》[Historical Articles Act, 1962, No. 37, s. I1(2)]已由1975年《文物法》[Antiquities Act, 1975, No.41m (I990) vol. 26 R.S.N.Z., p-3I, as am. by 1994, No. I43, s. 236 (1)]所替代。

③ Kurt Siehr, "Private International Law and the Difficult Problem to Return Illegally Exported Cultural Property", Uniform Law Review, vol. 20, 4, 2015, pp. 503~504.

或相关权利的前提。①

至于第二点,虽然一审法院认为 1962 年《历史古物法案》在英国是可执行的,但是,二审法院却认为因该新西兰法令具有外国公法或外国刑法性质,②因而在英国是不可执行的,其效力不被英国法院认可。最终,在三审中,上议院对这一点并未作出任何回答。正如在其他司法辖区一样,是否执行外国文物出口管制仍是颇有争议的议题。直至 2007 年"伊朗伊斯兰共和国政府诉英国伦敦巴拉卡特美术馆案"(简称"巴拉卡特美术馆案")之后,外国文物所有权法和外国文物出口管制法的区别及其在英国法院的可执行性,再次成为讨论的焦点,这将在第五章"文物中心原则下外国文物法的承认"中做进一步讨论。

从"奥蒂兹案"可以看出,即使在同一国家,不同审级的法院不仅对承认文物来源国相关法律的效力会持不同的意见,对其内容与含义也可能产生不同的解读,其不确定性之大,对于解决跨国文物争议的影响之深,不容小觑。

也正是在此案之后,新西兰从中汲取了经验教训,不仅意识到加入"1970 年公约""1995 年公约"等打击文物非法贩运国际公约的必要性,还认识到了完善本国文物立法之重要性,并考虑对 1975 年《文物法》(Antiquities Act)(取代了此前的 1962 年《历史古物法案》)作出修订。③最终,新西兰分别于 2006 年末和 2007 年初加入了"1995 年公约"和"1970 年公约",并随之颁布了 2006 年《受保护对象修正法案》(Protected Objects Amendment Act),④以保证对两公约的实施。⑤ 根据 2006 年《受保护对象修正法案》,1975 年《文物法》更名为 1975 年《受保护对象法案》,"文物"(antiquities)由"受保护对象"(protected objects)一词替代,⑥并且明确规定了"对受保护对象的没收并不要求以扣押该对象为前提"。⑦ 这显然是对英国法院在"奥蒂兹案"中对新西兰法律所作不同理解的正面回应,通过清晰明确的国内立法,最大限度地排

---

① *Ibid.*
② 丹宁勋爵(Lord Denning)认为该法为公法,阿克奈法官(Ackner)和奥康纳法官(O'Connor)则认为该法系惩罚性法。
③ Robert K. Paterson, "Protecting Taonga: The Cultural Heritage of the New Zealand Maori", *International Journal of Cultural Property*, vol. 8, 1, 1999, pp. 117~118.
④ Protected Objects Amendment Act (2006), Public Act, 2006 No. 37, 9 August 2006.
⑤ Patty Gerstenblith, "Implementation of the 1970 UNESCO Convention by the United States and Other Market Nations", in: Jane Anderson and Haidy Giesmar eds., *The Routledge Companion to Cultural Property*, Routledge Press, 2017, p. 222.
⑥ Section 5, Protected Objects Amendment Act 2006.
⑦ Section 10, Application of Customs and Excise Act 1996, under Protected Objects Amendment Act 2006.

除外国法院作出错误理解的可能。

由此可见,对于文物来源国国有文物的法律,尤其是关于国有未发掘文物的立法,在不同国家的法院,甚至在同一国家的法院,都可能存在不同的理解,这会直接影响到非法转移文物的返还以及考古类文物的保护等问题。

正是基于此,2011年联合国教科文组织(UNESCO)和国际统一私法协会(UNIDROIT)联合起草并发布了《未发掘文物国家所有权的示范条款》(Model Provisions on State Ownership of Undiscovered Cultural Objects)及其解释性指导原则,[1]通过六条示范性立法条款规范对国有未发掘文物的理解,帮助文物来源国尽早填补其国内法空白,以克服对此类文物提起追索的法律障碍。例如,该示范条款第3条规定:"除另有在先权利外,未发掘文物一律归国家所有";第4条规定:"凡违法盗掘或合法挖掘后非法占有的文物,一律为被盗物"。[2]

2014年,在第四届文化财产返还国际专家会议上通过的《关于保护和归还非法出境的被盗掘文化财产的敦煌宣言》也就此议题表达关注,"鼓励各国确保其国内法与《适用于考古发掘的国际原则的建议》(1956年)和《未发掘文物国家所有权的示范条款》(2011年)相一致"。[3] 2015年,在"1970年公约"第三次缔约国大会上通过的《"1970年公约"操作指南》也同样指出,建议"各缔约国可考虑通过合适的方式,将《未发掘文物国家所有权的示范条款》的六条示范条款运用到其国内法中"。[4]

二、集体所有权与土著文物

在跨境文物返还诉讼中,如果是自然人、私法或公法上承认的法人基于所有权而提出返还文物的诉讼请求,通常不会出现"诉讼利益"认定上的问题。比如,某家博物馆、某个城市/州或者某个国家若提出返还所有物的请求,只要能证明其享有所有权权益即可。但是,如果追索方是一个集体社群

---

[1] UNESCO-UNIDROIT Model Provisions on State Ownership of Undiscovered Cultural Objects (2011).

[2] Provision 3, Provision 4, UNESCO-UNIDROIT Model Provisions on State Ownership of Undiscovered Cultural Objects (2011).

[3] 《关于保护和归还非法出境的被盗掘文化财产的敦煌宣言》(2014年)(Dunhuang Recommendation on the Protection and Return of Illegally Exported Cultural Property Derived from Clandestine Excavations)。

[4] Para. 29, Operational Guidelines for the Implementation of the Convention on the Means of Prohibiting and Preventing the Illicit Import, Export and Transfer of Ownership of Cultural Property (UNESCO, Paris, 1970).

时,问题往往变得复杂起来。①

这里的"集体社群",在国际上以土著社群为代表,在中国则主要体现为集体,尤其是农民集体。② 近一个世纪以来,已经有相当数量的跨境追索案件涉及土著文物,土著社群通过跨境民事诉讼追回流失文物的问题也随之产生。鉴于土著社群是世界范围内较为常见的集体社群,且积累了相当的追索经验与实例,下文将以土著文物为切入点,考察集体所有权对诉讼主体资格问题带来的影响及其新近发展。

(一)问题产生:外国法院不承认集体所有权

2013年至2015年期间,美国土著社群霍皮族(Hopi)部落,多次请求法国拍卖行停止拍售部落宗教圣物,却无果而终的例子(以下简称"霍皮族文物案"),③就揭示了社群的集体所有权不被外国法院承认的法律困境。

在"霍皮族文物案"中,美国霍皮族(Hopi)部落理事会与大屠杀艺术归还计划协会(HARP)合作,在2013年至2015年期间,曾屡次向法国法院提起民事诉讼,申请禁止拍卖令,要求法国拍卖行停止出售该族部落所有的宗教圣物。④ 但不幸的是,霍皮族部落的诉讼请求均因程序原因,遭到驳回。2015年,霍皮族部落还向法国监管拍卖行业的"销售委员会"(Conseil des Ventes)提起行政请愿,但销售委员会最终以霍皮族部落缺乏诉讼主体资格为由,驳回了此案。⑤

最终,霍皮族部落的文物追索无果而终,败诉的根本原因是美洲土著部落在法国缺乏诉讼主体资格,其要求返还社群集体所有文物的诉讼请求因而不能获得支持。在法国,未来也许还会出现类似拍卖出售土著部落文物的事例,土著部落也可能仍旧不会放弃司法救济或行政救济。但是,在没有立法

---

① Marie Cornu and Marc-André Renold, "New Developments in the Restitution of Cultural Property: Alternative Means of Dispute Resolution", *International Journal of Cultural Property*, vol. 17, 1, 2010, p. 10.
② 相比城镇集体,农民集体因与国家并为土地所有者,其土地上大量的纪念建筑物、古建筑及其附着物等文物因这种关系而为农民集体所有。因此,农民集体相比城镇集体而言,其拥有文物的情况更为普遍。
③ *Association Survival International France v. S. A. R. L. Néret Minet Tessier Sarrou* (2013) No. RG 13/52880 BF/No. 1 (Tribunal de Grande Instance de Paris).
④ "霍皮族文物案"所涉文物系美国霍皮族部落在宗教仪式中经常使用的面具圣物,常被称作"卡瓦兹"(kwaatsi)或"卡齐那"(katsina)。这些文物被霍皮族当作宗教圣物,是其文化遗产的一部分。在未经霍皮部落许可的情况下,此类文物不得被转让、出售、转运或从部落土地中转移。自2013年起,法国本土拍卖行在不顾霍皮族部落的抗议和反对下,进行了至少六次的霍皮族文物拍卖。
⑤ Karolina Kuprecht, *Indigenous Peoples' Cultural Property Claims: Repatriation and Beyond*, Springer International Publishing, 2014, pp. 111~112.

改变的前提下,法国法院或法国销售委员会似乎也不可能改变其立场。①

(二)替代性解决方案

如前所述,外国法院要承认集体所有权,目前来看尚存在不小的障碍,这直接导致集体社群因诉讼主体不适格而追索不能。在这一方面,土著社群作为集体社群的中坚力量,已开始尝试以"曲线救国"的方式突破这一法律困境,为追索集体所有流失文物提供了宝贵的示范经验。以下面两种较常见的替代性解决方案为例:其一,由国家提出文物返还请求;其二,由社群集体成立的法人团体提出文物返还请求。

1. 解决方案之一:由国家提出文物返还请求

实践中,跨境追索土著社群文物的请求,常常是通过国家来提起的。例如,在"新西兰司法部长诉奥蒂兹案",②追索文物的请求就是由新西兰政府所提起,而非文物的实际所有者——新西兰毛利人部落。新西兰政府这么做,就是为了避免外国法院可能无法确定毛利人部落对拟追索文物享有所有权或其他权益带来的潜在问题。③ 相似的案例如"霍屯督人的维纳斯遗骸案",涉及的是南非克瓦桑族(Khoisan)部落的先人遗骸,也是由南非大使向法国提出正式的返还请求之后回归祖国的。④ 类似的,还有"乌拉圭查鲁阿族酋长遗骸案",起初在乌拉圭政府没有向法国提出正式要求前,乌拉圭查鲁阿族(Charruas)酋长的遗骸一直未能返还。最终,在2002年乌、法两国政府启动谈判协商后,流失遗骸才得以回归乌拉圭。⑤

不容忽视的是,在此类涉及土著社群文物的返还争议中,国家政府对其社群部落的支持往往是追索成功的保障。例如,玻利维亚驻美国大使馆的介入支持,就对玻利维亚科罗马族部落(Coroma)从美国追回被盗古代纺织品起到了至关重要的作用。⑥ 类似地,加拿大驻英国大使馆居中协调,组织加

---

① See Marie Cornu, "About Sacred Cultural Property: The Hopi Masks Case", *International Journal of Cultural Property*, vol. 20, 4, 2013, pp. 451~466.

② *Attorney-General of New Zealand v Ortiz* [1982] 3 QB 432, rev'd [1982] ALL ER 432, add'd [1983] 2 All ER 93.

③ Marie Cornu and Marc-André Renold, "New Developments in the Restitution of Cultural Property: Alternative Means of Dispute Resolution", *International Journal of Cultural Property*, vol. 17, 1, 2010, p. 10.

④ Bétard Daphné, "Les Collections ne Sont Pas une Monnaie d'Échange", *Journal des Arts*, vol. 269, 2007, p. 17.

⑤ See Cressida Fforde, Jane Hubert, and Paul Turnbul, *The Dead and Their Possessions: Repatriation in Principle, Policy and Practice*, Routledge, 2004, pp. 220~221.

⑥ William H. Honan, "U. S. Returns Stolen Ancient Textiles to Bolivia", *The New York Times*, September 27, 1992, http://www.nytimes.com/1992/09/27/us/us-returns-stolen-ancient-textiles-to-bolivia.html,最后访问时间:2017年11月8日。

拿大夸夸嘉夸族(Kwakwaka'wakw)与大英博物馆会面协商,并最终促成博物馆归还夸夸嘉夸族的祭祀面具,通过长期租借的方式实现了文物回归。①

2. 解决方案之二:由社群集体成立的法人团体提出文物返还请求

为了确保在外国法院能够作为适格的原告,并有计划地长期开展流失文物追索活动,不少土著社群已纷纷自行组织,成立私法上认可的法人团体组织。② 加拿大不列颠哥伦比亚省"尤米斯塔文化协会"(U'mista Cultural Society)就是典型一例,其多年来一直争取追索加拿大夸夸嘉夸族的冬赠节祭祀面具等文物。类似的诸如,美国的"拉科塔族伤膝幸存者协会"(Lakota Wounded Knee Survivors Association),代表北美拉他苏族印第安人,曾请求英国格拉斯哥博物馆归还魂舞节相关文物;澳大利益的"塔斯马尼亚原住民中心"(Tasmanian Aboriginal Centre),以释放原住民祖先精神为宗旨,要求英国大英博物馆、牛津大学等机构返还原住民先人的遗骸和雕像。③ 这些组织不仅有助于与文物现占有人进行长期、有组织性的沟通协商,更重要的是,为其向外国法院证明享有诉讼主体资格提供了可能。

(三)对中国追索集体所有文物的借鉴意义

有关集体所有文物的讨论,若置于中国的语境之下,"集体所有"这种中国特色社会主义经济体制和所有权关系的特殊之处,可能会使追索中国集体所有文物过程中的诉讼主体资格问题更为棘手。一方面,就诉讼能力而言,根据中国目前的法律规定,村民委员会这样的基层群众性自治组织具有法律人格,可成为适格的诉讼主体;另一方面,在诉讼利益层面,追索方则需要向外国法院特别解释其享有何种诉讼利益,必要时还需要采取替代性的解决方案。

1. 中国集体所有文物追索诉讼中原告的诉讼能力

根据《中华人民共和国民法典》第262条(原《中华人民共和国物权法》第60条)规定,村民委员会、村集体组织和村民小组对村集体所有的财产行使所有权。这三类主体是代表集体行使所有权的组织,所有权的主体仍然是

---

① 参见大英博物馆网站,"夸夸嘉夸族的面具(Mask made by Kwakwaka'wakw)",自2005年11月和2017年1月,面具长期借展于加拿大"尤米斯塔文化协会(U'mista Cultural Society)",http://www.britishmuseum.org/research/collection_online/collection_object_details.aspx?objectId=527173&partId=1,最后访问时间:2017年11月8日。

② Karolina Kuprecht, *Indigenous Peoples' Cultural Property Claims: Repatriation and Beyond*, Springer International Publishing, 2014, p. 132.

③ Caroline Davies, 'Aborigines demand that British Museum returns Truganini bust', *The Guardian*, 16 September 2009, https://www.theguardian.com/world/2009/sep/16/tasmania-aborigines-ancestors-repatriation,最后访问时间:2017年11月8日。

集体,也就是本集体的成员集体。不过,在实践中,农民集体所有权行权主体的定位和分工存在一定的混乱。① 其一,集体经济组织和村民委员会(或村民小组)都对集体所有的财产行使所有权,但在具体情况中到底由谁来行使所有权并不明确;其二,民法关于代表集体行使所有权三类主体的规定针对不动产,而大部分海外流失文物是动产,这类文物的所有权行使主体是集体经济组织还是村民委员会并没有明确的规定。

总体而言,村民委员会的内涵和外延界定清晰,且"具有基层群众性自治组织法人资格",可从事"为履行职能所需要的民事活动"。② 因此,村民委员会是中国法律意义上的实体,具有法律人格,可作为追索集体所有文物诉讼中的适格的原告。与之相对,考虑到"集体经济组织"的法律界定模糊、"村民小组"作为诉讼当事人的法律依据不足,③集体经济组织和村民小组都不是适合代表村集体提起集体所有文物返还之诉的主体。

2. 中国集体所有文物追索诉讼中原告的诉讼利益

在涉及中国集体所有文物的返还争议中,外国法院要认定村民委员会对诉讼标的享有诉的利益,可能会存在较大的障碍。这里主要有两方面原因:其一,集体所有这种所有权模式,在国际上较为特殊,外国法院可能因不熟悉这种所有权关系,而不承认这种诉讼利益;其二,依据中国法律,村民委员会并不是集体所有权的权利人,只是代表所有权人行使权利的主体。细言之,根据《中华人民共和国民法典》的规定,农民集体所有的不动产和动产,属于本集体成员集体所有。④ 这里,所有权的权利人是"集体"。由于集体不是中

---

① 截至2010年,中国全国有约60%的村的村民委员会和村集体经济组织是合一的,有近49%的村另有村集体经济组织。村委会、村集体经济组织是两个不同性质的组织,其间问题涉及的情况比较复杂,各地做法也有差异。参见"村委会组织法修订草案未定村委会和集体经济组织关系",载中国人大网,http://www.npc.gov.cn/npc/xinwen/lfgz/lfdt/2010-06/22/content_1577874.htm。全国人大常委会2010年10月25日三审村民委员会组织法修订草案时,全国人大法律委员会曾建议将相关条款修改为:"本村集体经济组织与村民委员会分设的,法律对讨论决定集体经济组织财产和成员权益的事项另有规定的,依照其规定。"但在最后审议通过的村民委员会组织法中,并未对集体经济组织与村民委员会的财产事宜做出规定,由此可见该问题的复杂性。参见"村民委员会组织法修订草案细化集体经济组织财产和成员权益事项的办理程序",载中国人大网,http://www.npc.gov.cn/npc/xinwen/2010-10/25/content_1600576.htm,最后访问时间:2017年11月10日。

② 《中华人民共和国民法典》第101条。

③ 尽管最高人民法院在其答复中确认村民小组可以作为诉讼当事人,但这一规定在法律层面的规范中并未得到体现。参见2006年7月14日最高人民法院就河北省高级人民法院(2005)冀民一请字第1号《关于村民小组诉讼权利如何行使的几个问题的请示报告》作出(2006)民立他字第23号答复。

④ 《中华人民共和国民法典》第261条(原《中华人民共和国物权法》第59条)。

国民法上的民事主体,①无法直接依据民法享有或行使所有权。

为解决这一问题,应当注意到,一方面,依据《中华人民共和国民法典》,村民委员会可代表集体行使所有权;另一方面,根据《中华人民共和国村民委员会组织法》,村民委员会依法管理本村属于村农民集体所有的土地和其他财产。② 因此,村民委员会的这种代表集体行使所有权和管理集体所有财产的权利,很有可能成为说服外国法院承认的诉讼利益,构成前文所述的"占有权益"或"保护性利益"。

退一步讲,即使村民委员会的诉讼利益不被外国法院所认可,还可以参考前述土著社群追索集体所有文物的经验,考虑其他变通方案。例如,由中国政府和村民委员会共同作为原告,向外国法院提起集体所有文物返还的诉讼。村民委员会作为代表集体行使所有权的主体,以所有权权益作为诉讼的利益,中国政府则以保护性利益作为其诉讼利益参与诉讼。

由此可见,在涉及中国集体所有文物的跨境文物返还争议中,一方面,追索方要力促外国法院依据中国法律来认定诉讼主体的法律人格和诉讼利益;另一方面,中国立法上,如能对村民委员会等基层群众性自治组织对集体所有文物的管理、占用等权限做出明确的规定,则将更有利于说服外国法院作出于我方有利的认定。如果中国集体所有文物跨国诉讼的障碍得以一一扫清,那么将鼓励更多的文物追索跨国诉讼,利用民间力量全方位追回文物,缓解国家层面追索的压力。

三、国家豁免与临时借展文物

在跨境追索文物的实践中,如果追索的是正好在第三国临时展览的文物,那么针对此类借展文物的追索请求,国家豁免问题是追索方首要面对的问题。③ 出借国能否就其在外借展的国有文物享有管辖豁免?借展文物是否享受司法免扣押?管辖豁免与司法免扣押二者是何关系?这些都是从国家豁免理论下衍生出来的重要问题,且与临时借展文物密切相关。

(一)管辖豁免与执行豁免

所谓"国家豁免",或称"主权豁免""国家及其财产管辖豁免",是国际习

---

① 集体并不是自然人、法人和非法人组织这三种民事主体的中的任何一个。参见《中华人民共和国民法典》第 2 条规定,"民法调整平等主体的自然人、法人和非法人组织之间的人身关系和财产关系"。

② 《中华人民共和国村民委员会组织法》第 8 条。

③ Alessandro Chechi, "State Immunity, Property Rights, and Cultural Objects on Loan", *International Journal of Cultural Property*, vol. 22, 2-3, 2015, p. 288.

惯法上的一项重要原则。① 该原则源自国家主权原则,根植于"平等者之间无管辖权"(*par in parem non habet imperium*)、国际礼让等国际法理念。② 根据国家豁免原则,一个国家及其财产未经其同意免受其他国家的管辖与执行。国家豁免主要包括司法豁免、行政豁免、税收豁免等。就司法豁免而言,其包含管辖豁免和执行豁免两方面内容。③ 细言之,管辖豁免是指除非一国明示或默示放弃,"另一国的法院不得受理以该国家、国家财产、国家元首等代表国家的高级官员为被告的诉讼";执行豁免是指"即使一国已放弃管辖豁免,如未经该国放弃执行豁免,另一国的法院不得对该国的国家财产采取扣押等强制执行措施"。④

在跨境文物返还诉讼中,管辖豁免和执行豁免通常与借展文物联系起来。譬如,A 国某博物馆将其收藏的一件文物在 B 国展出,B 国某机构或个人(追索方)认为其对该展出文物享有所有权,并可提供证据证明该文物是非法流失至 A 国的(如因盗窃、盗掘、非法出口等原因转移至 A 国),那么该机构或个人就可以向 B 国法院起诉要求 A 国返还借展文物,并请求法院对诉讼标的进行司法扣押。在此情形下,可能出现两个问题:

问题一,借展文物的管辖豁免问题。如果借展文物是 A 国的"国有"文物,⑤那么 A 国可否就其在境外临时展出的国有文物享有管辖豁免?或换个角度,如果在诉讼过程中 A 国提出管辖豁免,追索方是否可依据"管辖豁免例外"的相关理论和规定,来对抗 A 国的豁免主张呢?在国际法层面,尽管《联合国国家及其财产管辖豁免公约》尚未生效,⑥但公约为讨论文物借展行为是否为商业行为,提供了判定标准的参考。而在各国司法实践中,裁判者

---

① [英]詹宁斯·瓦茨(修订):《奥本海国际法》,王铁崖等译,中国大百科全书出版社 1995 年版,第 277 页。
② Ian Brownlie and Kathleen Baker, *Principles of public international law*, Clarendon Press, 1973, pp. 324~325.
③ 也有学者采"三分法",即将司法豁免的内容分为管辖豁免、诉讼程序豁免和强制执行豁免。这实际是将"二分法"中执行豁免细分为诉讼程序豁免和强制执行豁免。See Leo J. Bouchez, "The Nature and Scope of State Immunity from Jurisdiction and Execution", *Netherlands Yearbook of International Law*, vol. 10, 1979, pp. 3~33. 另参见韩德培主编:《国际私法》,武汉大学出版社 1983 年版,第 388 页;黄进:《略论国家及其财产豁免法的若干问题》,载《法学研究》1986 年第 5 期。
④ See Peter Malanczuk, *Akehurst's Modern Introduction to International Law*, Routledge, 2002, p. 120. 另参见何志鹏:《主权豁免的中国立场》,载《政法论坛》2015 年第 3 期。
⑤ 这里所称 A 国的"国有文物",是对文物"国有"状态的指称,并不表示追索人或第三方认可 A 国对文物享有合法的国家所有权。
⑥ United Nations Convention on Jurisdictional Immunities of States and Their Property, adopted on 2 December 2004.

通常在此类情形下如何界定管辖豁免及其例外,此类问题同样值得思考。

问题二,借展文物的执行豁免问题。在文物临时入境借展时,执行豁免主要体现为"司法免扣押"问题。在前述情景下,B国法院是否会采取司法扣押,也取决于B国有无针对借展文物的司法免扣押制度。所谓"司法免扣押",又称作"扣押豁免"或"返还担保",是指赋予参展的文物享有执行豁免的资格,保证其不受查封、扣押或执行等强制措施。一国文物临时出境展览时,有可能在展出国因所有权纠纷被作为诉讼标的遭到起诉,从而面临司法扣押的风险。① 因此,为避免此类风险对文物短期交流和展出产生的影响,在某些文化交流发达的国家或地区(如美国、法国、瑞士、英国等),大多通过立法规定了此类文物交流的司法免扣押条款。② 此外,在欧洲已有19个国家签署了《国有文物管辖豁免宣言》,③说明国有借展文物享有执行豁免的国际习惯正在形成。

总体而言,与借展文物相关的管辖豁免和执行豁免问题,在理论上均源自国家豁免的基本理论,在实践发展中二者既相互独立,又互有交叉。为此,下文将以两小节分别讨论借展文物的"管辖豁免"和"执行豁免"问题。

(二)临时借展文物的管辖豁免

研究临时借展文物的管辖豁免问题,离不开对国家豁免适用范围的讨论。自19世纪末,随着国家与个人商业交易的日益增多,政府介入经济活动日趋频繁,加之国家责任法、国际人权法的发展,④对于如何解释和适用国家豁免理论,逐渐出现了两派不同的学说和实践——绝对豁免论与限制豁免论。绝对豁免论是19世纪末之前各国的普遍实践,依之,外国国家的行为和财产无论其性质如何,一律予以豁免。⑤ 而限制豁免论是20世纪初以来,各国立法与司法实践逐步接受的豁免原则,并反映在相应的区域立法和国际立法中。⑥ 依限制豁免理论,国家的行为要分为两类:第一类为公行为(acta

---

① 霍政欣:《1970年UNESCO公约研究:文本,实施与改革》,中国政法大学出版社2015年版,第218~219页。
② 卢熙:《两岸文物借展及其司法免扣押问题探析》,载《台湾研究》2010年第5期。
③ The Declaration on Jurisdictional Immunities of State Owned Cultural Property, 18 November 2013.
④ 参见赵建文:《国家豁免的本质、适用标准和发展趋势》,载《法学家》2005年第6期;邵沙平:《〈联合国国家及其财产管辖豁免公约〉对国际法治和中国法治的影响》,载《法学家》2005年第6期。
⑤ Gamal Moursi Badr, *State Immunity: An Analytical and Prognostic View*, Martinus Nijhoff Publishers, 1984, pp. 9~20.
⑥ Ernest K. Bankas, *The State Immunity Controversy in International Law: Private Suits against Sovereign States in Domestic Courts*, Springer Science & Business Media, 2005, pp. 35~40.

jure imperii),或称主权行为、管理行为,是国家公共职能的行使,仍旧享有豁免;第二类为私行为(*acta jure gestionis*),或称商业行为、事务行为,不享受豁免。

因此,进一步讲,在一国(出借国)的国有文物临时借展到另一国(借展国)的情况下,讨论管辖豁免的实质是讨论出借国的文物借展行为及其所涉财产是否属于国家豁免的适用范围。那么,接下来需要分情况讨论:情形一,如借展国奉行绝对豁免论,则在借展国展览的外国国有文物必然享有国家豁免;情形二,如借展国奉行限制豁免论,则需界定出借国的借展行为是属于公行为还是私行为,若将之认定为公行为,则出借国就其借展文物享有豁免;反之,则不然。这是下文讨论的前提,也为下面从国际法和国内法两个层面的分析提供基本思路。

1. 国际法层面

从国际立法方面而言,目前尚未出现国际社会普遍认可的公约。区域性立法如1972年《欧洲豁免公约》,①目前只有8个国家加入,②效力范围因而极为有限。而全球性的国际条约《联合国国家及其财产豁免公约》目前尚未生效。该公约自2004年开放签署至2022年7月,仅28个国家(包括中国在内)签署,23个国家批准或接受加入,这离该公约规定30个国家加入的生效要求,尚有一定距离。③

即便如此,值得关注的是《联合国国家及其财产豁免公约》和《欧洲豁免公约》均采以限制豁免论的立场。以《联合国国家及其财产管辖豁免公约》为例,公约规定除传统的国家同意构成管辖豁免的例外之外,在"商业交易""雇用合同""人身伤害和财产损害""财产的所有、占有和使用"及"知识产权和工业产权"等广泛领域内,也排除管辖豁免的适用。④

这里,《联合国国家及其财产豁免公约》的第10条将"一国如与外国一自然人或法人进行一项商业交易"列为"不得援引国家豁免的诉讼"的情形之一,确立了管辖豁免理论中的经典例外规则——"商业例外(commercial

---

① European Convention on State Immunity, 16 May 1972.
② 加入1972年《欧洲豁免公约》的8个国家分别是奥地利、比利时、塞浦路斯、德国、卢森堡、荷兰、瑞士和英国。参见欧委会(Council of Europe)网站,https://www.coe.int/en/web/conventions/full-list/-/conventions/treaty/074/signatures? p_auth=bJiNRR6p,最后访问时间:2022年7月20日。
③ 根据《联合国国家及其财产管辖豁免公约》第30条规定:"本公约应自第三十份批准书、接受书、核准书或加入书交存联合国秘书长之日后第三十天生效"。迄今,已有23个国家加入公约,公约尚未生效。参见联合国条约数据库,https://treaties.un.org,最后访问时间:2022年7月20日。
④ 《联合国国家及其财产管辖豁免公约》,第10条至第17条。

exception)"。依此,一国将其国有文物出借给另一国机构或个人展览的行为是否构成"商业交易",决定了借展国能否就此享有管辖豁免。而何为"商业交易",《联合国国家及其财产豁免公约》第2(1)c条对此作了较为宽泛的界定。接着,第2(2)条规定在确定一项合同或交易是否为"商业交易"时,"应主要参考该合同或交易的性质,但如果合同或交易的当事方已达成一致,或者根据法院地国的实践,合同或交易的目的与确定其非商业性质有关,则其目的也应予以考虑"。①

由此可见,在认定文物借展行为是否为商业行为的问题上,《联合国国家及其财产管辖豁免公约》的规定不仅要参考行为的"性质"(nature),还要考虑其"目的"(purpose),是兼采"性质标准"和"目的标准"的折衷做法。一般认为,较之"性质标准",以"目的标准"判断会得出更广的国家豁免范围。②

值得注意的是,在《联合国国家及其财产管辖豁免公约》开放签署后,联合国大会已先后六次,通过了主题为"文化财产返还或归还原主国"的决议。③ 这六项决议均提请各国注意该公约"可能适用于文化财产",并在2015年的决议中,更是"确认《联合国国家及其财产管辖豁免公约》的重要性",同时"邀请尚未参加的会员国考虑参加该公约"。④

2. 国内法层面——"性质标准"和"目的标准"

自20世纪初以来,限制豁免论逐步为各国立法与司法实践中一般接受的豁免原则。尤其是在苏联解体之后,越来越多的国家主张限制豁免论。现今,除部分发展中国家坚持绝对豁免论外,发达国家如美国、英国、法国、德国、荷兰等,发展中国家如巴基斯坦、阿根廷、埃及等国家均采用了限制豁免论。⑤ 已有实证研究说明,大多数国家在司法实践中也呈现出对限制豁免论的倾向。⑥

总体而言,当代国际社会对于主权豁免的讨论,已不再集中于采取绝对豁免还是相对豁免的立场,一国国家的商业行为属于豁免例外——"商业例外"理论已为许多国家支持并奉行。不过,如何区分主权行为(公行为)和商

---

① 《联合国国家及其财产管辖豁免公约》,第2(2)条。
② Alessandro Chechi, "State Immunity, Property Rights, and Cultural Objects on Loan", *International Journal of Cultural Property*, vol. 22, 2-3, 2015, pp. 287~288.
③ See UN Resolutions A/RES/61/52(2006), A/RES/64/78(2009), A/RES/67/80(2012), A/RES/70/76(2015), A/RES/73/130(2018), A/RES/76/16(2021).
④ See UN Resolution A/RES/70/76(2015).
⑤ 黄进等:《国家及其财产管辖豁免的几个悬而未决的问题》,载《中国法学》2001年第4期。
⑥ August Reinisch, "European Court Practice concerning State Immunity from Enforcement Measures", *European Journal of International Law*, vol. 17, 4, 2006, p. 804.

业行为(私行为);哪些行为属于是商业行为,从而可以适用"商业例外"等问题,仍旧是各国关注的重点。① 因此,在讨论一国能否就其在另一国展览的国有文物享有豁免时,首要考察的就是出借国对外出借文物的行为,是属于主权行为还是商业行为,以便确定"商业例外"是否适用。此外,借展文物还可能涉及某些国家特有的豁免例外规则,如美国《外国主权豁免法案》(英文简称"FSIA")②中的"征收例外(expropriation exception)"等。③ 但囿于篇幅,本书仅侧重对"商业例外"的讨论。

对于如何界定商业行为,各国并无统一标准。如前所述,判断的标准通常有两种:一种是"性质标准",另一种是"目的标准"。通常,采用"性质标准"的多为发达国家,奉行"目的标准"则多为发展中国家;"性质标准"较为客观,也因此对限制豁免的发展较为有利,而"目的标准"则较为主观且易为操纵。④

回到是否能将一国出借其国有文物给他国展览的行为界定为商业行为的问题,根据不同的判断标准,结果也不尽相同。一方面,如果从"性质标准"出发,则文物借展具有商业活动的特征,是一种私行为。因为借展活动的性质通常包含补偿对价,其形式要么是现金补偿,要么是门票和纪念品销售收益提成等。依此观点,出借国不能基于主权豁免理论享受豁免。⑤ 另一方面,如果采"目的标准",文物借展就可认定为主权行为,因为将文物出借给

---

① 参见夏林华:《不得援引国家豁免的诉讼:国家及其财产管辖豁免例外问题研究》,暨南大学出版社 2011 年版;何志鹏:《主权豁免的中国立场》,载《政法论坛》2015 年第 3 期。
② Foreign Sovereign Immunity Act (FSIA), 28 U.S.C. § § 1602 et seq.
③ 根据《外国主权豁免法案》之"征收例外"提起的跨国流失文物追索案例较多,其中,颇具影响力的案例包括"阿特曼诉奥地利案"(*Altmann v. Austria*)、"恰巴德诉俄罗斯联邦案"(*Chabad v. Russian Federation*)、"卡西雷诉西班牙王国案"(*Cassirer v. Kingdom of Spain*)、"德切贝诉匈牙利共和国案"(*De Csepel v. Republic of Hungary*)等。See *Altmann v. Austria*, 142 F. Supp. 2d 1187 (C. D. Cal. 1999), aff'd 317 F. 3d 954 (9th Cir. 2002), as amended, 327 F. 3d 1246 (9th Cir. 2003), 541 U. S. 677 (2004); *Agudas Chasidei Chabad v Russian Federation*, 466 F. Supp. 2d 6 (DDC 2006), 528 F. 3d 934 (DC Cir. 2008); 2010 U. S. Dist. LEXIS 78552 (D. D. C. 2010); 16 January 2013, 2013 U. S. Dist. LEXIS 6244; *Claude Cassirer v Kingdom of Spain and the Thyssen – Bornemisza Collection Foundation*, 461 F. Supp. 2d 1157 (C. D. Cal. 2006), 580 F. 3d 1048 (9th Cir. 2009), 590 F. 3d 981 (9th Cir. 2009), 616 F. 3d 1019 (9th Cir. 2009), 2010 WL 316970 (9th Cir. 12 August 2010); *David de Csepel and Others v Republic of Hungary*, Case No. 1:2010CV01261, 808 F. Supp. 2d 113 (D. D. C 2011).
④ Lee M. Caplan, "State Immunity, Human Rights, and Jus Cogens: A Critique of the Normative Hierarchy Theory", *American Journal of International Law*, vol. 97, 4, 2003, p. 761. Robert Jennings and Arthur Watts, *Oppenheim's International Law: Volume 1 Peace*, Longman Group, 2008, pp. 342~343.
⑤ Nout Van Woudenberg, *State Immunity and Cultural Objects on Loan*, Martinus Nijhoff Publishers, 2012, pp. 63~65.

境外国家或地区展览是以促进文化交流为宗旨的国家行为。该界定如果成立,那么,出借国应享受司法豁免。可见,较之"性质标准",以"目的标准"判断会得出更广的国家豁免范围,对出借国更为有利。

近十几年来,在美国涌现了不少讨论文物借展是否属于"商业行为"的判例,其中尤以"马列维基诉阿姆斯特丹市案"①最具影响力。涉案标的是20世纪俄罗斯著名画家卡西米尔·马列维奇(Kazimir Malewicz)的14件画作。在二战期间,84件马列维奇的画作几经辗转流落,而后由阿姆斯特丹市于1958年购得,并入藏阿姆斯特丹市立博物馆。2003年,阿姆斯特丹市将此批画作中的14件运到美国进行馆际交流,先后分别借展给纽约古根海姆博物馆(Solomon R. Guggenheim Museum)和休斯顿曼尼尔收藏馆(Menil Collection)。就在展览临近结束前两日,35位马列维奇的后裔向美国哥伦比亚特区地区法院提起了文物返还之诉。被告阿姆斯特丹市以国家豁免为由,两次提出"撤案动议(motion to dismiss)",均被美国法院驳回。最终,在上诉期间,双方达成了庭外和解,阿姆斯特丹市同意将其中5件画作返还给马列维奇后裔。

此案是在美追索流失文物历史上具有里程碑意义的判例,其不仅论及借展文物的管辖豁免问题,还涉及下节将谈到借展文物的司法免扣押问题。就管辖豁免而言,该案的争议焦点围绕着美国《外国主权豁免法案》中两项重要的豁免例外——"商业例外"和"征收例外"展开。在"文物借展行为是否属于商业行为"的问题上,美国法院作出了肯定的回答。正如科利尔(Collyer)法官所言,"在很大程度上,'主权行为'和'商业行为'是相互对立的两个概念","如果某行为只有主权国家才能作出,那么,该行为就不是'商业行为'。类似地,如果某行为不仅国家可以作出,某私人或机构也可以作出,那么,此行为就不是'主权行为'"。② 这也是美国法院将文物借展认定为商业行为的推理逻辑:借展文物的主体可以是国家,也可以是个人或机构;而即便借展的可能是某外国国家所有的文物,但"这里除了出借行为之外,并没有'主权'牵涉其中",因而应将文物借展被认定为商业行为。③

综上可知,针对"文物借展是否属于商业行为"的问题,在美国等采"性

---

① *Malewicz v. City of Amsterdam*, 362 F. Supp. 2d 298 (D. D. C. 2005), denying mot. to dismiss, No. 05-5145, 2006 U. S. App. LEXIS 615 (D. C. Cir. 2006), mot. to dismiss on different grounds denied, 517 F. Supp. 2d 322 (D. D. C. 2007).

② *Malewicz v. City of Amsterdam*, 362 F. Supp. 2d 298 (D. D. C. 2005), at 313-14.

③ Nout Van Woudenberg, *State Immunity and Cultural Objects on Loan*, Martinus Nijhoff Publishers, 2012, p.338.

质标准"的国家,将其认定为商业行为是可以预见的通常做法。① 这也意味着,如果文物追索方在此类采"性质标准"的借展国提起诉讼,追索方要求文物出借国返还流失文物时,其至少极有可能克服在管辖豁免上的法律障碍。

(三)临时借展文物的执行豁免

执行豁免是与临时借展文物相关的另一法律问题。不少国家通过设置司法免扣押制度,赋予临时入境参展的外国文物以执行豁免的资格,保证其免于扣押等强制措施。司法免扣押制度可以保证文物在参展结束后能够顺利归还给出借方,免受任何司法措施等限制。因此,建立司法免扣押制度至少有两方面意义,一方面该制度可以防止因借展国法院基于借展协议之外的理由,扣押借展文物;②另一方面该制度可以促进国家间的文化交流,打消文物出借方对跨境借展文物可能"有去无回"的顾虑。③

司法免扣押与国家豁免理论的发展密切相关。如前所述,经过一个多世纪的发展,限制豁免论已逐步成为国家豁免理论的主流,并被许多国家的立法和司法实践所接受。根据限制豁免论,外国国家的公行为享有司法豁免,而私行为不享受豁免。但问题是,一国将其国有文物出借给另一国展览的行为,是应当认定为公行为还是私行为,世界范围内并无一项确定的标准或较为统一的做法。

司法免扣押制度的产生恰恰说明,许多国家无法确定借展国的司法机关是否会基于国家豁免,无条件给予参展的外国国有文物以司法豁免。换言之,国家豁免这项(准)国际习惯法原则,并不能一定保证在境外参展的国有文物能免受扣押等强制措施。④ 鉴于此,一些国家通过国内法将司法免扣押制度确定下来,以打消出借国可能无法顺利取回借展文物的顾虑,使借展文

---

① James A. R. Nafziger, Robert K. Paterson and Alison D. Renteln, *Cultural Law: International, Comparative, and Indigenous*, Cambridge University Press, 2010, p. 596.
② 值得注意的是,一方请求借展国法院扣押临时借展文物的情形,不仅仅会出现在文物追索方基于所有权提起的文物返还之诉中,也可能是当某债权人请求法院扣押文物以执行一项生效的法院判决或仲裁裁决之时,如正文中 2013 年奥地利最高法院受理的"列支敦士登 D 公司申请承认和执行仲裁裁决案"一例。无论何种情形,其针对借展文物提出的诉讼请求或执行请求通常在出借国无法实现,譬如出借国的法律更倾向保护善意购买人,而非被盗文物的原所有人等。Norman Palmer, "Itinerant Art and the Architecture of Immunity from Legal Process: Questions of Policy and Drafting", *Art Antiquity & Law*, vol. 16, 1, 2011, pp. 5~6.
③ Alessandro Chechi, "State Immunity, Property Rights, and Cultural Objects on Loan", *International Journal of Cultural Property*, vol. 22, 2-3, 2015, p. 286.
④ Riccardo Pavoni, "Sovereign Immunity and the Enforcement of International Cultural Property Law", In: Francesco Francioni and James Gordley eds., *Enforcing Cultural Heritage Law*, Oxford University Press, 2013, p. 95.

物免扣押得到法律保障。此外,还有一些国家希望通过达成宣言的形式,使得在相关国际公约出现之前,借展文物享有执行豁免能作为一项惯例做法得到区域范围内的普遍承认。下文将从国际法和国内法两层面对此展开讨论。

1. 国际法层面

第一,同上一节管辖豁免的问题一样,在执行豁免领域,目前尚未出现国际社会普遍认可的国家公约。尽管如此,在借展文物的执行豁免问题上,《联合国国家及其财产管辖豁免公约》提供了突破性的解决方案。根据该公约第19条(c)项和第21(1)(e)项规定,①公约将在境外展览且"非供出售或意图出售"的文化财产,应视为以"非商业用途目的(non-commercial purpose)"之用的财产,因而可"免于判决后的强制措施"。若公约最终生效,该条可作为缔约国就借展文物要求享有执行豁免的国际法依据。

第二,在尚未出现相关国际公约的情况下,国际习惯或准国际习惯对解决此类问题的现实意义尤为凸显。2013年奥地利最高法院受理的"列支敦士登D公司申请承认及执行仲裁裁决案"正是很好的例证。该案中,列支敦士登籍D公司依据《承认及执行外国仲裁裁决公约》(又称《纽约公约》),②向奥地利法院申请承认与执行一项外国仲裁裁决,请求执行裁决所涉正在维也纳临时展出的三件捷克国有艺术品。该仲裁裁决最终获得奥地利最高法院的承认和执行。③ 通过此案可见,在《联合国国家及其财产管辖豁免公约》尚未生效的前提下,如果国际社会承认有此类国际习惯的存在,境外借展的国有文物就极可能在借展地免于司法管辖。所以,如何通过证明此类国际习惯确实存在,以便填补国际条约的缺位,正是出借国捷克和借展国奥地利等关心的问题。④

正是在此背景下,2013年3月,捷克、奥地利和荷兰政府在第45届欧洲委员会国际公法法律顾问委员会(CAHDI)大会上,联合提出起草有关国有文物管辖豁免宣言的议案。同年11月18日,《国有文物管辖豁免宣言》由捷克和奥地利政府共同签署,并开放给其他欧洲国家加入。迄今,法国、荷兰、

---

① 《联合国国家及其财产豁免公约》第21条"特定种类的财产"规定:"1. 一国的以下各类财产尤其不应被视为第19条(c)项所指被一国具体用于或意图用于政府非商业性用途以外目的的财产:……(e) 构成具有科学、文化或历史价值的物品展览的一部分,且非供出售或意图出售的财产。"

② Convention on the Recognition and Enforcement of Foreign Arbitral Awards (New York, 1958) ("New York Convention").

③ D * * * * SE (Lichtenstein) v. Czech Republic, Ministry of Health (Czech Republic), Austrian Supreme Court, case no 3 Ob 39/13a (April 16, 2013).

④ Stefanie Schmahl and Marten Breuer eds., The Council of Europe: Its Laws and Policies, Oxford University Press, 2017, p. 668.

比利时、俄罗斯等19个国家已加入该宣言。①《国有文物管辖豁免宣言》本身不具有法律约束力,其目的在于承认《联合国国家及其财产管辖豁免公约》的相关条款具有国际习惯性质,以保证境外临时借展的国有文物"免受查封、扣押或执行等强制措施"。② 这19个欧洲国家以共同宣言的形式达成共识,表示希望借展国有文物享有执行豁免这一实践做法获得一般承认并接受为法律,并得到"法律确信"(opinio juris)。③

由是观之,在借展国有文物享有执行豁免的问题上,依《国际法院规约》界定的"国际习惯"两要件——"通例"和"接受为法律者",④在一定程度上已得到满足。换言之,如果说在世界范围内已出现此类"国际习惯"还为时过早,那么,至少目前看来,在欧洲的一部分国家和地区,区域性的习惯做法已有被接受为法律的趋势。因此,也可认为借展国有文物享有执行豁免的国际习惯正在形成的过程中。

2. 国内法层面——美国模式与法国模式

历史地来看,美国、英国等国家先后设置司法免扣押制度,在很大程度上,正是借该制度消除借展文物陷于扣押之虞给文化交流带来的不利影响。以美国为例,在20世纪60年代美苏冷战时期,美国数家博物馆曾请求苏联出借文物用于临时展览,其中不少展品涉及俄国革命后苏联国有化征收的文物,以及二战时期苏联军队从德国掠走的文物。为避免这些文物在美国展出时遭到原所有人或其后裔的追讨,苏联政府提出同意借展的条件是借展文物在美国可免于司法扣押。⑤ 在多方推动之下,1965年《司法扣押豁免法令》(英文简称"FISA")⑥获得通过,规定临时入境展览的文物在特定条件下,可

---

① 截至2017年5月,已有19个欧洲国家签署了《国有文物管辖豁免宣言》,它们分别是:捷克、奥地利、拉脱维亚、斯洛文尼亚、格鲁吉亚、罗马尼亚、爱沙尼亚、阿尔巴尼亚、荷兰、法国、亚美尼亚、比利时、白俄罗斯、卢森堡、爱尔兰、俄罗斯、匈牙利、芬兰、葡萄牙。参见欧洲委员会(Council of Europe)网站,https://www.coe.int/en/web/cahdi/news-cahdi/-/asset_publisher/Fl66NrghtkKV/content/declaration-on-jurisclivtional-immunities-or-state-owned-cultural-property,最后访问时间:2017年5月1日。
② Andraž Zidar and Jean-Pierre Gauci, *The Role of Legal Advisers in International Law*, Brill, 2016, p. 156.
③ Stefanie Schmahl and Marten Breuer eds., *The Council of Europe: Its Laws and Policies*, Oxford University Press, 2017, p. 669.
④ 参见《国际法院规约》第38条第1款第(丑)项,"国际习惯,作为通例之证明而经接受为法律者"。
⑤ Rodney M. Zerbe, "Immunity from Seizure for Artworks on Loan to United States Museums", *Northwestern Journal of International Law & Business*, vol. 6, 1984-1985, p. 1124.
⑥ Federal Immunity from Seizure Act (FISA), 22 U.S.C. § 2459, Public Law 89-259 (S. 2273), 79 Stat. 985 (1965).

免于司法扣押。

类似的情况也推动了英国的司法免扣押立法。2007年,英国皇家艺术院(Royal Academy)计划从数家俄罗斯公立博物馆借展一批19世纪至20世纪珍贵油画,以举办"俄罗斯印象:来自莫斯科和圣彼得堡的法国和俄罗斯大师之作(1870年至1925年)"主题展览,其中部分画作来自苏联时期的国有化征收。① 出于对借展文物有被扣押之虞的担心,俄罗斯政府暂停签发了这批画作的出境许可。俄罗斯表示,尽管英国已于1978年通过《国家豁免法案》(英文简称"SIA")②,但是考虑到该法案设置了"商业例外",而借展行为是否构成商业活动尚不清楚,俄方因此仍不能打消其顾虑。为此,俄方提出同意借展的前提是英国能有法律保障借展文物享有豁免扣押。③ 是年12月,英国通过《裁判所、法院和执行法》(英文简称"TCEB"),④其第6章"借展文物的保护"即确立了对外国借展文物的司法免扣押制度。

据不完全统计,目前已有13个国家和地区通过国内法建立了司法免扣押制度。⑤ 尽管出发点都是为了最大限度地保障国际文物借展的安全性和流通性,各国在确立司法免扣押制度的适用范围上各有差异,例如,有些国家仅对外国国有文物给予司法免扣押的豁免资格,以法国模式为代表;有些国家不区分外国借展文物是国有财产还是私有财产,只要符合一定条件即可申请司法免扣押许可,以美国模式为代表。

(1)美国模式。美国是世界上第一个确立司法免扣押制度的国家,美国模式也建立在1965年《司法扣押豁免法令》的基础上。该法令确定司法免扣押适用以展出为目的、临时入境美国的外国艺术品或其他文化财产,而不论其为外国国家所有还是私人所有。拟获得司法免扣押许可者,须在文化财产入境前向美国主管部门申请。主管部门在查明展览确实符合美国国家利益

---

① Sarah Bridge and David Batty, "Academy seeks clarification on fate of £1bn art show", *The Guardian*, 20 December 2007, accessed 4 May 2017, https://www.theguardian.com/uk/2007/dec/20/politicsandthearts.artnews.
② State Immunity Act (1978).
③ Lawrence M. Kaye, "Art Loans and Immunity from Seizure in the United States and the United Kingdom", *International Journal of Cultural Property*, vol. 17, 2, 2010, pp. 346~349.
④ Tribunals, Courts and Enforcement Bill (2007).
⑤ See Nout Van Woudenberg, *State Immunity and Cultural Objects on Loan*, Martinus Nijhoff Publishers, 2012; Anna O'Connell, "Immunity from Seizure: An Overview", *Art Antiquity and Law*, vol. 11, 1, 2006, pp. 1~22.

后,可决定签发司法免扣押许可。① 紧随美国之后,加拿大的 5 个省和地区,②在 20 世纪 70、80 年代也先后通过了类似的司法免扣押法律。③ 除加拿大外,采用美国模式的国家和地区还包括英国、德国、④瑞士、⑤芬兰、⑥奥地利、⑦列支敦士登、⑧日本、⑨中国台湾地区。⑩

(2)法国模式。法国是欧洲首个引入司法免扣押制度的国家。自 1994 年起,根据法国第 94-679 号"经济金融法令汇总"之第 61 条,⑪凡借展给法国国家或国家指定的机构用以公开展览的外国文化财产,经申请许可后可免于扣押等强制措施。此处所称"外国文化财产",法条原文为"由外国国家、外国政府部门或外国文化机构出借的文化财产",依字面含义,似乎能理解成可免于扣押的文化财产可以是国家所有,也可以私人所有。但是,依法国司

---

① R. Wallace Stuart, "Immunity from seizure of cultural objects - The experience in the United States", in: Marc-André Renold and Pierre-Yves Gabus eds., *Claims for the Restitution of Looted Art*, Schulthess, 2004, p. 185.

② 这 5 个加拿大省和地区分别是不列颠哥伦比亚省、安大略省、魁北克省、阿尔伯塔省和曼尼托巴省。

③ Daniel Getz, "The History of Canadian Immunity from Seizure Legislation", *International Journal of Cultural Property*, vol. 18, 2, 2011, pp. 201~224.

④ Gesetz zur Umsetzung von Richtlinien der Europäischen Gemeinschaften über die Rückgabe von unrechtmäßig aus dem Hoheitsgebiet eines Mitgliedstaates verbrachten Kulturgütern und zur Änderung des Gesetzes zum Schutz deutschen Kulturgutes gegen Abwanderung [Law on the Implementation of the European Community Directive on the Return of Cultural Objects Unlawfully Removed from the Territory of a Member State and on the Alteration of the Act to Prevent the Exodus of German Cultural Property], 15 October 1998, Bundesgesetzblatt [Federal Law Gazette] 1998, Part I, No. 70.

⑤ Loi fédérale sur le transfert international des biens culturels [Federal Act on the International Transfer of Cultural Property], 20 June 2003.

⑥ Laki eräiden Suomeen tuotavien näyttelyesineiden takavarikoinnin kieltämisestä [Act prohibiting the seizure of certain exhibition items on loan in Finland], No. 697/2011.

⑦ Bundesgesetz über die vorübergehende sachliche Immunität von Kulturgut-Leihgaben zum Zweck der öffentlichen Ausstellung [Federal Act on the Temporary Immunity of Cultural Property Loans for the Purpose of Public Exhibition], Bundesgesetzblatt (BGBl) [Federal Gazette] I No. 133/2003, as amended by BGBl I No. 65/2006.

⑧ Gesetz über die vorübergehende sachliche Immunität von Kulturgut [Act on the temporary substantive immunity of cultural property], Published in the Liechtensteinisches Landesgesetzblatt, 15 January 2008, Year 2008, No. 9.

⑨ 日本"海外の美術品等の我が国における公開の促進に関する法律(海外艺术品等公开促进法)"。

⑩ 中国台湾地区"文化艺术奖助与促进条例"第 33 条第 1 款规定,外国、中国大陆地区、香港及澳门特别行政区之文物、艺术品或标本,经主管机关认可展出者,于运送、保管及展出期间,不受司法追诉、扣押或作为强制执行之标的。

⑪ Art. 61, Loi portant diverses dispositions d'ordre économique et financier [Act bearing differenteconomic and financial provisions], Law no. 94-679 (8 August 1994).

法部的补充解释,对"外国文化机构"应理解为"外国公共的文化机构",能免于扣押的"外国文化财产"实际仅以"外国国有的文化财产"为限。① 换言之,在法国模式下,只有外国国有的借展文物能够享受司法免扣押豁免,私人所有的文物不在豁免之列。类似地,采法国模式的国家还有比利时、②捷克。③

总体而言,在绝大多数采美国模式或法国模式的国家和地区,要使借展文物获得司法扣押豁免,事先申请是必经程序。通常,借展方须向主管部门申请豁免许可,再由主管部门决定给予豁免许可与否。而在个别国家或地区,如比利时、美国纽约州和中国台湾地区等,司法免扣押是自动获得的。换言之,只要文物借展符合法律规定的条件,无须经过申请程序,借展文物即可享有司法免扣押资格。④

(四)小结

上述与借展文物相关的管辖豁免和执行豁免问题投射出文化财产与国家豁免理论交织的复杂性。一方面,适用管辖豁免规则可能使欲追索非法流失文物的原所有人无法在借展国起诉持有借展文物的外国国家;另一方面,司法免扣押等执行豁免规定为外国借展文物提供了免于扣押等强制措施的"保护伞"。

第一,这样的双重效果是由这两种豁免规则的不同功能决定的。作为在案件进入事实审理前的诉请理由,只要受理法院认为案件涉及的是某外国国家的公行为,管辖豁免就能阻碍原告对外国国家的起诉。而司法免扣押的功能则在于保证在外国以非商业目的之用的国有财产免于扣押、执行等强制措施。⑤ 在两种情形下,文物借展国的法院都可以裁定豁免成立,而不论此类文化财产是否出自对原所有人的非法侵占所得。

第二,管辖豁免和执行豁免是既有交叉又相互独立的两个问题,不能混为一谈。一方面,管辖豁免与执行豁免,二者可以并存。以《关于文化财产国际转让的瑞士联邦法》为例,该法有关"归还担保"的条款就规定,对于符合

---

① Nout Van Woudenberg, *State Immunity and Cultural Objects on Loan*, Martinus Nijhoff Publishers, 2012, pp. 286~287.
② Legal Code, Article 1412ter, inserted by Legal Code W 2004-06-14/33, Art. 2., Belgisch Staatsblad / Moniteur belge No. 233, 29 June 2004.
③ Zákon 124/2011 Sb., kterým se mění zákon č. 20/1987 Sb., o státní památkové péči [Act 124/2011 Sb. amending Act 20/1987 Sb. on State Monument Care].
④ Nout Van Woudenberg, *State Immunity and Cultural Objects on Loan*, Martinus Nijhoff Publishers, 2012, pp. 306~309.
⑤ Alessandro Chechi, "State Immunity, Property Rights, and Cultural Objects on Loan", *International Journal of Cultural Property*, vol. 22, 2-3, 2015, p. 288.

条件享有"归还担保"(即执行豁免)的文物,也能享有管辖豁免,即"在瑞士境内,任何个人或机构均不能对该财产提出诉讼主张"。①另一方面,管辖豁免与执行豁免,二者并无直接联系。正如"马列维基诉阿姆斯特丹市案"所指出的,借展文物可以基于一国的司法免扣押规定享有执行豁免,但这并不等于出借国就必然享有管辖豁免。② 至于,管辖豁免是否成立,要视法院地国的立法以及司法实践(如是采用"性质标准"还是"目的标准")而定。

第四节　文物中心原则的影响

一、基于"对物联系"的管辖权规则

文物中心原则强调文物的特殊性,要求规范制定以保护文物为根本出发点。这一原则在管辖权问题上的具体表达为:要关注文物与管辖法院的联系,将与文物的联系——或称"对物联系"——作为确定管辖权基础的重要依据。因此,在国际法和国内法层面,逐渐发展出来的"文物追索纠纷由文物所在地法院管辖"的管辖权规则,正是文物中心原则在管辖权问题上具体反映的体现。

(一)"对物联系"与临时措施

"对物联系"是文物中心原则在管辖权问题上,衍生所得的理论依据。从"对物联系"出发,可得出两项内在要求:第一项要求是文物追索纠纷可由文物所在地法院管辖。这目前已成为国际上管辖权规则发展的主要趋势,本章第一节已有讨论,此处不作展开。第二项要求是在某文物追索纠纷由其他国家法院受理的情况下,文物所在地法院亦得视情况采取临时措施,保证文物免遭非法转移、毁损或灭失。这后一项要求也在"1995年公约"的第8(3)条中得到充分体现。该条明确赋予了文物所在国法院采取临时措施的权力,即便有关诉讼是在另一成员国进行。

在文物追索诉讼中,临时措施的重要性和现实意义不可小觑。因为国际艺术品贸易十分活跃,与非法文物贩运联系起来的地下贸易更甚,被盗文物或非法出口文物随时可能出现在某艺术品交易市场待价而售。如涉及文物拍卖的,情况尤其严重:不少拍卖行会以保密条款或行业惯例为由,拒绝透露

---

① Art. 13, Loi fédérale sur le transfert international des biens culturels [Federal Act on the InternationalTransfer of Cultural Property], 20 June 2003.
② *Malewicz v. City of Amsterdam*, 362 F. Supp. 2d 298 (D. D. C. 2005), at 312.

竞买人的身份。① 那么,在此情形下,通过临时措施可以确保在文物追索诉讼的进行中,文物不被二次转手、拍卖、转移出境或因不当处置而遭到毁损、灭失。② 换言之,文物所在地法院所采取的临时措施可以确保文物的安全与完整,否则,就有可能出现"在文物追索人获得胜诉判决后,却发现文物已消失或被转移出境的尴尬局面"。③

临时措施所发挥的重要作用,在2007年奥地利"凡·戴克油画案"中可见一斑。④ 该案涉及返还的标的物是17世纪比利时著名画家安东尼·凡·戴克(Anthony van Dyck)的一幅油画。这幅画作的原所有人是某德国艺术基金会A,在第二次世界大战结束后不久,该画作因被盗而下落不明。直至2001年,从奥地利维也纳一家拍卖行的拍卖目录中,德国艺术基金会A获知这幅名画已由瑞士B公司占有,不日即将拍出。获此讯息,德国艺术基金会A向维也纳法院提起了文物返还之诉。瑞士B公司遂后提起反诉,称其在荷兰阿姆斯特丹的拍卖行拍得该画,并因此取得画作所有权。对此,维也纳法院作出了临时措施的裁定,决定对涉案画作采取保全措施,画作由拍卖行暂为保管,不得拍卖或转移,直至一方当事人取得能证明其合法所有权的法院裁决。六年之后,德国威斯巴登法院判决德国艺术基金会A胜诉。最终,德国艺术基金会A成功追回了这幅凡·戴克油画。

由此可见,正因有维也纳法院作出的临时措施裁决,涉案画作的安全才得以确保,原所有人也才能在德国获得胜诉判决后,顺利取回画作。从另一方面来看,该案也说明了类似纠纷由文物所在地法院受理之必要。本案中维也纳是文物所在地,维也纳法院如果可以直接受理该案的话,原所有人可能不必等到六年之久才获得德国法院的一纸胜诉判决。可以想见,在2012年《布鲁塞尔条例I(重订)》出台之后,文物返还之诉可由文物所在国法院受理的新规定,会促使此类纠纷得到更便捷、有效的解决。

---

① Lyndel V. Prott, *Commentary on the UNIDROIT Convention*, Institute of Art and Law, 1997, p. 72.

② UNIDROIT, Study LXX-Doc. 30, Report on the second session of the Committee of Governmental Experts on the International Protection of Cultural Property from 20 to 29 January 1992, §182.

③ UNIDROIT, Study LXX-Doc. 48, Report on the fourth session of the Committee of Governmental Experts on the International Protection of Cultural Property from 29 September to 8 October 1993, §218.

④ See LG Wiesbaden, 7 O 98/05, 22 June 2007, IPRax, 2010, p. 78; See also Erik Jayme, *Narrative Norms in Private International Law - The Example of Art Law*, Collected Courses of the Hague Academy of International Law (Vol. 375), Brill, 2014, p. 38.

第三章 文物中心原则下的管辖权与诉讼主体资格

(二)"对物联系"与不法行为所在地

随着保护文物与其文化特性联系的重要性逐渐获得世界范围内的关注,为了更有效地保护文化财产,需寻找一个更有利的替代法院。这也是为什么在国际法层面(有时甚至在国内法层面)的文化财产领域,出现了制定特殊的管辖权规则之需要。不过,正如学者弗里戈(M. Frigo)所指出,这个规则或者趋势的目的,并不是说要使之更有利于能证明与文物有重要文化联系的国家,而是以现实角度出发,建立一种联系,说明文物所在地国法院管辖权的正当性。①

当前国际民商事管辖权的发展和跨国司法合作的经验已表明,强调"对物联系"的管辖权规则并不新鲜。以《布鲁塞尔条例I(重订)》为例,对特定争议(如不动产争议、知识产权争议等)设置专属管辖权,就是将法院与争议标的之间特有的紧密联系作为确定管辖权基础的依据。② 这一现象在文化财产领域同样有所反映。换言之,正是在认识到文物的特殊性、肯定文物争议由特殊法院管辖的现实需要之后,以"文物所在地"为管辖权基础的规则才有了发展基础。

有观点认为,相比一般动产纠纷的管辖权规则,"文物所在地法院管辖"固然是一大进步,但还远远不够,因为可供文物原所有人选择的法院还是太少。③ 那么,将"不法行为所在地"(如"文物被盗地""文物非法出口地")作为管辖权依据是不是可能成为该领域管辖权规则的下一个发展趋势?目前来看,答案是否定的。

第一,以"不法行为所在地"为管辖权依据,忽略了被告对诉讼的"合理期待"(reasonable foreseeability),会对"程序正当"这一基本法律原则构成挑战。为确保司法工作便利,任务之一是保证国际管辖权规则具有可预见性。这也是在国际司法合作层面,通常将被告所在地作为管辖权依据之原因所在,类似的规则也见于1968年《布鲁塞尔公约》第2条、2007年《卢加诺公

---

① Manlio Frigo, *Circulation des Biens Culturels*, *Détermination de la Loi Applicable et Méthodes de Règlement des Litiges*, Collected Courses of the Hague Academy of International Law (Vol. 375), Brill, 2015, p. 377.

② Art. 24, Brussels I recast.

③ Erik Jayme, "Ein internationaler Gerichtsstand für Rechtsstreitigkeiten um Kunstwerke-Lücken im europäischen Zuständigkeitssystem", in: Klaus Grupp and Ulrich Hufeld eds., *Recht, Kultur, Finanzen : Festschrift für Reinhard Mussgnug zum 70. Geburtstag am 26. Oktober 2005*, C. F. Müller, 2005, p. 517.

约》①第2条、《布鲁塞尔条例Ⅰ(重订)》第4条(原《布鲁塞尔条例Ⅰ》第2条)。然而,倘若以"不法行为所在地"作为管辖权依据,这种构想固然可能更有利于非法流失文物的返还,但是其忽略了保护被告正当权益的基本要求,至少是忽略了被告对诉讼的"合理期待"层面的要求。②

第二,以"不法行为所在地"为管辖权依据,忽略了法院判决的承认与执行问题,可能会阻碍裁判结果的最终实现。一国法院即使作出了有利于非法流失文物返还的判决,但若其对涉案文物或对被告的其他财产缺乏控制,那么,在缺乏国际司法协助条约或互惠基础的情况下,该国法院的判决也将很难得到另一国的承认与执行,如此,所谓的胜诉判决只会沦为"一纸空文"。

二、多元文化中特殊主体之诉讼能力

在判定原告是否具有法律人格、是否构成法律意义上的实体时,以法院地法确定原告的诉讼主体资格,是世界上大多数国家法院遵循的基本原则。但是,在跨境文物返还诉讼中,不少法院已开始在这一标准之外走得较远,有时甚至能承认法院地法没有规定享有诉讼能力的主体,并以文物来源地法作为参考的判断依据,这不仅是对文物所处文化背景的重视,也体现了对多元文化的尊重。

例如,在"穆立克诉穆立克案"中,英国枢密院就参照印度法,认定一尊印度教神像不仅仅是一项动产,也是具有法律人格的实体,具有诉讼主体资格;在"邦培案"中,英格兰法院亦承认一家印度寺院及其供奉主神作为原告的资格。在这两起判例中,依据法院地法(英格兰法),神像和宗教中的神不可能成为具有法律人格的主体,甚至在世界上大多数国家,在传统上也并不认可这样的诉讼主体资格。但考虑到印度教是当代印度境内最主要的本土宗教,历史悠久,影响深远。印度近代哲学家、社会活动家维帷卡南达(S. Vivekananda)曾指出,"在印度,宗教生活形成了中心,它是民族生活整个乐章的主要基调"。③ 印度教已经深深融入印度人的精神世界、思维方式、社会生活、风俗习惯等。④ 正是基于对文物所处文化背景的尊重,受理法院

---

① 2007年《卢加诺公约》是指2007年10月30日由欧洲共同体、丹麦、冰岛、挪威和瑞士在卢加诺签订的《关于民商事案件的管辖权和判决承认与执行条约》。该公约是对1998年《卢加诺公约》的修正。

② Manlio Frigo, *Circulation des Biens Culturels*, *Détermination de la Loi Applicable et Méthodes de Règlement des Litiges*, Collected Courses of the Hague Academy of International Law (Vol. 375), Brill, 2015, p.380.

③ 黄心川:《印度近代哲学家辨喜研究》,中国社会科学出版社1979年版,第91页。

④ 朱明忠、尚会鹏:《印度教:宗教与社会》,世界知识出版社2003年版,第239页。

依据礼让原则,认可了这类特殊主体的诉讼主体资格。

类似地,在"哥德堡案"中,上诉法院美国联邦第七巡回法院需要判断塞浦路斯教会是否具有塞国国籍,最终,法院根据塞浦路斯宪法和动产法,确认了该教会的诉讼主体资格。法院还强调,作为法院地法的美国法如何确定宗教组织的籍贯或如何规定法人的特征等问题,与本案并无关系。这种做法,同样体现了对文物与其文化特性之联系的尊重。塞浦路斯教会历史悠久,在基督教第一代领导人圣保罗及巴拿巴传教到该地后创办。在现代,正是在塞浦路斯教会的带领下,塞浦路斯开始了脱离英国殖民统治的独立斗争,成为主权国家,其大主教马卡里奥斯三世也于1959年当选为塞浦路斯共和国的首任总统。[①] 由此可见,塞浦路斯教会在其文化背景下具有重要的地位。美国法院根据文物来源国塞浦路斯法律,确定该教会的诉讼主体资格,正是对文物及其文化联系的尊重,同样体现了文物中心原则。

三、基于文化联系的诉讼利益

(一)保护性利益作为请求返还的基础

原告如要成为适格的诉讼主体,除应具有诉讼能力之外,还须享有诉的利益。当追索方是国家的情况下,原告文物来源国如要证明自己对争议事项有诉的利益,不仅可通过证明其对系争文物享有国家所有权来实现,也可选择证明其对系争文物享有保护性利益。

国家对本国珍贵文化遗产的保护性利益可以作为诉的利益,这在"哥德堡案"中已有体现。该案中,原告之一塞浦路斯共和国主张其对涉案文物"享有保护其作为具有文化、宗教和艺术价值的塞浦路斯珍贵遗产的权利",并称此项权利是"法律认可的利益"。对此,美国地区法院和上诉法院均予以了确认。换言之,基于文物与民族国家联系的保护性利益可以作为诉的利益。

在现代社会,人是有归属的,这一归属单位在国际范畴上往往就是国家。以国家为单位建立与文物的关系是最合适、有效的管理方式。"国家主权"成为拥有、保护、管理和使用文物的基本单位,是民族及其文化的代表。因此,在大多数情况下,国家对文物的保护性利益,其核心就是文物与其文化特性的联系。承认国家对文物享有保护性利益,实际上就是对文物及其文化背景的尊重。

---

① 参见塞浦路斯共和国驻华使馆网站,"塞浦路斯简介",http://www.mfa.gov.cy/mfa/embassies/embassy_beijing.nsf/DMLcy_ol/DMLcy_ol,最后访问时间:2017年11月3日。

此外，文物来源国的文物立法，尤其是关于国有未发掘文物的法律，在不同国家的法院，甚至在同一国家的法院，都可能存在不同的理解。而此类立法恰恰体现的是国家对其领土内民族文化负有的保护责任，以及该责任所对应的保护性利益。《未发掘文物国家所有权的示范条款》和《关于保护和归还非法出境的被盗掘文化财产的敦煌宣言》等国际规范性文件，对未发掘文物一律归国家所有的倡议，这也反映了国际社会对文物中心原则的认可，并直接影响到非法转移文物的返还以及考古类文物的保护等问题。

（二）社群集体所有权作为请求返还的基础

社群在文物与其文化特性的联系中具有重要的地位。在当代社会人类学研究领域，"社区"是最广泛使用的概念之一，其要求文物应当回归本地社区，回归其本位。"2003年非物质遗产公约"重视社区和群体（简称"社群"）提供认同感和持续感，将与文化遗产相联系的主体确定到社群层面，表明了社群的生存状态、社会意义、文化传承在文物保护中的意义，也说明了对文物的整体保护必须将文物与社群结合起来，关注文物对社群的含义和重要性。因此，在不少国家，会出现社群作为集体对其文物享有所有权。比如在中国，乡村社群在法律上的体现主要是村民委员会、村集体组织和村民小组等实体，他们代表社群对集体的财产行使所有权。

值得注意的是，社群集体对文物的集体所有权经常成为诉讼中的障碍。美国土著社群霍皮族部落多次请求停止拍卖出售部落宗教圣物而未果的实例，揭示了集体社群的集体所有权不被外国法院承认而导致的法律困境。

尽管如此，在文物中心原则这一趋势下，为妥善解决以土著社群文物代表的集体所有文物返还争议，实践中相关主体也在尝试采取替代性措施，以适应各国法律的刚性程序规则。譬如，由国家代表土著社群提起跨境追索文物的请求，或者是土著社群成立私法上认可的法人团体组织。这些替代性措施在一些案例中也获得了积极的效果，进一步证明国际社会对文物及其所处社群的尊重。

四、促进文物交流的借展文物免扣押

文物的保护和利用二者兼备是文物中心原则的核心要求。民族国家要求文物返还的主张之所以能够得到国际社会的普遍认同，正是在于返还文物是代表了全人类的共同利益。这种共同利益的前提是返还文物有利于保护文物，从而有利于全人类对文物的保有和利用。从文化财产的国际政策角度出发，文物利用的宗旨是保证文物的可及性，鼓励文物在国家间合法流转，从而促进文化间的交流，以便全人类都有机会接触、了解和研究文物及其所联

系的文化。

文物借展就是一项合理利用文物、促进文化交流、增进各国人民相互了解的重要方式。一方面,文物借展使文物的持有方式无需拘泥于所有人的地理位置,可以通过租赁关系使文物在世界各地展出,供公众欣赏、研究之用;另一方面,即使因法律上的争议造成文物权属不清,也不会妨碍公众在文化上继续对文物的利用,从而使个体利益和人类共同利益得以兼顾。

正是认识到借展在文物利用中的重要意义,为了充分鼓励跨境借展、打消出借方对跨境借展文物可能"有去无回"的顾虑,借展文物免于扣押的制度才得以发展起来。具体而言,在国内法层面,已有13个国家和地区通过国内法将司法免扣押制度确定下来。通过赋予临时入境参展的外国文物以执行豁免的资格,保证其免于扣押等强制措施。司法免扣押制度可以保证文物在参展结束后能够顺利归还给出借方,免受任何司法措施等限制。在国际法层面,已有19个欧洲国家签订《国有文物管辖豁免宣言》,以共同宣言的形式达成共识,使得在相关国际公约出现之前,借展文物享有执行豁免能作为一项习惯或惯常做法,得到区域范围内的普遍承认。

当然,与此同时,也应看到如果过分强调国家豁免,使外国国有的文物基于管辖豁免或执行豁免得到特别保护,追索方的财产权利就失去了相应的保障,其寻求司法救济的权利也遭到剥夺。再者,类似的豁免规则还会与打击文物非法贩运的相关国际条约冲突,例如,一国免扣押的条款,就很可能与"1954年公约"第一议定书和"1970年公约"所要求的返还非法转移文物的义务相违背。[①] 因此,如何在促进文化交流和保护财产所有权之间,追求最大限度的平衡,也是讨论在文物借展领域的国家豁免时不可回避的重要问题。

总体而言,这些实践发展旨在最大限度地保障国际文物借展的安全性和流通性,说明以文物中心原则为根本出发点,国际社会正逐步达成促进文物交流的共识,体现了对文物及其文化联系之于人类共同体重要性的特别关怀。

五、基于文物特殊性的所有权法与出口管制法之分

文物中心原则强调文物的特殊性,这里的"特殊性"是相对某一特定的社会群体而言的。换言之,讨论一项文物对于某社会群体是否具有特殊性,

---

[①] Nout Van Woudenberg, *State Immunity and Cultural Objects on Loan*, Martinus Nijhoff Publishers, 2012, pp. 367~408.

其实是在讨论该文物与该社会群体之间是否存在特殊的联系。这种特殊的联系,超越了文物与其他一般群体的普遍联系,而这一联系反映在诉讼程序的法律表达就是诉讼主体资格中的"诉讼利益"。

对于被盗文物争议和非法出口文物争议,诉讼利益自不相同,前者是原所有人(个人、集体或国家)对文物享有的所有权权益;而后者是原属国基于该国文物出口管制法所代表的联系利益(保护性利益)。由此可见,要解决这两种不同文物争议下的诉讼主体资格及其诉讼利益的问题,其核心是要考察两种诉讼利益的不同法律基础——即文物所有权法和文物出口管制法。

区分文物所有权法和文物出口管制法的重要性在于,不同的法律基础决定了不同的诉讼利益,从而决定了诉讼主体资格的有无。换言之,假设在被盗文物争议中,追索方如以文物出口管制法,而非文物所有权法为法律依据,那么,追索方自然会因为缺乏适当的"诉讼利益"而丧失诉讼主体资格;反之亦然。同时,这也侧面反映出文物中心原则对校验文物和特定社群之间是否存在特殊联系时,所要求的准确性和现实性。

(一)二者的联系与区别

通常,一国的文化遗产法主要调整三大类问题——考古发掘活动的管理、文物的所有权权属以及文物的出境管理。① 其中,调整文物所有权权属的法律规范是文物所有权法,调整文物出境管理的法律规范是文物出口管制法,这两者都是文化遗产法的重要组成内容。

若单从法律规范的名称和性质上辨析,文物所有权法与文物出口管制法的区别似乎很明显,因为前者是调整平等主体之间文物权属关系的民事法律规范,而后者是调整行政主体对出境文物的监管和限制等管理行为的行政法律规范。不过,在跨境文物返还争议中,二者最核心的区别,还不在于"民事抑或行政"的法律规范类别上的不同,而在于"是否创设所有权"的法律规范目的上的差异。

具体而言,一方面,文物所有权法的规定在范围和种类上差异很大。这些"创设权利"的法律规定可能仅适用于未发现文物,也可能适用于已发现文物和未发现文物。其共同之处在于,根据这些法律,通常自法律规定生效之日起,文物的权属予以设立。当然,尽管不同法律设定文物权属的的标准不一,其目的都是"创设权利",并且尤为重要的是,其目的之一是使国家成为特定文物的所有人,且不以国家实际占有文物为前提条件。②

---

① Stephen K. Urice, "Between Rocks and Hard Places: Unprovenanced Antiquities and the National Stolen Property Act", *New Mexico Law Review*, vol. 40, 2010, p. 128.
② *Id.*, at 129.

另一方面,文物出口管制法并不创设所有权,而是通过设立一套由鉴定、审核、监管和限制等措施组成的行政程序,以此管理文物的合法出境及防止其非法出境。这些法律规定通常有两类之分,一类是对文物出口的一揽子禁令,如对所有或部分文物实施贸易禁运,另一类是以颁发许可证的方式管理文物出口。①

由此可见,创设所有权的是一国宣告某项文物所有权的立法,该立法是一国主权的体现。② 这是文物所有权法的主要目的和功能。而与之相对,出口管制法是一国治安权的行使,本身并不能创设所有权。

(二)司法判例中的区分

从理论上看,区分文物所有权法和文物出口管制法似乎没有太大困难,但在司法实践中则不然。在不少跨境文物返还争议中,外国法院在考察文物原属国法律时常面临的一个问题便是,判定追索方所依据的法律究竟是"文物所有权法"还是"文物出口管制法"。"秘鲁政府诉约翰逊案"(以下简称"约翰逊案")③就是典型例证,美国法院在反复研读秘鲁政府所援引的国内法律依据之后,最终认定原告秘鲁依据的国内法是出口管制法,并因此不能成为其主张"国家所有权"的依据。

在"约翰逊案"中,系争文物是89件来自秘鲁西潘地区的前哥伦比亚时期文物。1987年,美国海关在加利福尼亚州南部收缴了千余件走私入境的前哥伦比亚时期文物,其中包括由美国藏家本杰明·约翰逊(Benjamin Johnson)所持有的89件涉案文物。④ 秘鲁政府为追回这批走私文物,在美国提起了返还原物之诉,请求法院判决持有人约翰逊返还暂由美国海关扣押的涉案文物。

该案中,原告秘鲁政府主张文物返还的理由是,涉案文物为秘鲁国家所有的财产,未经秘鲁政府同意而转移出境的文物构成被盗财产。此外,另有充足证据显示被告约翰逊是通过善意购买而取得涉案文物的。⑤ 而根据本案适用的加利福尼亚州法,被盗财产的所有人可以自善意购买者处取回其财

---

① Paul M. Bator, "An Essay on the International Trade in Art", *Stanford Law Review*, vol. 34, 2, 1982, p. 286.
② *United States v. McClain* (McClain I), 545 F. 2d 988, 1002 (5th Cir. 1977).
③ *Government of Peru v. Johnson*, 720 F. Supp. 810 (C. D. Cal. 1989), aff'd, 933 F. 2d 1013 (9th Cir. 1991).
④ The International Foundation for Art Research (IFAR), Case Summary of Peru v. Johnson, 参见 http://www.ifar.org/case_summary.php?docId=1179694754, 最后访问时间:2017年11月10日。
⑤ *Government of Peru v. Johnson*, 720 F. Supp. 810, 812 (C. D. Cal. 1989).

产,且不用支付任何赔偿。① 进一步讲,要成功追回被盗文物,原告需要证明两点:其一,请求返还的文物归原告所有;其二,文物系未经原告同意而转移出境的。因此,本案的核心争议点是请求返还的涉案文物是否归秘鲁政府所有。最终,美国法院认定,秘鲁政府对涉案文物不享有所有权,其中一项重要的原因是秘鲁政府援引的法律在本质上是出口管制法,而非所有权法。

对此,美国法院详尽考察了秘鲁政府所援引的法律依据,并从以下两个方面作出了论证。一方面,许多秘鲁的官方文件中均强调要保护"属于国家文化财富"的文物,均有类似"文物不可侵犯、不得让与、不得限制"、"绝对禁止文物出境"的表述,但这些条文都意在保护文物,并未指涉文物的所有权。② 另一方面,尽管秘鲁援引的法律依据之一 1929 年第 6634 号法令明确提及了"国家所有权"的概念,包含如"历史遗址文物是国家所有的财产""未登记文物应视为国家所有的财产"等表述,但其所有权宣告的国内效力还是非常有限的。该法令表明国家允许个人持有此类文物,并允许文物通过转让、赠与、继承等方式在境内流转,只要文物不转移出境即可。

由是观之,"概括性所有权法"不是真正的所有权法。如果一项国内立法仅仅规定文物是"国家所有的财产""不得转让""禁止出境"等,那么这样的立法并不会被美国法院认定为真正的所有权法。因为这样的"概括性所有权法"并没有真正创设国家所有权,是未经实施的、不具有强制执行力的"伪所有权法"。③ 至少在美国法院看来,这类法律的本质仍旧是出口管制法,文物来源国也因此无法依据此类法律证明其国家所有权。

六、基于文化联系的外国文物所有权法有效性标准

如前所述,根据文物中心原则,文物对某社会群体存在特殊联系,这种"特殊联系"不仅可以是以所有权权益为基础的利益联系,也可以是基于出口管制法律规范的利益联系。对于后者,因为其涉及外国公法的效力问题,将在第五章展开讨论,故在此不做赘述。对于前者,即建立在所有权权益基础之上的利益联系,是本节讨论的核心,亦是研究文物中心原则如何影响认

---

① 联邦地方法院在涉及不同州或不同国家的公民之间的民事诉讼中适用州法。尽管各州的州法各异,但加利福尼亚州州法与其他州州法在财产保护问题的立场上基本一致,即在财产的原所有权人和善意购买人之间更倾向保护原所有权人。John H. Merryman, "Limits on State Recovery of Stolen Artifacts: Peru v. Johnson", *International Journal of Cultural Property*, vol. 1, 1992, p. 172.

② *Government of Peru v. Johnson*, 720 F. Supp. 810, 814 (C. D. Cal. 1989).

③ John H. Merryman, "Limits on State Recovery of Stolen Artifacts: Peru v. Johnson", *International Journal of Cultural Property*, vol. 1, 1992, p. 172.

定外国文物所有权法有效性问题的起点。

第一,需要说明的是,这里"外国文物所有权法的有效性"是指一国文物所有权法在该国境外的有效性,或者说此类法律的域外效力。所谓"外国",是相对于法院地国而言的。因此,这里不是在讨论某项法律规范是否生效的一般性问题,而是某外国法律规范的效力是否能够得到法院地国承认的问题。鉴于此,这里的"有效性"同样是相对的有效性,而非绝对的有效性,有可能某外国文物所有权法的效力在一国得到承认,而在另一国却未得到承认,如前面第三节所述的"OKS 合伙案"与"土耳其诉巴塞尔州案"就反映了不同国家法院对文物来源国法律的不同理解。

第二,纵观跨国文物追索案例的发展,一国法院在判断是否承认外国文物所有权法的效力时,通常会考虑该法是否具有以下三个因素:明确性、连续性和强制执行性。

(一)明确性

外国文物所有权法的明确性是一国法院承认其效力的基本前提。要确认基于所有权的利益联系确系存在,清晰明确的文物所有权法必不可少,对于国有文物尤是如此。在美国,里程碑式的经典案例——"美国诉麦克莱恩案"(以下简称"麦克莱恩案")[1]确立了"麦克莱恩原则"(McClain Doctrine),美国联邦第五巡回法院首次明确提出:美国法院承认文物来源国有关文物国有的所有权法,但承认的前提是该国所有权法必须符合"足够清晰"的条件。2003 年,美国联邦第二巡回法院在"美国诉舒尔茨案"(以下简称"舒尔茨案")[2]中再次肯定了"麦克莱恩原则",故此后该原则也常表述为"麦克莱恩/舒尔茨原则"(McClain/Schultz Doctrine)。[3]

根据"麦克莱恩/舒尔茨原则",如果某外国立法规定了某类文物属国家

---

[1] *United States v. McClain*(McClain I),545 F. 2d 988(5th Cir. 1977),reh'g denied,551 F. 2d 52(5th Cir. 1977);*United States v. McClain*(McClain II)593 F. 2d 658(5th Cir. 1979),cert. denied,444 U. S. 918(1979).

[2] *United States v. Schultz*,178 F. Supp 2d 445(S. D. N. Y. 2002),aff'd,333 F. 3d(2d Cir. 2003),cert. denied,540 U. S. 1106(2004).

[3] 需要指出的是,美国法院分成 11 个联邦巡回审判区,每个区都有负责受理上诉的法院,每个巡回法院的判决对其他巡回审判区的法院没有直接约束力。在舒尔茨案之前,第二巡回法院对于 1977 年麦克莱恩案中确立的法律原则在该地区是否具有约束力没有直接发表意见。在舒尔茨案中,第二巡回法院表明"麦克莱恩原则"同样适用于纽约地区。再联系到第二巡回法院在本案中提及的 1974 年美国诉霍林斯海德案,第九巡回法院也表达了类似观点,可以得出,如今至少在第二、五、九巡回法院的辖区,亦即包括纽约州和加利福尼亚州在内等文物交易市场最活跃的地区,"麦克莱恩/舒尔茨原则"都是适用的。See Patty Gerstenblith,"The McClain/Schultz Doctrine:Another Step against Trade in Stolen Antiquities",*Culture without Context*,vol. 13,2003,p. 46.

所有,那么,未经该国许可非法出口的此类文物,就属于《国家反盗窃财产法》(英文简称"NSPA")①规定的"被盗财产",涉及该文物的运输、转让、接收等行为均将依照该法受到相应的刑事制裁。② 进言之,美国联邦刑事法律《国家反盗窃财产法》不仅适用于美国国内的被盗财产,也同样适用于经外国文物所有权法宣告为国家所有的文化财产,只要该外国文物所有权法"足够清晰"(sufficient clarity)。由此可见,"明确性"是外国文物所有权法的效力获得法院地国承认的前提。

另需指出的是,外国文物所有权法的明确性并不以"所有权"表述为限,"直接占有权"(immediate right of possession)也可被认定为所有权法法律规范的有效表述。如前所述,在普通法系国家,并不存在完全意义上的大陆法系国家的"所有权"概念。职是之故,追索方提起文物返还的诉讼不是物权之诉,而是以"动产侵占之诉"为主的侵权之诉。在此情况下,追索方需要证明的是在不法行为发生时,其对物"实际占有或享有直接占有之权利"。在国家最初未能直接占有文物的情况下,尤以考古文物为例,这里需要证明的"特殊联系"就不是所有权的有无或占有与否,而是"直接占有的权利"的有无。③ 鉴此,文物原属国在立法保证其国家所有权的情况下,还应确保国家享有"直接占有权",方能在最大程度上满足法院地国对外国文物所有权法的明确性要求。

(二)连续性

外国文物所有权法的连续性是确保文物与来源国不间断联系的合理条件。在跨境文物追索争议中,文物来源国如要证明对某文物享有国家所有权,通常须证明文物来自境内,且在出境时依该国所有权法属国家所有。④ 这里"出境时"是对文物所有权法的时效性要求。依之,即使文物来源

---

① 《国家反盗窃财产法》是美国联邦刑事法律,旨在对参与跨州或跨国的运输、转移、接收、处分被盗货物、伪造的商品、证券及货币等行为施加刑罚。根据该法,凡在州际或国际贸易中故意运输、运送或转移被盗物或伪造的商品、证券及货币,涉案金额超过 5000 美元的,构成违法行为,可判处罚金和/或 10 年以下监禁。类似的,凡在州际或国际贸易中故意接收、持有、隐瞒、贮藏、交换、出售或处分被盗物或伪造的商品、证券及货币,涉案金额超过 5000 美元的,同样构成违法行为,可判处罚金和/或 10 年以下监禁。National Stolen Property Act (NSPA), 18 USC §§ 2314-15.

② *United States v. Schultz*, 333 F. 3d 393, 416(2nd Cir. 2003).

③ Norman Palmer, "Fetters and Stumbling Blocks: Impediments to the Recovery and Return of Unlawfully Removed Cultural Objects - A Common Law Perspective", In: Lyndel V. Prott, Ruth Redmond-Cooper and Stephen Urice eds. , *Realising Cultural Heritage Law: Festschrift for Patrick O'Keefe*, Institute of Art and Law, 2013, p. 99.

④ *Government of Peru v. Johnson*, 720 F. Supp. 810, 814 (C. D. Cal. 1989).

国有理论上完备的文物所有权法,并且能够证明文物确实来自该国,但若其不能证明在文物出境时相关所有权法有效,或不能证明文物是在相关所有权法生效之后被转移出境的话,那么,文物返还的请求仍旧很难获得支持。

以"约翰逊案"为例,原告秘鲁政府主张国家所有权所依据的法律有两项。其中一项是于1929年6月13日生效的第6634号法令,该法令于1985年1月5日被废止并由第24047号法令所取代。而经法院认定,替代第6634号法令的第24047号法令并不是真正的所有权法,而是出口管制法。换言之,原告秘鲁政府不能根据第24047号法令主张其对涉案文物享有国家所有权。而另一项所有权法律依据是自1985年6月22日生效的法令。

然而,在诉讼过程中,秘鲁政府未能证明涉案文物转移出境的时间是在前面两项法令的生效期间内。换言之,涉案文物的出境有可能发生在1929年6月13日之前,或发生在1985年1月6日至6月21日这6个月的"空档期"内。由此,法院最终认定,秘鲁政府主张对涉案的国家所有权缺乏法律依据。①

由此可见,如果文物来源国不能保证在法律修正更新期间法律规范的连续性,那么,就会产生法律的"空档期",从而埋下无法证明文物所有权的隐患。

从文物中心原则的角度来看,明确性固然能保证文物和来源国之前存在准确的法律联系(legal nexus),但连续性才能保证文物和来源国之间存在坚实的事实联系(evidential nexus)。无论是法律联系,抑或是事实联系,都是文物中心原则下"特殊联系"在诉讼过程的体现。

(三)强制执行性

外国文物所有权法的强制执行性是确保原属国保护文物的必然要求。真正意义上的所有权法,不仅仅是宣誓性的权利证书,而应当具有强制执行力的保障。所谓"强制执行力"的保障,不仅体现在侵害所有权的不法行为应承担的法律责任上,例如规定在境内偷盗或隐瞒国有文物的刑事责任等,还体现在此类法律的实施效力上,亦即确有相关行政机关依照此法主动执法,以保护国家对国有文物的所有权不被侵犯。②

同样以"约翰逊案"为例,法院之所以认定原告秘鲁政府的文物所有权法的效力十分有限,主要有两个原因。原因之一,经法院考察,原告主张的国家所有权并无对应的完全意义上"国家所有"的表述。根据该法令,国家允

---

① Ibid.
② United States v. Schultz, 333 F. 3d 393, 402–408 (2nd Cir. 2003).

许个人持有国有的文物。并且,只要文物不转移出境,国有文物可以通过转让、赠与、继承等方式在境内流转。原因之二,法院认为,原告仅仅主张其享有国家所有权还不够,还需要证明其曾行使过国家所有权,然而没有证据显示秘鲁政府曾有过行使其国家所有权的行为。① 鉴于此,因缺乏强制执行力的保障,此类文物所有权法的效力并未得到法院地国的承认。

  令人奇怪的是,秘鲁于 2006 年 6 月颁布了第 28296 号文化遗产法案,②但在这套新的文化遗产法中,有关国有文物的条文规定似乎没有大的改动。一方面,该法明确宣告所有未发现文物,无论是可移动文物还是不可移动文物,一律归国家所有。③ 但是,另一方面,新方案仍保留了私人持有、转让国有文物的空间。根据该法,私人可以对已发现的可移动文物享有财产所有权,也可以在秘鲁国家境内自由转让其所有权。④ 据此,一件可移动文物从未发现状态到被发现,在秘鲁国家境内,其权属状态便可从国家所有转变到私人所有。无疑,这同样不是理想的"国家所有权"表达,秘鲁新文化遗产法的效力在未来能否得到法院地国的承认,仍旧存有疑问。

  综上可知,明确性、连续性和强制执行性是判断外国文物所有权法有效性的三项基本标准。"明确性"和"连续性"分别是对文物和来源国之间的文化联系和法律联系的保障,"强制执行性"则可看做对这两类联系在执行力上的保证。

---

① *Government of Peru v. Johnson*, 720 F. Supp. 810, 812 (C. D. Cal. 1989).
② General Law of the Cultural Heritage of the Nation 2006, Law No. 28296, Lima, December 4, 2007 (Regelemento de la Ley General del Patrimonio Cultural de la Nacion).
③ Art. 5, Law No. 28296.
④ Art. 7 (1)–(4) and Art. 9 (1), Law No. 28296.

第四章 文物中心原则下的识别与法律适用

在跨境文物返还诉讼中,要确定支配文物归属的准据法,离不开识别和法律适用的问题。在这方面,同样出现了以文物为中心的积极发展,体现出文物中心原则对强调文物与其文化特性之联系的要求。

在识别问题上,对文物与其所依附建筑物的关系,一国法院除了继续关注物理上联系之外,现在还更加重视其文化联系。在法律适用问题上,国际社会已认识到传统"物之所在地法"冲突规则的内生性缺陷,并注意到"文物原属国法"所蕴含的原属国与文物在文化上的紧密联系。因此,在寻找替代性冲突规范的尝试中,"文物原属国"作为唯一或主要连结点的建议被频频提出,并在理论探讨和立法实践层面已开始进行有益探索。

此外,为从根本上解决冲突规范带来的不便,在以文物为中心这一共识的基础上,国际社会已开始尝试在国际公约或区域性规范中,以统一实体法的方式,彻底解决被盗物和非法出口文物的返还问题。这种统一实体法的解决路径,其根本目标是最大限度地保护文化财产、打击非法文物贩运,同样是文物中心原则的体现。

第一节 识别与识别冲突

一、识别问题

(一)识别问题的产生

要确定跨境文物返还争议中支配文物归属的准据法,必须先解决"识别"(亦称"定性")问题。通过"识别"确定诉争标的物的性质后,才能确定应适用的冲突规范,继而确定准据法,并直接关系到裁判结果。①

在特定情况下,需要判断系争文物是不动产或动产,识别问题也由此产

---

① 霍政欣:《追索海外流失文物的国际私法问题》,载《华东政法大学学报》2015年第2期。

生。① 目前不同国家对动产和不动产的界定存在一定的差异。各个国家也都有权在其领土之内决定财产的性质，并使其产生一定的法律效力。一旦发生跨境流转，文物在不同法域的定性不同，所援引的冲突规范以及依其确定的准据法也将不同。②

这样的识别问题在跨境文物返还争议中会经常出现。细言之，在物理上可移动的某件文物，曾是一处不动产的一部分。该文物可能会被视为独立的动产，并以动产属性确定其法律适用，也可能会被视为其曾所附不动产的一部分，而依不动产属性确定其法律适用。因此，如果该文物被视为动产，那么，其所在地将会与该文物的实际位置相关，且该位置将可能改变；而如果该文物被视为不动产，那么，其所在地则仍以其曾所附不动产的位置为准，由于不动产的位置无法改变，该文物的所在地也不会发生改变。据此，一件文物被识别为动产还是不动产，直接影响到其所在地的确定，而物之所在地又通常是确定法律适用的重要依据。因此，识别问题是研究法律适用的前提性问题。③

(二) 识别问题的实践意义

1. 不同的识别认定及其后果

文物返还诉讼中的识别问题，以"阿贝格基金会诉日内瓦市及其他人案"④(以下简称"法国湿壁画案")最为典型。⑤ 该案显示了文物识别可能会导致的不同后果，不仅会影响到法律适用，也关涉到国际管辖权的确定。对管辖权问题的影响，主要是因为不少国家都有对不动产争议的专属管辖规定。需要指出的是，"法国湿壁画案"由法国法院审理，根据《法国民法典》，不动产分两类——"依性质的不动产(immeubles par nature)"(第518条)和"依目的的不动产(immeubles par destination)"(第524条)。这样特殊的不动产分类规则，其判断标准之模糊，是该案三级审理法院得出三种不同识别结论的根本原因。

---

① Wojciech W. Kowalski, *Restitution of Works of Art Pursuant to Private and Public International Law*, Collected Courses of the Hague Academy of International Law (Vol. 288), Martinus Nijhoff, 2002, p. 213.

② 何智慧：《论涉外动产物权的法律适用》，载《现代法学》2000年第4期。

③ Wojciech W. Kowalski, *Restitution of Works of Art Pursuant to Private and Public International Law*, Collected Courses of the Hague Academy of International Law (Vol. 288), Martinus Nijhoff, 2002, p. 213.

④ Fondation Abegg c. Ville de Geneve et autres (Cour de cassation française, April 15, 1988).

⑤ Lyndel V. Prott, *Problems of Private International Law for the Protection of the Cultural Heritage*, Collected Courses of the Hague Academy of International Law (Vol. 217), Martinus Nijhoff, 1989, p. 239.

"法国湿壁画案"的涉案文物为公元11世纪的壁画,原位于法国一处教堂的墙壁上。该教堂是当地某家族四位成员的共同财产。1954年,涉案壁画被人从墙壁上移走,后被该家族中的两人出售给某瑞士买家,但未经家族另两位成员的同意。该家族另两位成员获悉后,向法国佩皮尼昂(Perpignan)高等法院提起诉讼。被告瑞士购买者对法国法院的管辖权提出异议,理由是涉案壁画是动产,而根据1869年"法国瑞士公约",动产争议应由被告住所地法院管辖,因此,购买者主张应本案由瑞士法院管辖。1984年12月,蒙彼利埃(Montpellier)上诉法院驳回了这一管辖权异议,法院认定壁画不是动产,而是不动产。① 在作出这一结论的时候,法官们强调壁画本来是"依性质的不动产",但现在,如果出现了一种分离壁画的方法,可以将其从墙壁上分离出来,壁画就成为"依目的的不动产"。由于前述"法国瑞士公约"只调整动产争议,被告以涉案壁画系动产为理由的管辖权异议未被接受。

最后,被告上诉至向法国最高法院。1988年4月,法国最高法院在判决中指出,二审法院蒙彼利埃上诉法院的判决违反了《法国民法典》第524条和1869年"法国瑞士公约",因为涉案壁画以"连根拔起"的方式与墙体分离,成为动产,故依据"法国瑞士公约",案件应由被告住所地(瑞士)法院来管辖。

2. 动产与不动产划分中的文化因素

"法国湿壁画案"说明一件文化财产被定性为动产还是不动产,不仅本身是一个复杂的问题,对纠纷解决也至关重要。如该案中,一审法院认为壁画是"依性质的不动产",二审法院认为其是"依目的的不动产",三审法院最高法院则将其定性为动产。

审理该案的三级法院中,仅有蒙彼利埃上诉法院特别考虑了这些物品的文化特征,并指出"文物在当下,比以往任何时候都更易遭受劫掠",其裁决对保护历史和艺术珍品无疑有重要作用。最高法院的裁决则相对简短,并没有给出实质性的理由,但法官可能采纳了时任首席检察官卡巴纳(Cabannes)的推理:如果是依性质的不动产,那么在其被分离的情况下,它们变成了动产;而是依目的的不动产,即与现实中的不动产具有不同且独立的性质,但在其被分离后仍被视作不动产(相当于拟制的"不动产")。卡巴纳认为,依目的的不动产是法国民法典的法律拟制,这种拟制应该被严格地解释,而不是

---

① Manlio Frigo, *Circulation des Biens Culturels, Détermination de la Loi Applicable et Méthodes de Règlement des Litiges*, Collected Courses of the Hague Academy of International Law (Vol. 375), Brill, 2015, p. 160.

被延伸扩展。①

如前所述,科学技术的发展使识别的问题更加复杂化。之所以壁画被认定为不是依目的的不动产,很大一部分原因在于以前尚未出现相应的科学技术,使壁画从墙壁上脱离,人们尚未认识到需要以利益为目的进行法律拟制。尤其对于该案所涉湿壁画而言,此类画作的绘制方式是将颜料直接涂在灰泥上,从而成为建筑的一部分。在剥离湿壁画的技术被发明出来之前,湿壁画在现实中往往是无法移动的。正因为技术的发展,湿壁画与墙壁的脱离成为可能,加之湿壁画具有巨大的收藏和经济价值,湿壁画被剥离、劫掠的风险也随之加剧,保护壁画、防止流失的利益因而更加凸显。法律拟制则可以满足此时的需要,换言之,在这些案件中若依原来严格的"依性质的不动产"规则无法实现正义,因而需要依靠法律拟制,将其认定为"依目的的不动产"。"法国湿壁画案"中二审法院的裁判意见正是出于这样的考虑。② 与之相对,法国最高法院则似乎并未考虑到湿壁画在文化上应当予以保护的特别利益。

二、识别问题的解决方案

法官对争议的识别,通常根据法院地法(lex fori)进行。考虑到各国对于动产与不动产的划分并无统一的标准,这种国家间立法上的差异,导致了识别问题的复杂化。以下将简要论述若干国家在确定动产与不动产划分标准中的典型做法。

(一)依性质和依目的的不动产

如前所述,法国法律中对不动产的分类,区分了"依性质的不动产"和"依目的的不动产"。根据法条条文的理解,依性质的不动产是根据物在物理属性上或功能上能否脱离于不动产来确定的。如果在物理上可以脱离不动产,或者脱离不动产之后仍有独立的功能,那么,根据其性质,该物脱离不动产后就不再构成该不动产的一部分,而是独立的动产。依目的的不动产则是根据特定的利益考量来判断物能否脱离于不动产,对于物理上和功能上本可以脱离于不动产的物,由于某种法律利益上的考虑,即使该物已脱离不动产,法律上仍认为该物尚属于不动产的一部分,不是独立的动产,即相当于拟制的"不动产"。

这种划分方式为法国所独有,除"法国湿壁画案"外,还有两例涉及文化

---

① Lyndel V. Prott, *Problems of Private International Law for the Protection of the Cultural Heritage*, Collected Courses of the Hague Academy of International Law (Vol. 217), Martinus Nijhoff, 1989, p. 239.
② *Id.*, at 240.

财产识别问题的案例:一例是1881年"莫勒诉彼宁案",①涉案标的为某座古罗马别墅的镶嵌画地板,其被认定为"依性质的不动产",一旦被拆除后,即被认为是动产;另一例为1931年"博德共和俱乐部诉帕拉林案",②案件标的为原挂于墙上的画作,被认定为"依目的的不动产",最后法院判决应当将其归还。正如学者普洛特(L. Prott)所称,上述做法导致了一种奇怪的效果:嵌入地板的镶嵌画脱离地板可以成为动产,用于交易;悬挂墙壁的画作被取走后仍是不动产,仍可以主张"恢复原状"。③

这些法国判例导致了某种独特的效果:如果一个文化物品是一个附属于不动产的,并且有始终保持在那儿的意图,那么,这类文物就可被视为"依目的的不动产",这种文物受到的保护就更好一些。与之相对,对于"依性质的不动产"而言,其曾为不动产的组成部分,但在经人为手段从不动产上剥离后,则被视为动产。质言之,作为某个重要文化建筑一部分的文物,一旦被认定为"依性质的不动产",那么将其从建筑中分离出去,并转移至另一个国家之后,就失去了适用于其曾所附不动产所在地的法律保护。

(二)主从物

一些大陆法系国家,如波兰、德国和意大利,通过界定构成某种整体的两个对象之间的关系,来寻求合适的解决方案。其中,波兰民法的规定较为典型,分别界定了组成部分和从物两种不同属性的脱离物。一方面,对于组成部分而言,其与主物有物理或功能上的联系,必须共同构成一个合成物。根据《波兰民法典》规定,"物的组成部分是指如果不损害或实质上改变整体或被分离部分,就不能与物分离的任何部分"(第47条第2款)。另一方面,对于从物而言,"从物是指根据其目的,被另一物(主物)所需要的可移动物,如果它们与该目标有相对应的事实联系的话"(第51条第1款)。④ 一个组成部分不能成为一个独立的所有权对象,但是其脱离主体,它就成为一个独立动产,而从物脱离主物仍是从物的一部分。

在主从物的区别上,意大利民法体现了对文化财产问题的特殊考虑,界定了"装饰性"的从物。《意大利民法典》第817条中对复合物的定义,界定

---

① *Moley v. Pigne*, D. P. 82. 1. 55.

② *Cercle Républicain de Porteis v. Paraigne*, D. H. 1931. 233; S. 1931. 1. 191.

③ Lyndel V. Prott, *Problems of Private International Law for the Protection of the Cultural Heritage*, Collected Courses of the Hague Academy of International Law (Vol. 217), Martinus Nijhoff, 1989, p. 240.

④ Wojciech W. Kowalski, *Restitution of Works of Art Pursuant to Private and Public International Law*, Collected Courses of the Hague Academy of International Law (Vol. 288), Martinus Nijhoff, 2002, p. 215.

为主物与"因功能性或装饰永久附于其上的从物"。① 因此,关于复合物的合同将包括从物,除非协议双方另有明确规定。以装饰建筑物的雕塑为例,雕塑是从物,不构成建筑物的组成部分,脱离之后仍从属于主物。雕塑和所有类似的装饰元素都被归类为"从物",尽管他们通常是以类似屋顶附着房屋的方式,附着在建筑物上的。房屋和雕塑是两种不同的从物:屋顶是功能性的从物,就用途而言是房屋的不可分割的组成部分;雕塑是装饰性的从物,房子没有雕塑也可以存在,就像没有电梯、水和暖气一样,只是说房子的用处和便利就不那么方便了,但房子并没有失去房屋的特性。

(三)附着物

英国法律则以"附着物"规则来解决相关问题。即使在附着物与整体相分离的情况下,在满足特定附着程度和附着目的之条件下,附着物也可以享有与整体相同的法律属性。

1. 附着程度

在1866年"戴恩科特诉格雷戈里案"中,②英国法院认为,雕塑、花瓶和石制花园桌椅是房屋和花园等设计的一部分,即使不固定也是如此。在1895年"诺顿诉达什伍德案"中,③英国法院在分析将墙上的挂毯作为"附着物"的问题时,进一步界定了具体的标准:"首先是挂毯与不动产的附着方式与程度;其次是挂毯的性质和目的,是为了临时性目的还是永久性改善挂上去的;第三,移走挂毯后会对不动产造成的影响"。法院经过分析,考虑到"挂毯本身是用旧钉钉在墙上,长约1/2英寸⋯⋯不能从墙上拆除而不受撕裂伤害;⋯⋯挂毯是房间的主要特色之一,如果被移出房间将使房间'黯然失色'。挂毯如果被拆除的话,作为一个动产也几乎没有什么用处或价值了",因而认定挂毯构成房子的附着物。④

2. 附着目的

"戴恩科特诉格雷戈里案"中关于挂毯法律性质的争议并不是最典型的,几年之后的"李诉泰勒案"⑤更能说明问题。该案中,法院认定系争挂毯以木质内框加帆布装裱、用钉子钉在墙上、四周由固定在墙上的板条包裹,如此固定以便欣赏,因此挂毯不能被视为"配件"(fitting),而应认定为"附属

---

① Id., at 216.
② d'Eyncourt v. Gregory, (1866) LR 3 Eq 382.
③ Norton v. Dashwood, (1895) 2 Ch. 500.
④ Id., at 502.
⑤ Leigh v. Taylor, (1902) AC 157.

物"(fixture)。再如,在"兰开斯特市议会诉惠廷厄姆案"①,案件标的是一座雕像,曾置于某建筑物,后被不法转移。在兰开斯特市议会决定是否将建筑物列入文化遗产清册时,涉案雕像曾起到关键作用。对此,法院指出本案不仅要考虑附着的程度,还要考虑到附着的目的。即使是自重支撑的物体,如果它们是土地或建筑物的永久性布置之部分,那么,其也可能被认定为附着物。与之相对,即使是与土地或建筑物在物理上紧密附属的物体,也可能只是动产。②

另一起著名判例是"美惠三女神雕塑案"。该案中,雕塑起初被视为"附着物",但最终被认定为动产,并可单独出售。本案提出附着的程度是值得考虑的,但不是最重要的因素。真正起决定性的因素是雕塑与建筑物之间的关系。③ 为了确定雕塑和建筑之间的关系,时任英国环境部大臣赫塞尔廷(M. Heseltine)指出,考虑到"在画廊展出的雕塑不大可能有意成为建筑物的一部分,因此应被视为动产。(画廊)这个建筑物用来展示或'炫耀'雕塑的,而不是说雕塑是受委托制作然后安装来作为建筑物的建筑设计的一部分的。"据此,"如果一座建筑物被设计用来储藏或展示一座雕塑,作品可以被视为动产"。④

三、识别问题的新思路

考虑到文化财产的特殊性,在识别问题上应当探索新的解决方案。有学者提出,考虑到文物的特殊性,针对不同主体时,文化财产的动产/不动产属性可以不同。以"法国壁画案"为例,尽管湿壁画在物理上是已被分离且可移动的,但对于不同意转让该壁画的法国原所有者来说,壁画依然是法律上的不动产,而只能对于"善意购买人"来说,壁画才可被视为动产。但事实上,在该案中瑞士买家完全知道壁画来自哪里,而且知道有两名原所有者不同意将壁画从墙上剥离,因此其不是善意购买人,无权将其视为动产。⑤还有的学者则建议,应当放弃将文化财产区分为动产和不动产的做法,根据文化

---

① *Lancaster City Council v. Whittingham*, [unreported] High Court at Liverpool 18. 9. 1995.
② A. H. Hudson, "Historic Buildings, Listing and Fixtures", *Art, Antiquity and Law*, vol. 2, 1997, p. 181.
③ Wojciech W. Kowalski, *Restitution of Works of Art Pursuant to Private and Public International Law*, Collected Courses of the Hague Academy of International Law (Vol. 288), Martinus Nijhoff, 2002, p. 218.
④ Sara. E. Bush, "The Protection of British Heritage: Woburn Abbey and The Three Graces", *International Journal of Cultural Property*, vol. 5, 1996, p. 276.
⑤ J. F. Barbieri, "Observations", *Jurisclasseur Périodique*, vol. 1, 1989, p. 207.

财产是否是整体的一个组成部分予以考察,而不应基于其是否已被剥离,或是否具有(不)可移动性而享有不同的保护。①

第二节 传统的法律适用规则——"物之所在地法"

一、"物之所在地法"的含义

在解决了识别问题以后,如何通过法律适用规则确定准据法,是跨境文物返还诉讼另一个核心问题。考虑到跨境文物返还争议主要是动产物权纠纷,②这里集中讨论动产物权的法律适用规则。

目前,各国在解决涉外动产物权纠纷时,普遍遵循"物之所在地法"规则。在普通法国家,英国、美国一直沿用这一规则。正如一位英格兰法官所说:"物之转让必须适用'物之所在地法',我想,没有人会对这一原则抱有怀疑"。③ 大陆法国家大多也均将"物之所在地法"作为动产所有权争议的基本冲突规则。④ 这套规则被采用之广泛,以至于国际私法中的"反致"在这个问题上已失去实际意义,或者至少其作用已变得相当有限。⑤

尽管如此,对何为"物之所在地法",并不存在统一的理解。不动产无法移动,其所在地自然容易确定。但是,动产是可移动的,在不同的时间点,其地理位置可能变化,甚至可能在多个法域转移。动产的"所在地"应当如何确定,是问题的关键。对于动产而言,其"所在地"包括交易所在地、诉讼时所在地等情形。即使是交易所在地,也往往因为交易具有多个环节而涉及多个地点,如签约时所在地、交付时所在地、付款时所在地等。因此,对"所在地"的合理解释,是适用"物之所在地法"的前提。⑥

英国、美国及其他大多数国家倾向于适用交易时的"物之所在地法",当案涉交易所在地仅有一处时,确定物之所在地没有问题。但若存在数个交易

---

① Gerte Reichelt, "International Protection of Cultural Property", *Uniform Law Review*, vol. 43, 1985, p. 99.
② 在有的国家或地区,跨境文物返还诉讼也可以是侵权之诉,如英美法下的"动产侵占之诉"(conversion)等。对此不作展开。关于"动产侵占之诉"的内容,参见第三章第二节之"诉的利益"讨论。
③ 霍政欣:《追索海外流失文物的法律问题》,中国政法大学出版社2013年版,第82页。
④ Patricia Y. Reyhan, "A Chaotic Palette, Conflict of Laws in Litigation between Original Owners and Good Faith Purchasers of Stolen Art", *Duke Law Journal*, vol. 50, 4, 2001, p. 1013.
⑤ Dominique Bureau and Horatia M. Watt, *Droit International Privé* (Tome 2), Presses Universitaires de France, 2017, p. 52.
⑥ 高升、李厂:《文物所有权争议中的法律选择规则》,载《西部法学评论》2017年第4期。

地点,此时应适用何地法律,各国的做法有所不同。英国等国家通常以末次交易地法为准;美国的做法则是溯及第一次交易时,以确定第一购买人在交易中是否获得有效所有权。① 此外,还有法国等少数国家适用提起诉讼时的"物之所在地法",而不考虑物在之前的流转中经过哪些地点,这使得对物之所在地的确定更加简单。由此可见,"物之所在地法"已基本得到普遍认可,区别只是以何时的"所在地"为准。

(一)"物之所在地法"之诉讼时物之所在地

如前所述,法国等少数国家采用的是诉讼时物之所在地原则。以"斯特罗甘诺夫-谢巴托夫诉邦西蒙案"为例,②原告祖先的文物在1918年俄国革命中被俄罗斯收归国有,1931年当时的苏维埃政府在柏林将其出售。当这些文物进入法国时,原所有者的最后一位继承人决定在法国法庭起诉,向买家追回涉案文物。该案中,交易时文物所在地为德国,但受理本案的法国法院明确指出,本案的准据法应为诉讼时文物所在地的法律,即法国法。除此之外,法国最高法院也在"D. I. A. C. 协会诉奥斯瓦德案"(以下简称"奥斯瓦德案")中,③对"物之所在地法"做出了同样的解释,适用了诉讼时物之所在地法——法国法。

(二)"物之所在地法"之交易时物之所在地

在英、美及其他大多数国家,对"物之所在地法"倾向理解为"交易时物之所在地法",著名的"温克沃思诉佳士得、曼森及伍兹公司案"(以下简称"温克沃思案")就是典型一例。④ 该案中,涉案文物是一套珍贵的日本微雕挂件,原由英国收藏家威廉·温克沃思(William Winkworth)所藏。20世纪70年代中期,这套微雕挂件在温克沃思位于英格兰的住所中被盗,随后被运至意大利,并由一位不知情的意大利藏家达诺(D'Annone)购得。1977年,达诺将涉案挂件带回英国,并交伦敦的佳士得公司拍卖。温克沃思获悉后随即向伦敦法院提起诉讼,要求佳士得停止拍卖,并要求藏家达诺归还被盗的挂件。英国法院最终裁定案件应适用意大利法,被告达诺据此已取得挂件的所有权,因此驳回了原告的诉讼请求。值得注意的是,英国法官在审理中,区分了"交易行为地法"(lex loci actus)和"物之所在地法"(lex situs),并最终决定

---

① Lyndel V. Prott, *Problems of Private International Law for the Protection of the Cultural Heritage*, Collected Courses of the Hague Academy of International Law (Vol. 217), Martinus Nijhoff, 1989, p. 264.
② *Stroganoff-Scherbatoff v. Bensimon*, (Cour de cassation française, May 3, 1973).
③ *Société D. I. A. C. v. Alphonse Oswal*, 60 Rev. crit. de dr. int. privé (1971), 75.
④ *Winkworth v. Christie Manson and Woods Ltd. and Another*, [1980] 1 ER (Ch) 496, [1980] 1 All ER 1121.

适用末次交易时物之所在地法——意大利法。① 这直接造成原告无法追回其藏品,因为根据意大利法律,被告作为善意购买人已取得物的所有权。

类似地,美国法院在"埃里克封案"中,②也同样适用了交易时物之所在地。③ 被告埃里克封于1946年在美国购得两幅画作,事后得知系德国画家丢勒的作品。事实上,涉案画作是德国魏玛博物馆于1945年被盗的藏品。1969年,德意志联邦共和国和魏玛博物馆在纽约提起诉讼,要求持有人埃里克封归还画作。在法律适用的问题上,原告主张适用纽约州法,要求持有人返还被盗画作。被告则主张适用德国法,维护其作为善意购买人的所有权。美国法院根据"物之所在地法"原则,适用了交易时物之所在地法——美国法。最终,法院根据美国法,支持了原告的诉讼请求,判令被告将画作返还给魏玛博物馆。本案是跨境被盗文物返还诉讼的代表性案例,原所有权人得以从善意购买人处追回被盗物,且无需要赔偿。④ 在近年来的文物返还诉讼中,如2007年"伊朗诉伯瑞案"等,⑤均可发现交易时物之所在地法规则,仍为普通法国家所普遍采用。

二、"物之所在地法"的缺陷

不可否认,作为动产物权纠纷的传统冲突规范,"物之所在地法"尽管有简单、客观、确定性等优点,但其也存在诸多弊端。⑥ 尤其在文化财产领域,对于文物的保护和非法流失文物的追索而言,"物之所在地法"的内生性缺陷会带来不容小视的消极后果。

---

① Lyndel V. Prott, *Problems of Private International Law for the Protection of the Cultural Heritage*, Collected Courses of the Hague Academy of International Law (Vol. 217), Martinus Nijhoff, 1989, p. 263.
② *Kunstsammlungen zu Weimar v. Elicofon*, 478 F. 2d 231 (2d Cir. 1973); 536 F. Supp. 829 (E. D. N. Y. 1981); aff'd, 678 F. 2d 1150 (2d Cir. 1982).
③ 有关"魏玛艺术展览馆诉埃里克封案"的详细案情,参见第三章第二节之"诉的能力"讨论。
④ 郭玉军、靳婷:《被盗艺术品跨国所有权争议解决的若干问题研究》,载《河北法学》2009年第4期。
⑤ *Islamic Republic of Iran v. Berend*, [2007] EWHC 132 (QB). 在该案中,被告德尼斯·伯瑞(Denyse Berend)于1974年在纽约一场拍卖中通过中介购得一件公元前5世纪的伊朗浮雕,浮雕当时位于法国。同年底,伯瑞在巴黎实际占有了该浮雕,此后30年浮雕一直悬挂于其巴黎寓所。2005年,伯瑞拟在英国拍卖涉案浮雕,伊朗政府获悉后在英国向其提起文物返还之诉。英国法院在审理中,适用了交易时"物之所在地法"——法国法,并且拒绝了原告伊朗政府要求法院依据反致适用伊朗法的主张,最终驳回了原告的返还请求。See Derek Fincham, "Rejecting Renvoi for Movable Cultural Property: The Islamic Republic of Iran v. Denyse Berend", *International Journal of Cultural Property*, vol. 14, 1, 2007, pp. 111~120.
⑥ Janeen M. Carruthers, *The Transfer of Property in the Conflict Of Laws: Choice of Law Rules in Inter Vivos Transfers of Property*, Oxford University Press, 2005, pp. 194~200.

(一)缺乏可预期的裁判结果

在当代的被盗文物返还诉讼中,"物之所在地法"仍是大多数国家法院普遍适用的冲突规则。但是,应该看到"物之所在地法"这样的硬性冲突规则没有考虑法律选择的后果,有时会导致原所有者和善意购买人都不能对案件进行准确的评估,从而损害法律适用结果的稳定性,导致交易处于不确定状态,削弱了市场活动的效率,造成一定程度上的不公正。①

将"物之所在地法"原则适用于跨境文物返还争议,可能会导致不可预测、矛盾任意的结果。因为诉讼的结果取决于冲突规则指向的准据法。根据"物之所在地法",就会发生以下情况:如果某人在 B 国买卖从 A 国被盗的文物,那么,根据 B 国的法律,在一定条件下被盗物的所有权转移至善意购买人之后,原所有人的所有权就丧失了。由于大陆法国家和普通法国家之间在实体法和程序法问题上的法律差异,即使文物返还之诉的案情相似,但可能会因物之所在地不同而导致案件适用不同国家法律,得出完全不同的结果。

前述提及的"温克沃思案"就是典型例证。英国法院根据"物之所在地法"适用了意大利法,直接造成原告无法追回其藏品的后果,究其原因在于意大利法律倾向于保护善意购买人的所有权。但是,若英国法院也同法国一样,以诉讼时物之所在地来确定适用的法律,那么,准据法就是英国法,根据普通法上"自己无有者,不能与人(nemo dat quod non habet)"原则,即便是最善意的购买人,也不能从窃贼那获得被盗物的所有权。如此,原告的文物返还请求反倒能够获得支持。

除此之外,物之所在地的"所在地"难以确认,"首次交易时物之所在地""末次交易时物之所在地""诉讼时物之所在地"等在不同的国家都或可成为确定准据法的连结点。这一情形不仅有利于文物"漂洗",而且对所有权问题也增加了很大的不确定性。因为在当代文物市场,许多交易可能涉及国际长途运输,当这件文物返还争议产生后,很难知道交易发生时文物处在哪个法域。②

由此可见,"物之所在地法"规则并不能保证可预期的法律适用,这对文物返还之诉造成较大障碍。在文化财产争议中,交易的结果取决于冲突规则所指向的实体法,因此严格适用"物之所在地法"并不能保证交易安全,反而

---

① 郭玉军、靳婷:《被盗艺术品跨国所有权争议解决的若干问题研究》,载《河北法学》2009 年第 4 期。

② Lyndel V. Prott, *Problems of Private International Law for the Protection of the Cultural Heritage*, Collected Courses of the Hague Academy of International Law (Vol. 217), Martinus Nijhoff, 1989, p. 246.

对文物艺术品市场的参与者来说,增加了不确定性。

(二)间接助长文物漂洗

由于各国法律在善意取得、时效制度等问题上的差异之大,文物非法贩运者们极可能操纵"物之所在地法"的连结点,以便选择到法律对其有利的国家进行文物交易,从而使该交易行为获得法律效力,以此达到"文物漂洗"的目的。① 由此,"物之所在地法"规则极易被滥用,进而间接助长文物漂洗。

细言之,世界各国关于财产所有权的法律冲突十分明显。大陆法系更注重保护商业交易安全,因此其法律更侧重对善意购买人的保护。并且,通常这种"善意"是推定的,即持有人被推定为善意,除非追索方能证明其是非善意的;法定时效期限一届满,即使是被盗物,购买人也可以获得有效的所有权,从而导致原所有者失去追回原物的权利。② 这种做法是为了保护善意购买者的权利,体现法语古谚"占有动产者,取得所有权"(*en fait de meubles, la possession vaut titre*)。而与之相对,普通法国家通常遵循的是"自己无有者,不能与人"原则。根据这一原则,善意购买者购得被盗物的事实并不能消灭原所有者的所有权,购买者既不因此获得有效的所有权,也没有获得赔偿的权利。因此,在普通法国家,原所有者仍享有被盗财产的所有权,无论第三方是以善意或不善意的方式购买的。这意味着,被盗文物的购买者,无论其善意与否,都容易遭遇原所有者提起的返还主张。

在跨境文物争议中,"物之所在地法"规则间接助长了珍贵文物的非法贩运。文物可以在不同的法域间移动,其所有权不停转移,而不用与交易所在地发生实质关系。③ 基于不同国家实体私法的巨大差异,文物走私贩只需通过选择在允许对被盗物善意取得的国家出售文物,就有可能"漂洗"非法获得的文物。这种文物漂洗的机会,不仅为故意违法的交易者(如文物盗窃者、走私贩或恶意的购买人)所青睐,也为那些对文物来源存有怀疑、但不愿去确认的交易者留下"疏忽"的空间,使其避免被认定为"明知或应知存在潜在的所有权瑕疵"。④

(三)不利于文物保护

"物之所在地法"规则不仅会让文物交易者不道德地利用各国善意取得

---

① 霍政欣:《追索海外流失文物的法律问题》,中国政法大学出版社2013年版,第85页。
② See Art. 1153 of the Italian Civil Code and Art. 2276 of the French Civil Code.
③ Mara Wantuch-Thole, *Cultural Property in Cross-Border Litigation: Turning Rights into Claims*, Walter de Gruyter GmbH & Co KG, 2015, p. 236.
④ Lyndel V. Prott, *Problems of Private International Law for the Protection of the Cultural Heritage*, Collected Courses of the Hague Academy of International Law (Vol. 217), Martinus Nijhoff, 1989, p. 264.

的立法差异,也会让文物脱离其原属国的法律保护,从而对文化遗产的保护造成不利影响。文物原属国的立法通常会对文化遗产给予特殊的保护,但如果这些法律在跨境文化财产争议中无法成为准据法,则无法发挥实际作用。尽管作为准据法的外国法有时也有类似的文物保护措施,但主要还是保护其本国文物。因此,尽管文物来源国采取了各种措施来控制文物流通、防范文物流失,文物一旦流失海外,这些措施就形同虚设。有时当一件文物在其他国家完成"漂洗"后,该文物甚至还可以重新进入其来源国,原所有者却无法追回,恰如前述的"温克沃思案"。

类似的问题也反映在不少跨境文物返还争议中。以"弗里亚斯诉毕雄案"(以下简称"毕雄案")为例,①案件标的是一件银制圣礼容器,根据文物来源国(西班牙)的法律规定,涉案银器是不可转让的文物。但在审理中,法国法院适用法国法,保护了法国的善意购买者,驳回了原所有者的返还请求。同样地,在"法国诉德·康特西尼与意大利文化财产与环保部案"(以下简称"康特西尼案")中,②系争文物是一件从法国里昂一处公共建筑中被盗走的挂毯,且依据法国法属于不可转让的文物。在该案中,意大利法院适用意大利法,同样保护了意大利的买家。这里的三个国家(法国、西班牙和意大利)都有对文物的特别保护立法,以确保被盗文物或不可转让文物的购买者无法在该国取得有效的所有权。但由于"物之所在地"规则的滥用,导致文物来源国对文物的保护形同虚设。

由此可见,适用"物之所在地法"可能会助长非法的文化财产贸易,并且遏制来源国文物保护性立法的适用。甚至,即使法院地国提供了与文物来源地相同或者相似的文物保护,也可能被非法贩运者规避。③

第三节 法律适用规则的发展与突破

一、理论发展:替代性冲突规范

文物不同于一般的动产,因其文化上的特殊价值,本应受到法律的特别

---

① *Duc de Frias v. Baron Pichon*, Tribunal civil de la Seine, 17 April 1885, 1886 Clunet 593.
② *Stato Francese v. Ministero Italiano per I beni culturali e ambientali e De Contessini*, Decision of the Tribunal of Rome on 27 June 1987; Court of Appeal in Rome on 6 July 1992; Court of Cassation (Sez I) 24 November 1995, No. 12166.
③ Lyndel V. Prott, *Problems of Private International Law for the Protection of the Cultural Heritage*, Collected Courses of the Hague Academy of International Law (Vol. 217), Martinus Nijhoff, 1989, p. 265.

保护,确立一套特殊的法律适用规则。但纵观世界各国立法,普遍没有将文物与一般动产区分而单独设立规则,而是等同视之,采用传统的"物之所在地法"规则。①

如前分析,跨境文物争议适用"物之所在地法"可能会产生不确定性,导致不可预测和不公正的结果。这种不尽如人意的结果往往因目前的各国实体法差异造成。② 此外,文物可以通过跨法域的移动,在与其没有任何文化或历史关联的国家发生多次的权属转移,"物之所在地法"规则因此可以为盗贼、走私者和不诚实文物交易者所利用,方便其从事非法文物交易。③正是出于这些原因,理论界开始呼吁建立一套仅适用于文化财产的特殊法律适用规则,并讨论了对文化财产案件,排除适用"物之所在地法"的替代性补救措施。

在讨论"物之所在地法"的替代性规范时,有必要简要回顾一下"温克沃思案"。该案中,原告温克沃思曾向法院提出有必要考虑适用"物之所在地法"的例外,其主张如果案件标的是被盗物,或是在原所有者不知情或不同意的情况下被非法转移出境的财产,在另一个国家出售后,然后返回到其被盗地所在国,此时就应以公共政策为由,排除"物之所在地法"规则的适用。④ 当然,英国法官并没有按照原告的意见排除适用"物之所在地法"。不过,这一案例成为我们探讨在"物之所在地"之外,寻求替代性冲突规范的起点。

(一)替代性冲突规范:最密切联系原则

在确定准据法时,适用最密切联系原则,是指适用与法律关系具有更密切联系的法域的法律。一些国家通过引入"最密切联系原则",为排除传统的"物之所在地法"留下空间。尽管这些国家仍旧视"物之所在地法"为首要的冲突法规则,但通过"最密切联系原则",有可能适用与争议有更密切联系的国家的法律。

1. 最密切联系原则的引入

最密切联系原则是当今国际私法的重要理论,赋予了传统规则弹性的适用空间。这一原则的运用有助于改善原有僵化的法律选择规则,促使准据法

---

① 高升、李厂:《文物所有权争议中的法律选择规则》,载《西部法学评论》2017年第4期。
② Symeon C. Symeonides, "A Choice-of-Law Rule for Conflicts Involving Stolen Cultural Property", *Vanderbilt Journal of Transnational Law*, vol. 38, 2005, p. 1187.
③ Mara Wantuch-Thole, *Cultural Property in Cross-Border Litigation: Turning Rights into Claims*, Walter de Gruyter GmbH & Co KG, 2015, p. 237.
④ *Winkworth v. Christie, Manson & Woods Ltd.* [1980] 1 All ER 1121, 1136, at 1133~1134.

的选择更加科学和灵活,从而利于实现实体法上的正义。最密切联系原则已开始备受青睐,并被大多数国家规定于立法之中,特别是在合同和侵权领域,以增加法律适用上的灵活性。① 在文物返还领域,为解决严格适用"物之所在地法"的弊端、实现个案公正,同样可以将最密切联系原则适用于跨境文物返还争议。②

适用最密切联系原则,首先要确定"具有更密切联系"的国家。一般而言,在文物返还争议中,"具有更密切联系的国家"是指文物遭盗窃、盗掘或非法出口的国家,或将文物指定为对其具有重要文化、历史或象征意义的文化遗产的国家。最密切联系原则的适用通常须基于一定的前提,即仅当"物之所在地法"是与案件没有关联或仅有极少关联的法律时,方可适用具有更密切联系的法律。换言之,"物之所在地法"被推定为与系争法律关系具有最密切的联系,但如果个别案件的事实指向了一个不同的但具有更密切联系的法域时,这个推定就可以被驳回。

将最密切联系原则运用于跨境文物返还诉讼时,需要考虑的联系因素主要有争议文物来源地、交易所在地、当事人所在地和文物现在所在地等,法官应通过综合分析案件具体情况,确定最密切联系地。最密切联系原则目前已适用于某些国家的跨境文物返还诉讼中,如第三章讨论过的"哥德堡案"。③

在"哥德堡案"中,被告哥德堡主张基于"物之所在地法"规则,本案应适用瑞士法,而根据《瑞士民法典》第714条关于"善意取得被盗物"的规定,被告已经取得涉案镶嵌画的所有权。

对此,美国法院指出,根据"最密切联系原则",案件应适用印第安纳州法,因为印第安纳州法与该案具有最密切联系——印第安纳州不仅是被告住所地,还是涉案文物所在地,并且涉案文物交易约定适用的法律也是印第安纳州法。至于瑞士,除了作为交易时"物之所在地"外,与系争法律关系并无其他联系。④ 此外,美国法院在裁判说理中还运用了比较法论证:即便适用

---

① 宋晓:《当代国际私法的实体取向》,武汉大学出版社2004年版,第122页。
② Gerte Reichelt, "International Protection of Cultural Property", *Uniform Law Review*, vol. 13, 1, 1985, p. 91.
③ *Autocephalous Greek-Orthodox Church of Cyprus and The Republic of Cyprus v. Goldberg & Feldman Fine Arts, Inc. and Peg Goldberg*, 717 F. Supp. 1374 (S. D. Ind. 1989), aff'd, 917 F. 2d 278 (7th Cir. 1990), reh'g denied, No. 89-2809, 1990 U. S. App. LEXIS 20398 (7th Cir. Nov. 21, 1990), stay vacated by 1991 U. S. Dist. LEXIS 6582 (S. D. Ind. May 3, 1991) (ordering judgment entered for plaintiffs), cert. denied, 502 U. S. 941 (1991), reh'g denied, 502 U. S. 1050 (1992).
④ *Autocephalous Greek-Orthodox Church of Cyprus and The Republic of Cyprus v. Goldberg & Feldman Fine Arts, Inc. and Peg Goldberg*, 917 F. 2d 278 (7th Cir. 1990), at 287.

瑞士法的话,瑞士的冲突法规则也会适用有关"在途物"的特别规定,对在途物适用目的地法。换言之,依照瑞士法,因为涉案镶嵌画被存储在日内瓦机场的免税港,属于"在途物",因此应适用其目的地法,即本案的印第安纳州法。① 需要注意的是,尽管美国法院将印第安纳州法作为最密切联系地法,但是以文物中心的角度来考察,与涉案镶嵌画有最密切联系的法域应当是其原属国塞浦路斯。

2. 最密切联系原则的评析

"哥德堡案"暴露了在个案中运用最密切联系原则处理文化财产纠纷时的一个重大缺陷——任意性。在该案中,正好作为准据法的印第安纳州法有利于原告,被盗的镶嵌画因此得以顺利归还给其原属国塞浦路斯,但并非每案都能如此。如果在运用最密切联系原则时,法院被赋予过大的自由裁量权,那么,这样的冲突规范极易被操作,在实践中很可能只是为了实现法院所追求的裁判结果,而不一定考虑到文物的特殊性,以适用真正与之具有最密切联系因素的法律。

正如在"哥德堡案"中,与系争法律关系具有更密切联系的法域应该是塞浦路斯,而非印第安纳州,主要基于如下几点理由:首先,被告的住所地在印第安纳州这一事实,并不比原告的住所地在塞浦路斯更具有权衡分量。原告有充分的理由要求获得其住所地国(塞浦路斯)文物保护相关法律的保护,而非适用被告住所地(印第安纳州)的法律,尤其是在与交易相关的任何事实或行为都没有发生在印第安纳州的情况下。② 其次,与被盗时文物所在地(塞浦路斯)相比,诉讼时文物所在地(印第安纳州)与系争法律关系的联系并不当然更密切,尤其是考虑到涉案镶嵌画已固定在塞浦路斯的教堂长达1400多年,成为教堂不可或缺的一部分,是塞浦路斯的重要文化遗产。最后,印第安纳州法作为法院地法这个事实本身,也并不当然使其与争议具有更密切联系。当然,印第安纳州也不是完全不可能具有更密切联系,但前提是需要其他真正反映更密切联系的因素存在,比如假设财产已经位于印第安纳州相当长一段时间等。

此外,最密切联系原则赋予法官较大的自由裁量权,还会造成因不同法官对同一案件的"最密切联系地"的理解不同,法律适用的可预测性被大大

---

① *Autocephalous Greek-Orthodox Church of Cyprus and The Republic of Cyprus v. Goldberg & Feldman Fine Arts, Inc. and Peg Goldberg*, 717 F. Supp. 1374, (S. D. Ind. 1989), at 1393~1395.

② Symeon C. Symeonides, "On the Side of the Angels: Choice of Law and Stolen Cultural Property", in: Jürgen Basedow et al. (eds.), *Private International Law in the International Arena*, T. M. C. Asser Press, 2000, p. 753.

削弱。细言之,适用最密切联系原则往往缺乏明确的指引和标准,法院地法官通常会选择适用其熟悉的法院地法,特别是当诉讼一方当事人从情感上值得同情或法院地有强烈的利益需求时更是如此。① 例如,在"巴卡拉诉瓦夫拉案"中,②一审法院美国纽约南区法院法官指出,瑞士作为交易所在地,与本案的联系程度要高于文物现在所在地纽约,因此应适用瑞士法。但在二审中,第二巡回上诉法院法官则认为,纽约州与本案的联系程度要高于瑞士,并且援引"哥德堡案"认为瑞士仅是偶然的联系地,故应适用纽约州法。③ 瑞士与纽约州的法律制度存在明显差异,法律适用的不同可能直接导致完全相反的结果。

总体来看,最密切联系原则旨在提供一种弹性空间较大的冲突规范,从而避免传统"物之所在地法"规则的僵化性,以便更好地利用冲突规范来遏制非法文物贩运。④ 然而,最密切联系原则的不确定性、结果倾向性等缺点往往导致该目的难以实现;⑤而倘若对其加以不适当的限制,又会导致最密切联系原则陷入有名无实的结果,偏离其应有的本意。因此,适用灵活的最密切联系原则并不比适用严格的"物之所在地法"更完美,该原则也不能被作为一个可靠的替代性冲突规范,以实现阻止非法贩运文物之目的。在文物追索诉讼中还需要继续寻找更适当的法律选择规则。

(二)替代性冲突规范:文物原属国法

"文物原属国法(lex originis)"规则,即适用系争文化财产的文物原属国法律,是另一个颇受关注的替代性冲突规范。所谓"文物原属国",这里借用国际法学会在1991年"从文化遗产角度关于国际艺术品买卖的决议"(以下简称"巴塞尔决议")中所作的界定,⑥系指"从文化角度来讲,与相关文物最为紧密的国家"。⑦ 许多学者都提出,文化遗产对人类社会的重要性足以超

---

① Symeon C. Symeonides, "Result-Selectivism in Conflict Law", *Willamette Law Review*, vol. 46, 2009, p. 5.
② *Bakalar v. Vavra*, 550 F. Supp. 2d 548 (S. D. N. Y. 2008); vacated and remanded, 619 F. 3d 136 (2d Cir. 2010); on remand, 819 F. Supp. 2d 293 (S. D. N. Y. 2011), aff'd, No. 11-4042 (2d Cir. N. Y. Oct. 11, 2012), reh'g denied, No. 11-4042 (2d Cir. N. Y. Dec. 28, 2012).
③ *Bakalar v. Vavra*, 619 F. 3d 136, 143(2d Cir. 2010).
④ 胡梦如:《试析涉外文化财产所有权争议中的法律适用问题》,载《河南财经政法大学学报》2014年第4期。
⑤ Christa Roodt, "Keeping Cultural Objects 'in the Picture': Traditional Legal Strategies", *Comparative and International Law Journal of Southern Africa*, vol. 27, 3, 1994, p. 336.
⑥ Resolution on the International Sales of Works of Art from the Angle of Cultural Heritage (the "Basel Resolution"), Institute of International Law (ed.), Yearbook, 64, Part II (Paris 1992) 402.
⑦ *Id.*, Art. 1 (1) (a).

过那些支持"物之所在地法"的政策原因。① 文化财产值得享有与普通商品的不同待遇,原属国对其文物享有最合法的利益诉求,因此,应将文物原属国法作为跨境文化财产争议的准据法。

1."文物原属国法"规则的提出

1991年,国际法学会在巴塞尔会议上通过了"巴塞尔决议"。该决议第2条规定:"作为原属国文化遗产的艺术品的所有权转移应当适用该原属国的法律"。据此,对于某些重要文物,如已登记在册或以其他方式列为一国文化遗产的文物,有关其所有权转移的法律适用,以"文物原属国法"取代了传统的"物之所在地法"。对于"文物原属国法"的判断,以最密切的"文化联系"为标准。至于具体如何判定"文化联系",该决议并未论及。②

"文物原属国法"不仅适用于被盗文物的返还争议,还可以适用于非法出口文物的返还争议。换言之,即使涉及文物出口管制法,"文物原属国法"也是适用的。这规定在"巴塞尔决议"第3条:"文物原属国法关于文物出口的规定应当适用"。根据该条,决议的起草者们希望确保一国的出口管制法能够有域外适用的效力。③但即便有这一条,一国法院仍可能面临是否适用外国出口管制法这样的外国公法的问题,而这与传统的"外国公法不适用原则"是背道而驰的。④

如果将"文物原属国法"规则运用到前述提及的"温克沃斯案"和"康特西尼案",两起案例均可得出有利于原所有主追索的裁判结果,这与原本适用"物之所在地法"规则的结果截然相反。细言之,如果在"温克沃斯案"中运用"文物原属国法"规则确定准据法,那英国法院就应适用英国法。依据英国法,对于被盗物,除非符合"公共市场规则(market overt rule)"的例外情形,原则上不存在善意取得的问题,原所有者也因此极可能追回被盗的文物。

---

① See Erik Jayme, *Narrative Norms in Private International Law-The Example of Art Law*, Collected Courses of the Hague Academy of International Law (Vol. 375), Brill, 2014, pp. 36~39; Derek Fincham, "How Adopting the *Lex Origins* Rule Can Impede the Flow of Illicit Cultural Property", *Columbia Journal of Law and the Arts*, vol. 32, 2008, pp. 111~150.

② Erik Jayme, "Protection of Cultural Property and Conflict of Laws: The Basel Resolution of the Institute of International Law", *International Journal of Cultural Property*, vol. 6, 2, 1997, pp. 376~378.

③ Kurt Siehr, "The *Lex Originis* for Cultural Objects in European Private International Law", in: Gabriella Venturini and Stefania Bariatti eds., *Nuovi strumenti del diritto internazionale privato, New Instruments of Private International Law, Nouveaux instruments du droit international privé*, Giuffrè, 2009, p. 881.

④ 关于"外国公法不适用原则"传统理论和外国公法的效力问题,会在第五章"文物中心原则下外国公法的效力"展开讨论。

类似的,如果在"康特西尼案"中运用"文物原属国法"规则,那意大利法院就应适用法国法。若依据法国法,被盗挂毯是法国国家遗产的一部分,未经政府许可不得转让给任何人,因此,意大利法院也极可能不得不要求被告将被盗挂毯归还给法国。

值得注意的是,巴塞尔决议虽是不具有法律约束力的"软法",但其可作为具有说服力的权威依据。事实上,巴塞尔决议也确实直接影响了比利时在制定新国际私法典时,设立以"文物原属国"为核心连结点的文物争议冲突规则。

2. "文物原属国法"规则的评析

在讨论"文物原属国法"是否应取代"物之所在地法"传统规则时,目前理论界和实务界尚未达成一致观点,其分歧主要体现在以下三方面。其一,文物的"原属国"可能难以确定。文物原属国是与文物在文化意义上联系最紧密的国家。这个表达似乎含义明确,但"文化联系"具体所指实际并不清晰,譬如,这里可能是作品的创作地、创作者的出生地、委托创作者或作品雇主的住所地,也可能是文物的最长存放地(由于保存时间较长,从而使其成为反映该地区社会品味和审美需求的文化遗产的一部分)。即使是"文物发现地"这一看起来相对清晰的界定,在实际中也难以操作。以地下或水下考古类文物为例,或由于年代过于久远,或因秘密盗掘致使考古信息大量遗失,文物的出土时间和地点无法确定,这导致要求适用"文物原属国法"的现代国家难以举证,善意购买人也难以查明。其二,某些情况下,"文物原属国法"并不能保证系争文化财产的归还,"物之所在地法"反而可能提供更有效的保护。其三,"文物原属国法"可能会妨碍被盗物善意购买人的权益。这也是目前为止,除了比利时外,其他大多数国家都拒绝适用"文物原属国法"的原因。

尽管"文物原属国法"规则可能存在若干不足,但考虑到文物的文化特性以及其对人类文明的重要性,在确定文化财产争议的法律适用时,文物原属国法仍有必要优先适用,作为文物所有权争议的准据法。[①]

文化遗产对于人类社会的重要性足以超越那些支撑"物之所在地法"规则背后的政策价值取向,如保护交易安全、保护善意购买人等。文物来源国与文物具有最密切联系,也具有合法正当的利益以请求适用该国法律来确定

---

① Georges AL. Droz, "The International Protection of Cultural Property from the Standpoint of Private International Law", in: *International Legal Protection of Cultural Property*, proceedings of the Thirteenth Colloquy on European Law, Delphi, 20—22 September 1983.

该国文物的所有权。① 那些支持"物之所在地法"规则的常见理由对于文物争议来说并不适用,因为文物对于人类文明的价值之高,不是一般财产所能比拟的。② 也正是基于此,部分国家的国内法和国际文件已尝试协调在此领域的冲突法,并采用以文物原属国作为文物争议冲突规范的核心连结点。下文将展开讨论的"比利时模式"与"欧盟模式",为我们探索以文物原属国法为核心的替代性冲突法规则,提供了良好的研究范本。

二、立法尝试:以文物原属国法为核心

(一)被盗文物的法律适用

通过近年的国际私法法典化编纂,比利时成为首个也是目前唯一一个采用特殊的冲突规则解决被盗文物争议的国家。依此"比利时模式",对包括被盗文物在内的所有被盗财产纠纷,原所有者可选择适用"原属国法"和"物之所在地法"。

2004年《比利时国际私法典》确立了适用于被盗财产的一般冲突规则,其第92条"被盗财产的法律适用"规定:"依原所有者的选择,对被盗财产的索赔适用盗窃发生时财产所在地国的法律,或者适用索赔请求提起时财产所在地国的法律。但是,如果盗窃发生时,财产所在地国的法律没有对善意购买人提供任何法律保护的,那么,该善意购买人可以援引索赔请求提起时财产所在地国的法律给予其的法律保护"。③

在"比利时模式"下,原所有者可以在"文物原属国法(被盗地国)"和"(请求归还时)物之所在地法"之间选择。对于善意购买人的补偿问题,"物之所在地法"也有候补适用的可能。第92条这一冲突规则可以理解为传统财产争议适用"物之所在地法"原则的例外规定。

值得注意的是,"比利时模式"的冲突规则适用于所有的被盗物,而非专门适用于被盗文物的特别规定。这样的好处是避免了区分文物和其他财产的困难。在此模式下,购买人若想在国际贸易中善意取得某动产,只能在"物

---

① Symeon C. Symeonides, "A Choice-of-Law Rule for Conflicts Involving Stolen Cultural Property", *Vanderbilt Journal of Transnational Law*, vol. 38, 2005, p. 1187.
② Derek Fincham, "How Adopting the *Lex Origins* Rule Can Impede the Flow of Illicit Cultural Property", *Columbia Journal of Law and the Arts*, vol. 32, 2008, p. 111.
③ 《比利时国际私法典》,第92条。

之所在地法"和原属国法都规定了善意取得时才可以。①

对于"比利时模式"的被盗文物冲突规则,有评论者认为规定太过复杂,对文物艺术品交易来说负担太重,毕竟没人能清楚知道一件财产是不是被盗物。即使交易者能确定为被盗物,也难以确定被盗地在何处。按照比利时的立法,国际文物贸易中适用善意购买的可能会降低,该行业的风险则随之升高。然而,德国学者希尔(K. Siehr)对此指出,国际文化财产法必须做出选择,"到底是要尽力制止跨境文物漂洗,还是要取悦文物艺术品交易这个行业,因为在纽约、伦敦等大拍卖行,非善意的购买者随处可见"。②

总体而言,这项新的立法模式偏离了传统的法律选择方法,即在不考虑法律适用结果的情况下,根据法律关系的性质选择适用的法律。③ 从实证主义的视角出发,比利时的立法设计是在出现让人不能接受的法律适用结果时,排除该法律的适用,体现的是对实体法上的正义,而非冲突法上的正义的追求。④

(二)非法出口文物的法律适用

在涉及非法出口文物的法律适用中,国际社会也在不断探索更为合理的替代性冲突规范,当前出现了两种模式——比利时模式和欧盟指令模式。

1. 比利时模式

根据《比利时国际私法典》第90条的规定,"如果某物被一国认为是其文化遗产的一部分,并以依该国当时的法律被认为是非法的方式,离开了该国国境的,那么,对该国提请的文物返还争议,适用该请求国当时的法律,或经请求国选择,适用提请返还请求时该物所在地国的法律。但是,如果认为请求国当时的法律没有对善意购买人提供任何保护的,则善意购买人可申请适用提起返还请求时该物所在地国的法律,并据此主张保护"。⑤

根据该条要求,出口本身必须是非法的。对于该条适用范围的理解,应限于被转移出境的被盗物,以及未取得出口许可而被所有者转移出境的合法

---

① Kurt Siehr, "The Lex Originis for Cultural Objects in European Private International Law", in: Gabriella Venturini and Stefania Bariatti eds., *Nuovi strumenti del diritto internazionale privato*, *New Instruments of Private International Law*, *Nouveaux instruments du droit international privé*, Giuffrè, 2009, p. 887.

② Id., at 888.

③ Mara Wantuch-Thole, *Cultural Property in Cross-Border Litigation: Turning Rights into Claims*, Walter de Gruyter GmbH & Co KG, 2015, p. 249.

④ Janeen M. Carruthers, *The Transfer of Property in the Conflict Of Laws: Choice of Law Rules in Inter Vivos Transfers of Property*, Oxford University Press, 2005, p. 93.

⑤ 《比利时国际私法典》,第90条。

取得物。该条还适用于文物依法临时出境(如因借展需要临时出境)后,因在可预见的时间内,文物无法归还的事实而构成非法出口。[1] 此外,根据该条,提起非法出口文物返还诉讼的主体限于国家及代表国家的政府机构,因而该条实际排除了私主体作为追索方的可能。

至于文物国籍的确定问题,这向来是反对将文物原属国法作为替代性冲突规则的主要理由。为回避该问题,比利时立法者特意措辞,明确将该条的适用主体限定为"请求国(requesting state)"。但是,许多疑难问题,如文物来源的举证责任,以及多国同时申请归还文物的情形,都没有在第90条中得到解决。

总体而言,在"比利时模式"下,这条创新性的冲突法规则明显有利于追索方,赋予了追索方在"文物原属国法"与"物之所在地法"间择一适用的选择权利。同时,该规则也设置了"文物原属国法"的"缓和机制",在某种程度上削弱了对追索方的保护,强调当请求国法律不能向善意购买者给予保护时,善意购买者可依据提起返还请求时该物之所在地的法律,享受相应的保护。换言之,如果文物来源国的法律规定对文物排除适用善意取得制度,那么将继续适用物之所在地国的善意取得法律。[2] 参与了这部新法典制定的埃瓦(Eruaw)教授曾表示,之所以会设置这样的"缓和机制",与一些比利时博物馆的游说不无联系。这些博物馆担心如采用对文物原属国太过严苛的规则,会导致其失去部分甚至全部馆藏。[3]

2. 欧盟指令模式

自1993年1月1日起,欧共体开始统一区域内市场,一些欧共体成员国担心其国家的文化珍宝会被大量地非法转移出境。[4] 为此,欧共体于1993年通过了第93/7/EEC号"关于返还从成员国领土非法转移的文物指令"(以下简称"欧共体1993年指令")。该指令是当前欧盟第2014/60/EU号"关于返还从成员国领土非法转移的文物指令(重订)"(以下简称"欧盟2014年指令")的前身。根据欧盟指令,从某欧盟成员国(请求国)非法转移到另一国

---

[1] Mara Wantuch-Thole, *Cultural Property in Cross-Border Litigation: Turning Rights into Claims*, Walter de Gruyter GmbH & Co KG, 2015, p. 251.

[2] *Id.*, at 250.

[3] J. Erauw, "Lex situs and art recovery–New Belgian rules", paper presented at the Lex Situs Conference held by the Institute of Art and Law in London, Nov. 2008.

[4] Kurt Siehr, "The *Lex Originis* for Cultural Objects in European Private International Law", in: Gabriella Venturini and Stefania Bariatti eds., *Nuovi strumenti del diritto internazionale privato, New Instruments of Private International Law, Nouveaux instruments du droit international privé*, Giuffrè, 2009, p. 882.

的文化财产应当返还给该请求国。这是欧盟指令为处理非法出口文物返还争议提供的"统一实体法"解决方案。这一方案将在本章第四节展开讨论。除了提供实体法解决方案之外,欧盟指令也制定了一项颇富争议的冲突法规范,规定在"欧共体1993年指令"第12条("欧盟2014年指令"第13条的前身),称为"欧盟指令模式"。

在"欧盟指令模式"下,对于非法转移的文物,在返还后其所有权应适用请求成员国的法律。依据"欧共体1993年指令"的委员会提案批注,对这一条的解释为:"自文物被归还到请求成员国领土后,该国的国内法将予以适用,即使该物的持有人依据物之所在地国的法律,或根据另一成员国或非成员国的法律,已经取得该物的所有权"。由此可以得出:基于请求成员国以外的国家的法律而取得的所有权是不会被承认的。[1]

这一条款的措辞引来了诸多学术讨论。有观点认为,该条对于返还后的非法出口文物适用文物原属国法,是对传统"物之所在地法"规则的矫正。这意味着,文物原属国法将追溯适用于从文物被非法转移到文物归还给原成员国这期间所发生的所有交易。还有观点认为,这里适用的"请求成员国的法律"将包括了该国保护文化财产的特别法律,诸如"不可流通"规则等。[2]

必须指出的是,所谓"欧盟指令模式"的冲突规范并不旨在用"文物原属国法"代替"物之所在地法"。该规则明确仅适用于"返还后"的非法转移文物,此时每个成员国都可自由选择适用其本国法,例如对非法转移文物实施没收的法律或者冲突法等。[3] 事实上,该条创设了一条"既得权"理论的例外。既得权源自"物之所在地法"规则,即财产的跨境转移不应损害其在先的、已依法取得的权利(既得权)。不过,鉴于该条表述不甚清楚,欧盟一些成员国选择尽量不适用第12条,因此,该条实际上难以将原属国法引入国际文物交易。

三、构建新型复合冲突规范

如前所述,为合理解决解决跨境文物返还争议中的法律适用问题,理论界和实务界也探索出不少以"文物原属法"为唯一或主要连结点的替代性冲

---

[1] Mara Wantuch-Thole, *Cultural Property in Cross-Border Litigation: Turning Rights into Claims*, Walter de Gruyter GmbH & Co KG, 2015, p. 249.

[2] *Id.*, at 248.

[3] Kurt Siehr, "The *Lex Originis* for Cultural Objects in European Private International Law", in: Gabriella Venturini and Stefania Bariatti eds., *Nuovi strumenti del diritto internazionale privato, New Instruments of Private International Law, Nouveaux instruments du droit international privé*, Giuffrè, 2009, p. 883.

突规范方案。本节也试图在已有研究和立法尝试的基础上,讨论设计出一套以推定适用文物原属国法律为核心,并综合考虑善意购买人及诉讼时效等制度要求的新型复合冲突规范。

(一)选择型抑或推定型

1. 选择型的问题

"比利时模式"采取的冲突规则可称之为选择型模式。《比利时国际私法典》第90条和第92条均赋予追索方在"文物原属国法"与"物之所在地法"间择一适用的选择权利。但是,将选择决定权赋予追索方与交易安全原则背道而驰,甚至会导致产生更多的法律不确定性。此外,尽管"比利时模式"作出如此大的让步,但其对原属国关于善意取得制度的要求,使"物之所在地法"仍有机会继续适用,造成该条的效果大打折扣。从另外一个角度来看,"比利时模式"实际上是变相鼓励文物原属国放弃对文物不适用或限制适用善意取得制度的法律规定。

总体而言,"比利时模式"是冲突规范在打击非法文物贩运领域内的积极发展,但是囿于其自我限制太多,发挥作用有限。而目前,"物之所在地法"仍旧是跨国文物争议中的主流冲突规范。

2. 推定型的提出

为了平等保护原所有者和善意购买人,应考虑推定适用文物原属国法,而无选择之余地,即:①对文化财产争议,推定适用文物原属国法。但是,如果文物原属国法不能给善意购买人提供任何保护的,前述推定不予适用,对此应适用传统的"物之所在地法"。②当且仅当被告能证明其已履行"物之所在地法"确定的尽职调查义务时,"物之所在地法"才能适用。否则,应重新适用文物原属国法。③判断请求国是否为文物的原属国,取决于请求国与该文物之间是否存在最密切联系。在文物的国籍难以确定时,无论是因为证据不足或国家继承等原因,多个请求国可作为共同追索人提出文物归还请求。① 该规则设计被称作"推定型",是"文物原属国法"与"物之所在地法"规则的有机结合。

推定适用"文物原属国法"有诸多优点。第一,该模式在国际社会已经得到相当舆论支持。文物原属国法的适用能够更好地保护文物原所有者,也与当前打击非法文物贩运、归还非法转移文物的国际公共政策相符。同时,为避免单纯适用文物原属国法可能产生的问题,有必要设置一定的辅助规则

---

① Mara Wantuch-Thole, *Cultural Property in Cross-Border Litigation: Turning Rights into Claims*, Walter de Gruyter GmbH & Co KG, 2015, p. 269.

予以调试,以便更好地实现规则确立的初衷,拓宽规则的适用空间。

第二,对购买人提出的谨慎要求应当相对合理。虽然推定适用文物原属国法要求购买者必须了解所购文物的原属国及其法律,但是考虑到涉及文物和文物保护的话题日益受到重视,文物购买者应当具有这个领域的专业知识,或者在购买时有必要向专业人士请教。事实上,文物交易商在交易时都会衡量文物的艺术、历史或考古价值,通常有机会也有能力了解文物的出处来源。鉴于此,推定适用文物原属国法,与适用"物之所在地法"相比,或与选择适用"物之所在地法"和文物原属国法相比,反而能提升交易安全的程度。①

第三,该规则也兼顾了善意第三人的利益。文物原属国法的适用可以给善意购买人提供保护为前提,以此合理平衡原所有者的利益和保护正常文物交易市场秩序的利益。

第四,该规则也具有一定的确定性,有利于各方主体形成合理的预期。一旦文物原属国法律不能适用,则适用"物之所在地法",按照传统的冲突法规则确定所在地的法律,可避免其在一定程度上的不确定性,从而确保结果的一致性和可预见性。②

(二)"文物原属国"的确定

1. 基本原则

适用文物原属国法的关键在于确定"文物原属国",或者说,确定文物的"国籍"。所谓"原属国",通常是指文物被盗地或非法出口地国。一般而言,原属国只有一个,但有时会出现多个的情形,如文物在 A 国被盗,非法出口到 B 国后,在 B 国被盗后转移至 C。此时,B 国和 A 国都有可能向 C 国提出返还的请求。如果原属国模糊不清的话,文物返还的请求则很难获得支持。譬如,著名的"斯乌索宝藏案"即为典型一例。③ 该案中,黎巴嫩、克罗地亚和匈牙利(其领土各自曾经是罗马帝国的一部分)在纽约提起诉讼,要求归还一批珍贵的古罗马时期银制器皿珍宝,亦称"斯乌索宝藏"(Sevso treasure)。但是,没有一个追索方能够证明斯乌索宝藏是从其领土上发掘并非法出口的,亦没有一方能证明对涉案文物享有有效的所有权,追索方最终败诉,似乎

---

① *Id.*, at 252.
② 高升、李厂:《文物所有权争议中的法律选择规则》,载《西部法学评论》2017 年第 4 期,第 51 页。
③ *Lebanon v. Sotheby's*, 167 A. D. 2d 142 (N. Y. App. Div. 1990); *Croatia v. Trustees of the Marquees of Northampton 1987 Settlement*, 2003 A. D. 2d 167 (1994), appeal denied, 84 N. Y. 2d 805, 642 N. E. 2d. 325 (1994).

不可避免。① 败诉后,匈牙利不得不额外花费 1500 万美元购买了该批文物 14 件中的 7 件。②

为了进一步明确什么是文物与请求国之间的最密切联系,有必要确立更多的判断标准。在司法实践中,大多数案件中确定文物来源国的方式是考察涉案文物对请求国是否具有"真实的联系因素"或者"文化重要性"。③ 德国学者雅伊梅(E. Jayme)提出过若干判断指标以方便判定文物的国籍,如创作者的国籍、文物的地理"住所"、文物对特定社群的宗教意义,或文物作为某特定收藏系列的一部分等。④

2. 原属国标准

为了避免产生混乱随意的结果,在确定文物的国籍时,需要先对被盗文物和非法出口文物作区分,再判定文物对请求国是否具有"真实的联系因素"或"文化重要性"。

在涉及被盗物(包括非法盗掘物在内)的情况下,最密切的联系因素应该是文物的被盗地或非法挖掘地。鉴于考古环境的重要性,这种归属判定可有助于理解古代文明生活。反之,如果选择别的归属判定方式,那么考古文物的历史意义就会随之丧失。这种观点也得到了"1970 年公约"的支持,该公约第 4 条第 2 款认同在一国境内发现的文化财产是该国的文化遗产。

在涉及非法出口文物的情况下,对于那些不属于被盗物的,联系因素须根据文物之于请求国的特定联系或文化重要性来确定。当然,不排除非法出口文物同时也是被盗物,这种情况也十分常见。

具体而言,非法出口文物的联系因素主要包括以下两种情况:其一,历史重要性。对于非法出口文物而言,将其认定归属于特定国家,取决于该文物在多大程度上代表了该国的文化,反映了该国的历史,是否体现出对该国的

---

① See Harvey Kurzweil, Leo. V. Gagion and Ludovic de Walden, "The Trial of the Sevso Treasure: What a Nation Will Do in the Name of Its Heritage", in: Kate F. Gibbon, *Who Owns the Past? Cultural Policy, Cultural Property, and the Law*, Rutgers University Press, 2005, pp. 83~95.

② Kurt Siehr, "The *Lex Originis* for Cultural Objects in European Private International Law", in: Gabriella Venturini and Stefania Bariatti eds., *Nuovi strumenti del diritto internazionale privato, New Instruments of Private International Law, Nouveaux instruments du droit international privé*, Giuffrè, 2009, p. 889.

③ Mara Wantuch-Thole, *Cultural Property in Cross-Border Litigation: Turning Rights into Claims*, Walter de Gruyter GmbH & Co KG, 2015, p. 260.

④ Erik Jayme, "Internationaler Kulturgüterschutz-Lex originis oder lex rei sitae-Tagung in Heidelberg", *IPRax*, vol. 1, 1990, pp. 347~348.

历史重要性。① 以伊拉克国家图书馆被盗的《古兰经》经文稿为例,该经文稿是稀有的阿拉伯文献,对于理解美索不达米亚文明具有重要作用,并被认为是现代伊拉克国家民族认同的重要因素,其对于伊拉克的历史重要性不言而喻。其二,宗教或祭奠意义。判定一项文物归属于特定国家的另一重要指标是其对特定社群的宗教或祭奠意义。"树皮蚀刻画案"即体现了宗教传统对文化财产诉讼的影响。② 该案中,来自澳大利亚维多利亚州"加加乌拉(Dja Dja Wurrung)"土著部落向英国博物馆要求归还三件19世纪的树皮蚀刻画。尽管因种种法律障碍,"加加乌拉"土著部落的禁令申请以失败告终,涉案文物未能成功回归,但因此案而起,各国许多博物馆及其他收藏机构一改其原有对土著社群文物返还主张的保守态度,从原来的抵制归还纷纷转变支持归还。③ 譬如,2005年,瑞典斯德哥尔摩国立民族志博物馆将15位土著人遗骸与11件手工制品归还给其在澳大利亚的土著部落。2007年,英国伦敦自然历史博物馆返还澳大利亚塔斯马尼亚原住民中心17件土著人遗骸。

(三)"善意"的标准及善意购买人的补偿

1. 善意的标准

相关实证研究已表明,文物艺术品市场充斥着数量惊人的无来源或伪造来源的文物,其中许多文物都极有可能是非法盗掘的文物。④ 尽管将所有缺乏来源的文物一概视为被盗物或非法出口文物有失公允,但不可否认的是,目前一直缺乏一套系统的保障机制以确保市场参与者都进行着合法的文物交易。因此,文物购买者应当对交易做更深入的调查,作为其对文物所有权瑕疵情况尽到调查义务的证据,这也是在特定交易中构成"善意取得"的最低要求。⑤

在有些情形下,购买文物时还需要做更多的调查工作。某些类别的文

---

① Mara Wantuch-Thole, *Cultural Property in Cross-Border Litigation: Turning Rights into Claims*, Walter de Gruyter GmbH & Co KG, 2015, p. 262.
② Lyndel V. Prott, "The Dja Dja Wurrung Bark Etchings Case", *International Journal of Cultural Property*, vol. 13, 2, 2006, pp. 241~246.
③ Elizabeth Willis, "The Law, Politics, and Historical Wounds: The Dja Dja Warrung Bark Etchings Case in Australia", *International Journal of Cultural Property*, vol. 15, 1, 2008, pp. 49~63.
④ Ricardo Elia, "Analysis of the Looting, Selling, and Collecting of Apulian Red-Figure Vases: A Quantitative Approach", in: Neil Brodie, Jennifer Doole and Colin Renfrew eds., *Trade in Illicit Antiquities: The Destruction of the World's Archaeological Heritage*, McDonald Institute, 2001, pp. 145~153.
⑤ Derek Fincham, "Towards a Rigorous Standard for the Good Faith Acquisition of Antiquities", *Syracuse Journal of International Law and Commerce*, vol. 37, 2009, p. 145.

物,因其发现地或成分的特殊性,如果要进行负责任的收购,则理应事先进行更多详实的调查。例如针对来自伊拉克的文物,由于巴格达博物馆在2003年被袭击洗劫后大批文物下落不明,市场中如果正在交易类似的文物,购买者就应当警惕并进行更谨慎的调查。

如果文物原属国法不能为善意购买人提供保护,那么"物之所在地法"就可以适用,前提是文物持有人在购买文物时尽到了比普遍标准更高的尽职调查义务。善意取得是文物返还之诉中最核心的实体法问题,很多观点也认为涉及善意取得的条款应做适当调整,以便保护原所有者,避免"物之所在地法"被非法贩运者滥用。① 目前,在文化财产领域已发展出了多套行为准则,为博物馆、文物交易商等市场参与者设定了一定标准的尽职调查义务,可作为衡量善意的参考标准,如国际博物馆协会(ICOM)的《博物馆职业道德准则》等。考虑到这些行为准则的新发展都没能反映在大多数国家的国内法中,而统一各国的实体法难度较大,因此建议将善意标准纳入冲突规范中,可选择在冲突规范中指定适用哪个国家法关于"善意"的界定,或选择在冲突规范中直接给出"善意"的定义。②

2. 善意的举证责任

在推定适用文物原属国法模式下,善意购买人需要证明其已依冲突规范之要求,履行了更高标准的尽职调查义务。但在大多数国家,购买人的"善意"是推定的。例如,《法国民法典》第2268条规定,"购买人的善意是推定的,主张购买人非善意的一方应当举证证明"。③ 类似的规定也见诸德国和瑞士的民法典中。④ 不过,在文化财产领域,鉴于文物具有极高的知识价值和文化重要性,对文物适用推定善意的做法在理论界颇受质疑。⑤ 瑞士学者瑞朗德(M. A. Renold)甚至提出,"传统的神圣不可侵犯的善意推定规则正逐

---

① Patricia Y. Reyhan, "A Chaotic Palette, Conflict of Laws in Litigation between Original Owners and Good Faith Purchasers of Stolen Art", *Duke Law Journal*, vol. 50, 4, 2001, p. 955.
② Symeon C. Symeonides, "A Choice-of-Law Rule for Conflicts Involving Stolen Cultural Property", *Vanderbilt Journal of Transnational Law*, vol. 38, 2005, p. 1190.
③ 《法国民法典》,第2268条。
④ Mara Wantuch-Thole, *Cultural Property in Cross-Border Litigation: Turning Rights into Claims*, Walter de Gruyter GmbH & Co KG, 2015, p. 257.
⑤ Alejandro M. Garro, "The Recovery of Stolen Art Objects from Bona Fide Purchasers", In: Pierre Lalive (ed.), *International Sales of Works of Art: Geneva Workshop*, International Chamber of Commerce, 1985, p. 518.

渐丧失其神圣性"。①

在该问题上,已有国际公约采取了举证责任倒置。例如,"1995年公约"第4条第1款,对于被盗文物,就摒弃了善意推定的传统立场。依据该公约,现持有人应当证明其已尽到第4条第4款所列的尽职调查义务。类似地,"欧共体1993年指令"第9条确立了倾向文物原属国的特别冲突规范,规定举证责任应当适用被请求国的法律。

在国内法层面,日本是最先对文化财产采用举证责任倒置的国家之一。② 根据日本为实施"1970年公约"颁布的国内法——《管制文化财产非法进出口及其他事项法案》,③善意购买人应承担证明,其在购买时系以善意行事。④ 此外,英国也规定了对"善意"的举证责任倒置制度,并体现在1980年《时效法案》(Limitation Act)的第4节。尽管该法案不是专门针对文化财产的规定,但依据该节,在财产被盗后的任何侵占行为均推定与盗窃有关,除非另有相反证据证明。

3. 善意购买人的补偿

《比利时国际私法典》第90条第2款和第92条第2款都规定了对善意购买人的补偿。根据这两款规定,如果文物来源国没有对善意购买人给予任何补偿,那么善意购买人可以依据起诉时的"物之所在地法"来主张享有相应的补偿。

值得注意的是,在大多数情况下,起诉时"物之所在地法"通常也是法院地法。当然有时也有例外,如追索方在持有人住所地国提起了诉讼,但是涉案文物被持有人长期租借给了另一个国家的博物馆的,此时起诉时"物之所在地法"就与法院地法不一致。⑤ 鉴于此,建议涉及一项恰当的兜底条款,如规定"若准据法没有关于善意取得赔偿的规定的话,则善意购买人可依据法

---

① Marc-André Renold, Stolen Art: The Ubiquitous Question of Good Faith, in: The Permanent Court of Arbitration ed., *Resolution of Cultural Property Disputes*, Kluwer Law International, 2004, p. 263.

② Mara Wantuch-Thole, *Cultural Property in Cross-Border Litigation: Turning Rights into Claims*, Walter de Gruyter GmbH & Co KG, 2015, p. 257.

③ Act on Controls on the Illicit Export and Import and Other Matters of Cultural Property(ACIEI). Toshiyuki Kono, Japanese report, in: T. Kono/ S. Webka, The Impact of Uniform Laws (2010) 469.

④ Section 3.2.1, Act on Controls on the Illicit Export and Import and Other Matters of Cultural Property(ACIEI).

⑤ Kurt Siehr, "The *Lex Originis* for Cultural Objects in European Private International Law", in: Gabriella Venturini and Stefania Bariatti eds., *Nuovi strumenti del diritto internazionale privato, New Instruments of Private International Law, Nouveaux instruments du droit international privé*, Giuffrè, 2009, p. 890.

院地法来主张享有相应的补偿"。此外,"赔偿的数额应该限于购买价款与用于修复的支出"。①

(四)时效的法律适用

1. 时效的定性

讨论时效的法律适用,首先要解决时效的定性——时效是程序问题,抑或是实体问题。根据国际私法的一般原理:程序问题通常适用法院地法,实体问题适用冲突规范确定的准据法。② 在大部分普通法法域内,法院通常将时效问题认定为程序问题,并因此适用法院地法,而大陆法国家普遍将时效问题认定为实体问题,适用经冲突规范指引的准据法。③

事实上,程序问题和实体问题之间的区分界限在许多法域中并不明确,外国当事人往往难以预测法官会将时效问题认定为程序问题还是实体问题。因此,对文化财产相关的时效问题,也应建立统一的冲突法规范,以便在国际文物追索中形成确定性的预期。

2. 对不受任何时效限制的约束

在不少国家的国内法上,存在某些特定类别的文物,因其对该国的历史、文化、宗教或社会等具有特别重要的意义,法律规定其具有不可分割性和不可交易性,只有国家才是其唯一的合法所有人。如其遭盗窃或遗失,国家可以在任何时候要求占有人返还,且不受任何时效的限制。譬如,土耳其、瑞士等国就规定"不可流通物"(res extra commercium)不受任何时效限制。但这样的规定对另一些国家来说往往不可接受。④

以"1995年公约"为例,公约第3条第4款表明了这类特定文物不受时效限制的立场,即"关于返还某一特定纪念地或者考古遗址组成部分的文物,或者属于公共收藏的文物的请求,则除请求者应自知道该文物的所在地及该文物的占有人身份之时起三年以内提出请求外,不受其他时效限制"。⑤ 不过,在外交大会上,包括英国、荷兰在内的不少国家明确反对特定文物不受时效限制的观点,并指出,如果公约做出了这样的规定,就不可能获得其国内立

---

① *Ibid.*
② Geoffrey C. Cheshire, P. M. North and J. J. Fawcett, *Cheshire and North's Private International Law*, 13th edition, Butterworths, 1999, p. 84.
③ Eugene F. Scoles and Peter Hay, *Conflict of Laws*, West Publishing Company, 1992, p. 58.
④ Kurt Siehr, "The *Lex Originis* for Cultural Objects in European Private International Law", in: Gabriella Venturini and Stefania Bariatti eds., *Nuovi strumenti del diritto internazionale privato, New Instruments of Private International Law, Nouveaux instruments du droit international privé*, Giuffrè, 2009, p. 891.
⑤ "1995年公约",第3条第4款。

法机构的批准。①

由此可见,对不受任何时效限制的规定必须有所约束,否则无法平衡各方利益。因此,在构建新型替代性冲突规范时,可考虑附加"公共秩序保留"条款,譬如,"如果准据法让返还之诉不受任何时效限制,或设定的时效限制无法让法院地法接受的话,那么,法院地法应予以适用。在任何情况下,归还请求应在追索方知道文物的所在地和持有人身份后五年内提出"。②

第四节 文物中心原则的影响

一、识别中的体现

(一)文物与附于其上建筑的文化联系

识别问题是跨境文物返还诉讼中的焦点议题,原因之一在于:对于脱离其原所附建筑物的文物而言,如果将其识别为动产,则依传统的"物之所在地法"规则,关系该文物归属的准据法会根据其不断变化着的所在地来确定,而这样的物理位置时常与系争文物缺乏文化上的联系。因此,将此类文物视为动产,实际抹杀了文物与其原所附建筑物的联系,也抹杀了与建筑所在地的周边环境和生活于此的社群及其文化传统的联系。从这个意义上来说,文物所附属的不动产,代表了文物与当地的文化联系,是这种文化联系的物理承载点。

具体而言,很多文物只有在特定建筑之上,与该建筑的其他部分相结合,才能完整展现出其文化和审美价值;很多文物也只有与该建筑一起,才能发挥其应有的文化功能,如宗教职能;很多文物也正是附于该建筑之上,才能为建筑所在地的社群所接触,这些社群正是创造该文物的人们,也是在其本地文化生活中消费该文物的人们。文物及其所附建筑共同构成了当地的历史。如果纵容脱离原所附建筑的文物成为独立的动产,则会鼓励不法者不断从建筑上剥离有价值的物品,不仅对建筑本身造成了严重的破坏,也会伤害与之有文化联系的社群之情感。为此,识别中也应体现出对文物及其文化特性的关怀。

---

① 霍政欣:《追索海外流失文物的法律问题》,中国政法大学出版社 2013 版,第 189 页。
② Kurt Siehr, "The *Lex Originis* for Cultural Objects in European Private International Law", in: Gabriella Venturini and Stefania Bariatti eds., *Nuovi strumenti del diritto internazionale privato, New Instruments of Private International Law, Nouveaux instruments du droit international privé*, Giuffrè, 2009, p. 891.

(二)识别规则中的文物关怀

法国法中的"依性质的不动产"和"依目的的不动产"概念，分别体现了脱离所附建筑的物本身的物理(功能)属性和社会属性。在功能上，文物可以脱离于建筑独立存在，并不当然意味着在文化联系上可以脱离于建筑。"依目的的不动产"概念是将目的和利益引入了考量范围，从物的社会属性出发考察脱离物是否可以具备法律上独立物属性，并通过法律拟制的方法，赋予物理上可脱离于建筑的物品以从属于建筑的法律地位。这种对脱离物的利益考量，为文物中心原则留下了空间，文物与其文化特性的联系成为需要考虑的利益，并影响其动产或不动产属性的认定。

同样，对主从物的区别也体现了对文化财产的特殊考量。文物被视为另外一个建筑的从物，也就是认可其与该建筑具有不可分割的联系，这种联系就是文物的文化背景。在对于附着物的界定中，以附着目的来判断物是否与建筑在法律上合为一体，其模式与"依目的的不动产"类似。这种对"目的"的考虑，同样也为维护文物与其文化特性的联系留下了空间。

二、冲突规范中的体现

(一)"物之所在地法"未体现文物中心原则

文物的所在地可能与文物的文化联系相关，也可能与之完全无关。特别是在经济全球化高度发展的今天，在国际文物贸易领域，文物的运输、存储、交易会发生在世界的任何地点，这些地点很可能与该文物都没有文化上的联系，这些地点的法律也不会为与之完全无关的、其他文化背景下的文物作出特别考虑。再者，对"物之所在地法"规则的滥用，助长了文物漂洗，也会使非法文物贩运更加猖獗。在经济利益的引导下，文物最终会流入最愿意为之付费的地方，这些地方很可能与文物缺乏紧密的文化联系。鉴此，"物之所在地法"未充分体现文物中心的原则，也因此而饱受抨击。

(二)"文物原属国法"体现文物中心原则

"文物原属国法"是"物之所在地法"的替代性冲突规范之一，也是目前可能最有利于文物的方案。尽管对"文物原属国"的界定目前尚存争议，但将文物与文化联系作为冲突规范的核心考量因素是国际社会普遍接受的，这也代表了文物中心原则的要求。再者，以"文物原属国"为唯一或核心连结点的替代性冲突规范，业已出现在以"比利时模式"和"欧盟指令模式"为代表的立法探索中，这也反映了文物中心原则开始影响到适用于跨境文物争议的冲突规范。

三、统一实体法中的体现

(一)可能性:基于文物中心的统一认识

不难发现,无论如何设计更理想的冲突规范,有两点问题终究无法避免。其一,运用冲突规范涉及外国法的查明。查明要适用的(外国)法律,确定其内容并对其作出解释,不仅费时而且复杂;其二,通过冲突规范的指引确定准据法,系争文物的归还请求取决于准据法,其结果具有不确定性。① 这些问题或多或少会使对文物的关怀消磨于复杂的法律适用上。权衡上述利弊,应当以特殊的方式对待文化产品。澳大利亚学者普罗特(L. V. Prott)曾指出,对"物之所在地法"这一规则采取更灵活的办法,可能才会更快捷地获得更普遍接受的结果。从长远上看,我们可以更往前走一步,既然意识到有损于文化遗产保护的是各国国内实体法上的巨大差异,只有通过适当的统一规则改变这样的实体法差异,才能真正解决问题。②

事实上,以文物为中心,抛开国家和私人的个体利益,为全人类之共同利益尽可能充分保护和利用文物。在这一共识基础之上,是有可能在实体法上达成一致的,统一实体法的解决方案也就具有了现实的基础。比如,"被盗文物应予归还"的实体法规定,就是一项明确的、不太可能发生任何误解的原则。③ 该原则背后的政策考量是盗窃的受害者别无选择,只有买主可以选择不购买被盗物,更有机会和能力影响市场,以阻止非法文物的贩运和交易。因此,原所有者和买方都不应该受到惩罚,但同时也不能完全保护他们,原所有者代表的文化联系及其代表的人类共同利益,应当高于买方的经济利益,任何为人类文化所考虑的人均不会对此有所质疑。④ 剩下的问题只在于在确保归还被盗文物后,如何尽可能弥补善意第三人的经济损失。

(二)解决方案:统一实体法

当前,在国际文化财产领域,以"1970年公约""1995年公约"和欧盟指令为代表的国际或区际立法,已经为被盗文物和非法出口文物的返还争议提

---

① UNESCO, "UNESCO and UNIDROIT-Cooperation in the fight against illicit traffic in cultural property", CLT-2005/Conf/803/2, Paris, 16 June 2005.
② G. Droz, "The International Protection of Cultural Property from the Standpoint of Private International Law", in: *International Legal Protection of Cultural Property*, Council of Europe, Strasbourg, 1984, pp. 114~115.
③ Lyndel V. Prott, *Commentary on the UNIDROIT Convention*, Institute of Art and Law, 1997, p31.
④ Marina Schneider, The UNIDROIT Convention on Stolen or Illegally Exported Cultural Objects, Regional Meeting, 2006, p. 7.

供了统一实体法的解决方案。

细言之,"1970年公约"没有解决冲突规范的问题,而是尝试提供实体法的解决方案:被盗物应还给原所有主,非法出口物应还给原属国。那些通过颁布国内法实施公约的国家也没有制定特别的冲突法,而是制定特别的实体法,规定来自另一缔约国的特定文化财产应在特定期限内依原主之请求返还,对善意取得的购买者应当赔偿等。①

"1995年公约"则提供了统一实体法的解决方案:对于公约在某缔约国生效之后从该缔约国领土上被盗走的文物,持有人必须将被盗文物返还给原所有主,并且若持有人系善意的,应得到"公平合理的补偿"。② 这里,没有适用冲突规则的空间,因为"1995年公约"是直接适用的,通过确定统一的实体法,规定凡是从缔约国被盗的文物都应返还给其原所有主。对于公约在请求国和被请求国均已生效之后被非法出口的文物,请求国可以向被请求国的法院或其他主管部门请求返还该文物。类似的,善意购买人应得到"公平合理的补偿"。③ 类似地,"欧盟2014年指令"及其前身"欧共体1993年指令"也提供了统一实体法的解决方案:从某欧盟成员国(请求国)非法转移到另一国的文化财产,应当返还该请求国。

正是在以文物为中心这一共识的基础上,这种"统一实体法"解决方案才得以在国际范围内推行。这种解决路径的根本目标是最大限度地保护文化财产、打击非法文物贩运,同样是文物中心原则的体现。

---

① Kurt Siehr, "The *Lex Originis* for Cultural Objects in European Private International Law", in: Gabriella Venturini and Stefania Bariatti eds., *Nuovi strumenti del diritto internazionale privato*, *New Instruments of Private International Law*, *Nouveaux instruments du droit international privé*, Giuffrè, 2009, p. 880.
② "1995年公约",第3条、第4条和第10条第1款。
③ "1995年公约",第5条、第6条和第10条第2款。

第五章 文物中心原则下外国公法的效力

在跨境追索被盗文物和非法出口文物的争议中,有一类法律问题是非法出口文物返还争议所特有的,那就是外国公法的适用问题。这种特殊性是由两类争议不同的法律依据和请求权基础所决定的:在被盗文物返还争议中,法律依据是文物所有权法,请求权基础是所有权权益,系典型的私法问题;而在非法出口文物返还争议中,法律依据是文物出口管制法,请求权基础是文物来源国保有、管理特定文物的"联系利益",属传统意义上的公法问题。对于法院地国而言,讨论是否承认或执行外国文物出口管制法,在很大程度上就是围绕"外国公法是否适用"的问题展开的。

根据传统的"外国公法不适用"理论,对于文物出口管制法这类公法,一国只能在其领土内实施;而当文物离开来源国领土后,来源国的此类规定就无法在域外产生效力而得以适用。然而,先验地排除适用外国公法的观点已开始受到质疑,国际立法和司法实践的新发展业已对这一传统观点提出了挑战。[①] 尤其是在文化遗产法领域,"外国公法不适用"的原则逐渐呈现出松动的趋势,外国公法的效力范围得以重新检视,这为承认或执行外国文物出口管制法提供了可能。

本章将从非法出口文物的"非法性"出发,讨论外国公法的效力范围,并以此为理论指导,研究跨境文物返还争议中典型的外国公法——外国文物出口管制法的适用原则,及其具体适用途径——冲突法途径、实体法途径与国际法途径。最后,考察跨境文物返还争议中的动向发展,包括国际公共政策的出现、非法出口文物"污名化"的追索策略等,总结出文物中心原则对外国公法效力的影响。

第一节 文物出口的"非法性"与外国公法的效力

非法出口文物的"非法性"是国际文化财产法中的经典议题,其所涉问

[①] Manlio Frigo, *Circulation des Biens Culturels*, *Détermination de la Loi Applicable et Méthodes de Règlement des Litiges*, Collected Courses of the Hague Academy of International Law (Vol. 375), Brill, 2015, p. 193.

题的复杂程度远超过"被盗文物"的"被盗物"性质。讨论文物出口的"非法性",要解决的问题,不仅关涉一个国家(文物出口国)的公法对文化财产贸易及其流通的限制程度,还涉及前述限制在另一国家(文物进口国)被赋予的法律价值。①

文物出口管制法,作为文物出口国限制文化财产贸易和流通的国内公法,在文物流入国是否能产生私法或公法上的法律效果,与外国公法的效力理论息息相关。下文将从讨论非法出口文物的"非法性"开始,通过梳理"外国公法不适用"原则从传统理论到突破的发展,考察在跨境文物返还争议中外国公法的效力对文物出口"非法性"的影响,以兹检验文物出口管制法的域外效力。

一、非法出口文物的"非法性"

(一)非法出口文物的"限制流通物"属性

非法出口文物的"非法",是指对出口国文物出口管制法的违反。所谓"文物出口管制法",是禁止或限制文物出口的法律规范。与文物所有权法不同的是,文物出口管制法不会影响文物的权属,其根本目的在于防止或限制文物转移出境。出口管制法不仅适用于国家所有的文物,也可适用于私人所有的文物。

根据限制的范围与程度不同,文物出口管制法可分为三个类:①对"公共领域"文物之出口的完全禁止(亦称"出口禁令")。通常,此类文物具有不可转让性,其所有权不受时效限制,且国家享有优先购买权。②对"国宝(national treasures)"文物出口的全面禁止,并对其他文化财产的出口,以出口许可证为要求。这种出口管制法通常也规定国家可对拟出口的文物行使优先购买权,并在非法出口的情况下没收文物。③比较宽松的许可证制度,要求对大范围的文物出口都以出口许可证为前提,此外,国家可对其认为属于"国宝"的文物行使优先购买权。②

从本质上来说,非法出口文物具有"限制流通物"(*res extra commercium*)的属性,其"非法性"是文物贸易限制的产物。一般而言,对贸易的限制是普遍存在的。无论在普通法国家,还是在大陆法国家,贸易限制源自对特定公共利益的承认,承认的条件依所涉公共利益的重要性、特定类别财产(尤其是

---

① *Id.*, at 191.
② Alessandro Chechi, *The Settlement of International Cultural Heritage Disputes*, Oxford University Press, 2014, p. 67.

动产)的法律属性及其与公共利益的联系性质和程度而定。① 这种限制的表现形式,可以是设置有利于国家的财产权利,同时排除个人占用;也可以是确立特定财产具有不可让性,或确立有利于国家的优先购买权;还可以是对货物出口的禁止或限制。文物出口管制法就是在文化财产流通领域内最典型的贸易限制。

包括非法出口文物在内,所有"限制流通物"都会面临一个同样的问题:一国的贸易限制是否具有域外效力。换言之,对于在一国(流出国)属于"限制流通物"的财产,当其转移到另一国(流入国)后,原来在流出国有效的贸易限制,如特定财产的不可转让性,在流入国是否还能保持不变,或者施加某些法律效果上的影响。

不少著名的司法判例,尤其是涉及文化财产的案例,都尝试对这一问题作出回答。譬如,在"弗里亚斯诉毕雄案"中,②案件标的是一件银制圣礼容器,根据西班牙法的规定,属于"不可转让"的文物。涉案银器被盗后,在法国由被告毕雄(Pichón)购得。法国塞纳民事法庭裁判,对于法国境内的财产,与财产不可转让性的相关问题,均应受法国法律的约束。换言之,只有法国有关不可转让财产的法律才能适用于本案,而根据法国法,涉案银器并非不可转让物,因此法院驳回了原告的返还请求。可见,法国法院并不承认外国(西班牙)有关文物不可转让的法律。与之类似的,法国法院在"海德诉克莱伯格案"中,③以适用英国法会阻碍"货物自由流通",违反法国公共政策为由,拒绝承认英国的文物限制流通规则。

由此可见,在一国属于"限制流通物"的某类财产,其限制流通性通常限于该国境内。在这类财产转移到另一国后,这种限制流通性并非保持不变,并不必然得到另一国的承认。对于非法出口文物这类"限制流通物"而言,亦不例外。这也是非法出口文物的"非法性"不具有普遍意义,或者说,仅具有相对的"不法性"意义之原理所在。

(二) 文物出口"非法性"的相对性

非法出口文物的"非法性"是一个相对的概念。将限制出口的文物转移出境的行为,对于文物出口国而言,无疑是"非法"的;但对于文物进口国而

---

① Manlio Frigo, *Circulation des Biens Culturels*, *Détermination de la Loi Applicable et Méthodes de Règlement des Litiges*, Collected Courses of the Hague Academy of International Law (Vol. 375), Brill, 2015, p. 192.

② *Duc de Frias v. Baron Pichon*, Tribunal civil de la Seine, 17 April 1885, 1886 Clunet 593.

③ *Van der Heydt & Burth v. Kleinberger*, Tribunal civil de la Seine, 28 June 1901, 1901 Clunet 812.

言,则并不必然"非法",再进一步讲,对这类文物的进口,也不必然是"非法"进口。显然,此种"非法性"并不具有普遍意义,这与盗窃行为的普遍"非法性"形成了鲜明对比。

第一,非法出口文物行为和盗窃文物行为的"非法性"不同,其根本原因是对受保护利益的认可不同。在被盗文物返还争议中,受保护的利益是所有者的财产权益,这是受各国宪法保护的基本权利。① 有关被盗文物的返还请求,尽管通常是由个人提出的,但其关涉社会公共利益。这是因为盗窃是公认的犯罪行为,在全世界都是被禁止的,被盗物也因此不能合法交易。②

与之相对,在非法出口文物返还争议中,受保护的利益是文物来源国保有、管理特定文物的"联系利益",这种"联系利益"尚未受到各国的普遍认可。细言之,非法出口文物的行为,是对文物出口管制法的违反,破坏的是一国的文物出口管制秩序。在很长一段时间,大多数进口国都认为,非法出口行为仅仅"应受道义上的谴责(morally reprehensible)",直至最近几十年来,情况才有所转变。③ 在文化财产领域内,随着大量国际立法性文件的起草和通过,面对非法出口文物的行为,原来的"道义谴责"正逐渐上升为否定性的法律评价。

第二,非法出口文物行为和盗窃文物行为的"非法性"不同,还体现在文物出口管制法与文物所有权法在域外效力上的区别。文物所有权法具有域外效力,文物出口管制法通常没有域外效力,这是二者的重要区别之一。④ "一国通过司法程序执行外国的私法权利,是国际私法中一项确立已久的原则"。⑤ 这里的"私法权利",不仅包括私人的所有权,也包括一国基于其国内立法享有的国家所有权。正如第三章讨论过的"麦克莱恩案"中,⑥文物来源国根据其文物所有权法,对国有文物享有所有权。根据该案确立的"麦克莱恩原则",只要满足"明确性"要求,外国文物所有权法的效力就能获

---

① Beat Schönenberger, *The Restitution of Cultural Assets*, Stampli Publishers, 2009, p. 53
② Kurt Siehr, *International Art Trade and the Law*, Collected Courses of the Hague Academy of International Law (Vol. 243), Martinus Nijhoff, 1993, p. 271.
③ Lyndel V. Prott, *Commentary on the UNIDROIT Convention*, Institute of Art and Law, 1997, p. 53.
④ Alessandro Chechi, *The Settlement of International Cultural Heritage Disputes*, Oxford University Press, 2014, p. 68.
⑤ John H. Merryman, "Cultural Property, International Trade and Human Rights", *Cardozo Art & Entertainment Law Journal*, vol. 19, 2001, pp. 51~67.
⑥ *United States v. McClain* (McClain I), 545 F. 2d 988 (5th Cir. 1977), reh'g denied, 551 F. 2d 52 (5th Cir. 1977); *United States v. McClain* (McClain II) 593 F. 2d 658 (5th Cir. 1979), cert. denied, 444 U. S. 918 (1979).

得法院地国的承认。

与之相对,在没有条约义务或国内法规定的情况下,一国没有义务去承认并执行另一国的出口管制法。正如美国法院在"麦克莱恩案"中所指出的,"进口自他国非法出口的物品并不违法",这不仅是一项"当今在美国乃至绝大多数国家都通行的原则",更是文物艺术品进出口领域内"普遍接受的根本原则"。① 某人不能仅因为进口了非法出口的艺术品而在美国被诉,也不能仅仅因为占有该艺术品而被诉。② 换言之,尽管文物来源国可以在其境内实施出口管制法,但并不能以此创设一项国际义务,要求文物市场国必须承认和执行其出口管制措施。③

二、外国公法不适用理论的传统与突破

传统上,在没有国际条约的情况下,一国依据其文物出口管制法,请求另一国返还非法出口的文物,基本上不会得到被请求国的支持。这是因为出口管制法通常被视为公法,而在没有条约义务的情况下,被请求国不会直接执行外国的文物出口管制法,将非法出口的文物返还给其原属国。究其原因,此种障碍源于大陆法国家称为"外国公法不适用"原则。在普通法国家,虽不存在与"外国公法不适用"原则完全对应的规范表述,但在司法实践之中也已形成类似做法。④ 尽管如此,"外国公法不适用"原则并不是一成不变的,该理论经历了从传统到质疑,再到适当突破的发展。总体来看,"外国公法不适用"原则在各国立法与司法上已呈现出愈加从严适用的趋势。

(一)外国公法不适用理论的传统

依据国际公法上的主权原则,"外国公法不适用",或称"外国公法无域外效力"。⑤ 这项大陆法国家通常遵循的原则,其法理基础始于自乌尔比安以来,法律的"公法"与"私法"之分野。⑥ 与之相似的,在普通法中,《戴西与莫里斯论冲突法》早有体现"外国公法不适用"理论的经典论述,⑦普通法国

---

① *United States v. McClain* (McClain I), 545 F. 2d 988, 996 (5th Cir. 1977).
② Paul M. Bator, "International Trade in National Art Treasures: Regulation and Deregulation", in: Leonard D. Duboff, *Art Law, Domestic and International*, Fred B Rothman & Co., 1975, p. 300.
③ Alessandro Chechi, *The Settlement of International Cultural Heritage Disputes*, Oxford University Press, 2014, p. 69.
④ Beat Schönenberger, *The Restitution of Cultural Assets*, Stampli Publishers, 2009, p. 146.
⑤ Martin Wolff, *Private International Law*, 2nd edition, Clarendon Press, 1950, p. 172.
⑥ 霍政欣:《追索海外流失文物的法律问题》,中国政法大学出版社2013年版,第92页。
⑦ Albert V. Dicey, J. H. C. Morris and Lawrence Collins, *Dicey and Morris on the Conflict of Laws*, Sweet & Maxwell, 2000, p. 95.

家亦通过判例法发展出类似做法,即外国刑法、税法及"其他外国公法"不适用原则。

一般认为,外国公法不适用理论的核心是对公法的"属地性(territoriality)"评估。这里的公法主要是指刑事、财政、行政事务方面的法律。随着对公法效力属地性理论的发展,外国公法不适用的理由逐渐丰富,或是出于尊重其他国家主权的原因,①或是基于一个自治范式的公法之政治性质,②或是根据冲突法规则,只能在外国私法中选择适用的法律,因此外国公法不予适用。

在国际文化财产流通领域,如前所述,在缺乏条约义务的情况下,一国国内禁止或限制文物出口的规范,通常无法在另一国获得执行。这种立场排除了文物来源国出口管制法的域外效力,使其保护和追索流失文物的努力受挫。当然,与这种不情愿承认外国的文化遗产保护法形成鲜明对比的是,大多数国家都通过制定特别的法律来保护其本国的文化遗产。此外,在各国的司法实践中,还出现过讨论,将一些公共政策的理由,如"货物自由流通""无合理赔偿,就无国有化"以及"不歧视和保护人权"等,也作为拒绝适用此类外国法律的依据。③

(二)对不适用外国公法原则的质疑

目前来看,先验地排除对外国公法的适用,已被认为是过时的理论。④ 对传统不适用外国公法原则的质疑,不仅源自公法与私法逐渐相互渗透的发展,公法/私法二分区别重要性的丧失,还来自国际协作与礼让的政策考量,以及更重要的是,对保护文化遗产的普遍利益之关注。

第一,公法与私法难以区分是对不适用外国公法原则的主要挑战。一方面,排除外国公法的适用理论尽管被经常提及,但其实是建立在一个很难界定的概念之上。在接受公法/私法划分的大陆法国家中,对"公法"的界定也并没有达成一致。传统上,外国的刑法和税收法是典型的公法,要排除适用,但对于劳动法、消费者保护法和其他某些类型的行政法是否具有严格的域内

---

① Edoardo Vitta, *Diritto Internazionale Privato*, vol. I, Unione Tipografico-editrice Torinese, 1975, p. 13.
② Frederick A. Mann, *Conflict of Laws and Public Law*, Collected Courses of the Hague Academy of International Law (Vol. 132), Martinus Nijhoff, 1971, p. 183.
③ Alessandro Chechi, *The Settlement of International Cultural Heritage Disputes*, Oxford University Press, 2014, p. 92.
④ Manlio Frigo, *Circulation des Biens Culturels, Détermination de la Loi Applicable et Méthodes de Règlement des Litiges*, Collected Courses of the Hague Academy of International Law (Vol. 375), Brill, 2015, p. 193.

效力,尚存争议,各国的立法与实践也并不相同。① 而在普通法国家,所谓排除对外国刑法、税法和"其他公法"的适用,也无法回避"其他公法"的模糊概念。另一方面,公法/私法二分的重要性也在逐渐丧失。在普通法国家,尤其是以美国为例,这种二分区别并不重要,拒绝适用外国刑法和税收法,更多是基于对法院地国国家和个人与有关外国的利益分析。② 在大陆法国家,由于公法与私法相互渗透的发展,划分二者的差异越来越困难,法院自然会更少关注这样的区分,转而更多关注法律背后所表达的政策。③

第二,国际协作与礼让也构成支持适用外国公法的公共政策理由。发展合作是国际私法和国际公法的共同目标。④ 在各国相互依存的国际社会中,一项值得考虑的因素是,如果漠视建立在正义和便利之上的礼让或互惠,拒绝适用外国法必定会导致不便利、不正义与秩序的混乱。⑤ 具体到国际文化财产领域,如果国家间互不考虑对方国家的法律,则势必鼓励非法文物贩运的猖獗发展,不能维护文物保护这一全人类的共同利益。⑥

第三,也是最重要的是,保护文化遗产逐渐发成一项公共政策,促使各国承认、适用外国的文化遗产保护法。在全世界范围内,保护文化遗产的公共政策已经出现,并得到现代国家的普遍认可。在保护文化遗产的法律层面,出现了对适用外国公法更加开放、包容的看法。⑦ 细言之,每个国家都相信本国的文化遗产应该得到保护,同时也认同保护其他国家的文化遗产的重要性,并通过协调一致的国际努力,维护全人类文化遗产的普遍利益。当在法院地国法和外国法中都能找到保护文化财产的法律规定时,如果外国法希望得到适用,且适用该外国法不会侵害法院地国的公共利益,那么,就会出现共

---

① See Kurt Lipstein, "Conflict of Laws and Public Law", in: E. K. Bankes ed., *United Kingdom Law in the 1980s*, U. K. National Committee of Comparative Law, 1988, pp. 45~46.
② See George A. Berman, "Public Law in the Conflict of Laws", *American Journal of Comparative Law*, vol. 34, 1986, pp. 157~163.
③ Lyndel V. Prott, *Problems of Private International Law for the Protection of the Cultural Heritage*, Collected Courses of the Hague Academy of International Law (Vol. 217), Martinus Nijhoff, 1989, p. 295.
④ *Hunt v. T&N plc* [1993] 4 SCR 289.
⑤ Irini A. Stamatoudi, *Cultural Property Law and Restitution: A Commentary to International Conventions and European Union Law*, Edward Elgar Publishing, 2011, p. 96.
⑥ Horatia M. Watt, "Choice of Law in Integrated and Interconnected Markets: A Matter of Political Economy", *Columbian Journal of European Law*, vol. 9, 2003, pp. 405~406.
⑦ Lyndel V. Prott, *Problems of Private International Law for the Protection of the Cultural Heritage*, Collected Courses of the Hague Academy of International Law (Vol. 217), Martinus Nijhoff, 1989, p. 296.

建全球团结的契机。① 因此,许多国家不仅通过立法保护其本国的文化遗产,还纷纷加入了保护文化财产的国际条约,以便通过国际社会的协作来保护每个国家的文化遗产。基于这样的公共政策原因,法院地国就没有道理仍坚持仅保护本国遗产,而不承认适用外国的文化遗产保护法。

(三)外国公法不适用原则的突破

近年来的发展已表明,外国公法不适用的传统观点已得到极大的修正与突破。外国公法不适用原则不仅在国际法理论界遭到了明确的拒绝,在国际条约和国内立法中,也呈现出逐渐松动的趋势。

1. 理论层面

在国际法理论界,普遍认为先验地排除外国公法的适用并不是一项原则,并且对基于外国公法的主张,应当视情况具体分析。具体而言:首先,国际法学会(Institute of International Law)在1975年威斯巴登会议上,通过了一项明确拒绝"先验排除外国法适用原则"的决议,并附有关于其适用范围的建议。决议第1条即明确强调:"不得因由冲突规范指定的外国法律具有公法性质,而排出对该外国法律的适用,但违反基本公共政策的除外"。② 这项决议指出,所谓的"先验排除外国法适用原则",通常是对基于公共政策排除外国法适用的重复,但该政策既没有理论意义,也缺乏实践价值,还不利于现代社会国际合作之需要。无独有偶,在1988年华沙会议上,国际法协会(International Law Association)"跨国承认和执行外国公法委员会"也审议了外国公法不适用的问题,并通过了一项决议。该决议强调将公法和私法做截然二元区分的困难,考虑了承认和执行外国公法的各种假说,同时确认并不存在排除外国公法适用的原则。③ 正如报告人跨国承认和执行外国公法委员会主席卡特(P. Carter)所言,实践表明,公法的重要性和影响力日益增加,"不存在,而且也不应该存在,任何公认或一般的原则来要求拒绝所谓的外国公法"。④

其次,对基于外国公法的主张应具体分析。国际法学会在1977年奥斯

---

① Christa Roodt, *Private International Law, Art and Cultural Heritage*, Edward Elgar Publishing, 2015, p. 311.
② The Institute of International Law, The Application of Foreign Public Law, Session of Wiesbaden, 11 August 1975.
③ International Law Association resolution, Report of the Sixty-Third Conference, Varsovie, 1988, p. 29.
④ P. Carter, "Report of the International Committee on Transnational Recognition and Enforcement of Foreign Public Laws", presented at the Warsaw Conference of the International Law Association, August 1988, pp. 23~24.

陆会议上通过的决议,对于外国政府提出的基于外国公法的主张,如果其与行使政府权力有关,那么,原则上是不可接受的;如果与行使政府权力无关,其主张的要求合理,且出于国际合作之需要,或出于对相关国家利益的考量,那么,也可承认此类主张。① 再如,在1986年国际比较法学院(International Academy of Comparative Law)第十二届大会上,报告人利普斯坦(K. Lipstein)谈到区分"狭义上的公法"与"广义上的公法"的提法。前者是控制国家与公民关系的规则,如调整税收关系和社会服务等的公法规范;后者是介入公民之间关系的规则,如消费者法、进出口限制法、劳动法等,是出于社会公共利益之考虑,调整公民之间特定法律关系的公法规范。相比"狭义上的公法",基于"广义上的公法"的主张更容易被承认,例如,法院更易于拒绝执行一项违反了"广义上的公法"的合同。②

2. 国际条约与国内立法

对传统外国公法不适用观点的颠覆,不仅体现在国际法基本理论的新近发展,在国际条约和国内立法层面,同样能观察到这一原则逐渐松动的趋势。

第一,在国际条约层面,自20世纪下半叶以来,摒弃外国公法不适用原则的倾向就在国际立法文件中逐渐凸显。尤其是在关注到与案件有紧密联系的外国强制性规范后,不少国际规则要求国家有义务赋予此类强制性规范以效力。例如,1978年《海牙代理法律适用公约》第16条规定,"在适用本公约时,如果根据与案情有重大联系的任何国家的法律,该国强制性规范必须适用,则此项强制性规范可以予以实施,而不管该国法律选择规则规定的是何种法律"。③ 类似的,还有1980年欧洲共同体《合同之债法律适用公约》(以下简称《罗马公约》)的第7.1条,以及如今在《罗马公约》基础上修订后的2008年欧盟《合同之债法律适用条例》(以下简称《罗马条例I》)第9条。这些条款被后来很多国际、国内立法所仿效,产生了广泛的影响,如《海牙关于信托的法律适用及其承认的公约》、《国际货币基金组织协定》、《比利时国际私法典》第20条、《阿塞拜疆共和国国际私法立法》第5条第2款等。④

第二,在各国立法上,"外国公法不适用"这一原则也已呈现出愈加从严适用的趋势。譬如,依据《瑞士联邦国际私法》第13条规定,经国际私法规则指定的外国法,"不得仅以该外国法律规定被认为具有公法性质而排除其适

---

① Institut de droit international, Annuaire, Session d'Oslo, 1977, p. 329.
② Kurt Lipstein, "Conflict of Laws and Public Law", in: E. K. Bankes ed. , *United Kingdom Law in the 1980s*, U. K. National Committee of Comparative Law, 1988, pp. 41~58.
③ 《海牙代理法律适用公约》(1978年3月14日),第16条。
④ 参见卜璐:《外国公法适用的理论变迁》,载《武大国际法评论》2008年第2期。

用";再如,该法第19条规定,"如果按照瑞士的法律观念为合法并在显然特别重要的利益需要时,本法所指定的法律以外的另一法律的强制性规定可予以考虑,如果涉及的情形与该法律有密切的联系"。① 据此可以认为,对冲突规范所指向的外国法是全面的,并未将具有外国公法性质的法律排除在外。当适用外国公法为条约义务时,或外国公法的规定是用以支持私法时(在这种情况下,公法是为私权利服务的),瑞士法院应予承认与执行。甚至还有观点指出,《瑞士联邦国际私法》标志着"外国公法不适用"这一原则不再具有普遍效力,从总体上不复存在。② 类似地,德国的立法和实践提供了多元方法的典范,不仅要求对"不适用外国公法"原则进行克制的狭义解释,而且针对那些对私法问题有间接法律效果的规范,即使其具有公法性质,也必须予以适用。③

三、外国公法效力对文物出口"非法性"的影响

非法出口文物的"非法性"是否具有普遍意义,取决于文物出口管制法有无域外效力。谈及出口管制法的域外效力有无,究其本质,是在讨论一国公法是否具有域外效力,或者说,传统理论上公法效力的属地性能否突破。如果公法效力的属地性是绝对的,即公法没有域外效力,那么,文物出口管制法没有域外效力,非法出口文物的"非法性"必然不具有普遍意义,其不法性质仅限于出口国境内。但是,如果公法效力的属地性并非绝对,在适当条件下是可突破的,那么,文物出口管制法的域外效力在一定条件下是被承认的,非法出口文物的"非法性"在境外国家或地区也能得到认可,从而具有普遍意义上的"非法性"。

无疑,这与前面讨论"外国公法不适用"理论的发展与之息息相关,随着"外国公法"理论从传统"不适用"到"可严格适用"的发展,公法效力的属地性也从"绝对"走向了"相对",非法出口文物的"非法性"也因此具有了普遍意义。

20世纪20年代英格兰法院审理的"意大利国王和意大利政府诉美第奇和佳士得拍卖行案"(以下简称"美第奇案"),④就是对这一问题的最佳诠

---

① 《瑞士联邦国际私法》(1987年12月18日),第13条和第19条。
② Beat Schönenberger, *The Restitution of Cultural Assets*, Stampli Publishers, 2009, pp. 146~147.
③ Matthias Weller, "Iran v. Barakat: Some Observations on the Application of Foreign Public Law by Domestic Courts from a Comparative Perspective", *Art Antiquity and Law*, vol. 12, 2007, p. 283.
④ *King of Italy and Italian Government v. Marquis de Medici Tornaquinci and Christie's* (1918, 34 TLR 623).

释。在该案中,英国法院以文物出口管制法的效力具有属地性为由,拒绝承认意大利的文物出口管制法。"美第奇案"的涉案标的为一套公元11世纪至18世纪的古文献藏书,由意大利的美第奇(Medici)家族收藏,其中,近一半为意大利国家所有的财产,剩余部分由美第奇家族私人所有。这批文物被非法出口到英国,之后拟由佳士得拍卖行拍卖出售。原告意大利政府向英国法院提起了诉讼,请求法院签发停止拍卖出售涉案文物的禁令。最终,英国法院作出了禁令,不过,禁令范围仅限于意大利国家所有的文物,不包括由美第奇家族私人所有的文物,后者随后在拍卖会上售出。

英国法院在审理中指出,应当区分意大利政府请求签发禁令所涉文物的性质和法律依据。意大利政府就涉案标的中的国有文物所提起的主张,是基于意大利政府对文物享有的所有权,依据是意大利的文物所有权法;而对美第奇家族私人所有文物提起的主张,则是基于意大利的文物出口管制法。对于后一类文物,根据当时的意大利文物艺术品法规定,①这类财产不属于国有文物,但受出口限制,并且意大利政府可行使优先购买权。

对此,英国法院认为,针对意大利国有文物的禁令请求可以准许,但涉及美第奇家族私人所有文物的请求则不然,因为只有当文物位于意大利境时,意大利的文物出口管制法才完全适用。换言之,意大利的文物出口管制法"受其领土限制",具有属地性。基于此,英国法院拒绝就非法出口的私人所有文物签发禁令。

不过,如果"美第奇案"发生在今天,情况就完全不同:在欧盟成员国之间,2014年欧盟第2014/60/EU号"关于返还从成员国领土非法转移的文物指令(重订)"(以下简称"2014年欧盟指令")为归还非法出口文物的请求提供了法律保障,文物出口管制法的效力在各成员国间是相互承认的。意大利可依据英国为实施该欧盟指令颁布的国内法——2015年《英国归还文物条例》,②请求归还非法出口的文物。在这个意义上,文物出口管制法突破了传统的属地性,其效力可获得外国法院的承认。

由此可见,随着"外国公法不适用"理论历经从传统到质疑再到适当突破的发展,公法效力的属地性并非一成不变,在一定条件下,如基于条约义务或通过其他适用途径,文物出口管制法也能发挥域外效力。近年来,不少国家或通过立法,或通过司法判例,开始对外国公法的适用敞开大门,这使得一国文物出口管制法有可能得到外国的承认或执行。③ 下文将分两节讨论文

---

① Italian Law on Antiquities and Fine Arts (Act of 20 June 1909, No. 364).
② The Return of Cultural Objects (Amendment) Regulations 2015(No. 1926, 2015).
③ 霍政欣:《追索海外流失文物的法律问题》,中国政法大学出版社2013年版,第95页。

物出口管制法如何发挥域外效力,分析外国出口管制在跨境文物返还争议中的适用原则以及具体的适用路径。

第二节 外国文物出口管制法的适用原则

在国际文化财产法领域,"外国公法不适用"的原则逐渐呈现出松动的趋势,外国公法的效力范围得以重新检视,这为承认或执行外国文物出口管制法提供了可能。要检验文物来源国的文物出口管制法是否以及如何能够得到外国法院的承认与执行,离不开现代国际法理论中有关外国公法效力的两项基本原则。①

这两项基本原则的简要表述为:原则一,基于国际公法原则的要求,一国只能在本国领土内由本国机关实施该国的公法,而不能在域外实施其公法;基于国内公法原则的要求,一国法院根据法治原则可以执行本国公法,但不得执行外国公法,除非该法院地国另有条约义务要求。原则二,根据国际私法原则,存在外国公法不适用的例外,即在私法问题上,外国公法可在以下情况被考虑适用:其一,其作为准据法的一部分;其二,其是第三国的强制性规范。

在跨境文物返还争议中,外国出口管制法的适用也遵循上述基本原则——原则一,不直接执行外国出口管制法;原则二,可间接适用外国出口管制法。本节将分别讨论这两项基本原则的理论成因,总结两原则在司法实践中的体现,回答外国文物出口管制法"是否可以适用"的问题,为下一节讨论"如何得以适用"的问题做好理论准备。

一、原则一:不直接执行

(一)理论分析

1. 外国公法不得直接执行

一般情况下,一个国家不得在其领土之外行使公权力,换言之,一国的公权力只能在该国领土内行使。如果一国需要在境外执行公法,那么,必须借助被请求国提供国际协助。这是一项各国普遍认可的"外国公法不得直接执行"原则。基于此,治安权只能在境内行使,一国税收在境内收取,外汇管制的规定也只能在境内获得执行。如果有必要,国家间可进行国际合作,通

---

① Kurt Siehr, "Private International Law and the Difficult Problem to Return Illegally Exported Cultural Property", *Uniform Law Review*, vol. 20, 4, 2015, p. 506.

过谈判缔结促进各方密合作的公约。

"外国公法不得直接执行"原则,是从前述论及的"外国公法不适用"传统理论之下衍生出来的。一方面,这是依据国际公法上的主权原则,从尊重其他国家主权出发,得出"外国公法无域外效力"的结论。① 另一方面,这也是出于国内公法上的法治原则之需要,因法治原则的要求,以及禁止将外国法适用于当地事务的原则,调整单方面的国家活动仅以本国法为限。②

当然,虽然"外国公法不得直接执行"原则衍生自"外国公法不适用"传统理论,但确切地说,这是对"外国公法不适用"应作的限制性理解。细言之,完全排除对外国公法的适用是不可能的,因为有很多公法行为会对私法问题产生法律效果上的影响,例如婚姻关系的缔结可能要以国家政府的登记行为为成立要件,某些合同需要政府的批准才能发生效力。对于此类公法行为,在不违反本国社会公共利益的前提下,可以承认外国公法的效力,但不必涉及执行外国公法的问题。因此,更合适的做法是:将基本规则解释为只是禁止在当地法院直接执行外国公法。③ 通常认为,外国文物出口管制法具有外国公法的性质,因此,根据外国公法不直接执行的理论,外国文物出口管制法也不得直接执行。

2. 外国公法的可诉性分析

在普通法国家,基于"既得权"理论,一项基于外国文化遗产法的文物返还请求是否具有"可诉性"(justiciable),取决于这样的请求会被法院认定是"特权类请求"(prerogative claim),还是"遗产类请求"(patrimonial claim)。④

如果是基于外国出口管制法的请求,那么,这是一项"特权类请求",不会得到直接执行;但如果是基于外国文物所有权法的请求,或者说,其请求权基础是基于文化遗产法的财产权利,那么,这项请求就属于"遗产类请求",是可以在外国法院得到承认的。以前述提及的"美第奇案"为例,⑤意大利政府请求归还的文物有两类,第一类是意大利的国有文物,请求权基础是意大利政府对文物享有的所有权;第二类是美第奇家族私人所有文物,依据的是

---

① Martin Wolff, *Private International Law*, 2nd edition, Clarendon Press, 1950, p. 172.
② Kurt Siehr, "Private International Law and the Difficult Problem to Return Illegally Exported Cultural Property", *Uniform Law Review*, vol. 20, 4, 2015, p. 507.
③ Kurt Siehr, *International Art Trade and the Law*, Collected Courses of the Hague Academy of International Law (Vol. 243), Martinus Nijhoff, 1993, p. 183.
④ Mara Wantuch-Thole, *Cultural Property in Cross-Border Litigation: Turning Rights into Claims*, Walter de Gruyter GmbH & Co KG, 2015, pp. 323~324.
⑤ *King of Italy and Italian Government v. Marquis de Medici Tornaquinci and Christie's* (1918, 34 TLR 623).

意大利的文物出口管制法。那么,对于第一类文物提起的请求,属于"遗产类请求";对于第二类文物提起的请求,属于"特权类请求"。以此逻辑,英国法院承认了第一类文物的"遗产类请求",但对于"特权类请求",即依据意大利文出口管制法的请求,不予执行。

基于同样的可诉性分析,下文将重点讨论的"新西兰司法部长诉奥蒂兹案"(以下简称"奥蒂兹案")①和"伊朗政府诉巴拉卡特画廊案"(以下简称"巴拉卡特画廊案"),②也说明了基于外国文物出口管制法的"特权类请求"在法院不被直接执行的事实。细言之,在"奥蒂兹案"中,英国上诉法院认为,新西兰依据具有外国公法性质的文化遗产法,其提起的文物返还请求属于"特权类请求",因此,在英国是不可执行的。与之相对,在"巴拉卡特画廊案"中,英国法院认为,伊朗的返还请求基础是对涉案文物直接占有的权利,因此,其请求属于"遗产类请求",得到了英国法院的承认。

由此可见,从外国公法的可诉性理论出发,在跨境文物返还争议中"特权类请求"不会得到直接执行,是对不直接执行外国出口管制法的直观体现。

(二)司法判例

1."奥蒂兹案"

在"奥蒂兹案"中,③新西兰政府依据1962年《历史古物法案》,主张对一件非法出口的毛利人部落木雕享有所有权,请求法院判令现持有人奥蒂兹归还木雕。该案通过三级法院的审理,最终,终审法院上议院维持了上诉法院的判决,驳回了原告新西兰政府的请求。

该案的争议焦点有两项:其一,根据《历史古物法案》以及新西兰海关法相关规定,原告新西兰政府对涉案木雕是否享有所有权。其二,这些法案是否会因其具有外国公法的性质,在英国是不可执行的,换言之,不被英国法院所认可。关于第一点,上议院同意上诉法院对《历史古物法案》的理解,明确指出对于未经政府许可而非法出口的涉案木雕,新西兰政府本可通过没收取得木雕所有权,但因没收环节并非自动完成,需以政府完成扣押的方式实现。因此,未完成扣押的新西兰政府不能取得文物的所有权。④ 这部分已在第三章讨论过,在此不予赘述。

---

① *Attorney-General of New Zealand v Ortiz* [1982] 3 QB 432, rev'd [1982] ALL ER 432, add'd [1983] 2 All ER 93.

② *Government of the Islamic Republic of Iran v. The Barakat Galleries Ltd.*, [2007] EWHC 705 (Q. B.); [2008] 1 All E. R. 1177.

③ 关于"奥蒂兹案"的案情介绍,参见第三章第三节之"国家所有权与未发现文物"的讨论。

④ Kurt Siehr, "Private International Law and the Difficult Problem to Return Illegally Exported Cultural Property", *Uniform Law Review*, vol. 20, 4, 2015, pp. 503~504.

第五章 文物中心原则下外国公法的效力

这里要重点讨论的是第二项争议点,即对于新西兰限制文物出口的《历史古物法案》的性质,应当如何看待。该法是否具有外国公法的性质,并因此在英国不可执行。对此,一审法院认为《历史古物法案》在英国是可执行的,因为施涛顿法官(Staughton J.)认为该法既不是外国税法,也不是外国刑法,而是关于新西兰政府自动获得非法出口文物的所有权之规定,旨在保护其境内的重要文物,以维护该国的公共利益。至于《历史古物法案》是否构成"其他公法",施涛顿法官未作回应。然而,在二审中,三位上诉法院的法官却认为,《历史古物法案》具有外国公法或外国刑法性质,因此,该法案在英国是不可执行的,其效力不被英国法院认可。① 最后,在终审中,上议院回避了这一问题,对此并未作出任何回答。

从本案可以看到,尽管不同法院对文物来源国的某项文化遗产法案是否具有外国公法性质还尚有争议,但"外国公法不直接执行"这一原则却始终没有动摇过,一直为司法机关所奉行。在该案中,原告新西兰总检察长知道英国法院不情愿执行外国公法,曾试图将这项索赔变为请求归还国有财产的普通私法诉讼,②但其请求最终未能获得法院支持。正如丹宁勋爵(Lord Denning)在本案中所说,"要在新西兰境外执行这部新西兰法(即《历史古物法案》),相当于承认这类法律具有域外效力,而这是有违国际公法的"。③

值得注意的是,"奥蒂兹案"推动了此后《英联邦物质文化遗产保护计划》(亦称"毛里求斯计划")的制订。④ 正因为在"奥蒂兹案"中,英国法院不承认新西兰的出口管制法,致使新西兰未能追回非法出口的木雕,在同年的英联邦会议上,新西兰呼吁应关注非法出口文物的返还问题,提出"保护珍贵文化遗产是一国的合法关注",并推动《英联邦物质文化遗产保护计划》的起草和通过。⑤《英联邦物质文化遗产保护计划》获得了除英国以外的其他英联邦成员国的一致通过。尽管不具有法律约束力,该计划为英联邦成员国间提供了一个示范框架,以处理一成员国归还从另一成员国非法出口的文化财产问题。

---

① 丹宁勋爵(Lord Denning)认为该法为公法,阿克奈法官(Ackner)和奥康纳法官(O'Connor)则认为该法系惩罚性法。
② Kurt Siehr, *International Art Trade and the Law*, Collected Courses of the Hague Academy of International Law (Vol. 243), Martinus Nijhoff, 1993, p. 183.
③ *Attorney General of New Zealand v. Ortiz* [1984] 1 AC at pp. 19 *et seq.* (CA).
④ Scheme for the Protection of the Material Cultural Heritage within the Commonwealth, 1993. See Patrick J. O'Keefe, "Mauritius Scheme for the Protection of Material Cultural Heritage", *International Journal of Cultural Property*, vol. 3, 2, 1994, pp. 295~300.
⑤ See Patrick J. O'Keefe, "Protection of the Material Cultural Heritage: The Commonwealth Scheme", *International and Comparative Law Quarterly*, vol. 44, 1, 1995, pp. 147~161.

2."巴拉卡特画廊案"

在"巴拉卡特画廊案"中,①英国法院仍坚持外国公法不得直接执行的原则。不过,英国法院将伊朗的文化遗产法认定为具有私法性质的文物所有权法,并由此得以支持伊朗的主张。

在该案中,伊朗政府在英国法院起诉位于伦敦的巴拉卡特画廊(Barakat Galleries),请求画廊归还在伊朗吉罗夫特(Jiroft)地区遭非法挖掘并非法出口的一批珍贵文物。这批文物包括十八件雕刻的罐、碗等器皿,由巴拉卡特画廊收购后拟再出售。在一审中,格雷法官(Justice Gray)认为系争伊朗法律规定和"奥蒂兹案"中的新西兰法律规定类似,二者都"具有刑法、公法的性质",因而在英格兰不予适用。但是,在二审中,上诉法院推翻了一审法院的判决,将系争伊朗法律规定定性为"文物所有权法",并指出该法律已足够明确,伊朗可据此对涉案文物享有所有权权益——"即刻占有的权利",进而承认了伊朗政府基于其文化遗产法享有的国家所有权。

关于系争伊朗文化遗产法的性质,英国上诉法院认为,伊朗的文化遗产法将出土文物的所有权赋予了伊朗国家。这项文化遗产法既不是刑事法律、没收法律,也不具有溯及力,其立法宗旨是为了保护伊朗本国的文化遗产,这与"1970年公约"、1993《英联邦物质文化遗产保护计划》、"欧共体1993年指令"和"1995年公约"等国际公约和其他规范性文件的意旨相一致。因此,伊朗的文化遗产法应该在英国作为私人财产法得到执行,被告有义务将文物返还给伊朗。

值得注意的是,在"巴拉卡特画廊案"中,上诉法院并没有偏离之前"奥蒂兹案"的裁判,并未对"外国公法不直接执行"原则提出挑战。这里,英国法院通过将文物来源国的文化遗产法定性为具有私法性质的文物所有权法,并承认其在英国的可执行性,以"曲线救国"的方式绕开了"外国公法不直接执行"原则,最终促成将非法转移的文物归还给文物来源国。无怪乎有学者指出,这是英国法院探索的一条不寻常道路,为克服"外国公法不直接执行"的文物返还障碍所作的"司法矫正"。② 从文物中心原则所追求的保护文化财产、打击非法文物贩运之目标出发,与"奥蒂兹案"相比,"巴拉卡特画廊案"又向前迈进了一步,其历史意义不言而喻。

---

① *Government of the Islamic Republic of Iran v. The Barakat Galleries Ltd.*,[2007] EWHC 705 (Q. B.);[2008] 1 All E. R. 1177.
② Beat Schönenberger, *The Restitution of Cultural Assets*, Stampli Publishers, 2009, p. 215.

二、原则二：可间接适用

如前所述，根据第一项基本原则，外国文物出口管制法不可被直接执行；不过，根据第二项基本原则，在一定条件下，可间接适用外国文物出口管制法。换言之，在私法问题上，外国文物出口管制法可在以下情况被考虑适用：其一，外国出口管制法作为准据法所属国的强制性规范；其二，外国出口管制法作为第三国的强制性规范。

外国文物出口管制法的间接适用，与国际私法中的"国际强制性规范"（international mandatory rules，以下简称"强制性规范"）理论息息相关。所谓"强制性规范"，又称"直接适用的法"或"警察法"，①是指为了维护一国在政治、社会、经济与文化等领域的重大公共利益，无须多边冲突规范的指引，直接适用国际民商事案件的实体法强制性规范。② 通常认为，作为维护一国文化财产进出境管理秩序的规范，文物出口管制法也是一种强制性规范。③ 近一个世纪以来，理论和实践的发展已证明，与案件有密切联系的外国强制性规范已经得到法官的考虑或适用。正是基于外国强制性规范的适用理论和实践，间接适用外国文物出口管制法才有了研究的基础和可能。

（一）外国强制性规范理论下的外国文物出口管制法

国际私法中的强制性规范理论体系，由法院地国强制性规范、外国准据法所属国的强制性规范和第三国的强制性规范组成。④ 在涉及非法出口文物的跨境文物返还争议中，争议的性质决定了外国文物出口管制法只可能成为两类强制性规范中的一种——外国准据法所属国的强制性规范和第三国的强制性规范，这二者可并称为"外国强制性规范"。这是跨境文物追索诉讼的复杂性所在，也从侧面体现了文物流入国和文物流出国两国不同需求的张力。⑤ 一方面，文物流入国希望规范文化财产在其境内自由流通，另一方

---

① 强制性规范的名称很多，在不同的法律制度下，亦被称作"必须使用的规范"（norme di applicazione necessaria）、"强制性规定"（zwingende Vorschriften）、"强制性条款"（mandatory rules）、"优先条款"（overriding rules）等。
② 肖永平、龙威狄：《论中国国际私法中的强制性规范》，载《中国社会科学》2012年第10期。
③ Manlio Frigo, *Circulation des Biens Culturels, Détermination de la Loi Applicable et Méthodes de Règlement des Litiges*, Collected Courses of the Hague Academy of International Law (Vol. 375), Brill, 2015, p. 207.
④ 卜璐：《国际私法中强制性规范的界定——兼评〈关于适用《涉外民事关系法律适用法》若干问题的解释（一）〉第10条》，载《现代法学》2013年第3期。
⑤ Manlio Frigo, *Circulation des Biens Culturels, Détermination de la Loi Applicable et Méthodes de Règlement des Litiges*, Collected Courses of the Hague Academy of International Law (Vol. 375), Brill, 2015, p. 207.

面,文物来源国作为文物流出国,又期望非法出口的文物仍受本国法律的保护,要在这两个同样基于国家主权的诉求中需求公正的平衡,就必须妥善运用外国强制性规范的理论,为外国文物出口管制法的间接适用提供合理路径。

以比较法观之,不应盲目排除外国公法的适用正逐渐成为主流认识,①晚近的国际或区域法律文件和国内立法中都有对这一理念的体现。以合同义务的法律适用问题为例,前述提及的1980年《罗马公约》第7条规定就表明,在满足特定条件下,一国法院可以适用与案件有密切联系的外国强制性规范。② 这一问题随后反映在2008年《罗马条例Ⅰ》的第9条,即可以赋予合同履行地的强制性规范以效力,只要此类规范能导致合同履行不法。并且,在考虑是否适用这些强制性规范时,应"注意到其性质和目的,以及适用或不适用这些强制性规范所产生的后果"。③ 在国内法层面,已有部分国家明确将外国强制性规范纳入国内法体系,具有代表性的立法包括《瑞士联邦国际私法》第19条"审议外国法律强制性条款"和《比利时国际私法典》第20条"特殊适用规则"。

考察外国文物出口管制法的间接适用,可以外国强制性规范的理论和实践发展为基础。与此同时,不能忽视外国强制性规范与法院地国强制性规范在法院地国发生效力的不同。细言之,在存在法院地国强制性规范时,法官有义务执行本国的强制性规范,这是关涉法院地国重大公益的法律秩序之要求。而在存在外国强制性规范时,法官可以结合这类强制性规范的性质和目的,及其适用或不适用所产生的后果,考虑给予这些强制性规范以效力。由此可见,法院给予法院地国强制性规范以效力是一种"义务",但给予外国强制性规范以效力不是义务,而是"权能"。此外,法官考虑适用外国强制性规范,需要满足一定条件,如该外国法律与案件之间存在充足的紧密联系。

(二)外国准据法所属国和第三国的文物出口管制法

在涉及非法出口文物的跨境文物返还争议中,一国的文物出口管制法在文物流入国发生效力,有以下两种情形:其一,作为外国准据法所属国的强制性规范;其二,作为第三国的强制性规范。

---

① 肖永平、龙威狄:《论中国国际私法中的强制性规范》,载《中国社会科学》2012年第10期。
② 1980年欧洲共同体《合同之债法律适用公约》(《罗马公约》)第7条规定,"若情况与另一国家有密切联系,而且如果该国法律规定,无论合同适用什么法律,这些强制性规则都必须予以适用,则可以适用该国法律的强制性规则。在考虑是否适用这些强制性规则时,应注意到其性质和目的,以及适用或不适用这些强制性规则所产生的后果"。
③ 2008年欧盟《合同之债法律适用条例》(《罗马条例Ⅰ》),第9条。

1. 外国准据法所属国的文物出口管制法

在第一种情形下,依法院地国的冲突规范指引,准据法是文物来源国法,这意味着文物来源国的出口管制法是准据法所属国法律的一部分,属于外国准据法所属国的强制性规范。

通常而言,根据传统的"物之所在地法"冲突规则,在涉及跨国文物所有权或其他财产权利的诉讼中,只有当影响文物权属转移的法律事实发生在文物来源国,之后文物再转移至法院地国时,前述情况才会发生。譬如,在"厄瓜多尔共和国诉达努索案"中,①诉讼标的是一批从厄瓜多尔非法出口的前哥伦布时期考古文物。意大利人达努索(Danusso)在厄瓜多尔购得这批文物后,将其非法运至意大利。在获悉文物下落后,厄瓜多尔政府向意大利法院起诉,要求持有人归还文物。该案中,影响涉案文物权属转移的法律事实,即交易涉案文物的事实,发生在厄瓜多尔,依据交易发生时的"物之所在地法"——厄瓜多尔法,这些文物属于国有文物,未经许可,不得转移出境。在此情况下,厄瓜多尔法是本案的准据法,厄瓜多尔的出口管制法作为外国准据法所属国的强制性规范。最终,意大利法院经考察,从立法目的出发,认为厄瓜多尔关于保护文物与限制文物出口的法律,与意大利相关法律的立法意旨近似,因此,可以承认外国的文化遗产法,即使其具有公法性质。② 由此可见,作为外国准据法所属国的强制性规范,一国的文物出口管制法也能在法院地国发生效力。

当然,一方面,一国的文物出口管制法作为外国准据法所属国的强制性规范,不得仅因其具有公法性质而被排除适用,另一方面,冲突规范对外国准据法的指引并不意味着该国强制性规范必然适用。这类强制性规范的适用,还主要受两方面的限制:其一,规范自身的限制,主要指适用外国准据法所属国强制性规范须满足的一定条件,如以该外国与案件存在"密切联系"为前提,考虑该规范的目的与内容,及其适用或不适用所产生的后果。其二,法院地公共利益的限制,即适用外国准据法所属国强制性规范不得有损法院地国的公共利益。③

---

① *Republic of Ecuador v. Danusso*, Civil and District Court of Turin, First Civil Section 4410/79; Court of Appeal of Turin Second Civil Section 593/82; 18 Riv. dir. int. priv. proc. 625 (1982).
② Lyndel V. Prott, *Problems of Private International Law for the Protection of the Cultural Heritage*, Collected Courses of the Hague Academy of International Law (Vol. 217), Martinus Nijhoff, 1989, p. 283.
③ 肖永平、龙威狄:《论中国国际私法中的强制性规范》,载《中国社会科学》2012年第10期。

2. 第三国的文物出口管制法

在第二种情形下,文物来源国法不是准据法,而是法院地国法、外国准据法所属国法之外的第三国法律。此时,文物来源国的出口管制法是第三国法律的一部分,属于第三国的强制性规范。

与第一种情形不同,在该情形下,影响文物权属转移的法律事实发生在文物来源国境外,或者说,文物是先从来源国被非法转移出境("物理上的转移")后,再在另一个国家发生了权属的转移("法律上的转移")。① 当然,此种情形下的准据法可能是法院地国法,也可能是法院地国法以外的法律,但肯定不是文物来源国法。这里,就涉及考虑承认第三国强制性规范的效力问题。

在国际民商事案件中,讨论间接适用第三国强制性规范的问题由来已久。在司法实践中,许多国家的法院赋予了特定类型的第三国强制性规范以效力,比如,适用外国的贸易禁运条款、②考虑了1913年"对敌贸易法案"(Trading with the Enemy Act)、③拒绝执行违反了外国外汇管制规定的合同、④判令违反外国进口限制的走私活动无效、⑤以及支持以外国出口禁令作为不履行国际商品合同的理由等等。⑥ 以比较法经验观之,第三国强制性规范对国际民商事关系的影响,既可通过冲突法途径,也可通过实体法途径,还可通过国际法途径实现。⑦

---

① Manlio Frigo, *Circulation des Biens Culturels, Détermination de la Loi Applicable et Méthodes de Règlement des Litiges*, Collected Courses of the Hague Academy of International Law (Vol. 375), Brill, 2015, p. 211.

② *Regazzoni v Sethia*, [1958] AC 301, [1957] 2 WLR 752, [1957] 3 AllER 286 (HL); German Bundesgerichtshof, Decision of 21 December 1961, 34 Entscheidungen des Bundesgerichtshofs in Zivilsachen 169 (*Borax case*); German Bundesgerichtshof, Decision of 24 May 1962, (1963) Neue Juristische Wochenschrift 1436 (*Boric Acid case*).

③ German Reichsgericht, Decision of 28 June 1918, 93 Entscheidungen des Reichsgerichts in Zivilsachen 182. See also Gerhard Kegel, Hans Rupp and Konrad Zweigert, Die Einwirkung des Krieges auf Verträge, Gruyter, 1941.

④ Kantonsgericht Wallis, Decision of 15 September 1981, (1982) 16 Zeitschrift fur Walliser Rechtsprechung 252.

⑤ Handelsgericht Zurich, Decision of 9 May 1968, (1968) Schweizerische Juristen-Zeitung 354; See also Foster v Driscoll, [1929] 1 KB 470 (CA).

⑥ *Toepfer v Cremer*, [1975] 1 Lloyd's Reports 406 (QB, Com Ct), [1976] 2 Lloyd's Reports 118 (CA); *Tradax v Andre*, [1975] 2 Lloyd's Reports 516 (QB, Com Ct). See Michael Bridge, "The 1973 Mississippi Floods: Force Majeure and Export Prohibition", in: Ewan McKendrick ed., *Force Majeure and Frustration of Contract*, 2nd edition, Lloyd's of London Press, 1995, pp. 290~291.

⑦ 肖永平、龙威狄:《论中国国际私法中的强制性规范》,载《中国社会科学》2012年第10期。

那么,文物来源国的出口管制法,作为第三国的强制性规范,其间接适用是否也能通过以上三个途径实现。与此类似的,如果是作为外国准据法所属国的强制性规范,一国的文物出口管制法是否也通过相似的途径,在文物流入国发生法律效力。这是下一节"外国文物出口管制法的适用途径"要展开讨论的话题。

第三节 外国文物出口管制法的适用途径

在跨境文物返还争议中,外国文物出口管制法的适用遵循两项原则:原则一,不直接执行外国文物出口管制法;原则二,可间接适用外国文物出口管制法。这是上一节讨论"外国文物出口管制法的适用原则"得出的结论,回答了外国文物出口管制法"是否可以适用"的问题。在此基础上,本节将讨论"外国文物出口管制法可间接适用"这一原则如何具体化,回答外国文物出口管制法"如何得以适用"的问题,或者说,外国文物出口管制法可以通过何种路径,在文物流入国发生效力。结合上一节对国际私法中外国强制性规范理论的分析,在涉及非法出口文物的跨境文物返还争议中,一国的文物出口管制法可在文物流入国产生效力,主要存在以下两种情形:情形一,作为外国准据法所属国的强制性规范;情形二,作为第三国的强制性规范。

对于第一种情形,外国文物出口管制法主要通过"冲突法途径"产生效力,作为外国准据法的一部分对跨境文物争议产生法律效果上的影响。一方面,作为外国准据法所属国的强制性规范,一国的文物出口管制法不得仅因其具有公法性质而被排除适用;另一方面,此类强制性规范的适用也受到来自其规范自身和法院地公共利益的限制。第二节对此已有讨论,在此不予赘述。

对于第二种情形,外国文物出口管制法作为第三国的强制性规范,既可通过"冲突法途径",也可通过"实体法途径"产生效力。前一途径是从法律选择的角度出发,后一途径则关注有关实体法概念的阐释,二者手段不同但目的一致,在实践中,对于第三国强制性规范的效力问题,两种途径殊途同归,在具体案件中往往得出一致的结论。①

此外,第三种途径——"国际法途径"为外国文物出口管制法的适用提供了最直接、有效的保障,要求缔约国相互承认各自出口管制法的域外效力,从而使外国文物出口管制法的适用具有国际法依据。

---

① 肖永平、龙威狄:《论中国国际私法中的强制性规范》,载《中国社会科学》2012年第10期。

下文将以数例涉及非法出口文物的跨境文物争议判例为引,综合考察前述三种适用途径——冲突法途径、实体法途径和国际法途径,以此检验外国文物出口管制法在文物流入国发生效力的可行性。

一、冲突法途径

理论上,无论是作为外国准据法所属国的强制性规范,还是作为第三国的强制性规范,外国文物出口管制法都可以通过冲突法途径在文物流入国产生效力。所谓"冲突法途径",是指从法律选择的角度,考虑外国强制性规范(包括外国准据法所属国强制性规范和第三国的强制性规范)的性质、目的,其适用或不适用的后果,以及该外国与系争法律关系的联系程度,进而判断此类强制性规范是否对系争法律关系产生法律效果上的影响。

以比较法经验观之,常见的冲突法途径有三:其一,依据关于外国强制性规范的专门规定直接适用。前述提及的1980年《罗马公约》第7条(2008年《罗马条例I》第9条的前身)、《瑞士联邦国际私法》第13条和第19条和《比利时国际私法典》第20条都是外国强制性规范的典型立法例。其二,以规避外国法律为由,适用被规避的外国强制性规范。其三,以公共政策为由,适用外国强制性规范。①

实践中,一国的文物出口管制法要在文物流入国发生效力,能否通过前述冲突法途径实现,还有待考察。近年来,在两起涉及非法出口文物的争议——2005年印度金币案和2010年中国古陶车马案中,瑞士法院和奥地利法院都分别关注到外国文物出口管制法是否适用的问题,并对作为第三国强制性规范的文物出口管制法是否发生效力,给出了颇负争议的回答。

(一)2005年印度金币案

在印度金币案中,②瑞士联邦法院适用了瑞士法,而并未依据《瑞士联邦国际私法》第19条适用印度的文物出口管制法。③换言之,作为第三国强制性规范的印度文物出口管制法,并未因瑞士关于外国国强制性规范的专门规定而适用。

---

① 第二种"以规避外国法律为由的适用"和第三种"以公共政策为由的适用",分别存在于法国法院和英国法院的司法实践中。参见韩德培、肖永平主编:《国际私法》,高等教育出版社2007年版,第139页。

② *Union de l'Inde v. Credit Agricole Indosuez (Suisse) SA*, Swiss Bundesgericht, Decision of 8 April 2005, 131 III Entscheidungen des Schweizerischen Bundesgerichts 418, (2006) Die Praxis 310.

③ 《瑞士联邦国际私法》第19条规定:"如果按瑞士的法律观念为合法并在显然特别重要的利益需要时,本法所指定的法律以外的另一法律的强制性规定可予以考虑,如果涉及的情形与该法律有密切的联系"。

该案涉及两枚印度古金币的质押合同纠纷。1988年,几家巴拿马和英属维尔京群岛的公司将涉案金币交给瑞士农业信贷银行(以下简称"瑞士银行"),用作贷款质押担保。原告印度政府获悉后,在瑞士联邦法院提起诉讼,以涉案金币系非法出口的印度国有文物,违反了印度《1972年文物和艺术珍宝法》为由,①主张质押合同无效,被告瑞士银行无法获得有效的担保权益,要求瑞士银行其归还涉案金币。

最终,瑞士联邦最高法院(Bundesgericht)驳回了原告印度政府的文物返还请求,主要基于以下五个理由:其一,瑞士法院援引了英国法院审理的"奥蒂兹案",认为不执行外国公法原则同样适用于瑞士;其二,即使原告印度是金币的所有者,被告基于善意也能取得担保权益,因为被告已按照瑞士银行业务规则,履行了尽职调查义务;其三,质押合同不能被认定为无效或不可执行,因为其并未违反《瑞士债法典》第19条和第20条关于违反法律禁止性规定或公序良俗的合同为无效合同的规定;其四,对第三国的强制性规范不予考虑,因为这样会违反瑞士法律;其五,涉案金币于1988年设置抵押债权,而瑞士于2003年才通过旨在实施"1970年公约"的《瑞士联邦文化财产转移法》,②因法无溯及力之由,《瑞士联邦文化财产转移法》不适用于本案。退一步讲,即使该法案适用,被告也不需要返还,因为印度与瑞士未基于"1970年公约"签订返还非法出口文物的双边协议,而此类双边协议是返还的必要前提。

印度金币案说明,即便在《瑞士联邦国际私法》明确规定瑞士法院可以适用外国强制性规范的情况下,"在缺少条约义务的情况下,瑞士法院依然可以拒绝适用外国的文物出口管制法"。③ 值得注意的是,这一裁判在国际文化财产学界备受批评,许多学者指出,瑞士联邦最高法院不顾《瑞士联邦国际私法》第19条之规定,不考虑本应作为第三国强制性规范适用的印度文物出口管制法,在处理外国公法的效力问题上实为一种退步。④

---

① Indian Antiquities and Art Treasures Act, 1972.
② Federal Act on the International Transfer of Cultural Property (Cultural Property Transfer Act, CPTA), June 20, 2003.
③ Beat Schönenberger, *The Restitution of Cultural Assets*, Stampli Publishers, 2009, p.149.
④ See Marc-André Renold, "An Important Swiss Decision Relating to the International Transfer of Cultural Goods: The Swiss Supreme Court's Decision on the Giant Antique Mogul Gold Coins", *International Journal of Cultural Property*, vol.13, 3, 2006, pp.361-369.

(二)2010年中国古陶车马案

在中国古陶车马案中,①奥地利法院将奥地利法作为准据法。中国的文物出口管制法属于第三国强制性规范,但法院以中国与案件缺乏"密切联系"为由,拒绝适用中国的文物出口管制法。

该案涉及一件中国古陶车马的买卖合同纠纷。原告是某汽车设备制造商,并经营一家私人汽车博物馆。2002年,原告以55 000欧元的价格从被告某奥地利拍卖行处购得涉案陶车马,并拟将之陈列于其汽车博物馆展示。2004年5月,原告在奥地利法院提起诉讼,以涉案标的系中国禁止出口的文物,买卖合同因违反公序良俗而无效(《奥地利民法典》第879条)为由,主张合同自始无效,要求被告退货,并返还购买价款。

最终,原告的这一请求被奥地利三级法院先后驳回,终审法院奥地利最高法院(Oberste Gerichtshof)在裁判中,列出了驳回原告请求的三点理由。这三项理由正好分别论及外国文物出口管制法发生效力的三种途径——国际法途径、冲突法途径和实体法途径。

第一,不存在奥地利加入的相关国际公约或奥地利与中国签订的双边协定规定,要求奥地利有义务归还涉案文物,或者有义务使买卖涉案文物的合同归于无效。是为国际法途径,说明第三国强制性规范发生效力可以基于国际公约。本案中,奥地利法院以缺乏条约义务为由,拒绝适用中国的文物出口管制法。

第二,若依据《罗马公约》第7条(即《罗马条例Ⅰ》第9条的前身),②法院可以考虑赋予第三国(即中国)的强制性规范以效力,但前提是本案与该第三国有密切联系,并且该第三国的强制性规范希望被适用,而不论合同的准据法为何。对此,奥地利法院认为,中国与本案不存在这种密切联系,因此不适用中国的文物出口管制法,即使该法可能希望被适用。是为冲突法途径,第三国强制性规范可依据外国强制性规范的专门规定(如本案《罗马公约》第7条)直接适用。本案中,奥地利法院以适用第三国强制性规范的条件之一——"密切联系"未成就为由,拒绝适用中国的文物出口管制法。

第三,关于涉案合同是否因违反中国出口管制法,构成《奥地利民法典》

---

① B***** KG v. A***** KEG, Austrian Oberster Gerichtshof, Decision of 30 June 2010, OGH 9 Ob 76 / 09f.
② 1980年欧洲共同体《合同之债法律适用公约》(《罗马公约》)第7条规定,"若情况与另一国家有密切联系,而且如果该国法律规定,无论合同适用什么法律,这些强制性规则都必须予以适用,则可以适用该国法律的强制性规则。在考虑是否适用这些强制性规则时,应注意到其性质和目的,以及适用或不适用这些强制性规则所产生的后果"。

第 879 条所称"违反公序良俗"的不道德合同而无效的问题。奥地利法院援引了下文将讨论的 1972 年尼日利亚文物案,并将二者作了区分,并得出涉案合同没有直接为非法贩运文物提供便利,不构成"违反公序良俗"的结论。是为实体法途径,下文将在"实体法途径"一节展开讨论。

中国古陶车马案表明,尽管本案中中国的文物出口管制法作为第三国的强制性规范,并未在文物流入国发生效力,但奥地利法院的裁判理由至少说明:法院会考虑外国强制性规范发生效力的三大途径。其中,在冲突法途径下,外国的文物出口管制法可依据关于外国强制性规范的专门规定直接适用,但其适用受到规范自身的限制,包括要考虑该外国与系争法律关系的联系程度,考虑规范的性质、目的,其适用或不适用的后果等。

二、实体法途径

在涉及非法出口文物的跨境文物争议中,当外国文物出口管制法作为第三国强制性规范时,还有可能通过实体法途径在文物流入国产生效力。所谓"实体法途径"是指"将第三国的出口管制法置于准据法之下,进而评判系争法律关系是否因此发生法律效果上的影响",①例如,发生因违反公序良俗而无效、出现履行障碍而免责等私法效果。

在实体法途径下,法院关注对有关实体法概念的阐释,因准据法要求以第三国文物出口管制法为基础进行相关认定。换言之,依据实体法途径,适用的法律依然是准据法,但在实际效果上,认可了第三国文物出口管制法的效力,达到间接适用第三国文物出口管制法的效果。

司法实践中,第三国的文物出口管制法是否能通过实体法途径,在文物流入国产生效力,还有待进一步观察。20 世纪七八十年代的两起案例——德国法院审理的"尼日利亚文物案"和美国法院审理"吉纳瑞特诉维奇案",以及前述提及的 2010 年中国古陶车马案,都为检验这一实体法途径提供了现实性的指导。

(一) 1972 年尼日利亚文物案

在尼日利亚文物案中,②德国法院将德国法作为准据法。尼日利亚的文物出口管制法属于第三国强制性规范,德国法院采用实体法途径,将规避尼日利亚文物出口管制法的行为,视为对德国公序良俗的违反,以此判定涉及

---

① 参见肖永平、董金鑫:《规范在美国适用的方法探析——以纽约南部地区法院审理的"雷曼兄弟"案为中心》,载《比较法研究》2014 年第 3 期。

② *Allgemeine Versicherungsgessellschaft v. E. K.*, German Bundesgerichtshof, Decision of 22 June 1972, BGHZ 59, No. 14, 82.

非法出口文物的海运保险合同无效,达到了间接适用外国文物出口管制法的效果。

本案涉及一个海运保险合同,保险标的是从尼日利亚哈科特港运至德国汉堡港的一批面具和雕像等尼日利亚珍贵文物。保险合同基于德国普通保险条款订立,并载明合同适用德国法。在运输途中,包括六件青铜像在内的部分文物丢失。原告在取得受保人的代位求偿权后,要求被告德国保险公司偿付由此产生的约5万德国马克损失。但因缔约之前,尼日利亚已颁布禁止文物出口的法令,合同因违反尼日利亚出口管制法而未能履行。原告遂在德国法院起诉,要求被告承担违约责任。该案历经德国三级法院的审理,原告的诉讼请求都未获得支持。最终,德国联邦最高法院(Bundesgerichtshof)根据《德国民法典》第138条,认定因涉及非法出口文物的保险合同是不道德的(sittenwidrig),保险合同自始无效(void ab initio),投保人因此无法获得赔偿。

德国联邦最高法院在审理时指出,涉案合同准据法为德国法,根据德国法的规定,保险合同必须有可保利益。如缺乏可保利益,或根据《德国民法典》第134条规定,可保利益违反法律禁止性规定的;或根据《德国民法典》第138条规定,可保利益违反公序良俗的(good morals),则保险合同无效,不能给予偿付。① 联系本案,一方面,根据尼日利亚的文物出口禁令,涉案文物未经政府许可,不得出口。但由于尼日利亚的出口禁令仅在该国境内适用,不属于德国的"法律禁止性规定",因此,《德国民法典》第134条的规定不适用于本案。不过,另一方面,德国法院指出,违反尼日利亚出口禁令走私文物的行为,构成对德国公序良俗的违反,故根据《德国民法典》第138条之规定,保险合同无效。

在论证"转移非法出口的尼日利亚文物违反德国公序良俗"时,德国法院援引了当时德国尚未加入的"1970年公约",并表示:"国际社会中,存在着一些共同的基本信念——每个国家都有保护其文化遗产的权利,对干涉、妨害前述权利的做法应予以制止。出于维护国际文物贸易的体面性之需要,对违反文物来源国的出口禁令而转移文物的行为,不值得私法规范加以保护"。②

尼日利亚文物案表明,德国联邦法院并没有直接适用尼日利亚的出口禁

---

① Kurt Siehr, "Private International Law and the Difficult Problem to Return Illegally Exported Cultural Property", *Uniform Law Review*, vol. 20, 4, 2015, p. 508.
② *Allgemeine Versicherungsgesellschaft v. E. K.*, German Bundesgerichtshof, Decision of 22 June 1972, BGHZ 59, No. 14, 82.

令,通过运用德国国内法有关公序良俗的规定,使尼日利亚的出口禁令得到间接的适用。换言之,这里的"实体法途径"是将第三国强制性规范(尼日利亚文物出口管制法)置于合同准据法(德国法)之下,进而认定合同产生因违反公序良俗而无效的私法效果。

(二)2010年中国古陶车马案

中国古陶车马案在前文已有介绍,奥地利法院在该案中论及外国文物出口管制法发生效力的三种途径——国际法途径、冲突法途径和实体法途径。这里仅就实体法途径展开讨论。

如果将本案与尼日利亚文物案对比,可以发现:奥地利法院和德国法院都考虑了实体法途径,却在是否认可第三国强制性规范的问题上,得出了不同结论。在中国古陶车马案中,奥地利法院是将第三国强制性规范(中国文物出口管制法)置于合同准据法(奥地利法)之下,进而认定合同不构成对奥地利善良风俗的违反,因此,不发生合同无效的私法效果。

两国法院在相似的案件中得出不同判断,究其原因,在于不同法院对"公序良俗"这一实体法概念的阐释不同。至少在奥地利法院看来,在"公序良俗"的问题上,尼日利亚文物案与中国古陶车马案存在本质上的不同。在前者,系争保险合同是对走私文物的出口和运输进行保险,直接为非法文物贩运提供便利,构成对公序良俗的违反;而在后者,系争买卖合同是在文物已经被非法出口之后才缔结的,且没有为走私文物提供便利,因而不构成对公序良俗的违反。从这个意义上而言,对有关实体法概念的阐释,是影响实体法途径能否发挥作用的关键一环。

(三)1982年吉纳瑞特诉维奇案

在"吉纳瑞特诉维奇案"中,①美国法院将纽约法作为准据法。意大利的文物出口管制法属于第三国强制性规范,美国法院采用实体法途径,将合同标的违反意大利文物出口管制法,视为构成纽约法下的权利瑕疵,以此判定买卖非法出口文物的合同无效,外国文物出口管制法也因此在文物流入国产生效力。

本案标的是20世纪法国画家亨利·马蒂斯(Henri Matisse)的一副画作。1970年,在未取得意大利政府签发的出口许可证的情况下,所有者安娜·维奇(Anna Vichey)将涉案画作从意大利非法出口至纽约。维奇随后将该画出售给瑞士艺术品经销商玛丽·吉纳瑞特(Marie Jeanneret),交付地在瑞士日内瓦。事后,吉纳瑞特发现画作系从意大利非法出口的事实,认为合

---

① *Jeanneret v. Vichey*, 541 F. Supp. 80 (SDNY 1982); 693 F. 2d 259 (2d Cir. 1982).

同标的存在权利瑕疵(cloud on title),并向维奇提议撤销买卖合同,但遭到后者拒绝。吉纳瑞特随即在美国法院起诉,以违反明示或默示的权利担保、欺诈或虚假称述及违约为由,请求法院判令解除合同,并由被告维奇赔偿其损失。该案经历了美国两级联邦法院的审理,一审法院美国纽约南区联邦地区法院支持了原告请求,二审法院美国联邦第二巡回上诉法院撤销了一审判决并发回重审。

一审法院在审理中指出,系争合同的准据法为纽约法。卖方在违反意大利文物出口管制法的情况下将涉案画作转移出境,构成对所有权瑕疵担保义务的违反,买卖合同因受到"真正且实质的"权利瑕疵污染而归于无效,进而根据纽约法的规定,支持了原告解除合同的诉讼请求。不过,二审法院并未对一审法院通过实体法途径适用意大利出口管制法的问题进行讨论,而是以其他理由撤销了一审判决并发回重审。①

吉纳瑞特诉维奇案表明,美国法院并没有直接适用意大利的文物出口管制法,而是运用纽约法有关权利瑕疵担保的规定,使意大利的文物出口管制法得到间接适用。这里,"实体法途径"的表达为:将第三国强制性规范(意大利文物出口管制法)置于合同准据法(纽约法)之下,进而判定合同因出现履行障碍而无效的私法效果。

三、国际法途径

在当代,国际法已经从"主权国家间的共存阶段",发展到"追求共同目标的合作阶段"。② 每个国家都应尽最大善意,考虑其他国家在保护其本国文化遗产上的合法利益,并适当考虑保护此类利益的外国法律,即使该外国法具有公法性质,这是国际社会在文化财产领域内达成的法律共识。③

以"1970年公约"和"1995年公约"为代表的国际条约,建立在打击非法

---

① "吉纳瑞特诉维奇案"中,第二巡回上诉法院撤销一审法院判决的理由是:其一,涉案画作的确切日期在一审中未经核实;其二,一审法院未确定应适用的意大利法律,是1913年1月30日的第363号皇家法令,还是1939年6月1日的第1089号法令。有观点指出,二审法院回避讨论主要的法律问题——意大利文物出口管制法是否会影响在美国订立的买卖合同,做法欠妥。See Herbert E. Nass, "Jeanneret v. Vichey: Evaporating the Cloud", *New York University Journal of International Law and Politics*, vol. 15, 1982, p. 999.
② Pauwelyn Joost, *Conflict of Norms in Public International Law: How WTO Law Relates to Other Rules of International Law*, Cambridge Cambridge University Press, 2003, p. 17.
③ Francesco Francioni, "Evolving Framework for the Protection of Cultural Heritage in International Law", in: Silvia Borelli and Federico Lenzerini eds., *Cultural Heritage, Cultural Rights, Cultural Diversity: New Developments in International Law*, Martinus Nijhoff Publishers, 2012, p. 17.

文物贩运的国际合作原则基础上,使外国文物出口管制法的适用具有国际法依据,是谓"国际法途径"。国际条约要求缔约国相互承认各自文物出口管制法的域外效力,为适用外国文物出口管制法提供了最直接的保障。

一般而言,常见的国际法途径有二:其一,通过进口限制措施承认外国文物出口管制法,主要的法律依据为"1970年公约"与旨在实施该公约的双边协定和缔约国国内法,以及"2019年欧盟文物进口条例"。[①] 其二,通过归还非法出口文物承认外国文物出口管制法,具有代表性的国际立法包括"1970年公约""1995年公约"与"欧盟2014年指令"(其前身为"欧共体1993年指令")。

(一)通过进口限制措施承认外国文物出口管制法

在打击非法文物贩运的国际合作领域,如何解决文物出口管制法的域外效力问题,或者说,一国的文物出口管制法是否能得到进口国执行的问题,一直备受关注。"1970年公约"为建立互惠承认外国出口管制法机制提供了国际法基础。[②] 该公约第7条第1款规定,缔约国有义务防止获取非法出口文物的义务。[③] 依此,缔约国应采取必要措施"与本国立法相一致的必要措施",防止"本国领土内的博物馆及类似机构"获取非法出口文物。

具体到各缔约国,加入"1970年公约"会在多大程度上影响文物出口管制法的域外效力问题,还取决于两个要素:其一,对公约义务所作的保留,例如,美国在加入公约时所作的包含一项保留、六点"理解"的声明,表示其"附

---

① Regulation (EU) 2019/880 of the European Parliament and of the Council of 17 April 2019 on the introduction and the import of cultural goods, PE/82/2018/REV/1 OJ L 151, 7. 6. 2019.

② Craig Forrest, *International Law and the Protection of Cultural Heritage*, Routledge, 2010, p. 153.

③ "1970年公约"第7条规定,"本公约缔约国承担:(a)采取与本国立法相一致的必要措施防止本国领土内的博物馆及类似机构获取来源于另一缔约国并于本公约在有关国家生效后非法出口的文化财产。本公约对两国均已生效后,尽可能随时把自两国中的原主缔约国非法运出文化财产的建议通知该原主缔约国"。

条件地"接受了公约的约束；①其二，对公约的具体实施，例如，许多缔约国通过颁布实施公约的国内法，或与其他缔约国签订双边协定，以采取进口限制措施的方式，承认外国文物出口管制法的效力。②

关于"进口限制措施"的理解，必须指出的是，"1970年公约"并没有要求缔约国必须在进口环节的边境线上，就立即扣押非法转移的文物。一方面，有关进口限制措施的实施条件，在很大程度上，取决于各缔约国对公约义务的理解。③ 譬如，加拿大、澳大利亚和德国对公约义务做广义理解，对自缔约国非法出口的文物均可采取进口限制措施，无其他条件限制。与之相对，美国和瑞士则在进口管制问题上，坚持须以基于"1970年公约"签订的双边协定为前提条件。换言之，在其看来，公约并未要求各缔约国必须承认外国文物出口管制法的效力；在缺乏双边协定的情况下，对自另一缔约国非法出口的文物，也没有条约要求必须返还。例如，前述由瑞士法院审理的2005年印度金币案，就体现了瑞士对公约义务所作的这一限制性理解。

另一方面，在进口限制措施的实施方式上，具体措施应视各国情况而定。有的国家，如澳大利亚和加拿大，以入境时或入境后的没收作为进口限制手段。澳、加两国的国内法规定文物进口方应做正确的入关申报；进口自缔约国非法出口的文物构成违法行为，且对此类文物应予没收，并返还给原属国。④ 这里的"没收"，系指在文物在入境时被发现，或在入境后经查获相关

---

① 霍政欣：《1970年UNESCO公约研究：文本、实施与改革》，中国政法大学出版社2015年版，第114~115页。所谓"一项保留、六点'理解'"是指：①美国保留是否对文化财产施加出口控制的决定权。②按美国的理解，公约既不是自执行公约，也不具有溯及力。③按美国的理解，公约第3条不会修改文化财产依公约成员国法律包含的财产权益。④按美国的理解，如依据公约成员国法律，被盗文化财产的合法拥有者享有无偿索回的权利，那么，公约第7条第2款无损于其依法该法享有的其他救济，不论是民事，还是刑事救济。美国准备采取进一步措施以便实现公约第7条第2款第2项所考量的被盗文化财产的无偿归还，但须满足以下两个条件：其一，在美国宪法所要求的范围内；其二，仅适用于对美国机构给予同等对待的公约成员国。⑤按美国的理解，公约第10条第1款"视各国情况"的措辞允许各成员国决定涉及古董商的法规(如果有此类法规)的宽严程度，对美国而言，该措辞表明美国的州政府及市政府的适当机构有此决定权。⑥按美国的理解，公约第13条第4款适用于公约对相关国家生效后从原主国转移出境的物品，正如起草公约文本的政府专家特别委员主席所声明的那样(此声明载于该委员会报告第28段)，同时，依该条第4款，归还文化财产的方式系该条第3款所指的司法诉讼，此类诉讼由被请求国的法律支配，请求国须提交必要证据。

② James A. R. Nafziger and Robert K. Paterson eds., *Handbook on the Law of Cultural Heritage and International Trade*, Edward Elgar Publishing, 2014, p. 43.

③ Patrick J. O'Keefe and Lyndel V. Prott, *Cultural Heritage Conventions and Other Instruments: A Compendium with Commentaries*, Institute of Art and Law, 2011, p. 66.

④ Robert K. Paterson, "The Legal Dynamics of Cultural Property Export Controls: Ortiz Revisited", *University of British Columbia Law Review*, Special Issue, 1995, pp. 250~251.

信息后才发生的没收。否则,就是在出口国提出官方申请后,两国才启动协助调查,如有查获即可没收。还有的国家,如捷克,采取入境前检查出口许可证的方式。捷克曾是欧洲区非法贩运文物的主要中转港,加入"1970年公约"后,捷克采取的进口限制措施是在边境检查时,要求文物进口人须出示有效的出口证明文件,而不是允许先入境后再没收。[1]

(二)通过归还非法出口文物承认外国文物出口管制法

在涉及非法出口文物的跨境文物返还诉讼中,外国文物出口管制法要在文物流入国发生效力,尽管有冲突法途径、实体法途径和国际法途径三种途径可选,但国际法途径无疑是最直接、有效的一种。

如前所述,外国出口管制法的适用遵循两项基本原则:其一,不直接执行;其二,可间接适用。这里,"可间接适用"表明"适用"的可选择性,而非强制性。对于文物流入国法院而言,无论是采用"冲突法途径"抑或"实体法途径",其都没有义务必须适用外国文物出口管制法,这是外国文物出口管制法作为外国强制性规范的性质所决定的。但是,如果有条约义务的话,情况则不然。文物流入国法院必须考虑该国加入的国际条约或区域性立法(主要指"1970年公约""1995年公约"和"欧盟2014年指令"),依据条约义务或欧盟二级立法,归还非法出口的文物,承认外国文物出口管制法的效力。

在处理"归还非法出口文物"的问题上,"1970年公约""1995年公约"和"欧盟2014年指令"给出了一致的"统一实体法"解决方案,[2]即非法出口文物应归还给原属国。例如,"1970年公约"第13条第2款规定,各缔约国应保证予以合作,以促使非法出口的文物尽早返还其合法所有人。依据"1995年公约"第5条和第10条的规定,对于公约在请求国和被请求国均已生效之后被非法出口的文物,请求国可以向被请求国的法院或其他主管部门请求返还该文物。类似地,在欧盟范围内,依据"欧盟2014年指令",从某欧盟成员国(请求国)非法转移到另一国的文化财产,应当返还给该请求国。

具体到涉及非法出口文物的跨境文物返还争议,国际条约要求缔约国提供司法救济,确保非法出口的文物归还给原所有者。以德国为例,根据"1970年公约"和"欧盟2014年指令"的要求,2016年《德国文化财产保护法》对自"1970年公约"缔约国或欧盟成员国境内非法出口的文物,规定了两条路

---

[1] Patrick J. O'Keefe, *Commentary on the 1970 UNESCO Convention*, 2nd edition, Institute of Art and Law, 2007, p. 12.

[2] 关于"1970年公约""1995年公约"和"欧盟2014年指令"的统一实体法方案论述,参见第四章第四节"文物中心原则的影响"之"统一实体法中的体现"。

径——外交途径和司法途径。① 在司法途径下,请求国("1970年公约"缔约国或欧盟成员国)可以向德国的行政法院提起非法出口文物归还之诉。请求国只要能证明:①文物受请求国保护。如对于"1970年公约"缔约国而言,证明请求返还的这类文化财产应符合"1970年公约"第1条规定;对于欧盟成员国而言,这类文化财产已被该国归类为"明确指定具有重要意义的文化财产"并已被列入文化财产清单;②存在非法出口的事实,德国就有义务归还非法出口的文物。② 这是德国通过国际法途径,承认外国文物出口管制法效力的典型例证。

第四节 文物中心原则的影响

一、外国文物出口管制法域外效力中的体现

(一)外国公法不适用原则的松动

根据文物中心原则,在文化财产领域,国家主权必须受制于国际社会对文物的共同利益。这种限制不仅意味着文物来源国必须履行妥善保护文物、促进文物可及性的义务,也意味着其他国家应当尊重文物来源国对文物所采取的保护措施。外国文物出口管制法作为一种文物保护措施,如排除其域外效力,将会使保护和追索流失文物的努力受挫。因此,承认外国文物出口管制法的域外效力,直接反映了一国对外国文物保护措施的尊重,以及对文物所代表的人类共同利益的认可。

传统上,由于出口管制法通常被视为公法,在没有条约义务的情况下,一国依据其文物出口管制法主张返还非法出口文物的请求,基本上不会得到被请求国的支持。造成这种情况的重要原因在于公法的"属地性"和主权属性,各国基于自身主权的独立性通常不会执行外国的公法。但在文化财产领域,这种局面正在改变。

国际社会已开始认识到,本国的文化遗产应该得到保护,其他国家的文化遗产同样应得到保护,各国应协调一致,共同维护全人类文化遗产的普遍利益。在国际文化财产领域,如果国家间互不考虑对方国家的法律,则势必鼓励非法文物贩运的猖獗发展,不能实现全球人民的共同利益。因此,如果

---

① Cultural Property Protection Act of 31 July 2016 (Federal Law Gazette [BGBl.] Part I p. 1914).
② 有关《德国文化财产保护法》(2016年)及其司法途径(德国文物归还行政诉讼)的讨论,详见第七章第二节之"特殊路径:德国文物归还行政诉讼"。

本国法律和外国法中都对保护文化财产作出了规定,而且如果适用该外国保护文物的法律(即使其具有公法性质)不会侵害本国的公共利益,那么就应该以某种途径适用外国的该法律,这也体现了文物中心原则的要求。

(二)外国文物出口管制法的适用途径

在跨境文物返还诉讼中,随着"外国公法不适用"的原则逐渐呈现出松动的趋势,外国公法的效力范围得以重新检视,这为承认或执行外国文物出口管制法提供了可能。结合国际私法中"外国强制性规范"的理论与实践发展,外国文物出口管制法可以通过冲突法途径、实体法途径和国际法途径在文物流入国发生效力,从而得以间接适用。

例如,《瑞士联邦国际私法》规定基于合法利益可适用外国法,且不区分公/私法性质,这一规定为通过冲突法途径,承认外国文物出口管制法的效力留下了空间。虽然在"印度金币案"中,瑞士法院拒绝适用印度的文物出口管制法,但这一裁判在国际文化财产学界备受批评,这种舆论局面说明对外国文化遗产法的尊重和对文物中心原则的认可,已成为一种学界共识。

再如,也有法院尝试以实体法途径,来实现对外国文物出口管制措施的承认。在1972年"尼日利亚文物案"中,对于违反尼日利亚出口禁令走私文物的行为,德国法院认定其构成对德国公序良俗的违反,通过运用德国国内法有关公序良俗的规定,使尼日利亚的出口禁令得到间接的适用。这意味着在德国法院看来,德国负有与尼日利亚共同保护文物的义务,也意味着国际社会已逐步达成共识,将文物所代表的人类共同利益而进行国际合作。

此外,通过国际法途径,承认外国文物出口管制法,是这种国际合作最典型的表现。譬如,"1970年公约"为建立互惠承认外国文物出口管制法机制提供了国际法基础,基于此,缔约国加拿大、澳大利亚和德国对来自其他缔约国非法出口的文物主动采取进口限制措施;美国和瑞士则基于"1970年公约"与相关国家签订双边协定,共同建立承认外国文物出口管制法的机制。不仅如此,为了归还非法出口文物,"1970年公约""1995年公约"和"欧盟2014年指令"还提供了一致的"统一实体法"解决方案,即非法出口文物应当归还给原属国。这些国际法上的新进展,进一步表明文物中心原则已成为国际社会普遍接受的理论。

二、国际公共政策

文物中心原则以保护文化财产为核心出发点,强调国际社会共同打击非法文物贩运的重要性。在文化财产领域内,随着各国对这一重要性逐步达成共识,一项"国际公共政策(international public policy)"也应时而生,即保护文化财产是反映整个国际社会的普遍愿望和利益的公共政策,国家间应当相互协助,防止文化财产的不法转移。

(一)国际公共政策的提出

公共政策机制是国际私法上的一项重要制度,英美法上称为"公共政策例外",大陆法上则称之为"公共秩序保留"。① 一般来说,国际私法上的公共政策机制,是对外法域法律适用的限制,系指一国法院依其冲突规范的指引本应适用外法域的法律时,如果认为该外法域法律的内容或其适用的结果将违反内法域的或国际的公共政策,法院就可以此为拒绝适用该外法域的法律。② 公共政策机制常被冠以"安全阀""防护盾"之美称,对维护法院地国的社会秩序、道德传统和根本利益起着重要作用。③

自19世纪末起,区分"国内公共政策"与"国际公共政策"的重要性已开始凸显。发展到今日,"国际公共政策"的概念已逐渐成形。④ 与完全适用于一国之内的"国内公共政策"不同的是,"国际公共政策"才是可以适用于国际民商事关系的公共政策。在"国际公共政策"内部,又可划分为两类:一类是国际私法上的公共政策,虽冠以"国际"之名,但"本质上仍属于国内公共政策";⑤另一类是国际公法上的公共政策,即国际法强制规则,维护的是对整个国际社会的义务,是反映整个国际社会普遍愿望和利益的公共政策。

在文化财产领域内发展出这项"国际公共政策",就属于第二类"国际公共政策",维护的是对整个国际社会保护人类文化遗产的义务。换言之,与第一类"国际私法上的公共政策"不同,这里的"国际公共政策"维护的不是某个国家的法律制度和原则,不是某些个别的制度,而是人类社会普遍认可并作为整体接受的一些根本性的制度。也正是在这个意义上,有学者将其称为

---

① 无论是英美法上的"公共政策"(Public Policy),还是大陆法上的"公共秩序"(Ordre Public),一直没有统一的概念,但其与公正、正义等道德、伦理观念紧密相关,是普遍公认的。一般认为,公共秩序是指一个国家的重大社会或经济利益、法律的基本原则或者基本道德准则。

② 实践中,有关公共政策机制的调整范围,许多国家的法院可能理解得更为宽泛,认为其不仅局限于排除外法域法律某一规定的适用,还应包括对外法域法院判决或仲裁裁决的拒绝承认和执行。有些法院还将"公共政策"作为是否对某项争议行使管辖权的依据。参见张潇剑:《国际私法论》,北京大学出版社2004年版,第179~180页。

③ See Friedrich K. Juenger, *Choice of Law and Multistate Justice*, Martinus Nijhoff, 1993, p. 15.

④ 在国际法协会《公共政策最终报告》和最终建议中,"国际公共政策"取代"公共政策",成为正式术语。法国和葡萄牙的立法已采纳国际公共政策的概念。在中国公共政策的研究中,国际公共政策得到一致认可。参见何其生:《国际商事仲裁司法审查中的公共政策》,载《中国社会科学》2014年第7期。

⑤ 何其生:《国际商事仲裁司法审查中的公共政策》,载《中国社会科学》2014年第7期。

文化财产领域内的"真正的国际公共政策"或"世界公共政策"。①

(二)文化财产法中的国际公共政策

从文物中心原则出发,为保护人类文化遗产,防止非法转移文化财产的义务,是能够为国际社会整体接受的义务,维护的是整个国际社会利益。这种义务不以国家的同意为前提,是国际社会共同认知的一些根本性制度。

在前述提及的1972年"尼日利亚文物案"中,德国联邦最高法院就指出,保护文化财产,包括保护外国的文化财产,是"1970年公约"所代表的一种国际性的公共秩序,也是德国公共政策的一部分,并不以法院国是否加入该公约为条件。德国法院还进一步表示,不尊重他国人民保有或利用文物的愿望,漠视他国保护其国家文化财产的要求,"在以前,这样的做法还可以出于习惯被容忍,但在如今,已不能作为当代国际公共政策的标准"。② 由此可见,保护人类文化遗产,防止非法转移文化财产作为一项国际公共政策,并不以国家加入保护文化财产的国际公约为前提。从另一个角度来看,这项国际公共政策的适用,不仅可以排除本应适用的外国法,还可直接用于肯定外国法关于保护文物法律的效力。③

在尼日利亚文物案这起里程碑式的判例之后,更多国家的法院在司法实践中确认这种国际公共政策的存在。在1994年"法国油画案"中,④法国请求瑞士提供司法协助,归还一件法国被盗油画。瑞士日内瓦州法院以国际公共政策为由,认为瑞、法两国均有共同的义务保护这些文物,并因此裁定同意给予司法协助,将涉案文物移交给法国。值得注意的是,瑞士法院特意提及,保护文化财产是瑞士和法国的"国际公共利益"(international public interest)。并且,瑞士法院在考察"1970年公约"和"1995年公约"之后,指出"这些规则建立在共同宗旨之上,要求国际社会采取有效措施以共同打击非法文物贸易,是对现存或正在形成中的国际公共政策之表达"。⑤

类似的案例,还有第三章讨论过的1990年"哥德堡案"。在该案中,美国第七联邦巡回法院判决,占有人应将四件被盗的拜占庭时期镶嵌画归还给

---

① Mara Wantuch-Thole, *Cultural Property in Cross-Border Litigation: Turning Rights into Claims*, Walter de Gruyter GmbH & Co KG, 2015, p. 312.
② *Allgemeine Versicherungsgessellschaft v. E. K.*, German Bundesgerichtshof, Decision of 22 June 1972, BGHZ 59, No. 14, 82.
③ 霍政欣:《追索海外流失文物的法律问题》,中国政法大学出版社2013年版,第91页。
④ Tribunal Federal Suisse 1 April 1997 (l. c. Chambre d'Accusation du Canton de Geneve), 123 II Arrest du Tribunal Federal Suisse 134.
⑤ Tribunal Federal Suisse 1 April 1997 (l. c. Chambre d'Accusation du Canton de Geneve), 123 II Arrest du Tribunal Federal Suisse 134, at 144.

塞浦路斯。在当时,美国已加入"1970年公约",但尚未与塞浦路斯基于公约签订双边协定的情况下,美国法院就指出,"尽管'1970年公约'主要规定的是公约缔约国的行政机构在执行进出口管理方面的义务,司法机构也应尽力在裁判时,使司法裁决与这项公约的精神和文本保持一致"。①

由此可见,以"1970年公约""1995年公约"为代表打击文物非法贩运的国际公约,不仅仅是一项国际条约,其还传达了一项"国际公共政策",即应通过国际协助防止文物的非法转移,对已非法转移的文物应予以归还。②

(三)国际公共政策对适用外国文化遗产法的影响

在文化财产流通领域,如果认同国际公共政策是保护所有具有普遍意义的文化遗产,那么,这个政策也会建议适用外国的文物保护性法律,而非排除此类法律的适用。③ 不可否认,对于人类文化遗产这一国际共同利益的关注,是国际公共政策的未来发展方向,这一发展将有助于保护文化财产,使其免遭非法贩运。④

在适用外国文化遗产法的问题上,国际公共政策发挥着不容低估的影响。外国公法"可诉性(justiciability)"问题的发展,就是最直接的表现之一。对于外国公法的可诉性之考察,要建立在实证公共政策上。以前面提及的"伊朗政府诉巴拉卡特画廊案"为例,⑤该案首次明确提到,从公共政策理由出发,一国有适用外国文化遗产法的积极义务。

细言之,英国上诉法院在该案中不仅讨论了公共政策的问题,还进一步指出,执行一项外国的文物返还请求,有积极的公共政策理由支持。当今国际社会已经达成这样一种共识,即国家间应相互协助,以防止文化财产的不法转移,国际社会也普遍接受各国保护国家文化遗产的愿望诉求。因此,"如果不支持这样的文物返还请求,反倒是违反公共秩序的"。⑥ 由此可见,一国

---

① *Autocephalous Greek-Orthodox Church of Cyprus and The Republic of Cyprus v. Goldberg & Feldman Fine Arts, Inc. and Peg Goldberg*, 917 F. 2d 278, 296 (7th Cir. 1990).

② Patrick J. O'Keefe, *Commentary on the 1970 UNESCO Convention*, 2nd edition, Institute of Art and Law, 2007, pp. 163~164.

③ Lyndel V. Prott, *Problems of Private International Law for the Protection of the Cultural Heritage*, Collected Courses of the Hague Academy of International Law (Vol. 217), Martinus Nijhoff, 1989, p. 291.

④ Gerte Reichelt, "International Protection of Cultural Property", *Uniform Law Review*, vol. 43, 1985, pp. 127~131.

⑤ *Government of the Islamic Republic of Iran v. The Barakat Galleries Ltd.*, [2007] EWHC 705 (Q. B.); [2008] 1 All E. R. 1177.

⑥ *Government of the Islamic Republic of Iran v. The Barakat Galleries Ltd.*, [2007] EWHC Civ. 1374, at 154.

法院可基于国际公共政策,适用外国的文化遗产法。

当然,为了不突破在"奥蒂兹案"中丹宁勋爵所指出的"不执行外国公法"原则,英国上诉法院将伊朗的文化遗产法定性为具有私法性质的文物所有权法,而非出口管制法。可以看出,在对待外国出口管制法的域外效力问题上,英国上诉法院的态度仍偏保守,对承认基于外国出口管制法的文物返还请求,依旧表现出普遍的犹豫。不过,值得肯定的是,上诉法院在对"国际公共政策"的认识和运用上仍是十分进步的。①

总体而言,外国法院越来越倾向于适用文物来源国的文化遗产法,这正逐渐形成一种趋势。考虑到文化财产保护领域内相关国际公约在适用范围上的局限,这一新兴的发展趋势受到国际社会的普遍欢迎,同时也有助于更全面地保护文化财产。具体到外国公法的"可诉性"问题上,基于文化遗产法的财产权利是可以在外国法院得到承认的,只要满足系争财产被法院认定为具有"遗产"(patrimonial)的性质。换言之,传统的外国公法不适用理论,正发展转变为一套新规则——承认这类文物遗产法上的财产返还请求,除非有违法院地国的公共政策。② 这套新规则的出现,与前述国际公共政策的提出和发展息息相关。

从文物中心原则出发,通过国际协助防止文物非法转移,并将非法转移的文物归还给文物原属国,不仅是"1970年公约""1995年公约"等国际条约追求的目标,更是对整个国际社会接受的习惯规则的表达,呈现的是国际社会保护文化财产的"世界观"。③ 正是在意义上,文化财产领域内的这项国际公共政策才得以发展,并在处理跨国文化财产争议时能够发挥更核心的作用。

三、确认之诉:非法出口文物"污名化"

从保护文物的角度出发,打击文物非法贩运,促进非法转移文物的回归,是文物中心原则的核心要义。不过,如前所述,文物流入国法院在没有国际条约义务的情况下,通常不会执行外国的文物出口管制法,文物来源国要求归还非法出口文物的请求也因此难以获得支持。为突破这一困境,文物来源

---

① Mara Wantuch-Thole, *Cultural Property in Cross-Border Litigation: Turning Rights into Claims*, Walter de Gruyter GmbH & Co KG, 2015, pp. 318~320.
② *Id.*, at 355~356.
③ Manlio Frigo, *Circulation des Biens Culturels, Détermination de la Loi Applicable et Méthodes de Règlement des Litiges*, Collected Courses of the Hague Academy of International Law (Vol. 375), Brill, 2015, p. 205.

国选择通过确认之诉将非法出口文物"污名化"的策略,以退为进,达到促成非法出口文物成功回归之目的。

(一)"污名化"的界定

所谓"污名化",是典型的确认之诉请求,系指在涉及非法出口文物的争议中,由于一国法院通常不执行外国的文物出口管制法,文物来源国在文物流入国法院提起的诉讼请求,不是基于该国文物出口管制法的返还文物请求,而是仅要求法院认定该文物系违反其文物出口管制法而出口的性质。"污名化"反映了不直接执行外国文物出口管制法的现状,是文物追索方在该现状之下,退而求其次的做法。

"污名化"做法的产生,源于文物来源国充分认识到其文物出口管制法在另一国法院获得直接执行的难度。文物来源国不期待在另一国的法院直接通过诉讼追索文物,转而仅请求法院确认流失文物的非法出口属性,从而使该文物的出口环节被定性为非法出口。如此之后,无论文物再历经多少次流转,交易各方总是无法回避文物出口环节中的非法性,最终致使该文物在国际文物交易市场中被污名化。

由于国际社会主流舆论对非法转移文物的抨击态度,一旦文物被污名化,一方面,文物占有人难以寻找到合适的买家或拍卖机构,另一方面,文物的市场价值也因此大幅下降。这种文物难以交易的状态,为文物来源国通过协商、谈判或收购等方式追回文物,可创造出较为有利的条件。从这个意义上说,"污名化"并非常见的文物追索诉讼,而是一种以退为进的诉讼策略。

(二)"污名化"的可能性:确认非法出口的"污名"

20世纪80年代英格兰法院审理的"西班牙王国诉佳士得、曼森及伍兹有限公司案"(以下简称"西班牙诉佳士得案"),①就是文物来源国通过提起确认之诉,使文物"污名化"的典型例证。

该案标的是西班牙画家弗朗西斯科·德·戈雅(Francisco de Goya)的一幅油画《圣克鲁斯伯爵夫人》(La Marquesa de Santa Cruz)。这幅由巴尔德斯夫人(Señora Valdes)私人所有的油画,因极具文化价值,构成西班牙国家文化遗产的一部分。根据西班牙的文化遗产法,未经政府许可,不得出口该油画。

1983年,巴尔德斯夫人以18万美元的价格,将油画卖给博世先生(Mr. Bosch),并以伪造的出口文件,经苏黎世出口至伦敦。几经转手后,新

---

① *Kingdom of Spain v Christie, Manson & Woods, Ltd*, [1986] 1 WLR 1120, [1986] 3 All ER 28 (Ch. D.).

的油画所有者"海外艺术投资有限公司"(Overseas Art Investment Ltd.)先后向美国盖蒂基金会(Getty Foundation)和西班牙王国提议出售该油画,售价为1200万美元。1986年,在盖蒂基金会和西班牙政府分别表示拒绝购买之后,所有者将涉案油画委托伦敦的佳士得拍卖行拍卖出售。西班牙政府获悉后,遂即在英国高等法院大法官庭(Chancery Division)提起确认之诉,要求法院确认出口文件是伪造的,涉案画作系从西班牙非法出口的事实。

在此案发生前不久,同样由英格兰法院审理的"奥蒂兹案"确认了"外国公法不执行"的传统理论。从新西兰政府追索非法出口文物未果的失败教训中,西班牙政府了解到,若想在英国法院执行西班牙的出口管制法必定是徒劳。① 正是基于此,西班牙政府向英国法院请求作出确认之诉的判决,并最终获得了支持。英国法院确认了涉案油画的出口文件系伪造文件;未经西班牙政府许可,出口该油画的行为违反了西班牙法律。②

(三)"污名化"的有效性:污名文物市场价值贬值

在跨境文物返还争议中,"污名化"是手段,不是目的。通过"污名化"要实现的目标是贬低拟追索文物的市场价值。这也是"西班牙诉佳士得案"中,西班牙政府的诉讼动机。最终,西班牙政府从海外艺术投资有限公司处以600万美元的价格,即原报价1200万美元价格的一半,购得了涉案油画。③ 如今,这幅戈雅的名画,已入藏马德里的普拉多博物馆。

当然,要"污名化"拟追索的文物,使其市场价值大幅降低的方式还有很多,并不局限于请求文物流入国法院作出确认之诉,在本国对非法贩运文物的犯罪嫌疑人提起刑事追诉也是方法之一。譬如,2006年美国大都会艺

---

① Kurt Siehr, *International Art Trade and the Law*, Collected Courses of the Hague Academy of International Law (Vol. 243), Martinus Nijhoff, 1993, p. 196.
② 参见"西班牙王国诉佳士得、曼森及伍兹有限公司案"的裁判书结论:"1. 上述第一项文书(即西班牙政府授权从西班牙出口涉案画作的正式文件)是虚假的,因为其意在说明该文件是在1983年3月30日由西班牙政府部门(即文化部、艺术遗产档案馆和博物馆总局)签章,并由秘书长签字同意。但实际上,1983年正确的相关政府部门名称应为'美术与档案馆总局'。此外,无人有权代表西班牙政府签发上述文件,并且相关签字也非秘书长所为。2. 上述第二项文书与第一项文书相同,同属虚假伪造的文书。3. 上述第三项文书也是虚假伪造的,因为其意在说明该文件是在1983年3月5日由西班牙政府商务部签章,并由相关负责人签字同意的。但实际上,1983年正确的相关政府部门名称应为'经济部与国家商贸财政部'。此外,无人有权代表西班牙政府签发上述文件,并且相关签字也非任何部门负责人所为。4. 将涉案油画——戈雅的《圣克鲁斯伯爵夫人》,从西班牙出口的行为,违反了西班牙的法律。"See *Kingdom of Spain v. Christie, Manson & Woods Ltd.*, [1986] 1 WLR 1120, at pp. 1121 et seq.
③ Jeanette Greenfield, *The Return of Cultural Treasures*, Cambridge University Press, 1996, p. 246.

博物馆返还意大利欧弗洛尼奥斯陶罐案、2007年美国保罗盖蒂博物馆返还希腊四件古希腊文物案,①刑事指控就成为意大利和希腊在追索流失文物时,向美国博物馆施压的一个有力工具。再如,在本章第三节讨论的"吉纳瑞特诉维奇案"中,②几位国际文物术品交易领域的专家证词都表示,对于从意大利非法出口的马蒂斯油画而言,意大利在其国内启动的刑事诉讼程序以及及其在美国通过外交途径追索的尝试,都直接损害了涉案绘画的"适销性"(marketability),有信誉的文物交易商和拍卖行都不愿意在此情形下接手涉案油画。③

从另一个角度来看,"西班牙诉佳士得案"还触及一项英国法的基本法律原则——"有权利必有救济(Ubi jus, ibi remedium)"。④ 换言之,如果没有讼因,无法救济,就没有法律权利。本案中,要找到法院认可的讼因相当困难,因为原告没有主张对涉案画作享有所有权。原告没有直接针对文物的现占有人提起诉讼,也没有要求法院作出声明以维护其"普通法上的权利"(legal right)或"衡平法上的权利"(equitable right)。原告只是请求法院确认出口文件系伪造的,以保护西班牙政府未来的真正出口文件,从而起到保护西班牙国家财产和西班牙人民免遭任何损失或损害,这在本质上,是一种"衡平法上的权利"。⑤ 在不违反本国公共政策的前提下,英国法院对这种衡平法上的权利表示支持。

综上可见,从文物中心原则出发,通过确认之诉,使非法出口文物"污名化",不失为一种"曲线救国"的方式,绕开"外国公法不适用"的传统限制,并实现遏制文物非法流通的最终目的。

另需注意的是,如前所述,"外国公法不适用"的传统限制正在被逐步突破,至少在欧盟区域内,承认他国的文物出口管制法,将非法出口文物归还他国的共识,已有以"欧盟2014年指令"这样的欧盟二级立法作为保障。这也意味着,如果类似"西班牙诉佳士得案"的案例发生在21世纪,西班牙政府不必再依靠"污名化"的诉讼策略追索,而是可以直接依英国为实施该欧盟指

---

① 参见霍政欣、刘浩、余萌:《流失文物争夺战——当代跨国文物追索的实证研究》,中国政法大学出版社2018年版,第108~120页。
② *Jeanneret v. Vichey*, 541 F. Supp. 80 (SDNY 1982); 693 F. 2d 259 (2d Cir. 1982).
③ Christa Roodt, *Private International Law, Art and Cultural Heritage*, Edward Elgar Publishing, 2015, p. 334.
④ Geoffrey H. Samuel and Jacobus G. J. Rinkes, *Contractual and Non-Contractual Obligations in English Law*, Nijmegen, 1992, p. 239.
⑤ Kurt Siehr, *International Art Trade and the Law*, Collected Courses of the Hague Academy of International Law (Vol. 243), Martinus Nijhoff, 1993, p. 197.

令颁布的国内法——《英国归还文物条例》(2015年),①请求归还非法转移的文物。由此可见,在承认文物来源国的文物出口管制法之域外效力上,欧盟相关指令与条例在超国家法层面,发挥了示范性的推动力量。

---

① The Return of Cultural Objects (Amendment) Regulations 2015(No. 1926, 2015). 不过,在英国脱欧后,《英国归还文物条例》(2015年)自2020年12月31日起,不再适用。See The Return of Cultural Objects (Revocation) (EU Exit) (Amendment) Regulations 2020.

第六章　人类命运共同体理念下的
　　　文物中心原则:中国的主张

中国政府在国际关系上提出了人类命运共同体的新理念,其中在文化方面提倡促进和而不同、兼收并蓄的文明交流,以化解冲突对立、促进共赢共享,实现人类的和平与发展。文物中心原则契合于该理念的要求,体现了文物利用的利益共同体和文物保护的责任共同体的统一,并可作为中国在文物领域建立国际新秩序的理论基础。在此理论下,中国不仅要为文物领域的全球治理提供中国方案,也要为跨境文物返还做出自己的贡献。具体到中国实践中,一方面,中国要努力追索流失海外的文物,充分利用包括跨境民事诉讼在内的多种途径,使流失文物回归到与之文化联系最紧密的中国;另一方面,中国也应承担起大国责任,努力协助返还流入中国的外国流失文物,为建立公平正义的流失文物追索返还国际秩序作出表率。

第一节　理论主张:人类命运共同体理念下的文物中心原则

"人类命运共同体"理念的思想渊源可追溯至马克思主义的"自由人的联合体"概念,在中国共产党第十八次全国代表大会上明确提出后得到更进一步发展。中国在跨境文物返还领域提出的主张,符合文物中心原则的理论要求,也是"人类命运共同体"理念在特定领域的具体实现。

一、人类命运共同体及其在文化领域的特征

(一)定义

人类命运共同体是中国政府就国际关系提出的新理念,目前在其涵义的表述中主要强调五个方面:"坚持对话协商,建设一个持久和平的世界;坚持共建共享,建设一个普遍安全的世界;坚持合作共赢,建设一个共同繁荣的世界;坚持交流互鉴,建设一个开放包容的世界;坚持绿色低碳,建设一个清洁美丽的世界"。[①]

---

① 习近平:《共同构建人类命运共同体》,载《人民日报》2017年1月20日,第2版。

第六章 人类命运共同体理念下的文物中心原则:中国的主张

人类命运共同体理念滥觞于《共产党宣言》和《资本论》的"自由人的联合体"概念。① "自由人的联合体"是马克思主义哲学所定义的人类社会真正的共同体,对于个人而言实现了自由而全面的发展,对于共同体而言也实现了进步与发展。正是在这种追求的指引下,"'人类命运共同体'的倡导和行动,正以另一种思维为'自由人的联合体'创造契机"。②

人类命运共同体不仅是一种哲学概念,也正在成为中国外交理论与实践的内核,体现了"中国追求建设一个什么样的世界,具有更加丰富的政治、经济、安全、文明、生态等多方面内涵"。③ 中国倡导构建人类命运共同体,旨在推动国际秩序和国际体系变革,为人类社会发展进步描绘蓝图。④ 该理念将成为包括国际文化财产等各个具体领域中建立更加公平、合理的国际新秩序的重要理论武器。

(二)特征

1. 民族国家与世界的关系

人类命运共同体反映了对民族国家作为独立个体的尊重。该理念强调"国家不分大小、强弱、贫富,主权和尊严必须得到尊重,内政不容干涉,都有权自主选择社会制度和发展道路","各国平等参与决策""各国权利平等、机会平等、规则平等"。⑤

人类命运共同体也反映了对民族国家极端独立性及其造成的冲突对立状态的反思。如果民族国家片面强调其自身利益,如只强调其不受国际社会干预的绝对权力,只强调民族国家之间不受任何规则约束的竞争,那么很可能导致国际社会的混乱与对抗,导致零和博弈的后果,最终不仅使纠纷各国

---

① 《共产党宣言》提及"代替那存在着阶级和阶级对立的资产阶级旧社会的,将是这样一个联合体,在那里,每个人的自由发展是一切人的自由发展的条件"。参见[德]卡尔·马克思、弗里德里希·恩格斯:《马克思恩格斯全集(第1卷)》,中共中央马克思、列宁、恩格斯、斯大林著作编译局译,人民出版社1972年版,第294页。《资本论》中也论及,人获得自由全面发展的理想社会,只有在作为"自由人的联合体"的共产主义社会才得以实现。参见[德]卡尔·马克思、弗里德里希·恩格斯:《马克思恩格斯全集(第25卷)》,中共中央马克思、列宁、恩格斯、斯大林著作编译局译,人民出版社1975年版,第95页。
② "人类命运共同体"从全体人类利益相关与命运相连的立场,表达出一种旨在促进人类生存与发展的共同体意识。这体现出共同体观念在当代社会鲜明的时代特征,并与马克思所追求的"自由人的联合体"的理想社会具有理论与现实的共通。参见卢德友:《"人类命运共同体":马克思主义时代性观照下理想社会的现实探索》,载《求实》2014年第8期。
③ 王毅:《2015年是中国特色大国外交的全面推进之年》,载外交部网站,http://www.fmprc.gov.cn/web/wjbzhd/t1323795.shtml,最后访问时间2017年11月3日。
④ 肖永平、冯洁菡主编:《中国促进国际法治报告(2016)》,社会科学文献出版社2017年版,第106页。
⑤ 习近平:《共同构建人类命运共同体》,载《人民日报》2017年1月20日,第2版。

利益受损,整个国际社会也利益受损。① 因此,人类命运共同体理念对该问题的思考真实地反映了当前世界面临的威胁。

为了平衡民族国家和世界之间的关系,人类命运共同体强调民族国家在国际关系中互相依存的一面。经济全球化的发展,使各个民族国家的利益互相牵制、互相依赖。② 正因为世界进入了"你中有我,我中有你""一荣俱荣,一损俱损"的状态,③人类作为共同体命脉相连、兴衰与共。因此,人类命运共同体的理念真切反映了当前世界关系的实质。

2. 民族文化与人类共同文化的关系

人类命运共同体反映了对文化多元性的认可与尊重。该理念认同"各国文明的多样性,是人类社会的基本特征,也是人类文明进步的动力"。④ "从总体上说,人类文明的多样性,是各个文明得以'不朽'的最可靠的保证。"⑤"世界上有200多个国家和地区、2500多个民族、多种宗教,不同历史和国情,不同民族和习俗,孕育了不同文明,使世界更加丰富多彩。文明没有高下、优劣之分,只有特色、地域之别。"⑥"文化的多样性有助于保持人类思维活力,为解决全球问题提供更多答案。"⑦因此,任何一个文化都有自己主体性的地位,应当有其存在和发展的空间;任何一个文化不应当只是他者的工具,只有被他者文化观察和把玩的功能,或者被他者文化所蓄意压制。

人类命运共同体体现了多元文化之间交流的需要。尊重文化的多元性并不意味着多样文化之间的隔绝和冲突。"一种文明、一种文化,只有融入更为丰富、更为多样的世界文明中,才能保证自己的生存","只有交流、理解、共享、综合,才是世界文明共存共荣的根本出路"。⑧ 因此,"文明差异不应该成为世界冲突的根源,而应该成为人类文明进步的动力"。⑨ 各个文明之间的每种文明都有其独特魅力和深厚底蕴,都是人类的精神瑰宝。不同文明要做到"各美其美、美人之美、美美与共、天下大同",即"不仅欣赏自己的文化

---

① 金应忠:《试论人类命运共同体意识——兼论国际社会共生性》,载《国际观察》2014年第1期。
② 曲星:《人类命运共同体的价值观基础》,载《求是》2013年第4期。
③ 金应忠:《试论人类命运共同体意识——兼论国际社会共生性》,载《国际观察》2014年第1期。
④ 江泽民:《江泽民文选第三卷》,人民出版社2006年版,第298页。
⑤ 费孝通:《"美美与共"和人类文明(下)》,载《群言》2005年第2期。
⑥ 习近平:《共同构建人类命运共同体》,载《人民日报》2017年1月20日,第2版。
⑦ 曲星:《人类命运共同体的价值观基础》,载《求是》2013年第4期。
⑧ 费孝通:《"美美与共"和人类文明(下)》,载《群言》2005年第2期。
⑨ 习近平:《共同构建人类命运共同体》,载《人民日报》2017年1月20日,第2版。

传统,也理解其他文化的优势和美感",①不同人群在人文价值上取得共识,以促进不同文明平和共处,最终"让文明交流互鉴成为推动人类社会进步的动力、维护世界和平的纽带"。②

二、文物中心原则契合于人类命运共同体理念

(一)二者都落脚于人类文明的传承

人类命运共同体理念要解决的问题是如何"让和平的薪火代代相传,让发展的动力源源不断,让文明的光芒熠熠生辉"。③ 换言之,通过解决人类和平与发展的问题,实现人类的文明传承。

"人类文明的传承,包括人类文化中各个要素的交接,其中既有物质财富和科学技术,也有非物质的精神心理和社会关系等"。④ 保护文化遗产就是保护人类曾经拥有的文明成果、历史记忆。通过保护文化遗产,加强人类的文明和文化意识。⑤ 实际上,人类的发展,就是将个体的知识纳入人类共同体,并为一代又一代的共同体成员所掌握的过程。⑥ 文物中心原则的根本目的在于以文物的传递为途径,实现人类文明的这种传承。为此,文物中心原则要求以文物为中心,在尽最大可能保存文物及其文化特性的基础上,确保全人类平等获取和享有文物的权利。通过文物的保护和使用,使文物中的知识得以最全面的保存和传递,籍此保护人类文化的记忆,使人类的心理认同、社会关系得以延续。

(二)二者都立足于化解冲突对立、促进共赢共享

不同国家和民族世界创造了不同的文化。如果一种文化将其地位置于另一种文化之上,以居高临下的态度去对待另一个文化,则无法真正理解这个文化的精髓和奥妙,无法理解其真谛,进而无法有效地借鉴其精华和长处。不但如此,这种态度还会导致文化之间的互不信任和对立,甚至产生冲突和对抗,对世界和平和稳定造成巨大隐患。因此,人类命运共同体理念坚持认为,各种文化之间应当相互尊重,不应该相互隔膜、相互排斥、相互取代,避免

---

① 费孝通:《跨文化的"席明纳"——人文价值再思考之二》,载《读书》1997年第10期。
② 习近平:《共同构建人类命运共同体》,载《人民日报》2017年1月20日,第2版。
③ 习近平:《共同构建人类命运共同体》,载《人民日报》2017年1月20日,第2版。
④ 赵世林:《论民族文化传承的本质》,载《北京大学学报(哲学社会科学版)》2002年第3期。
⑤ 曾令良、冯洁菡主编:《中国促进国际法治报告(2015)》,社会科学文献出版社2016年版,第269页。
⑥ [波兰]B·马林诺斯基:《科学的文化理论》,黄建波等译,中央民族大学出版社1999年版,第122页。

对其他文化采取片面、狭隘的立场,摒弃傲慢和偏见的态度。① 国家之间、文化之间的互相尊重,将在很大程度上消弭世界上的紧张关系,实现和平和发展的目标。因此,人类命运共同体更强调互利共生、合作共赢的新理念。

文物中心原则通过保护和利用作为人类共同文化遗产的文物,实现民族间和谐共处。文物是民族文化的产物,保护文物则是对民族文化多样性的尊重。文化国际主义的极端观点认为文物应当全人类共享,不能由民族国家独占,为此文物市场国可以不尊重文物来源国对文物的主权要求,甚至赞同保持历史上文物掠夺造成的现状。文化国际主义居高临下地强迫文物来源国人民必须舍弃与其文化联系深厚的文物,这种观念并不是对其他文化的尊重,而是将其他文化视为工具和对象。文化民族主义的极端观点则认为文物应当仅属于民族国家,并因其物质条件的不足或者其政策的蓄意限制,使其他国家的人民甚至本国人民无法便利地接触到文物。这种观点也不是对文化的尊重。文物中心原则既要求尊重文物与民族国家的文化联系,也要求在此前提下使文物得到妥善的使用,使全人类平等享有文物的可及性,从而调和文化国际主义和文化民族主义的冲突与对抗,在文物领域实现互利共生、合作共赢的局面。

三、人类命运共同体理念下文物中心原则的理论意义

尽管各国的价值观、利益、文化传统有很大的差别,但人性是相通的,人类存在共同珍惜和向往的价值,如文明的延续、种族的繁衍。② 对于知识及其载体之一的文物,其保存与传播也是人类共同的利益。③ "世界各国之所以能够成为人类命运共同体,不单单在于各国之间具有共同的整体利益,关键在于具有共同利益或整体利益的世界各国之间,存在着荣辱与共、利益相连的连带效应"。④ 因为人类命运相通,所以要共同分享利益、共同承担责任,国际社会是利益的共同体,也是责任的共同体。在国际文化财产领域,文

---

① 中央党校中国特色社会主义理论体系研究中心:《文明交流互鉴是打造人类命运共同体的重要途径——深入学习习近平总书记关于文明交流互鉴的重要论述》,载《求是》2016年第11期。
② 肖永平、朱磊主编:《批准〈选择法院协议公约〉之考量》,法律出版社2017年版,第157页。
③ See Stanisław E. Nahlik, La protection internationale des biens culturels en cas de conflit armé, Collected Courses of the Hague Academy of International Law (Vol. 120), Martinus Nijhoff, 1967, p. 65; Lyndel V. Prott, Problems of Private International Law for the Protection of the Cultural Heritage, Collected Courses of the Hague Academy of International Law (Vol. 217), Martinus Nijhoff, 1989, p. 226; Kurt Siehr, International Art Trade and the Law, Collected Courses of the Hague Academy of International Law (Vol. 243), Martinus Nijhoff, 1993, p. 262.
④ 参见邱耕田:《"命运共同体":一种新的国际观》,载《学习时报》2015年6月8日,第2版。

第六章　人类命运共同体理念下的文物中心原则:中国的主张

物中心原则也体现为利益和责任的有机统一,中国倡导人类命运共同体理念,体现为倡导国际社会共享文物利用的利益、共担文物保护的责任。

(一)打造文物利用的利益共同体

文物的利用存在着冲突、一致和互补,人类命运共同体理念下的文物中心原则就要化解冲突、凸显一致、鼓励互补,实现对文物的共同利用,共享文物的价值。

文物利用的冲突性,是指多个国家无法实现对同一件文物的同时占有,各国的文物主张存在冲突。文化财产是稀有资源,具有稀缺性、不可再生性和不可替代性的特点。而且与自然资源相似的是,文化财产也在遭受这种"大规模的消耗"。① 由于文物的稀缺性,甚至独一无二性,造成文物实体在某个时间点,客观上只能在一个地理位置出现,亦即只能出现在一个国家的领土之上,为一个国家所占有。

文物利用的一致性,在于使用和传播文物所蕴含的知识是人类的一致利益。文物的核心价值是知识,其在历史研究、审美、宗教信仰、民族情感等各方面的功能,都是通过蕴含在文物中的知识所体现的,反映了文物及其所联系文化的全部信息。各国人民正是基于对这种知识的一致需求,而希望有机会接触到文物。在文物实体占有上的冲突性导致这种一致需求无法得到解决时,应积极寻找其他替代性解决方案以化解冲突。例如,在文物回到其文化联系所属国之后,该国应当通过常规化、例行化的借展等方式,使世界人民均享文物的可及性;②文物原属国也应当充分发挥信息技术传播手段,通过诸如数字虚拟博物馆的方式,使各国人民通过互联网充分接触文物。③

文物利用的互补性,系指各国在文物资源、文物保护与研究上,存在着不

---

① See Yoav Meer, "The Legal Dimensions of Cultural Property Ownership: Taking Away the Right to Destroy", *Aedon*, vol. 2, 2011, p. 1; Claudia Caruthers, "International Cultural Property: Another Tragedy of the Commons", *Pacific Rim Law & Policy Journal*, vol. 7, 1, 1998, p. 162.
② 联合国教科文组织《关于文化财产国际交流的建议》(1976年11月26日)在其序言中强调借展的重要性:"考虑到许多文化机构,不论其财力大小,都拥有一些同样或类似的文物藏品,它们的质地和来源均属无可争议,而且见诸大量文献记载;其中有些藏品,由于重复收藏,对这些机构来说,意义不大,或者是次要的,而在其他国家的机构里却会被视为珍品,大受欢迎";"考虑到文化机构间实行有计划的交换政策,每个机构用自己多余的藏品换回它所缺的物品,这不仅对各方都有好处,而且还会使国际社会的文化遗产,也就是各国遗产的总和,得到更好的利用"。See UNESCO Recommendation concerning the International Exchange of Cultural Property, 1976.
③ 进入信息化时代以后,博物馆界不断探索对藏品新的展示方式,如由博物馆拍摄藏品获得图像资料后,以数字化成果的形式存储于数据库并通过互联网向公众展示,从而使更多的观众得以克服地域限制而通过互联网便捷地接触文物。See Yaniv Benhamou, "Copyright and Museums in the Digital Age", *WIPO Magazine*, vol. 3, 2016, p. 25.

同的优势,二者互补将为人类的文化做出重大贡献。全球化表现为国际分工与合作,①在文物领域也不例外。一方面,很多文物资源大国,在一定阶段因经济实力弱、社会稳定性不足等原因,可能无法有效保护文物、无法有效充分研究文物、无法使本国及世界人民接触文物。另一方面,另一些国家则有足够的经济实力、研究能力、技术水平提供保护和利用文物的条件。在这种情况下,文物资源大国开放其文物,使世界各国人民有机会研究其文物;经济技术占优的国家尽可能地提供帮助,以弥补文物来源国的能力不足。② 二者平等合作、优势互补,不仅于双方是互利共赢的契机,于国际社会更是为全人类谋福祉。

综上,在人类命运共同体理念指导下,从文物中心原则出发,打造文物利用的利益共同体,旨在倡导和协调各国通过运用彼此的比较优势,共同加强对文物的保护和利用,以保存并使各国人民共同获得文物及其蕴含的知识,从而化解文物占有上的冲突。

(二)构建文物保护的责任共同体

第一,共同责任表示各国都有义务尊重文物与其文化特性的联系。对于文物市场国而言,尊重文物及其文化联系要求:一方面,如果其他国家基于文物的文化联系而提出返还的主张,市场国应当尽可能配合;另一方面,其他国家未提出明确具体的主张,市场国也有义务积极主动地采取多种措施,防止非法转移文物流入境内,避免使本国沦为非法转移文物的目的地或中转地。对于文物来源国而言,尊重文物与其文化联系意味着:一方面,任何国家对文物的主张只能建立在其文化联系之上,民族主义、经济利益、国内政治都不是

---

① 李琮:《论经济全球化》,载《中国社会科学》1995年第1期。
② 譬如,在1993年"美国大都会艺术博物馆返还土耳其吕底亚宝藏案"中,根据双方达成的和解协议,除大都会艺术博物馆自愿将吕底亚藏归还土耳其外,双方还将开展并推广诸多文化交流合作项目,包括艺术品收藏、互惠借展、在土耳其建考古挖掘中心,以及双方互设科研学术交流奖学金等。再如,在2010年"美国耶鲁大学返还秘鲁印加文物案"中,耶鲁大学和秘鲁政府达成庭外和解,耶鲁大学同意将所有涉案文物归还给秘鲁。根据双方签署的谅解备忘录,耶鲁大学应于2012年12月31日之前将所有文物归还给秘鲁,归还所产生的费用均由耶鲁大学承担。归还后的文物将入藏秘鲁国立库斯科圣安东尼阿巴大学(Universidad Nacional de San Antonio Abad del Cusco)一处新设立的博物馆科研中心。秘鲁政府同意"为今后以科学研究之目的请求获取文物者提供便利支持"。参见霍政欣、刘浩、余萌:《流失文物争夺战——当代跨国文物追索的实证研究》,中国政法大学出版社2018年版,第95页、第130页。

第六章 人类命运共同体理念下的文物中心原则：中国的主张

要求返还或占有文物的正当理由；①另一方面，任何国家对文物的主张都必须建立在保护文物及其文化联系的能力上，这要求文物来源国应当积极提高并证明自身具有这种能力，并在这种能力不足时，配合国际社会的协助与干预。②

第二，共同责任表示国际社会共同承担文物保护的职责，必要时施以国际援助与国际干预。一方面，施以援手是指有能力施以国际援助的国家应当积极提供帮助。文物保护不只是文物来源国的责任，也是国际社会的责任。当文物来源国因为种种原因无法独自承担该责任时，或者承担的该责任超出其能力范围时，国际社会应施以援手，弥补来源国能力的不足或缓解其保护文物的压力。例如，除了为文物来源国提供必要的物质资源和技术条件外，文物市场国还可更多地承担起防止非法转移文物入境、监管文物交易市场的责任，以分担打击非法文物贩运的职责。③ 另一方面，施加干预是指当在某些国家因政府的作为或不作为，发生文物处于人为蓄意破坏或自然灾害毁损之虞，国际社会应采取某些事前、事中措施，直接制止这种行为或后果的发生，或采取某些事后措施，使与之相关的国家或个人承担国际法责任，相关国家和个人应接受这种国际社会的干预。④

综上，在人类命运共同体理念指导下，从文物中心原则出发，构建文物保护的责任共同体，旨在倡导各国都有义务尊重文物与其文化特性的联系，强

---

① 正如费孝通先生所言，"政治集团也不应该盗用文明、文化的名义，制造民粹运动来为自己的政治利益服务。这种夹杂着经济和政治目的的'国家利益'，会大大歪曲不同文明之间关系的本质，造成恶劣的结果"。费孝通：《"美美与共"和人类文明（下）》，载《群言》2005年第2期。
② 例如，在西班牙内战期间，西班牙主动要求将普拉多博物馆（Prado Museum）的部分艺术品转移到瑞士躲避战祸；在1939年德国向波兰发起闪击战之前，波兰也主动要求将一些文物艺术品从克拉科夫转移到加拿大保存。See Lyndel V. Prott, "The Protection of Cultural Movables from Afghanistan: Developments in International Management", in: Juliette van Krieken-Pieters, *Art and Archaeology of Afghanistan*: *Its Fall and Survival*, Brill, 2006, pp. 189~200.
③ 防止文物非法交易是文物来源国和市场国共同的责任，当前文物市场国只要求文物来源国必须完善制度、保护文化遗址，却对自己国内旺盛的非法文物交易市场视而不见。这种单方面要求文物来源国承担防控文物非法交易、抑制非法文物供应的做法，并不是责任共担的体现。与之相反，文物市场国有足够的经济实力和制度优势来管控非法文物交易的需求，可以更有效地防止非法文物入境、集中惩戒市场需求方。See Jessica L. Jones, "Using a Market Reduction Approach to Tackle the Illicit Trade in Cultural Property", in: Daniel Serwer, Stephanie Billingham and Ceriel Gerrits eds., *Culture in Crisis*: *Preserving Cultural Heritage in Conflict Zones*, Create Space Independent Publishing Platform, 2017, p. 27.
④ 如意大利向联合国大会提出成立"文化蓝盔（Blue Helmets for Culture）"部队的想法，以制止在武装冲突时期"伊斯兰国"等恐怖主义集团破坏文化遗产。See Catherine Fiankan-Bokonga, "A Historic Resolution to Protect Cultural Heritage", *The UNESCO Courier*, vol. 3, October-December, 2017, p. 10.

调国际社会共同承担文物保护的职责,必要时施以国际援助与国际干预。

四、人类命运共同体理念下文物中心原则的中国主张

(一)文物领域国际治理中的主张

1. 中国应为世界提供自己的方案

随着中国经济的发展和国际影响力的提高,中国不可避免地走入世界舞台中心、发挥大国作用。中国政府在这种情况下,开始准备为世界的建设提供中国方案,贡献中国力量,积极推动构建人类命运共同体。① 为此,中国将"在国际事务中积极发挥负责任大国作用,为维护世界和平、促进共同发展承担应尽的责任,旗帜鲜明地维护国际公平正义,反对任何形式的霸权主义和强权政治,推进国际关系民主化"。② 在文物领域,中国应当跳出文化民族主义和文化国际主义二元对立的立场,以更高的立意代表人类共同利益,提出新的价值取向主张。

中国有先天的优势来推动建立中立、公平、客观的国际规则,贡献中国方案。一方面,中国是最主要的文物来源国,在历史上遭受殖民压迫和文物掠夺,现在仍有大量的文物流失海外,因此中国深刻理解文物来源国的立场。另一方面,中国已成为重要的文物市场国之一,也能理解文物市场国的合理需求。这意味着中国有能力理解各方的利益取向,有意愿为建立一个公平正义的国际秩序发出中国声音。事实上,中国已开始迈出了这一步。2014年9月在甘肃敦煌第四届文化财产返还国际专家会议上,通过了旨在促进文化财产保护与归还为主题的《关于保护和归还非法出境的被盗掘文化财产的敦煌宣言》,③就是中国首次主导制定文物返还领域国际性规则的典型例证。④

中国有能力在国际社会提供中国方案。一方面,中国在国际社会有重要的影响力。中国在联合国及其安理会、联合国教科文组织等国际组织中占有重要席位,具有较大的发言权,有能力影响国际组织制定更加反映人类命运共同体理念和文物中心原则的国际规则,并实施相应的国际行动。另一方

---

① 侯丽军、潘洁:"中国特色大国外交阔步向前——党的十八大以来外交工作成就综述",载新华社,http://news.xinhuanet.com/politics/2017-10/08/c_1121769745.htm,最后访问时间:2018年1月3日。
② 王毅:《坚持正确义利观,积极发挥负责任大国作用——深刻领会习近平同志关于外交工作的重要讲话精神》,载《21世纪》2013年第10期。
③ 《关于保护和归还非法出境的被盗掘文化财产的敦煌宣言》(2014年)(Dunhuang Recommendation on the Protection and Return of Illegally Exported Cultural Property Derived from Clandestine Excavations)。
④ 李韵:《敦煌宣言:关注考古文物的保护与返还》,载《光明日报》2014年9月11日,第9版。

面,随着中国综合国力的不断提升,中国在力所能及的情况下,为其他国家施以援手的能力也在不断提高。中国应积极走出国门,用合理规模的资金、技术帮助各国共同提高文物保护和利用的能力,[1]特别是在"一带一路"战略中,不仅为沿线各国的经济腾飞提供帮助,也为其文物保护和利用提供协助。[2] 目前,中国已将援外文物保护工程和联合考古项目,纳入了国家对外援助体系。[3]

2. 中国应为世界文物保护作出贡献

人类命运共同体理念要求中国的对外文物政策不仅应维护自身的合理利益,还应积极为国际社会解决文物领域的相关问题作出贡献。因此,中国不应只是"文物资源大国",还应当是"文化遗产强国",[4]在文物保护水平和理念上为世界提供中国方案。"大国可以是经济大国、政治大国和军事大国,以上只是大国的硬实力,但世界大国还必须是文化大国和制度大国。一个大国必须在制度上给人类做出贡献,只有当一个国家在制度上做的贡献能够被其他国家所借鉴、所模仿的时候,才是真正的世界大国"。[5] 正如全球治理理论所述,任何全球问题的解决,其具体措施往往是国内的行为,行为发生在国内,效果却是全球的。[6] 中国在国内文物保护和利用上日益精进的探索,同

---

[1] 中国参与创立濒危文化遗产国际保护基金,并推动国家博物馆承担"濒危文化遗产国际避难所"义务;联合国教科文组织也在中国设立了亚太地区世界遗产培训与研究中心和非物质文化遗产国际培训中心。参见雒树刚,"国务院关于文化遗产工作情况的报告",http://www.npc.gov.cn/npc/xinwen/2017-12/23/content_2034497.htm,最后访问时间:2018 年 1 月 12 日。

[2] 中国已经在"文物援外"上作出不小的成绩,历史古迹保护修复覆盖 6 个国家 8 个项目,联合考古合作覆盖 12 个国家 15 个项目,为"一带一路"文化建设提供了坚实的支撑。参见陈灿:"2017 文物对外交流工作:文物援外成为新亮点",载人民网,http://culture.people.com.cn/n1/2017/1222/c1013-29724430.html,最后访问时间:2018 年 1 月 12 日。

[3] 参见中共中央办公厅、国务院办公厅《关于加强文物保护利用改革的若干意见》。

[4] 施雨岑、王思北:"努力成为世界遗产强国——专访国家文物局局长刘玉珠",载新华网,http://news.xinhuanet.com/2017-07/09/c_1121289214.htm,最后访问时间:2017 年 11 月 14 日。

[5] 肖永平:《提升中国司法的国际公信力:共建"一带一路"的抓手》,载《武大国际法评论》2017 年第 1 期。

[6] 蔡拓、陈志敏、吴志成等:《人类命运共同体视角下的全球治理与国家治理》,载《中国社会科学》2016 年第 6 期。

样也是对世界文物保护和利用的贡献,是为世界贡献中国的解决方案。①

当前,中国政府已将深度参与文化遗产国际治理作为一项政策,并希望在打击文化财产非法贩运、武装冲突地区文化遗产保护、水下文物保护、流失文物追索返还等领域开展国际合作,从而积极履行中国的国际责任、提升中国话语权。② 自 2021 年起,中国开始举办"打击非法贩运文化财产国际日"中国主场论坛,是又一个积极参与国际治理、构建国际合作机制的典范。③

(二)文物追索与返还中的主张

中国政府支持构建"以合作共赢为核心的新型国际关系,摒弃零和游戏、你输我赢的旧思维,树立双赢、共赢的新理念,在追求自身利益时兼顾他方利益,在寻求自身发展时促进共同发展"。④ 在跨境文物追索与返还领域,这表示中国不仅追求自身的利益,努力追索流失海外的中国文物,同时也兼顾其他方的利益,努力协助返还流入中国的外国流失文物。平等对待非法流失到海外的中国文物和非法流入到中国境内的外国文物,正是中国政府在人类命运共同体理念下应当作出的承诺。

1. 对外追索中国文物的话语调整

在跨境文物返还中,大多数文物来源国的传统做法是以民族主义、爱国主义为情感诉求对外追索文物。随着中国国家实力的增强,中国追索海外流失文物的能力也相应有所提高,再过于强调民族主义,不排除可能落下大国沙文主义的口实,也会陷入国家利益之间的对立。

正如中国所强调的那样,"中国将坚持把中国人民利益同各国人民共同利益结合起来,以更加积极的姿态参与国际事务,发挥负责任大国作用,共同应对全球性挑战"。⑤ 这要求中国在追索海外流失中国文物时,应当积极维护人类共同利益,推进人类共同进步的理念与追求,以此为据提出追索主张,以赢得国际社会的尊重、引领人类的发展。

---

① 中国政府已主动对此提出要求:"馆藏文物预防性保护进一步加强,珍贵文物较多的博物馆藏品保存环境全部达标;文物保护的科技含量和装备水平进一步提高。……文物法律法规体系基本完备,文物保护理论架构基本确立,行业标准体系和诚信体系基本形成;文物行业人才队伍结构不断优化,专业水平明显提升"。参见《国务院关于进一步加强文物工作的指导意见》(国发〔2016〕17 号)。

② 参见国务院办公厅《关于印发〈"十四五"文物保护和科技创新规划〉的通知》。

③ "国家文物局举办 2021 年'打击非法贩运文化财产国际日'中国主场论坛",载中国政府网,http://www.gov.cn/xinwen/2021-11/15/content_5650923.htm,最后访问时间:2022 年 7 月 12 日。

④ 王毅:《携手打造人类命运共同体》,载《人民日报》2016 年 5 月 31 日,第 7 版。

⑤ 《坚定不移沿着中国特色社会主义道路前进,为全面建成小康社会而奋斗——在中国共产党第十八次全国代表大会上的报告》(2012 年 11 月 8 日)。

在这种话语体系下,中国追索海外流失文物,不再只是于中华民族有利的行为,而是为世界提供公共性产品,是一种为全人类福祉的利他行为。这种话语体系可以摆脱当前文物追索中的现实主义桎梏,逐渐弱化和消除与文物市场国的对抗与冲突。① 因此,中国应表现出更强的文化自信,积极地站在人类命运共同体的角度,以更加中立客观的文物中心原则为诉求基础,立足于在中华民族文化背景下,以全人类保护和利用文物这一着眼点,提出要求流失文物回归中国的主张。

2. 积极回应非法流入中国文物的追索诉求

中国不仅是文物资源大国,亦开始成为重要的文物市场国。在中国强大的购买力刺激下,国际文化财产领域已开始出现向中国流入非法转移文物的趋势。随着中国经济水平的不断提高,如不加控制,这种趋势将逐步加强。人类命运共同体中蕴含着同理心的逻辑,和平共处、共赢互利的背后,是"己所不欲,勿施于人",即人类的"同理心"。② "人类同理心的拓展突破了血缘关系、宗教关系、意识形态关系和心理关系,人类和其他物种共同构成了一个牢固的生物圈",③整个人类被看作一个命运与共的整体。这种命运共同体下的同理心是中国应积极返还流入中国的非法流失文物的初始点。中国深刻体会过历史上文物市场国对非法文物流失的助推,中国理应不重新走上那些文物市场国的道路。

此外,中国的外交政策强调在与周边国家和发展中国家的关系中,一定要"坚持正确义利观,有原则、讲情谊、讲道义"。④ 打造命运共同体则是构建利益共同体和责任共同体的结合和升华,中国不仅要参与国际利益共享,也要主动参与责任共担。⑤ 中国积极承担返还外国非法流失文物的责任,从多方面配合相关国家在中国追索流失文物,正是在文物领域正确义利观的体现。

第二节 实践主张:追索与协助

在实践中,一方面,中国要努力追索流失海外的文物,充分利用包括跨境

---

① 蔡拓等:《人类命运共同体视角下的全球治理与国家治理》,载《中国社会科学》2016年第6期。
② 虞崇胜、余扬:《人类命运共同体:全球化背景下类文明发展的中国预判》,载《理论视野》2016年第7期。
③ [美]杰里米·里夫金:《同理心文明》,蒋宗强译,中信出版社2015年版,第6页。
④ 习近平:《习近平谈治国理政》,外交出版社2014年版,第299页。
⑤ 王毅:《携手打造人类命运共同体》,载《人民日报》2016年5月31日,第7版。

民事诉讼在内的多种途径,使流失文物回归到与之文化联系最紧密的中国;另一方面,中国也应承担起大国责任,努力协助返还流入中国的外国流失文物,为建立公平正义的流失文物追索返还国际秩序作出表率。

一、中国对外追索海外流失文物

(一)中国跨境追索流失文物的主张

中华人民共和国成立以来,中国政府与民间一直关注海外流失文物的命运,为流失文物的回归积极努力。中国通过建立流失文物追索机制、公开流失文物信息等方式,向国际社会和人民群众表明了中国追索文物的坚定立场。

1. 文物返还的国内政策

2012年以来,中国政府进一步加大了对文物保护和利用的工作力度,特别是明确地将海外流失文物的追索作为了文物相关工作的重要领域,并初步建立了相应的机制。

(1)完善流失文物追索返还制度。海外流失文物追索成为文物工作的规划内容。文物追索在"十三五"期间已经成为规划内容之一。2017年2月,国家文物局在《国民经济和社会发展第十三个五年(2016—2020年)规划纲要》基础上,印发了《国家文物事业发展"十三五"规划》,其要求"开展流失海外中国文物调查研究,推动流失文物追索返还取得新成果。"2021年3月,该项工作从国家文物局的规划,进一步上升为国家层面的规划。全国人大通过的《国民经济和社会发展第十四个五年规划和2035年远景目标纲要》中,在第三十四章第三节首次明确提出"完善流失文物追索返还制度。"

海外流失文物追索已经成为机制化的工作。2016年3月8日,国务院发布了《关于进一步加强文物工作的指导意见》,要求"与更多国家和地区签署防止盗窃、盗掘和非法进出境文物双边协定,通过外交、司法、民间等多种形式推进非法流失海外文物的追索与返还。"在此基础上,中国积极探索建立具体机制,其集中体现为在2020年,流失文物追索返还部际协调机制正式建立,①并在国家文物局下设立了文物返还办公室。② 2022年,该办公室更名为"流失文物追索返还办公室",专门承担流失文物调查追索接收和外国非

---

① 参见国家文物局:"回眸2020 展望2021——开启文物事业改革发展新征程",http://www.ncha.gov.cn/art/2020/12/21/art_722_165045.html,最后访问时间:2021年3月10日。
② 参见国家文物局:《国家文物局2020年工作要点》,http://www.ncha.gov.cn/art/2020/2/18/art_2237_43939.html,最后访问时间:2021年3月10日。

法进境文物的返还工作。①

(2) 加强流失文物信息的收集。收集非法流失文物的信息并将之公布于众,是表明中国政府积极追索文物态度的重要手段。通过确认相关文物已非法流失,使得任何与之相关的交易都可能构成违法,且不具有善意交易的基础。这种信息公开是中国针对具体文物展示积极主动追索主张的方式。

中国政府在此领域的工作,最初是以文物目录的形式出现。2010 年 11 月 9 日,中国政府与国际博物馆协会合作,发布了中国濒危文物红色目录,旨在方便世界各国执法部门查验中国文物,辨别文物类型,及时发现非法文物贩运并遏制非法交易。②

随着信息技术的发展,中国政府开始着手建立相关数据库。2017 年 11 月,公安部和国家文物局共同开发并推出中国被盗(丢失)文物信息发布平台。该平台发布了中国被盗或流失文物的图片、类别、名称、年代、工艺、尺寸等,从而更加及时、更加广泛地向社会各界展示了流失文物的信息。这不但可以在一定程度上遏制市场的非法交易,还展示了中国追索流失文物的坚定决心。③

2. 文物返还的国际法框架

中国积极加入与流失文物返还相关的国际条约,并与多个文物市场国、文物来源国建立了双边的流失文物返还合作机制。在此基础上,中国通过推动起草国际宣言,进一步构建流失文物追索的国际合作机制。

(1) 国际条约。20 世纪下半叶以来,中国已加入了一系列保护文化遗产的国际公约。其中,涉及促进流失文物返还的国际公约主要包括"1954 年公约""1970 年公约"和"1995 年公约"。1989 年,中国国务院批准同意接受"1970 年公约",自 1990 年 2 月 28 日起,该公约对中国生效;中国于 1997 年加入"1995 年公约",该公约自 1998 年 7 月 1 日起对中国生效;1999 年,第九届全国人大常委会第十二次会议通过了加入"1954 年公约"及其《议定书》的决定,自 2000 年 4 月 5 日起,该公约及其《议定书》对中国生效。

关于"1970 年公约",2012 年 6 月联合国教育、科学及文化组织设立了"1970 年公约"新的监督机制,建立由 18 个成员国代表组成的附属委员会,主要负责拟定并向缔约国会议提交有助于公约实施的建议和指南,审议公约成员国提交的国别报告等。中国以亚太组别最高票当选该公约首届附属委

---

① 《国家文物局职能配置、内设机构和人员编制规定》(中共中央办公厅、国务院办公厅,2022 年)。
② 刘修兵:《中国濒危文物红色目录正式发布》,载《中国文化报》2010 年 11 月 11 日,第 1 版。
③ 参见《中国被盗(丢失)文物信息发布平台正式启动》,载《文物天地》2018 年第 1 期。

员会委员国,任期两年。这表明中国已经开始实际参与"1970年公约"的实施。

关于"1995年公约",中国在加入该公约时,做出了三点声明,其中前两点与中国追索海外流失文物直接相关,即"①中国加入本公约不意味着承认发生在本公约以前的任何从中国盗走和非法出口文物的行为是合法的。中国保留收回本公约生效前被盗和非法出口的文物的权利;②根据公约第三条第五款的规定,中国关于返还被盗文物的申请受75年的时效限制,并保留将来根据法律规定延长时效限制的权利"。中国的该声明更加鲜明地展示了中国对追索海外流失文物的态度。

(2) 双边协定。截至2021年12月底,中国已与23个国家签订了与跨境追索流失文物相关的双边协定,这23个国家涵盖了主要的文物流入国,如美国、澳大利亚、瑞士,以及主要的文物流出国,如:埃及、蒙古、墨西哥、哥伦比亚、尼日利亚、土耳其、埃塞俄比亚、印度、菲律宾、希腊、意大利、智利、委内瑞拉、秘鲁、塞浦路斯、柬埔寨、缅甸、阿根廷、尼泊尔、罗马尼亚。

这些双边协定的内容通常包括:共同打击与盗窃、盗掘和非法进出境文化财产相关的犯罪行为,并协调双方的法律分歧,共同制定必要的具体措施;明确非法流失文物返还的程序,只要履行必要且已相对简化的程序,即可将非法流失的文物返还文物所属方;加强非法流失文物信息的交流,双方及时登记和交换与被盗文物或非法贩运文物相关的信息,从而确保及时控制文物的非法流动;加强对非法流失文物进出境的限制,如对特定范围的中国文物实施入境限制,或双方对文物进出境采取特定的许可证书制度。

(3) 国际宣言。2016年9月21日,中国倡导的《敦煌宣言》在首届丝绸之路(敦煌)国际文化博览会闭幕式上正式发布。该宣言由丝绸之路沿线23个国家的文化部长或代表共同签署。这是中国首次在文物领域倡导发布的国际宣言,旨在推动国际法律秩序朝着更加公平、正义的方向发展,并为破解中国等文物流失国追索流失文物的难题,创造有利的国际舆论与法律条件。

敦煌宣言形成了关于"保护传承各国历史文化遗产"的重要共识,表明"珍惜各国悠久灿烂的文明成果和文化创造,保护传承各国优秀传统文化"。这意味着各国均有义务积极打击文物非法盗掘与贩运的犯罪活动,以保护历史文化遗产、传承人类文化。

(二) 主张的必要性:与文物中心原则的契合

1. 文物中心原则下追索文物的前提:文化联系、保护、国际交流

如第一章关于文物中心原则的含义所述,在国际文化财产法律中,保护和利用是文物中心原则应当坚持的两个方面。"保护"不仅意味着确保文物

实体的真实与完整,还应当保护文物所联系的文化、地理等各方面的信息。在妥善保护文物的前提之下,文物还应当得到合理的利用,提供多种形式的交流,以保证全人类对文物的可及性,从而促进知识价值等诸多价值的实现。① 因此,真正受保护的利益是对文物的保护,保护与之联系的文化特性,以及其展现出来全人类的重大文化意义。② 所谓"归还或返还财产的义务",只有在返还或归还的效果符合保护文物的目的时,该返还行为才体现为对前述法益的实现。

基于此,一方面,文物保护的核心是保护其知识价值。如果返还文物可以实现文物与其所属文化的联系,且不会产生文物实体损毁的客观风险,那么将文物返回给其来源国是保护文物文化价值最好的手段。因为"文物只有在发生过的本土上,才是活动的,才具有认识价值"。③ 另一方面,文物中心原则要求对国家主权进行合理的制衡,以服务于为全人类保护和利用文物的普遍利益。主权国家应保证文物在与其发生文化联系的社群以及全人类范围内的可及性,鼓励文物的国际间合法流动,以便全人类都有机会得以接触、了解和研究文物及其所联系的文化。

2. 中国流失文物与中华文化联系

文物是与某个群体密不可分的、具有特殊地位的财产,其独特的文化价值在于蕴含着某些民族或社群的文化。文物会极大地影响人们对其文化的认同感,中国文物则是中华民族文化认同的手段。中国等民族国家的文物返还请求,实际上也是情感联系的体现。这种文化联系是文物返还主张的合理性基础。

中国文物与中华文化联系在文物追索中,具有不可替代的意义,第一章提及的"章公祖师肉身像"就是典型案例之一。章公祖师肉身像是一尊位于福建省三明市杨春村的一座类似木乃伊的神像,其内含古代高僧章公的遗骸。1995 年该肉身像被盗,并在 2015 年出现于匈牙利的一个展览上。此后,从 2015 年开始,章公祖师肉身像所在地村民的村委会在荷兰和中国两地起诉,以求追回该文物。2020 年 12 月,福建省三明市中级人民法院作出一审判决,认定章公祖师肉身像归村民所有。④ 2022 年 7 月,福建省高级人民法院

---

① 高升、王凌艳:《文物返还国际争议解决的理念更新》,载《理论月刊》2008 年第 12 期。
② Manlio Frigo, *Circulation des Biens Culturels*, *Détermination de la Loi Applicable et Méthodes de Règlement des Litiges*, Collected Courses of the Hague Academy of International Law (Vol. 375), Brill, 2015, p. 346.
③ 冯骥才:《为了文明的尊严——关于敦煌文物的归还》,载《中国文化》2001 年第 Z1 期。
④ 霍政欣、陈锐达:《跨国文物追索:国际私法的挑战及回应——从"章公祖师肉身坐佛案"展开》,载《国际法研究》2021 年第 3 期。

作出二审判决,维持原判。

为什么福建村民要孜孜不倦地追索章公祖师肉身像?因为该肉身像代表了该村已有1000年的历史,并象征着福建省的祖公文化。一千多年以来,章公祖师肉身像一直被该地村民视为神,是当地的宗教信仰。如每年农历十月初五,每家每户都在长桌上摆放着祭品祭拜章公,并在章公忌日之时表演传统戏剧。章公祖师肉身像是中国传统文化中的民间宗教文物。民间宗教在中国已有很长的历史,其存在着崇拜祖先和当地神灵的习俗。章公祖师肉身像则是当地这种民间宗教的重要载体。因此,章公祖师肉身像与中国当地的文化存在着紧密的联系,是当地文化生活的重要组成部分。该文物只有回到当地,回到当地的民间文化中,才能发挥其真正的文化价值。[1] 恰如二审法院指出,"诉争的章公祖师像属于非法出口的被盗文物,兼具人类遗骸、历史文物、供奉信物等多重属性,反映中国闽南地区传统习俗和历史印记,是当地村民长期供奉崇拜的信物,与当地村民存在特殊情感,于法于理于情均应返还"。[2]

"章公祖师肉身像案"只是流失文物与中华文化联系案例的一个缩影。中华文化的历史悠长,众多文物是历史长河中的文化产物,也寄托着中华民族对于本民族文化的认同。而且,很多文物在中国的现代生活中仍留下了重要的历史痕迹,是很多仍在传承的成语故事、传统文艺、祭拜活动的对象。因此,这些文物只有回到中国,回到中华民族中,才能发挥其现实价值。

3. 中国不断提高的文物保护与研究能力

将文物实体的物质形态真实而完整地保存,是文物保护的首要目标。现有国际文物保护法规范中,绝大多数都在着重强调关于文物利用、维护、修缮的原则和方法,涉及文物保护、修复和保存。中国在文物保护和研究能力上的不断提高,使中国成为更适合文物保护和利用的地点。

(1)保护。中国一直努力加强文物保护机制的建设。在中央层面,2012年后已经颁布了多份纲领性文件,如《关于加强文物保护利用改革的若干意见》《关于进一步加强文物工作的指导意见》《关于进一步加强文物安全工作的实施意见》。这些文件为文物保护建立了必要的顶层设计。

在此基础上,中国逐步落地相关具体措施。如由文物局牵头建立了"全国文物安全工作部际联席会议"机制,统筹协调各个部门开展文物安全工作,

---

[1] Liu Zuozhen, *Will the God Win?*: *The Case of the Buddhist Mummy*, International Journal of Cultural Property. May2017, Vol. 24 Issue 2, p221~238. 18p.

[2] 何晓慧:《"章公祖师"肉身坐佛像追索案二审维持原判》,载《人民法院报》2022年7月22日,第3版。

明确各自的分工与职责,联合举行文物安全督察检查和专项整治行动。① 此外,国家文物局也相继颁布了《国家文物局文物督察约谈办法(试行)》(2018)、《国家文物局文物违法案件督察办法(试行)》(2019)、《文物保护工程安全检查督察办法(试行)》(2020),将文物安全作为文物保护的重点工作。

此外,中国政府也对文物保护给予了资金上的大力支持。财政部与文物局相继颁布了《国家文物保护专项资金管理办法》《关于加强国家文物保护资金管理的意见》,通过中央财政设立的国家文物保护资金加强对重点文物保护工作的补助,并统筹地方自有财力,合理安排文物保护项目预算。如,以2018年为例,仅中央财政就安排了资金60.5亿元。②

(2)研究。中国一直在努力加大对文物研究能力的建设,特别是发展文物领域的现代科技。当前科学技术在文物研究中所发挥的作用越来越大。传统的历史性研究难以获得的信息,现在可以通过技术手段获取,如文物的年代、结构、性质、材料、内容等。③

中国一直在对文物科技的发展加大投入,并将文物保护的科技研发纳入了发展规划的范畴,《国家"十三五"文化遗产保护与公共文化服务科技创新规划》《"十四五"文物保护和科技创新规划》均对该领域的科技发展予以了专项的支持。在此基础上,中国初步建立了科技部与文物局共同参与的文物科技管理体制。如国家文物局在博物馆与社会文物司(科技司)下设立了科技与信息处,承担文物和博物馆科技、信息化、标准化规划的拟订和推动落实工作。④ 科技部则主持了若干重大的文物科技研究项目,在"十四五"期间,文物保护与传承也纳入了相应的专项规划。⑤

4. 更高水平对外开放下的文物国际交流

文物中心原则下保护与利用,要求在妥善保护文物的前提之下,文物还应当得到合理的利用,如提供多种形式的交流以保证全人类对文物的可及

---

① 蔡武:《在全国文物安全工作部际联席会议第一次会议上的讲话》,载《中国文物报》2010年12月10日,第1版。
② 中国政府网:"中央财政支持文化遗产保护情况",http://www.gov.cn/xinwen/2018-12/01/content_5345040.htm,最后访问时间:2021年3月10日。
③ 参见陆寿麟等:《传统工艺与现代科技的结合与创新——"中国文物保护技术协会第七次学术年会"专家访谈》,载《东南文化》2012年第6期。
④ 何流:《我国文物保护科学技术应用历程、现存问题及未来发展》,《中国文化遗产》2019年第5期。
⑤ 卫思谕:《"十四五"文物保护与传承科技创新战略规划专家咨询会在京召开》,载《南方论刊》2020年第9期。

性,从而促进诸多价值的实现。中国自改革开放以来,不断打开国门、走向世界。当前正不断推进更高水平的对外开放,可以充分满足全球对中国文物可及性的需求。

(1)政策要求。中国正在促进更高水平对外开放,通过"一带一路"建设加强与世界各国的经济文化联系,其中也包括加强文物领域国际交流,这种要求已在国家政策层面得到了体现。

国务院于2016年发布了《关于进一步加强文物工作的指导意见》,要求"拓宽文物对外展示传播渠道,加强文物与外交、文化、海洋等部门和单位联动。推进与'一带一路'沿线国家文物保护领域的实质性合作。"2018年中共中央办公厅、国务院办公厅发布的《关于加强文物保护利用改革的若干意见》,也要求"开展文物外展精品工程,打造文物外交品牌。依托国家海外文化阵地和海外机构,搭建多层次机制性文物交流合作平台,与国外文物机构共建合作传播基地,增强中华文化国际传播力、影响力。"①在此基础上,国家文物局发布了《让文物活起来扩大中华文化国际影响力的实施意见》,以加强中外文明比较研究与国际推广传播。②

(2)文物海外展览。中国政府一直积极支持中国文物在海外的展览,使海外各国的研究者和爱好者得以接触到中国的珍贵文物。2014至2015年,中国在法国巴黎法国国立吉美亚洲艺术博物馆举办了"汉风——中国汉代文物展"。2017年,中国在美国纽约大都会艺术博物馆举办了"帝国时代:中国古代秦汉文明"展。③ 2018年,中英双方共同策划的"秦始皇与兵马俑"大型特展即在英国利物浦世界博物馆展出,引起了广泛的关注。2018年,"华夏瑰宝"文物展在沙特首都利雅得国家博物馆开幕,系中国文物首次大规模在沙特展出,其中近半数展品为首次出境。④ 2019年,中国主办了亚洲文明对话大会,并在此期间举办了"亚洲文明展",向各国来访者展览汇集包括中国在内的亚洲全部国家的文物。⑤

(3)文物数字展示。随着信息技术的发展,特别是物联网、移动互联网、

---

① 参见中共中央办公厅、国务院办公厅于2018年10月8日印发的《关于加强文物保护利用改革的若干意见》。
② 中国政府网:《国家文物局印发2021年工作要点》,http://www.gov.cn/xinwen/2021-01/24/content_5582255.htm,最后访问时间:2021年3月10日。
③ 陈彦堂:《从吉美、大都会到中国国家博物馆——对秦汉文物的不同诠释与解读》,载《博物院》2017年第6期。
④ 新华网:"'华夏瑰宝'大型中国文物展在沙特开幕",http://www.xinhuanet.com/world/2018-09/13/c_1123424698.htm,最后访问时间:2021年3月10日。
⑤ 李微:《"大美亚细亚——亚洲文明展"中的文明对话》,载《中国文物报》2019年8月16日。

视觉技术、虚拟仿真技术的发展,现实场景可以更加逼真地通过互联网及数字产品提供到访问者,使其在远程环境下,仍可产生贴近于身临其境的体验。这种技术改变了文物的受众利用文物的方式,使其欣赏和学习的途径可转移到虚拟的网络空间。①

在此技术背景下,中国一直在努力推动通过数字技术在文物领域开展与其他国家的文化交流,其中典型的包括"文物带你看中国""数字故宫""云游敦煌"等数字化产品。② 如,"文物带你看中国"是文物局与文化部开发的 3D 触摸屏展示系统,其在中国的海外中国文化中心面向海外受众提供服务。③ "数字故宫"则是故宫博物院推出的若干款数字产品,其将故宫博物院藏品的高清数字资料在线提供了访问者,从而让任何地点的任何观众都可以感知故宫文物。④ 新冠疫情期间,在国家文物局推动下,中国文博单位推出了超过两千个在线展览活动,观众总浏览量超 50 亿人次。⑤

二、中国协助追索外国流失文物

(一)中国协助追索外国流失文物的主张

外国流失文物在中国追索的问题与"人类命运共同体"理念的提出具有相同起点,都是中国在不断融入世界的过程中,主动要求自己承担更多的国际责任,从而为建设更加美好的世界贡献出中国力量。相比中国追索海外流失文物是从历史实践中总结经验,外国流失文物在中国追索的议题,则着眼于未来的探索与倡导。以"人类命运共同体"下的同理心为出发点,中国应积极配合相关国家返还流入中国的非法转移文物。

2018 年 4 月 20 日,中国国家文物局正式发布外国被盗文物数据库,其包含了近年来外国向中国通报的外国被盗文物信息。国家文物局希望籍此提示国内社会公众和从事文物保护、收藏与经营的专业人士,倡导自觉抵制买卖他国被盗文物的行为。截至目前,该数据库中主要是伊拉克、秘鲁、厄瓜多尔、玻利维亚、阿根廷和日本等国通报的文物信息。⑥ 2021 年 10 月,中国国

---

① 陈波、彭心睿:《虚拟文化空间场景维度及评价研究——以"云游博物馆"为例》,载《江汉论坛》2021 年第 4 期。
② 刘玉珠:《探索文物保护利用数字互联新格局》,载《中国文物报》2020 年第 1 版。
③ 王子侯:《合理利用文物资源让文物"活起来"》,载《遗产与保护研究》2016 年第 2 期。
④ 冯乃恩:《数字故宫未来之路的思考》,载《故宫博物院院刊》2018 年第 2 期。
⑤ 王璨:《云展览开启博物馆云端服务的有关思考》,载《文物鉴定与鉴赏》2021 年第 1 期。
⑥ 参见国家文物局:"外国被盗文物数据库简介",http://www.sach.gov.cn/col/col2069/index.html,最后访问时间:2018 年 5 月 15 日。

务院办公厅发布政策,强调加强外国被盗文物数据库建设。① 外国被盗文物数据库的发布,不仅表明中国在积极承担打击非法文物贩运的国际责任,对国内外非法流失文物一视同仁地提供保护,也说明中国不仅面临着中国文物非法流出的"老"问题,也开始面临着外国非法流失文物进入中国境内的"新"问题。

(二)主张的必要性:文物市场的新形势

进入21世纪以后,中国已从过去单纯的文物流出国,转变为兼具文物资源大国和文物市场大国的双重身份。这一身份的改变,与中国近几十年来经济实力的迅猛提升,文物市场的欣荣发展息息相关。由欧洲艺术基金会(The European Fine Art Foundation,简称 TEFAF)发布的全球艺术品市场报告显示,中国在2011年首次超越美国,一跃成为全球文物艺术品交易的第一大市场国,占比30%,紧随其后的美国、英国、法国和瑞士四大传统文物市场国分别占比29%、22%、6%和3%。② 从2007年起至2017年十年间,中国一直稳居全球艺术品市场大国前三甲,与美国、英国共同占据了七成以上的全球文物艺术品交易总量。③

由此可见,在新形势下,大量文物通过各种渠道流入中国,其中不乏被盗窃、盗掘、非法出口的文物,使中国正逐步成为全球非法文物贩运的最终目的地之一。当前背景下,国际非法文物市场的流向重构,以及亚洲地区内的非法文物贩运,尤其值得中国高度重视。

1. 国际非法文物市场的流向重构

随着全球经济消费力的转移,国际非法文物市场的流动已经从传统的"向西流动"——向欧美市场国转移,逐渐改变为"向东流动"——向亚洲市场国转移。据文物艺术品犯罪学家耶茨(D. Yates)的实证观察,国际非法文物市场的流向正在发生重构:传统上向美国和欧洲这样的主要国际贸易中心

---

① 参见国务院办公厅《关于印发〈"十四五"文物保护和科技创新规划〉的通知》(国办发[2021]43号)。

② European Fine Art Foundation, *The International Art Market in 2011-Observations on the Art Trade Over 25 Years*, prepared by Clare McAndrew, European Fine Art Foundation (TEFAF), 2012.

③ See European Fine Art Foundation, *The International Art Market 2007-2009: Trends in the Art Trade during Global Recession*, prepared by Clare McAndrew, European Fine Art Foundation (TEFAF), 2010; European Fine Art Foundation, *TEFAF Art Market Report* 2014: *The Global Art Market with a Focus on the US and China*, prepared by Clare McAndrew, European Fine Art Foundation (TEFAF), 2014; European Fine Art Foundation, *TEFAF Art Market Report* 2017, prepared by Rachel A. J. Pownall, European Fine Art Foundation (TEFAF), 2017.

第六章 人类命运共同体理念下的文物中心原则：中国的主张

汇集文化财产的国际流动方向，正越来越受到新经济体崛起的冲击。① 非法文物贩运的市场端，除了有文物收藏传统的西欧和美国等老牌市场国外，中国和阿拉伯联合酋长国等"海湾国家"因其拥有强大购买力的精英阶层，也正成为新兴的文物市场国，并沦为非法流失文物的销赃地。②

2012年，继英国杜伦大学东方博物馆（Oriental Museum）内2件中国文物被盗案后，英国剑桥大学菲茨威廉博物馆（Fitzwilliam Museum）的18件中国文物失窃，其中包括6件明朝玉雕和8件清朝玉器，总价值估约1800万英镑，预计在中国市场的拍卖价格可能高达5700万英镑。③ 有专家指出，这正是中国非法文物市场的驱动所致。涉案文物疑似已通过香港转运后，销往中国内地。④

2. 亚洲地区内的非法文物贩运

如前所述，中国等新经济强国的崛起，挑战了国际文物艺术品市场的旧秩序。随着世界经济重心的转移，文化财产的流转也随之被拉向一个将财富和文物收藏所象征社会地位相结合的新兴地区——亚洲。这个曾经处于较低文物收藏水平的地区，如今正加速当地文物收藏的进程。⑤

中国在亚洲地区内的经济主导地位，对文化资本的积累产生了同样的影响。有资料显示，国际非法文物市场的流动由"由东向西""由南向北"的传统模式，开始趋于同区域网络与更现代的权力和控制形式相一致。中国在亚洲地区内及亚洲以外的经济主导地位，使得中国成为亚洲大部分文化遗产财富的聚合地。甚至有观点认为，这代表着中国在国际文化财产流通领域所引领的发展方向——亚洲模式的"文化资本主义（cultural capitalism）"。⑥

---

① Donna Yates, Simon Mackenzie and Emiline Smith, "The Cultural Capitalists: Notes on the Ongoing Reconfiguration of Trafficking Culture in Asia", *Crime, Media Culture*, vol. 13, 2, 2017, p. 247.
② Simon Mackenzie and Donna Yates, "What Is Grey about the 'Grey Market' in Antiquities?", in: Jens Beckert and Matías Dewey eds., *The Architecture of Illegal Markets: Towards An Economic Sociology of Illegality in the Economy*, Oxford University Press, 2017, p. 76.
③ BBC, "Cambridge Fitzwilliam stolen jade 'lost for generations', expert says", *BBC news*, 14 April 2017, http://www.bbc.com/news/uk-england-cambridgeshire-39126667.
④ Jessica Elgot, "Gang may have stolen antiquities for Chinese market, says expert", *The Guardian*, 1 March 2016, https://www.theguardian.com/world/2016/mar/01/gang-antiquities-chinese-market-fitzwilliam-oriental-museum.
⑤ Denis Byrne, "The Problem with Looting: An Alternative Perspective on Antiquities Trafficking in Southeast Asia", *Journal of Field Archaeology*, vol. 41, 3, 2016, pp. 344-354.
⑥ Donna Yates, Simon Mackenzie and Emiline Smith, "The Cultural Capitalists: Notes on the Ongoing Reconfiguration of Trafficking Culture in Asia", *Crime, Media Culture*, vol. 13, 2, 2017, p. 250.

正是依仗着中国成为国际文物艺术品市场需求来源的强劲势头,在亚洲地区甚至全球范围内,越来越多从事文物贩运的不法分子把中国作为劫掠文物销往国际市场的最终目的地。例如,2016年一名尼泊尔籍贩运者从印度喜马偕尔邦的一处寺庙,盗走茹阿古纳特神(Lord Raghunath)神像等数件古代雕像,据其供述就是为了将之贩卖至中国。① 再如,2014年巴基斯坦海关从一名走私贩身上缴获2000余枚珍贵古钱币,中国正是这批包括16枚金币在内的被盗古钱币的目的地国。② 自然,让人担心的是,正如一位来自巴基斯坦白沙瓦的文物收藏机构从业者发出的感叹,"目前非法贩运文物的最大市场正在向中国转移"。③

在此背景之下,从文物中心原则所要求的保护全人类共同文化遗产之目标出发,中国应尽快制定应对措施,在打击非法文物贩运、返还非法转移文物的道路上,承担起文化资源大国和强国的责任。为此,中国应为外国文物追索方提供充分的司法救济,司法机关可通过行使国际民事审判权确立标杆性判例,以促进非法转移文物的返还,从而为推进国际文化财产纠纷的解决向更加合理公正的方向发展,贡献出中国智慧,以平等保护、合作共赢的司法理念,提升中国司法的国际公信力。

(三)追索场景、问题及建议

1. 潜在追索场景

在讨论中国为外国文物追索方提供司法救济的主要问题之前,需了解潜在的追索场景,而潜在的追索场景与当下非法流失文物从境外转移至中国境内的两类方式密切相关:

第一类为从伊拉克、叙利亚等武装冲突地区非法转移后流入中国的文物。对于这一类文物,联合国安理会已通过一系列决议,呼吁各国协助防止和打击贩运此类文化财产,尤其是恐怖主义团体贩运自武装冲突地区被盗和非法出口的文化财产。④ 有调查发现,部分来自这些武装冲突地区的非法流

---

① Shimla Ians, "Theft of Ancient Idol: Himachal Trying to Extradite Suspect from Nepal", *Business Standard*, 15 March 2016, http://www.business-standard.com/article/news-ians/theft-of-ancient-idol-himachal-trying-to-extradite-suspect-from-nepal-116031500781_1.html.

② Jamal Shahid, "China-bound Passenger Held with Over 2,000 Rare Ancient Coins", *Dawn*, 2 June 2014, https://www.dawn.com/news/1110057.

③ Hidayat Khan, "Pillage of History", *Tribune*, 3 January 2016, https://tribune.com.pk/story/1018880/pillage-of-prehistory/.

④ See Resolution 2347 (2017), adopted by the Security Council at its 7907th meeting, on 24 March 2017, S/RES/2347 (2017); Resolution 2253 (2015), adopted by the Security Council at its 7587th meeting, on 17 December 2015, S/RES/2253 (2015); Resolution 2199 (2015), adopted by the Security Council at its 7379th meeting, on 12 February 2015, S/RES/2199 (2015).

失文物,已通过各种渠道流入中国市场。①

针对第一类流失文物的追索,中国应根据安理会相关决议的要求,协助伊拉克、叙利亚当局打击贩运非法获得的文化财产的活动,包括为此开展国际合作,归还此类被盗或非法出口的文物等。

第二类为因国际文物的盗窃和走私活动流入中国的文物。这里不仅包括从外国被盗窃、盗掘、非法出口后流入中国文物市场的文物,还包括原本从中国通过合法或非法渠道出境的文物,之后"回流"至中国境内之情形。

在后一种"回流"情形下,还可细分为以下三种潜在的追索场景:其一,通过合法渠道出境后的文物,因在外国被盗或非法出口后回流至中国境内的情形;其二,通过非法渠道出境后的文物,在境外已完成有效的物权转移的,后回流至中国境内的;其三,通过非法渠道出境后的文物,在境外未完成有效的物权转移的,后回流至中国境内的。需要指出的是,在"回流"这一类情形下,在文化特性上属于中国的"中国文物"都有可能出现在前述三种追索情景中,这主要是因为近年来中国国内市场对中国文物的收藏热持续升温,导致国内市场价格已经开始高于国际市场,不少中国文物也因此通过各种途径回流到中国境内。② 不过,这里的"中国文物"是指在文化意义上与中国有紧密联系的文物,并不等同于在法律意义上归中国国家或私人所有的文物。有关文物的物权归属,需依据相关的国内法和国际法认定。

针对第二类流失文物的追索,如果外国文物追索方在中国提起民事诉讼的,中国法院应当积极行使管辖权,依据中国法律及国际公约作出公正判决。如依据对中国与其原属国均有约束力的国际公约(如"1995年公约")应当返还的,中国应严格履行文物返还的公约义务。如无国际公约可适用的,则依据中国法律按照涉外民事诉讼程序,作出公正判决。

2. 主要法律问题及建议

与其他国际民事诉讼程序一样,外国文物追索方在中国提起的涉外民事

---

① Catherine Chapman, "To Fight ISIS, Art Dealers & Archaeologists Join Forces", *Creators*, 12 March 2016, https://creators.vice.com/en_us/article/3d5y4j/art-dealers-archaeologists-join-fight-against-isis.

② 霍政欣:《追索海外流失文物:现状、难题与中国方案》,载《法律适用(司法案例)》2017年第20期。

诉讼会涉及到诸多法律问题。① 限于本书研究的重点,这里仅简要讨论管辖权、诉讼主体资格、法律适用这三点问题。

(1)管辖权。针对涉外文物返还纠纷,中国法院行使民事诉讼管辖权的根据规定在国内立法和国际条约两个层面。在国内立法层面,主要的依据是2021年修订的《中华人民共和国民事诉讼法》及其相关司法解释。中国法院对涉外文物返还纠纷可行使管辖权的情形主要有两类:第一类为"一般管辖",基于"原告就被告"原则,由被告住所地人民法院管辖。② 第二类为"特殊管辖",适用于因涉外合同纠纷或其他财产权益纠纷,针对在中国领域内没有住所的被告提起的诉讼,由合同签订地、合同履行地、诉讼标的物所在地、可供扣押财产所在地、侵权行为地或者代表机构住所地人民法院管辖。③

在国际条约层面,中国加入的"1995年公约"也规定了涉外文物返还纠纷的管辖权。根据"1995年公约"第8条,文物追索请求诉讼的管辖权基础主要有两个:其一,文物所在地的缔约国法院;其二,依各缔约国现行法律享有管辖权的法院。依之,针对"1995年公约"可以适用的涉外文物返还纠纷,中国法院除依中国现行法律享有管辖权外,还可将"文物所在地"作为管辖权基础,这与中国国内立法之"特殊管辖"中将"诉讼标的物所在地"作为管辖权基础,在本质上是一致的。

由此可见:针对涉外文物返还纠纷,中国法院不仅可基于"被告住所地"行使管辖,还可以基于"(诉讼时)文物所在地"行使管辖。这也意味着对从外国进入中国境内临时借展的文物,中国法院也可以依法行使管辖权。对于由文物所在地人民法院行使管辖权的,中国法院不仅能够在需要时采取临时保全措施,使涉案文物免遭被不当转手、转移、毁损或灭失之虞,而且还能在境内顺利执行作出的判决,这对文物原所有者实现权利也颇为有利。

(2)诉讼主体资格。因涉外文物返还争议在中国提起的诉讼中,外国追索方应满足作为适格原告的条件,即享有诉的利益、具有诉的能力。结合《中

---

① 所谓"涉外民事案件",2015年《最高人民法院关于适用〈民事诉讼法〉的解释》第522条规定,"有下列情形之一,人民法院可以认定为涉外民事案件:(一)当事人一方或者双方是外国人、无国籍人、外国企业或者组织的;(二)当事人一方或者双方的经常居所地在中华人民共和国领域外的;(三)标的物在中华人民共和国领域外的;(四)产生、变更或者消灭民事关系的法律事实发生在中华人民共和国领域外的;(五)可以认定为涉外民事案件的其他情形"。

② 根据中国司法解释的相关规定,公民的住所地是指公民的户籍所在地。被告住所地与经常居所地不一致的,由经常居所地人民法院管辖,经常居所地即连续居住1年以上的地方。法人住所地指法人的主要营业地或主要办事机构所在地。

③ 《中华人民共和国民事诉讼法》第272条。

华人民共和国民事诉讼法》的规定,原告是与本案有直接利害关系的公民、法人和其他组织。①

有关外国人的民事诉讼地位,中国一直坚持国民待遇原则,外国人、无国籍人、外国企业和组织在人民法院起诉、应诉,同中华人民共和国公民、法人和其他组织有同等的诉讼权利义务。外国法院对中华人民共和国公民、法人和其他组织的民事诉讼权利加以限制的,中国法院对该国公民、企业和组织的民事诉讼权利,实行对等原则。②但国民待遇并非完全一样的待遇,中国法律对诉讼费用担保、司法救助、诉讼代理、外交豁免等问题做了特殊规定。③

对于外国国家能否作为原告在中国提起文物返还之诉,这里会涉及国家豁免的问题。应当注意的是,国家虽然在原则上享有豁免,但可以放弃。国家如果提起诉讼,可以被视为由于默示而放弃其豁免。④ 如果一个外国国家在中国法院提起文物返还之诉,仅意味着该外国对因于同一诉讼事项所发生的反诉放弃了豁免权,不具有任何普遍意义上的法律后果。⑤

(3) 法律适用。针对涉外文物返还纠纷,中国法院主要依据《中华人民共和国涉外民事关系法律适用法》有关物权的冲突规范,确定支配文物归属的准据法。这里主要会涉及以下两个问题。

第一,冲突规范存在被滥用的可能。依照《中华人民共和国涉外民事关系法律适用法》,动产物权适用的法律可由当事人协议选择,当事人没有选择的,适用法律事实发生时动产所在地法律。⑥ 而联系跨境文物返还纠纷的性质,在争议发生前,文物原所有者并没有参与被盗文物的转移,不可能与他人协议选择文物物权适用的法律;在争议发生后,由文物原所有者和文物现占有人就法律适用达成一致,可能性更微乎其微。⑦ 因此,事实上,确定支配文物归属的准据法通常就是法律事实发生时文物所在地法律,即"物之所在地法"。如第四章所及,在国际文物贸易中,非法贩运文物者极易操纵"物之所在地"这一连结点,通过挑选交易地,选择到法律对其有利的国家进行相关交易,以达到"漂洗"文物之目的。因此,尽管"物之所在地法"这一传统的物权

---

① 《中华人民共和国民事诉讼法》第 122 条。
② 《中华人民共和国民事诉讼法》第 5 条。
③ 参见肖永平、乔雄兵:《中国与涉外民事诉讼和国际民商事司法协助》,载曾令良、冯洁菡主编:《中国促进国际法治报告(2015年)》,社会科学文献出版社 2016 年版,第 240 页。
④ [英] 詹宁斯·瓦茨(修订):《奥本海国际法》,王铁崖等译,中国大百科全书出版社 1995 年版,第 280 页。
⑤ 霍政欣:《追索海外流失文物的法律问题》,中国政法大学出版社 2013 年版,第 81 页。
⑥ 《中华人民共和国涉外民事关系法律适用法》第 37 条。
⑦ Zheng Sophia Tang, Yongping Xiao and Zhengxin Huo, *Conflict of Laws in the People's Republic of China*, Edward Elgar Publishing, 2016, pp. 310~314.

冲突规则为世界上大多数国家所奉行,但因其内生性缺陷,客观上对非法文物贩运起到推波助澜的作用,危及合法的文物交易秩序。在这一点上,冲突规范被滥用之虞不容忽视。

第二,准据法如为中国法律,中国有关被盗物的私法规则存在疏漏。如第七章第三节所及,中国法律对盗赃物的问题未作规定,且在目前的司法实践中,盗赃物是否适用善意取得的问题仍尚存争议。① 这意味着,在被盗文物返还纠纷中,如经冲突规范的指引,确定准据法为中国法律,会出现因中国缺乏可适用的被盗物私法规则,被盗文物的归属最终无法确定的尴尬局面。因此,在被盗物的私法规则问题上,或至少是在被盗文物的讨论范围内,中国尽早填补当前的立法疏漏,统一司法实践的立场。

由此可见,如何确立合适的法律适用规则,确保在判定涉案文物归属时有法可依并实现公正结果是当前的一大难题。本书为此提出如下三点建议:

第一,建议为涉外文物返还纠纷构建特殊的法律适用规则,设立以文物原属国法为主,物之所在地法为辅的复合冲突规范。如第四章所及,在跨境文物返还争议中机械适用传统的"物之所在地法"规则是不可取的,以"文物原属国法"为唯一或主要连结点的各种替代性冲突规范建议都表明:在该领域,冲突规范的未来发展方向是更加关注文物与文物原属国的联系、重视文物与其文化特性的联系。这不仅体现为冲突规则对实体法正义的追求,也符合"文物中心原则"在法律适用问题上的内在表达。

因此,为了在实现保护文化财产、打击非法文物贩运这一核心目标的同时,兼顾对善意购买人的保护,建议对文化财产争议的法律适用规则做如下设计:①对涉外文化财产争议,推定适用文物原属国法。但是,如果文物原属国法不能给善意购买人提供保护的,前述推定不予适用,对此应适用物之所在地法,即法律事实发生时文物之所在地法。②当且仅当被告能证明其已履行物之所在地法确定的尽职调查义务时,物之所在地法才能适用。否则,对此应适用文物原属国法。

第二,建议妥善利用公共秩序保留制度,为打击非法文物贩运发挥好"安全阀"的作用。即使是在不改变中国现行冲突规范的情况下,公共秩序

---

① 在目前的司法实践中,对于盗赃物是否适用善意取得的问题,有部分司法机关认为,根据《中华人民共和国刑法》第64条的规定,对于仍在犯罪分子手中的赃款、赃物,应将其追缴或返还被害人,换言之,司法机关对赃物具有无限的追及权,对其不适用善意取得制度。但是,也有部分司法机关认为,依据最高人民法院的有关复函中关于盗赃物善意占有的处理意见,有条件地承认盗赃物适用善意取得。参见刘智慧:《占有制度原理》,中国人民大学出版社2007年版,第300~301页。

保留制度也能在一定程度上避免不公正结果的产生。细言之,如果根据"物之所在地法"规则确定准据法为某外国法,而适用该外国法将损害中国"社会公共利益"的,那么,中国法院可排除适用该外国法,径直适用中国法。① 必须指出的是,考虑到中国立法在公共秩序保留问题上的表述未采用国际通行的"公共秩序"或"公共政策",而代之以"社会公共利益"这样意义模糊、不易把握的措辞,②在司法实践中,中国法院对"社会公共利益"的标准把握极其严格,公共秩序保留的适用是极其例外的情形,整体上对公共秩序作"严格解释和适用"。③

鉴此,在跨境文物返还争议中,可妥善运用公共秩序保留制度,将其作为防止文化财产非法转移的"安全阀",同时应保证适用该制度有充分的说理论证,④并把握好"严格解释和适用"的标准。从"文物中心原则"出发,中国的"社会公共利益"并不限于保护中国文化财产这样国内意义上的公共秩序,还应包括保护他国文化财产、防止世界范围内非法文物贩运这样的国际公共秩序。正是基于此,对何为"损害中国社会公共利益"的判断,与非法贩运的文物是外国文物还是中国文物无关,与其是国有文物还是私有文物无关,而是应当结合文物对特定国家/民族或某社群的文化重要性来考察,联系文物的性质、类别及其对该国家/民族或社群整体公共利益的促进作用综合判断。

第三,建议设立被盗文物的私法规则。这里参考第七章第三节中"中国通过跨境诉讼追索流失文物的完善建议"之"设定被盗文物私法规则"建议,为打破判定被盗文物归属无国内法可依的僵局,中国应从"文物中心原则"所追求的保护文化财产、打击非法文物贩运的宗旨出发,确立"被盗文物不适用善意取得"的基本原则。对此,建议中国参照"1995 年公约"第 3 条和第 4 条之规定,通过特别立法或司法解释明确:"被盗文物的占有人应归还该被盗物","被要求归还被盗文物的占有人只要不知道也不应当知道该物品是被盗的,并且能证明自己在获得该物品时是慎重的,则在返还该文物时有权得到公正合理的补偿"。⑤ 这样的规则的宗旨是对保护文化财产、打击非法文物贩运这一国际社会共同利益的维护。

---

① 《中华人民共和国涉外民事关系法律适用法》第 5 条。
② 霍政欣:《公共秩序在美国的适用——兼论对我国的启示与借鉴》,载《法学评论》2007 年第 1 期。
③ 何其生:《国际商事仲裁司法审查中的公共政策》,载《中国社会科学》2014 年第 7 期。
④ Zheng Sophia Tang, Yongping Xiao and Zhengxin Huo, *Conflict of Laws in the People's Republic of China*, Edward Elgar Publishing, 2016, p. 314.
⑤ "1995 年公约"第 3 条第 1 款、第 4 条第 1 款。

第七章　从文物中心原则出发：中国的实践与选择

"人类命运共同体"理念的思想渊源可追溯至马克思主义的"自由人的联合体"概念，在中国共产党第十八次全国代表大会上明确提出后得到更进一步发展。在该理念提出之前，中国在跨境文物返还领域已经发生的实践，是对这一理念朴素而自发的实现。对这些实践的归纳和分析，则有利于我们此后以更为自觉的方式贯彻"人类命运共同体"理念。

本章第一节从现状出发，回顾自 1949 年以来中国跨境追索流失文物的实践，总结文物回归途径的发展及其内在关联。第二节着眼于对策，以中国问题为归宿，聚焦文物回归途径中的法律路径，梳理中国追索流失文物的基本思路与路径选择。第三节以跨境民事诉讼为例，聚焦中国通过跨境诉讼追索流失文物的主要问题，并据此提出完善建议，以推动中国合理利用跨境民事诉讼追索流失文物，并使该领域国际法的发展朝着符合中国利益与立场、同时更加公平合理的方向演进，从而为实现中华民族伟大复兴的国家战略，奠定国际文化财产法领域的基石。

第一节　现状：中国跨境追索流失文物的实证研究

中华人民共和国成立以来，中国政府与民间一直关注海外流失文物的命运，为流失文物的回归积极努力，并通过国际执法合作、国际民事诉讼、协商与谈判、回赠与回购等途径促成了不少流失文物的回归。但世界上至今没有完整记录、系统梳理这些案例的权威资料或学术著述。

为了弥补以上缺憾，笔者通过收集整理 20 多个省、市、自治区的地方志文物卷及个别省市的文物志、《文物博物馆事业纪事（1949—1999）》《故宫博物院年鉴》等资料，对 1949 年至 2021 年间中国成功收回海外流失文物的案例进行数据统计与分析，总结其发展趋势，发现现存问题并对提出完善建议。

一、术语界定、统计方法和结果

(一)"海外流失文物"的界定

要准确把握海外流失文物回归案例的指标意义,必须对1949年以来的公开数据进行科学观察。① 而科学界定"海外流失文物"是数据收集、分类与分析的前提和标准。为了统计和分析之便,本书所用术语的内涵如下:

1."海外"的含义

"海外"系指境外国家或地区。② 对从中国香港、澳门回归的文物,以香港、澳门各自回归日为时间节点。在回归日之后自港、澳特别行政区回归的文物,不属于"海外"文物;但在回归日之前自港、澳特别行政区回归的文物,统计为"海外"文物。③

2."流失文物"的内涵

"流失文物"是因战争劫掠、盗掘、非法转让及走私等不法原因或不道德手段转移出境的文物。因此,"流失文物"并不以文物出境的不法性为前提。换言之,"流失"不仅包括依据中国相关法律,文物非法离开中国的情形,还包括有关文化财产保护的国内法和国际法尚未形成之前,文物因战争劫掠,或被侵略占领之特别时期,因不当捐赠、交换、贸易等原因离开中国的情形。④

---

① 自2002年起,财政部与国家文物局共同启动了"国家重点珍贵文物征集专项经费",每年拨付5000万元用于征集流失海外和民间的珍品文物。例如,现入藏海南省博物馆的"越王亓北古"错金铭文青铜复合剑、唐三彩马和宋青白釉花口凤首壶,正是通过该专项经费从海外征集而来。但是,因该"国家重点珍贵文物征集专项经费"历年文物征集的信息尚未公开,通过该经费成功征集的海外流失文物没能纳入本次数据统计。
② 因中国台湾地区不属于境外,故自中国台湾地区归还的文物案例不纳入本次数据统计。这些案例包括但不限于:1999年中国台湾实业家陈永泰捐赠16尊罗汉头像和2尊童子头;2006年中国台湾学者李敖捐赠《乾隆题〈王著书千字文〉》;2014年中国台湾星云大师捐赠北齐佛首造像。
③ 以自香港回归的文物为例,因时间节点为香港回归日1997年7月1日,这里将"1992年上海博物馆从香港购回14件晋侯苏编钟案"收录于数据统计,但"2003年从香港追回49件河北承德外八庙珍贵文物案"则被排除在外。
④ 根据联合国教育、科学及文化组织"促使文化财产返还原主国或归还非法占有文化财产政府间委员会"(ICPRCP)于1986年颁布的《关于"请求返还或归还的标准形式"的使用指南》,这两种不同情形的流失文物对应的追索请求用词也不同:对非法流失文物的追索使用"返还"(restitution),对文物流失没有违反当时法律之情形时则使用"归还"(return)。See ICPRCP, "Circumstances under which the object left the country of origin", *The Guidelines for the Use of the Standard from Concerning Request for Return or Restitution*, CC-86/WS/3, Paris: UNESCO, 1986, p.11. 本书不作区分,除有特别说明,统一用"归还"指代以上两种情形下的追索。

对于"流失文物"是否涵盖流失古生物化石这个问题,尽管在中国的法律体系中,具有科学价值的古生物化石不属于"文物"范畴,但"同文物一样受国家保护"。① 而在国际上,涉及促进流失文物返还的两大国际公约都将具有科学价值的古生物遗迹列入"文物"范畴。② 本书将此类化石的回归也统计在内。③

(二) 统计方法

本书的统计对象是那些通过国际执法合作、国际民事诉讼、协商与谈判、回赠与回购等途径回到中国境内,并由国家、国内机构或个人永久收藏的流失文物。具体统计方法说明如下:

1. 文物的回归途径

本书将海外流失文物的回归途径分为四类:国际执法合作、国际民事诉讼、协商与谈判、回赠与回购。国际执法合作是指中国与有关国家依据共同参加或缔结的国际条约或本着友好互信精神开展的执法合作,由文物所在国主管部门将其依法扣押收缴的或通过本国司法程序追回的流失文物归还中国。④ 国际民事诉讼是指中国文物原所有人通过在文物所在国法院提起文物返还的民事诉讼,追回流失的文物。协商与谈判是指中国政府或其代理人与文物持有人直接交涉,通过谈判协商,促使其自愿将流失文物归还给中国。回赠是指海外收藏者将其所藏的中国流失文物无偿捐赠给中国或国内博物机构;回购是指国内机构或个人通过参与拍卖或其他商业渠道,将流失海外的文物购回,从而实现文物的回归。⑤

2. 文物的回归状态

文物的客体和所有权能够一并回归是最理想的状态,但国际追索流失文物实践产生了一些新的回归方式。这些方式并不要求文物的物和所有权同时回归,既可能是物回归所有权不回归,如韩国与法国在 2011 年就外奎章阁

---

① 《中华人民共和国文物保护法》第 2 条第 3 款规定:"具有科学价值的古脊椎动物化石和古人类化石同文物一样受国家保护。"

② 参见"1970 年公约"和"1995 年公约"。

③ 涉及此类化石回归的案例包括:2002 年至 2010 年美国 5 次移交其查获的数批古生物化石;2004 年至 2008 年澳大利亚 3 次移交其查获的数批古生物化石;2011 年从美国追回 22 枚"恐龙蛋窝"化石。

④ Barbara Torggler, Margarita Abakova and Anna Rubin, "Evaluation of UNESCO's Standard-setting Work of the Culture Sector, Part II-1970 Convention on the Means of Prohibiting and Preventing the Illicit Import, Export and Transfer of Ownership of Cultural Property", UNESCO Final Report, UNESCO, 2014, pp. 28~33.

⑤ 霍政欣:《追索海外流失文物的法律问题》,中国政法大学出版社 2013 年版,第 213~214 页。

图书的返还达成一致,将297卷外奎章阁图书以"法方保留所有权、韩方无限期租借"的方式归还韩国;①也可能是所有权先回归物后回归,如中国以"我国保留文物所有权,并有限期出借给日方"的方式从日本追回被盗北朝石刻菩萨像。② 本书将以上不同的回归方式都统计在内。

3. 文物归还方/促进文物回归方

本书将文物回归的主体分为"文物归还方"和"促进文物回归方"。"文物归还方"是将海外流失文物归还给中国的主体;"促进文物回归方"是指参与拍卖或其他商业渠道将海外流失文物购回的国内机构或个人。海外流失文物购回国内后,其可能自行持有,也可能再赠与或转让。以2002年香港实业家张永珍购回清雍正橄榄瓶、2003年上海博物馆购回北宋祖刻善本《淳化阁帖》为例,文物回购人张永珍、上海博物馆均是"促进文物回归方"。如无特别说明,在通过回购实现文物回归情形下,书中数据所列主体均为"促进文物归还方"。

4. 同件(组)文物分批回归的处理

如同件(组)文物分批回归,且回归方式相同,则合并处理,只记为一次文物回归。以20世纪50年代苏联及德意志民主共和国归还67册《永乐大典》为例,1951年至1955年,苏联列宁格勒大学、苏联国立列宁图书馆、苏联科学院和德意志民主共和国分别向中国归还了数量不等的《永乐大典》,在统计时只记为一次文物回归。1955年文化部购回陈清华藏书131种509册,1965年购回第二批陈氏藏书25种,统计时也只记为一次文物回归。③

如同件(组)文物分批回归,但回归方式不同,则分别各记为一次文物回归。例如,2000年上海图书馆购回翁氏藏书80种542册,2015年翁氏后人捐赠《翁同龢日记》等翁氏文献,前后均为翁氏藏书文献的回归,因回购与回赠分属不同的回归方式,故各记为一次。再如,1998年中国从英国追回3000余件流失文物,2020年英国归还68件流失文物,这两批文物虽曾属同一批被

---

① See Ana Filipa Vrdoljak, "Restitution of Cultural Properties Trafficked during Colonization: A Human Rights Perspective", *Strategies to Build the International Network for the Return of Cultural Property*, 2012, pp. 35-45; Lyndel V. Prott ed., *Witness to History: A Compendium of Documents and Writings on the Return of Cultural Objects*, UNESCO, 2009, pp. 300~302.

② 对"所有权先回归物后回归"的回归时间,本书采"物归还"标准。以2008年中国从日本追回被盗北朝石刻菩萨像为例,本书认定的北朝石刻菩萨像回归时间为2008年,即文物由日本美秀博物馆正式归还之时,而非2001年中日双方签署备忘录确认文物自备忘录签署之日起归属中国山东省之时。

③ 2004年陈清华之子陈国琅将陈氏善本古籍23种、画轴1件及收藏印18枚转让给国家,为第三批陈氏藏书的回归,是通过"国家重点珍贵文物征集专项经费"成功征集实现的,没有收入本次统计范围。

英方缴获的中国文物,但因回归方式不同——前者系国际民事诉讼(庭外和解),后者为国际执法合作,故各记为一次。

(三) 统计结果

根据上述统计标准和方法,笔者发现:从1949年至2021年,中国成功收回海外流失文物共计58例。其中,通过国际执法合作回归的22例,通过国际民事诉讼回归的2例,通过谈判与协商回归的6例,通过回赠与回购回归的28例。具体情况见"附录1:中国海外流失文物回归案例汇总表"。

二、海外流失文物回归途径的统计分析

(一) 回归途径的整体形势

分析纳入统计的58起海外流失文物回归案例,可以发现:自1949年至2021年,中国海外流失文物的回归途径以"回赠与回购"和"国际执法合作"为主,各占比48%和38%,以"协商谈判"和"国际民事诉讼"途径为辅,各占比10%和4%(见图7-1)。总体而言,中国海外流失文物的回归呈现逐步上升趋势(见图7-2)。

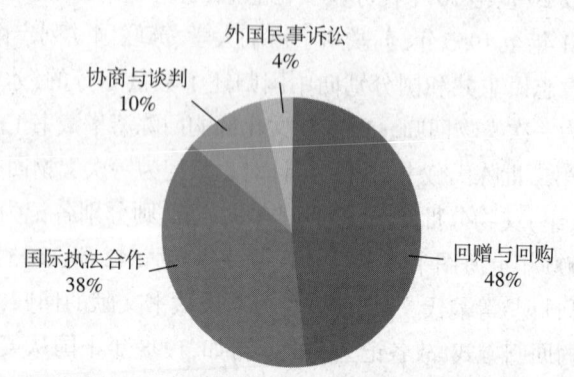

图7-1 四种流失文物回归途径所占比例

第七章 从文物中心原则出发:中国的实践与选择

图7-2 流失文物回归案例总量变化(1949~2021年)

历史上看,四种回归途径也呈现出不同的发展趋势。"回赠与回购"先扬后抑,"国际执法合作"后来居上,"协商与谈判"小幅上升,"国际民事诉讼"偶有发展(见图7-3)。

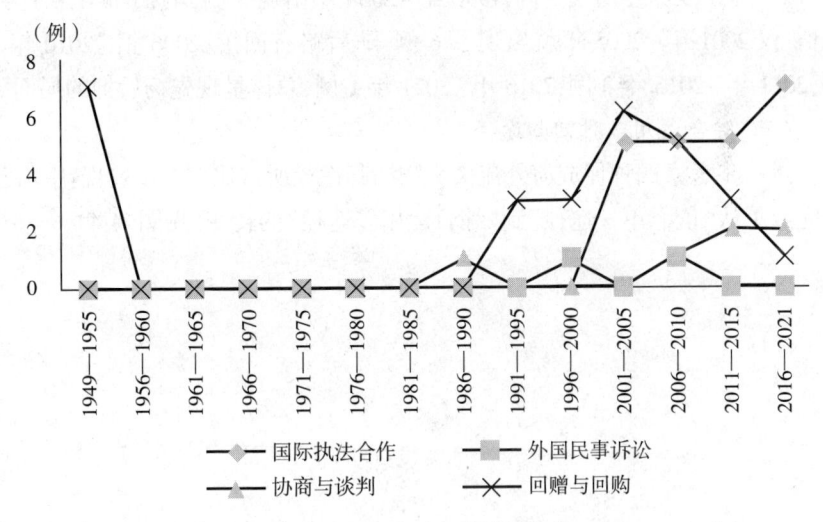

图7-3 四种海外流失文物回归途径的发展变化(1949~2021年)

(二)四种回归途径发展不一

具体而言,如以每5年为一个统计时间段,四种文物回归途径的发展如下:

第一,通过"国际执法合作"实现文物回归的案例在2001年~2005年有5例出现,此后两个5年时间段均保持5例成功案例。由此可见,国际执法合作虽然自2001年才开始采用,但一跃成为最主要的文物返还途径之一,并保持在每5年5至7例的高位,呈现"后来居上"的态势。

第二,通过"国际民事诉讼"实现文物的回归仅2例。一例是1998年从英国追回3000余件流失文物,另一例是2008年从丹麦追回156件流失文物,属于"偶有发展"。

第三,通过"协商与谈判"实现文物的回归总共6例。在1986年~1990年有1例,即1989年从美国追回屈原纪念馆被盗战国铜敦;在2006年~2010年有1例,即2008年从日本追回被盗北朝石刻菩萨像;在2011年~2016年有2例,即2011年从美国追回唐贞顺皇后陵墓被盗文物;2015年从法国追回60件大堡子山遗址流失金饰片;2018年从英国追回圆明园青铜虎鎣;2019年从日本追回曾伯克父青铜组器。总体呈现小幅稳步上升态势。

第四,通过"回赠与回购"实现文物的回归出现得最早。在1949年~1955年就有7例。之后经过长达35年的"沉默期",自1991年起呈现上升势态,1991年~1995年出现3例,1996年~2000年出现3例,至21世纪初达到峰值,仅2001年~2005年就出现了6例,随后略有回落,2006年~2010年5例,2011年~2015年3例,2016年~2021年1例,总体呈现先扬后抑的局面。

(三)综合运用多种回归途径

进一步考察四种促成海外流失文物回归途径所占比例可以发现:中国已经完成了从"依靠单一途径"到"综合运用多途径"的转变(见图7-4)。

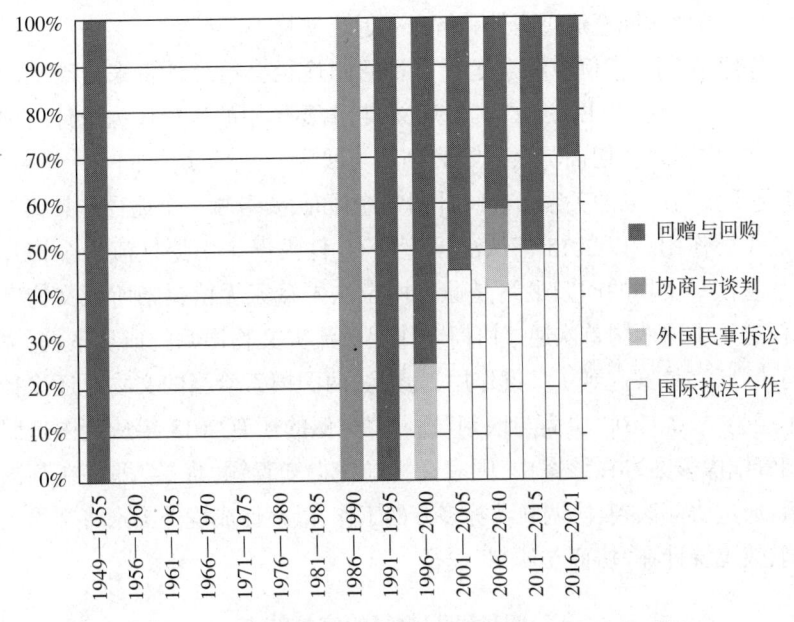

第七章　从文物中心原则出发：中国的实践与选择

图 7-4　流失文物回归途径所占比例变化（1949~2021 年）

通过回购促成海外流失文物回归在中华人民共和国成立之初就已采用，且在相当一段时间内是中国海外流失文物回归的重要渠道，这个时期的回购是以政府为主导，以国家财力为保障的珍贵文物收购。①

自 20 世纪 90 年代起，出现了多种促成海外流失文物回归的途径。回赠与回购不再是唯一的途径，其他途径，如国际执法合作、协商与谈判、国际民事诉讼，得到了不同程度的发展。2000 年以来，中国开始综合利用多种途径促成海外流失文物回归，国际执法合作、协商与谈判、回赠与回购一并成为中国主要的文物回归途径。

事实上，许多成功的文物回归都是综合运用多种途径、多面出击的结果。以 1998 年中国从英国追回 3000 余件流失文物为例，它不仅涉及英国的民事诉讼，还与诉讼开始前的国际执法合作、诉讼阶段的协商与谈判密切相关。最终，正是中国通过在英国启动民事诉讼程序，使犯罪嫌疑人迫于强大的法

---

① 20 世纪 50 年代根据周恩来总理的批示，文化部从海外回购大批珍贵文物，包括 1951 年文化部从香港以 48 万港币购回东晋王献之《中秋帖》和王珣《伯远帖》。1952 年，文化部报周恩来总理批准，财政部逐年拨专款，用于重点文物保护维修、重点考古发掘和珍贵文物收购三项，并规定了专款专用、不得挪用、允许跨年使用等原则。以此为基础，嗣后演变为国家文物局的"直接经费"转款。国家文物局：《中华人民共和国文物博物馆事业纪事（1949-1999）》，文物出版社 2002 年版，第 50 页。

律和舆论压力才同意通过庭外和解方式返还文物。①

当然,在同一案例中综合运用多种回归途径会给统计带来分类上的困境。为便于研究,本书以最具典型意义、起主要作用的途径作为统计时的分类标准。详言之,"协商与谈判"和"回赠与回购"常常运用于同一个案例中,二者是手段与结果的关系。在统计回归途径时,要看哪一个途径最具典型意义、起主要作用。以2015年从法国追回60件大堡子山遗址流失金饰片为例,尽管该案文物的回归最终是通过两位法国藏家无偿捐赠所藏文物实现的,但这是中法两国首次通过协商合作促成流失文物回归的成功案例。"协商与谈判"在该案起到了关键作用,为中法两国摸索恰当的文物返还途径积累了经验,故统计在"协商与谈判"途径。类似的还有2018年从英国追回圆明园青铜虎鎣案。在该案中,国家文物局在得知青铜"虎鎣"即将在英国拍卖后,通过协商谈判、协调联动等多方面工作,最终促成境外买家将文物捐赠归国,故也统计在"协商与谈判"途径。

三、四种回归途径的实施特点

考察1949年至2021年间中国成功促进海外流失文物回归的案例可以发现,它们大多是充分利用多种途径的结果,而要充分发挥每种途径的作用,需要根据其特点,丰富和完善相关的法律和政策。

(一)国际执法合作

在前述统计数据中,通过国际执法合作途径实现的文物回归案例呈现出两大特点:其一,案例总数较多且发展稳定,其中,流失文物比流失古生物化石的回归案例占比较少;其二,通过该途径单次回归的文物件数相比其他途径往往更多。

第一,案例总数较多且发展稳定。这很大程度上归因于国际公约、双边协定为中国与有关国家开展国际执法合作提供了法律支撑。近年来,双边协定在促进流失文物归还中的作用日益突显,取得了不少实质性合作成果。② 以2019年美国向中国移交其查获的361件(套)流失文物为例,本次返还是自2009年中美谅解备忘录签署以来,继2011年向中国移交14件流失文物、2015年向中国22件流失文物和1件古生物化石后,美国政府第三

---

① 参见曹兵武:《中国索还走私文物案例》,载《国际博物馆(中文版)》2009年第Z1期。
② People's Republic of China, *National Report on the Implementation of the 1970 Convention on the Means of Prohibiting and Preventing the Illicit Import, Export and Transfer of Ownership of Cultural Property* (2011-2015), UNESCO, 2015, pp. 11~12.

次、也是规模最大的一次中国流失文物返还。①类似地,埃及于2020年移交其查获的31枚中国古钱币,是继2017年向中国移交13件流失文物后,埃及政府第二次归还中国流失文物。②又如,2014年瑞士归还一尊中国汉代彩塑陶俑,2015年澳大利亚政府将一尊清代观音像归还中国,以及2019年土耳其移交其查获的唐代石窟寺壁画和北朝晚期至隋代随葬陶俑,分别是中瑞《关于非法进出境文化财产及其返还的协定》、中澳《关于文物保护的谅解备忘录》、中土《关于防止盗窃、盗掘和非法进出境文化财产的协定》签订后的首次文物归还。③再如,2019年意大利归还796件文物,系近20年来规模最大的流失文物回归。④

第二,流失文物的回归占比较少。自2001年起至今,据不完全统计,古生物化石的回归已有10起甚至更多,而文物的回归仅有8起。⑤ 这与二者不同的追索机制有关。因为非法出境的古生物化石是由国土资源主管部门

---

① 新华社:"美国返还361件(套)中国流失文物艺术品",载中华人民共和国政府网站,http://www.gov.cn/xinwen/2019-03/01/content_5369567.htm,最后访问时间:2020年1月5日。外交部:"驻美国大使崔天凯出席美国政府向中国政府移交流失文物和化石交接仪式",http://www.fmprc.gov.cn/web/zwbd_673032/gzhd_673042/t1323667.shtml,最后访问时间:2016年5月7日。
② 参见吴爱民:"埃及交还31枚中国古代钱币 其中20多枚为国家文物",载光明网,https://world.gmw.cn/2020-11/18/content_34377433.htm,最后访问时间:2021年2月2日。
③ 参见外交部:"驻瑞士大使许镜湖出席瑞士联邦文化总局中国文物归还仪式",载中华人民共和国政府网站,http://www.fmprc.gov.cn/ce/cech/chn/dssghd/t1219400.htm,最后访问时间:2016年5月7日;李佳彬:《澳大利亚归还中国一尊清代观音像》,载《光明日报》2015年3月8日,第12版;国家文物局:"埃及向中国使馆转交查获的走私中国文物",载国家文物局网站,http://wwdc.sach.gov.cn/art/2017/8/31/art_1027_143475.html,最后访问时间:2017年10月5日。新华社:"土耳其向中方移交两件中国流失文物",2019年11月26日,载中华人民共和国政府网站,http://www.gov.cn/xinwen/2019-11/26/content_5455792.htm,最后访问时间:2020年2月7日。
④ 杜海涛:《796件套意大利返还我国文物艺术品顺利抵京》,载《人民日报》2019年4月11日,第4版。
⑤ 鉴于资料有限,本书所列成功追回海外流失古生物化石的统计数据并不全。根据中国国土资源部的数据,"近3年来,在外交、海关等有关部门的大力协助下,先后从澳大利亚、美国、加拿大、意大利追回我国流失国外的古生物化石5000多件,多数是我国列为重点保护的化石,如恐龙骨骼化石、恐龙蛋化石、剑齿虎头骨化石、鹦鹉嘴龙头骨化石等"。参见汪民:"开启我国古生物化石保护工作的新里程",载中华人民共和国国土资源部网站,http://www.mlr.gov.cn/dzhj/gswhs/gzzd/201110/t20111008_981586.htm,最后访问时间:2016年5月3日。

负责具体追索工作,外交、公安、海关等部门提供支持与配合;①而对流失文物的追索,中国目前采取的是文物行政部门与公安、海关等多部门协调机制,但部门之间长期"条块分割"的工作方式使得文物追索工作缺乏统筹协调,效率相对较低。②

(二)国际民事诉讼

通过国际民事诉讼途径实现文物归还的案例数据呈现出两个特点:其一,成功案例的个数少,目前仅有两起;其二,追索主体的诉讼策略由"被动"转变为"相对主动"。

第一,成功案例的数量很少。这一方面因为在外国启动民事诉讼本身的难度,它不仅要求追索方积极收集证据,尽可能确认文物的下落和文物持有人的身份,还要求追索方充分了解文物所在国法院的诉讼程序和司法证明标准,均需要追索方具备丰富的法律专业知识与较强的诉讼应对能力。③另一方面,国际民事诉讼往往程序繁琐、耗时长、成本高,常常迫使很多文物原所有人放弃通过跨境诉讼追回文物。④

第二,追索主体的诉讼策略由"被动"变为"相对主动"。在1998年从英国追回3000余件流失文物案中,中国是迫于形势"被动应诉"。⑤ 而在2008年从丹麦追回156件流失文物时,中国接受了丹麦警方的建议"主动起诉",向丹麦哥本哈根地方法院提出文物返还请求,并最终获得胜诉判决。⑥这是中国在诉讼策略上由"被动"转为"相对主动"的体现。近年来,除国家主动

---

① 《古生物化石保护条例》(2011年)第34条规定:"国家对违法出境的古生物化石有权进行追索。国务院国土资源主管部门代表国家具体负责追索工作。国务院外交、公安、海关等部门应当配合国务院国土资源主管部门做好违法出境古生物化石的追索工作"。《古生物化石保护条例实施办法》(2012年)第47条规定:"对境外查获的有理由怀疑属于我国古生物化石的物品,国土资源部应当组织国家古生物化石专家委员会进行鉴定。对违法出境的古生物化石,国土资源部应当在国务院外交、公安、海关等部门的支持和配合下进行追索。追回的古生物化石,由国土资源部交符合相应条件的收藏单位收藏"。
② 参见霍政欣:《追索海外流失文物的法律问题》,中国政法大学出版社2013年版,第292~293页;王仙波:《文物保护执法应注意的六种关系》,载《中国文物科学研究》2009年第1期。
③ 高升:《国际法视野下中国追索非法流失文物的策略研究》,载《湖南科技大学学报(社会科学版)》2008年第6期。
④ Marie Cornu and Marc-André Renold, "New Developments in the Restitution of Cultural Property: Alternative Means of Dispute Resolution", *International Journal of Cultural Property*, vol. 17, 1, 2010, p. 23.
⑤ 曹兵武:《中国索还走私文物案例》,载《国际博物馆(中文版)》2009年第Z1期。
⑥ 廖翊:《两年前非法流失到丹麦,156件文物今天运送回国》,载《人民日报》2008年4月10日,第11版。黄风、马曼:《从丹麦返还文物案谈境外追索文物的法律问题》,载《法学》2008年第8期。

提起诉讼之外,民间团体和个人也积极尝试通过国际民事诉讼追回流失文物。福建大田阳春村被盗宋代章公祖师像追索返还即是一例。①

(三)协商与谈判

通过协商与谈判途径实现的文物回归案例呈现出两大特点:其一,协商谈判主体不固定;其二,在个案中摸索创新归还模式。

第一,协商谈判主体不固定。通过协商与谈判促成文物回归的成功案例数量有限,目前仅有六例。其中一例是国家文物局与公安部门共同参与(1989 年从美国追回屈原纪念馆被盗战国铜敦案);②另一例是公安部门与博物馆组成谈判小组(2011 年从美国追回唐贞顺皇后陵墓被盗文物案);③剩余四例是由国家文物局主导谈判,包括 2008 年从日本追回被盗北朝石刻菩萨像案,2015 年从法国追回 60 件大堡子山遗址流失金饰片案,2018 年从英国追回圆明园青铜虎鎣案,及 2019 年从日本追回曾伯克父青铜组器案。④ 协商谈判主体不固定是因为没有常设的专门机构和人员来负责协商谈判,根源是中国对流失文物的追索采取多部门协调合作机制,由文物行政管理、公安等部门"九龙治水"。

第二,在个案中探索创新归还模式。在 2008 年从日本追回被盗北朝石刻菩萨像案中,中日双方经磋商同意以"保留所有权、有限期租借"的方式实现文物回归,即自 2001 年中日备忘录签署之日起中方享有该菩萨像的所有权,并允许日本美秀博物馆借展至 2007 年底。再如,在 2015 年从法国追回 60 件大堡子山遗址流失金饰片案中,中法两国经多次磋商,最终促成两位法国藏家撤销对法国吉美博物馆的捐赠,使文物退出法国国家馆藏再将文物返还给中国。⑤ 此种"撤销赠与再赠与"方式,解决了法国"公共收藏品不得转

---

① 新华社:《"章公祖师像属阳春村"证据确凿》,载《人民日报海外版》2015 年 12 月 8 日,第 4 版。
② 参见宋继朝主编:《中国失窃的战国铜敦从美国回到祖国》,载《中国年鉴》,中国年鉴社 1989 年版,第 481 页。齐欣:《战国古铜敦失窃以后》,载《人民日报》1988 年 12 月 13 日,第 3 版。
③ 参见吴晓丛主编:《追索唐贞顺皇后陵墓(敬陵)被盗石椁回归》,载《陕西文物年鉴》(2010 年),陕西人民出版社 2010 年版,第 83~84 页。胡杰:《国宝唐贞顺皇后石椁回归始末》,载《人民公安报》2010 年 6 月 18 日,第 4 版。
④ 参见郑博超:《北魏石刻菩萨造像追索记》,载《检察日报》2008 年 1 月 18 日,第 5 版。王立梅:《挚爱与奉献:我所参与的中国文物对外交流》,文物出版社 2008 年版。
⑤ 杨雪梅:《熠熠国之宝,漫漫回家路》,载《人民日报》2015 年 7 月 15 日,第 12 版。

让"的难题。① 以上两种归还模式，为传统的文物回归途径提供了更加灵活、务实的尝试，也反映了谈判人员变通灵活的工作思路和谈判技巧。

（四）回赠与回购

通过回赠与回购途径实现的文物回归案例呈现出两大特点：其一，成功案例多且发展迅速，文物回赠主体以华人华侨相对为主；其二，出现两例海外博物馆主动归还的案例。

第一，成功案例多且发展迅速。随着中国国力增强，中国人的文物保护意识得以提升，民间兴起了一股"文物回流潮"。② 自20世纪末，中国保利集团等民间机构和个人自发以回购、回赠方式陆续促成流失海外文物的回归。③ 更重要的是，"文物回流潮"与中国的鼓励政策密切相关。长期以来，中国一直欢迎并鼓励海外华人、华侨及对华友好的个人与团体捐赠、归还流失出境的中国文物，并且"在不放弃流失文物所有权的前提下，按照国际公约精神和惯例，适当考虑善意文物持有人有权得到公正合理的补偿，以促成更多的流失文物回归祖国"。④ 而对回购问题，文化部在20世纪50年代从海外回购大批珍贵文物，财政部与国家文物局在2002年共同启动的"国家重点珍贵文物征集专项经费"，都是以国家之力积极征集流失海外和民间的珍品文物。⑤ 值得注意的是，随着中国文物价格非理性飙升，回购的缺陷逐渐暴露，中国政府对商业回购文物的态度逐渐转变。⑥ 2008年10月，国家文物局表示不赞成国内博物馆购买非法流失出境的中国文物，主张通过外交和法律

---

① 《法国博物馆法》（Loi relative aux musées de France）于2002年1月4日正式颁布，并纳入2004年2月20日通过的《法国文化资产法》（Code du Patrimoine de France）第四部《博物馆法》之中。《法国博物馆法》第11条第2款规定："公法人所有的法国博物馆的收藏品属于公共财产，其所有权不得转移。上述财产解除重要文物指定应先经学术委员会审核同意。学术委员会的组织及运作方式由行政机关另定。……藉由捐赠、遗赠纳入公共典藏的文物不得解除指定。"
② 李玉雪：《文物返还问题的法律思考》，载《中国法学》2005年第6期。
③ 如2000年中国保利集团购回圆明园虎首、牛首和猴首铜像；2003年、2007年澳门实业家何鸿燊分别购回圆明园猪首和马首铜像；2006年美籍华人范世兴等人捐赠31件汉阳陵西汉文物；2009年美籍华人范季融等人捐赠9件秦公晋侯青铜器等。
④ 屈菡：《中国政府不会购买非法盗掘走私出境的中国文物》，载《中国文化报》2010年3月15日，第1版。
⑤ 参见谢小铨：《子龙鼎归国始末》，载《中国历史文物》2006年第5期。马继东：《五年两亿五千万——海外重点珍贵文物回流工程今年"收官"》，载《文汇报》2007年1月9日，第11版。
⑥ 霍政欣：《追索海外流失文物的国际私法问题》，载《华东政法大学学报》2015年第2期。

手段实现非法流失出境文物的回归。① 此后,通过回购途径回归的文物数量逐年下降。

第二,出现两起海外博物馆主动归还的案例。2001年,加拿大国家美术馆归还龙门石窟石雕佛像1件;2005年,瑞典东亚博物馆归还汉代陶马俑1件。以上两例都是海外博物馆秉承国际公约精神和博物馆行业道德准则主动将流失文物归还中国的。②由此可见,博物馆行业道德准则尽管没有法律约束力,有时能够发挥较好的作用。以2004年国际博物馆协会《博物馆道德准则》(ICOM Code of Ethics for Museums)为例,该准则为博物馆从业人员设立的自律性行业道德标准,比一般法律规定提出了更高的责任要求。③ 这些道德准则为国际上多数博物馆所遵守,影响颇大。④

由此可见,自1949年中华人民共和国成立以来,中国利用国际执法合作、国际民事诉讼、协商谈判、回赠与回购等不同途径促成了不少海外流失文物的回归,取得了一些成绩。随着中国不断接近世界舞台的中央,中国经济影响力、文化吸引力和谈判议价能力必将不断提升。与此相适应,中国有需要、也有能力促成更多的海外流失文物回归中国。这需要我们完善机制、加强合作、综合施策:及时完善四种回归途径的国内机制,加强国际合作,积极参与相关国际公约的解释,促使公约成员国切实履行国际义务,加大与主要文物市场国签订双边条约的工作力度,加强与外国学术界、法院、政府部门和收藏机构的交流与合作。综合利用多种回归途径,不断创新海外流失文物返还模式。更重要的是,应鼓励国内追索主体积极利用和参与国际民事诉讼途径。

---

① 为防止借拍卖之机炒作、哄抬被劫掠文物的价格,国家文物局于2008年11月发布《关于被盗或非法出口文物有关问题的通知》,要求各级文物行政部门采取切实措施,劝阻境内博物馆及其相关机构和个人参与竞拍、购买任何被盗或非法出口的中国文物。参见全国"两会"专题报道组:《单霁翔委员就"圆明园兽首文物拍卖"事件答本报记者问》,载《中国文物报》2009年3月11日,第1版。
② 刘琼:《追索流失的国宝,守住今天的国门》,载《人民日报》2009年3月6日,第16版。
③ [澳]伯尼斯·墨菲:《现行的有约束力的多样化的博物馆道德公约——国际博协1970年以来对道德准则不断深入的关注》,载《中国博物馆》2006年第3期。
④ 2004年国际博物馆协会《博物馆道德准则》对3000多个国际博物馆协会(ICOM)博物馆成员发挥作用。以荷兰为例,所有在荷兰博物馆协会(The Netherlands Museums Association)注册的博物馆都要遵守国际博物馆协会《博物馆道德准则》。See Barbara Torggler, Margarita Abakova, and Anna Rubin, "Evaluation of UNESCO's Standard-setting Work of the Culture Sector, Part II-1970 Convention on the Means of Prohibiting and Preventing the Illicit Import, Export and Transfer of Ownership of Cultural Property", *UNESCO Final Report*, 2014, p. 4.

第二节 对策:中国跨境追索流失文物的法律路径选择

通过研究 1949 年以来中国跨境追索流失文物的实践,不难看出国际执法合作、国际民事诉讼、协商谈判、回赠与回购等文物回归途径各有利弊,而大多数情况下,中国海外流失文物成功回归是追索主体通过"打组合拳"、充分利用多种途径的结果。

本节将着眼于对策,以中国问题为归宿,聚焦文物回归途径中的法律路径,以国内法和国际法基础的追索路径为研究对象,梳理中国追索流失文物的基本思路与路径选择。与此同时,结合典型案例分析,本节重点考察国内法视域下的两大路径——跨境民事诉讼(常规路径)、民事没收程序(新兴路径),以及国际法视域下的两大路径——国际执法合作(常规路径)、文物归还行政诉讼(特殊路径)。

一、追索流失文物的基本思路

历史地来看,由于文物追索工作起步较晚,中国至今尚未建立起一套系统的文物追索战略与策略,更遑论针对不同文物流入国制定有针对性的追索方案。相比流失到海外的大量中国文物,目前成功追回的案例所占的比例可谓微乎其微。鉴此,为有效遏制中国文物的非法流失,有必要确定追索流失文物的基本思路,制定有针对性的追索策略,是保障文物追索返还工作顺利开展的前提。

总体而言,追索流失文物的基本思路可以分为三个层次——"追什么"(文物的性质)、"谁来追"(文物的追索主体)与"如何追"(文物的追索路径)。

(一)确定文物性质

确定文物性质是追索基本思路的起点。只有确定"追什么"(文物的性质)后,方能判断"谁来追"(文物的追索主体)与"如何追"(文物的追索路径)。

1. 文物性质的含义

在跨境文物追索语境下,文物的"性质"包含两层含义。

第一,文物的性质系指其"权属性质",即根据来源国的文物所有权法,初步判定文物的(原)所有权归属。如果是国家所有的文物,则追索主体应为国家或其授权追索的组织或个人。如果是集体所有或私人所有的文物,则追索主体通常为该集体或个人。

第二,文物的性质系指其"法律属性",即在国际文化财产法律框架下,初步判定文物是否为"被盗文物"、"非法出口文物",并据此确定可适用的追索路径。譬如,文物为被盗文物的,不仅有可能适用国际执法合作等国际法框架下的追索路径,也有可能适用跨境民事诉讼、民事没收程序等国内法框架下的追索途径,而最终选择何种路径,需结合具体情况研判。

2. 文物性质的判定依据

首先,判定文物性质的法律依据主要为国内法,由《中华人民共和国民法典》《中华人民共和国文物保护法》与《中华人民共和国水下文物保护管理条例》等法律法规组成。《中华人民共和国民法典》第253条(原《中华人民共和国物权法》第51条)规定,法律规定属于国家所有的文物,属于国家所有。依据《中华人民共和国文物保护法》第5条和第6条规定,文物的所有权主体,可以是国家、集体和私人。其中,属于国家所有的文物包括:中国境内地下、内水和领海中遗存的一切文物;古文化遗址、古墓葬、石窟寺;国家指定保护的纪念建筑物、古建筑、石刻等不可移动文物;以及法律规定属于国家所有的可移动文物等。与此相对,属于集体所有和私人所有的纪念建筑物、古建筑和传世文物以及依法取得的其他文物,其所有权也受国家法律的保护。

第二,判定文物性质的法律依据是"彼时"的法律,即要求在文物被非法转移之时,当时有效的相关法律法规可作为判定文物所有权归属,判定文物系被盗物或非法出口文物的依据。

换言之,如果某文物被定性为被盗文物,则其前提是在文物据称被盗之时,存在有效、可适用的法律规范(通常为文物所有权法),可确定文物的权属与被盗的法律事实。如果某文物被定性为非法出口文物,则其前提是在文物据称被非法转移出境之时,存在有效、可适用的法律规范(通常为文物出口管制法),可确定文物的出境不符合法律规范。

此外,考虑到因年代久远、证据不足等原因,某些文物的出境时间往往难以精准确定。职是之故,中国如欲于法有据地追索流失物,需尽力确保并证明在相当长一段时间内存在持续、有效的文物所有权法、文物出口管制法,即便是此类法律可能几经修订、替换。否则,一旦文物的出境时间落入法律的"空档期",中国只能承担追索主张无法可依的不利后果。

(二)确定追索主体

明确文物性质,为确定"谁来追"提供了判断基础。在确定追索主体的问题上,"谁所有、谁来追"是一项基本原则。这意味着对于国有文物,文物属于国家所有即全民所有,追索主体是国家;对于非国有文物,文物属于集体所有或私人所有,追索主体是享有文物所有权的集体或私人,统称"所有权人"。无论是国家,还是集体、私人,对于其被非法转移的文物,基于所有权要求非法占有人返还所有物,是在实现其所有权的基本权能,这也是各国普遍接受的法理基础。

值得注意的是,就"非国有文物"而言,国家在必要时有权代表权利人追索。根据《中华人民共和国宪法》第12条、第13条和第22条以及《中华人民共和国文物保护法》第7条之规定,无论是公有文物(包括国有文物和集体所有文物),还是非公有文物(即私人所有文物),保护文物既是国家义务(公民权利)的基本体现,也是公民义务(国家权力)的内在要求。保护文物免遭非法转移,追索非法转移出境的珍贵文物,是国家和公民责无旁贷的义务。国家代表权利人追索的权力,不是来自当事人的约定,而是来自法律规定。国家追索此类流失的文物,不是基于所有权权益,而是基于保护本国珍贵文化遗产的利益。这样的保护性利益,是基于文化遗产与民族国家的联系,也是各国法律上普遍认可的诉的利益。

(三)研判国际法框架

在确定好"追什么"(文物性质)和"谁来追"(追索主体)之后,追索思路则围绕"如何追"展开。本节聚焦以国内法和国际法为基础的法律路径,协商谈判、回赠回购等其他文物回归途径因篇幅所限,不在本节讨论范围。

在跨境文物追索领域内,国际法框架以"1970年公约""1995年公约"为核心,以双边协定为重要支撑。通过缔结国际公约,公约成员国有义务在公法与私法层面,为防止被盗文物或非法出口文物的贩运而合作。

具体到追索思路上,首先需要判断国际条约是否适用。其次,如可适用,需要判断被请求国是否有基于公约实施的法律框架,有无特殊的法律制度安排。

1. 判断有无可适用的国际条约

依据国际法的基本原则,国际公约只对缔约国有效。同时,除另有特别规定外,国际公约无溯及力。① 鉴此,"1970年公约""1995年公约"等现存国际公约无法适用于公约生效前被盗或非法出口的文物。换言之,只要在国际条约(无论是多边公约还是双边协定)对中国和被请求国同时生效后被盗或非法出口的文物,才有利用国际条约追索的可能。因此,判断文物非法转移(被盗或非法出口)的时间点尤为重要。

以"1970年公约"为例,中国能否依据该公约追索文物,取决于3个关键

---

① 依据国际法上"法不溯及既往"原则及《维也纳条约法公约》第28条关于"条约不溯及既往"的规定,公约未作特别规定时,则意味着其不具溯及力。

时间点,即文物被非法转移之日"X"、公约对中国生效日"Y"(1990年2月28日)、公约对被请求国生效日"Z"。当且仅当文物被非法转移之日同时晚于公约对中国生效日和公约对被请求国生效日时,即 X 晚于 Y,且 X 晚于 Z 时,方有可能适用公约。

譬如,在章公祖师肉身像案中,被请求国为荷兰。荷兰于 2009 年 7 月加入"1970 年公约",公约自 2009 年 7 月 1 日起生效,而涉案文物被非法转移之日为 1995 年前后。可见,X(1995)晚于 Y(1990 年 2 月 28 日),但 X 早于 Z (2009 年 7 月 1 日),不符合公约适用的条件,因此中方无法依据"1970 年公约"追索。考虑到荷兰并未加入"1995 年公约",也未与中国缔结相关双边协定,就本案而言,国际法框架下并无可行路径,故应转而研判国内法框架,考察基于国内法框架,通过跨境民事诉讼有无追索的可能。①

类似地,就"1995 年公约"而言,当且仅当文物被非法转移之日同时晚于公约对中国生效日(1998 年 7 月 1 日)和公约对被请求国生效日时,方有可能适用 1995 年公约。考虑到中国大量珍贵文物是在清末直至中华人民共和国成立前的战乱中流失海外的,故针对这部分文物,中国无法依托现存国际公约要求返还。

在多边公约之外,双边协定为中国追索流失文物提供了更具操作性、针对性的国际法保障。目前,中国已与 23 个国家签署了双边协定及谅解备忘录。其中,除个别国家(如菲律宾、智利)外,大部分与中国签订双边的协定的国家同时也是 1970 年公约缔约国。如果是中国与被请求国之间同时存在多边公约和双边协定的,应依条约的具体条款安排,②并参考《维也纳条约法公约》第 30 条,③以确定二者的适用。

2. 分析基于条约的国内法律制度

在确认有可适用的国际条约之后,需要进一步分析被请求国是否为实施条约有无专门的法律框架或特殊的法律安排。以"1970 年公约"为例,各缔约国对"1970 年公约"的实施不尽一致,不少国家从各自国情和国家利益出发,建立了实施公约的国内法律制度。

譬如,在国际合作是否需以双边协议为前提的问题上,各国有不同要求。有些国家(如美国、瑞士等国)要求,在一国基于"1970 年公约"第 9 条提出进口控制的请求时,需以请求国与被请求国之间有双边协议为前提;另一些国

---

① 关于章公祖师肉身像案的分析,详见本节第二点"国内法视域下的追索路径"。
② 例如"1970 年公约"第 15 条。
③ 第 30 条"关于同一事项先后所订条约之适用",《维也纳条约法公约》。

家(如加拿大、澳大利亚等国)则无此类要求。①

又如,在公约是否需要转化为国内法以及转化方式上,各国做法亦不一。有些国家为实施公约颁布了专门立法,如美国的《文化财产公约实施法》、②德国的《文化财产归还法》(后并入 2016 年德国《文化财产保护法》)、③日本的《文化财产非法进出口控制法》。④还有一些国家为实施公约,对其国内法进行了修正。以荷兰为例,为保证"1970 年公约"的实施,荷兰国内法也做了相应的调整,包括对荷兰民法典和荷兰民事诉讼法典的修正,对依据"1970 年公约"提起的文物返还之诉作出了针对性的特别规定。例如,荷兰民事诉讼法典的第 1011a 至第 1011d 条明确规定,缔约国和私人所有人都有权提起返还文物之诉。⑤再如,荷兰民法典的修正还体现在善意取得制度和诉讼时效制度上,对于依据"1970 年公约"提出文物返还请求的,不仅原有的善意取得制度及三年动产取得时效不再适用,而且诉讼时效从原来的 20 年延长至 30 年,特殊情况还可适用 75 年的最长时效。⑥

(四)研判国内法框架

在跨境追索流失文物时,"如何追"离不开"两条腿",一条是在国际法框架下的追索路径,另一条则是以国内法为基础的追索路径。所谓"国内法",包括一国(文物流入国或文物流出国)国内的民事、刑事及行政等法律制度。

1. 作为常规路径的跨境民事诉讼

通常而言,民事诉讼(或称跨境民事诉讼)是国内法视域下的常规路径。从便利追索与判决执行的角度而言,受理跨境文物追索诉讼的法院大多是文

---

① 参见霍政欣:《1970 年 UNESCO 公约研究:文本,实施与改革》,中国政法大学出版社 2015 年版,第 94 页。
② Convention on Cultural Property Implementation Act (CPIA), Title III of Public Law 97-446; 19 U. S. C. 2601 et seq.
③ Act implementing the UNESCO Convention of 14 November 1970 on the means of prohibiting and preventing the illicit import, export and transfer of ownership of cultural property (Act Implementing the Cultural Property Convention) (Ausführungsgesetz zum Kulturgutübereinkommen - KGÜAG), Federal Law Gazette 2007, Part I, No. 21, published in Bonn on 23 May 2007.
④ 日本《非法进出口文化财产规制法》(平成 14 年 7 月 3 日法律第 81 号)。
⑤ 与之相对的,EU 93/7/EEC 指令仅规定了成员国(不包括私人所有人)可以提起诉讼。不过普遍认为,基于该指令第 15 条规定的解释,也当是允许私人提起诉讼的。Kamerstukken II, 2007-2009, 31 255, no 3 p. 9. 转引自 Belder, L. P. C. , "The legal protection of cultural heritage in international law. And its implementation in Dutch law. "(2013).
⑥ 根据荷兰民法典,一方面对于依据"1970 年公约"提起的文物返还之诉,不得再以善意取得抗辩(第 3:86b 条),也不再适用三年的动产取得时效(第 3:99 条);另一方面,对于依据"1970 年公约"提起的文物返还之诉,确立了 30 年的一般诉讼时效,对于特殊文物适用 75 年诉讼时效的规定(第 310c 条)。

物流入国的国内法院。不过近年来,文物流出国作为受案法院的案件也频频出现,譬如2018年意大利最高法院判令美国保罗·盖蒂博物馆(J. Paul Getty Museum)归还一尊被非法出口的古希腊青铜雕塑"胜利青年";①2020年中国三明市中级人民法院就章公祖师肉身像案作出一审判决,判令荷兰藏家返还被盗的肉身像,两年后福建省高级人民法院作出终审判决,维持原判。当文物流出国受理跨境文物追索纠纷时,一项棘手的法律问题是判决的承认与执行:文物流出国所作的法院判决能否得到文物流入国的承认与执行,直接关系到此类判决是确有效力,还是仅仅是一纸空文。考虑到全球判决流通机制尚在建设中,2019年《海牙判决公约》通过不久,多边和双边机制仍亟待完善的大背景下,外国法院判决的承认与执行充满了法律上的不确定因素。

即便如此,文物流失国积极参与跨境文物追索返还争议解决,有助于推动完善流失文物追索返还国际秩序,其意义不容小觑。以中国为例,考虑到中国已从过去单纯的文物流出国,转变为兼具文物资源大国和文物市场大国的双重身份,人民法院通过行使国际民事审判权,确立标杆性判例,促进流失文物返还,可以为建立更加公平正义的流失文物追索返还国际秩序,贡献中国力量和智慧。②

2. 民事没收程序作为新兴路径

如果说20世纪是文物回归的1.0时代,那么21世纪无疑是文物回归的2.0时代。③ 民事没收程序作为一种新兴路径用于跨境文物追索,应予以更多关注。

文物民事没收程序发端于20世纪末,兴于21世纪初,其见证了文物回归案件从1.0时代到2.0时代的发展,并成为当今2.0时代的核心途径。这

---

① 1964年,一件古希腊青铜器在意大利亚得里亚海沿岸被意大利渔民意外打捞发现,几经转手后,最终由美国保罗·盖蒂博物馆于1977年在英国购得。意方政府随即启动文物追索,与美博物馆协商谈判的同时,也在意大利提起诉讼。2018年12月,意大利最高法院作出裁决,认定青铜像归意大利国家所有,美博物馆应当返还。该案争议点为青铜像的发现地究竟是在意大利领海内还是在公海。这问题直接决定了青铜像是否为意大利国有文物。意大利法院在该案中根据"物之所在地法"原则,适用了意大利法(包括意大利文物所有权法和文物出口管制法),认定青铜像归意大利所有,且系非法出境文物。意大利法院裁决作出后,引发国际社会关注,败诉的美国博物馆表示拒接返还。See Alessandro Chechi, Raphael Contel, Marc-André Renold, "Case Victorious Youth-Italy v. J. Paul Getty Museum," Platform ArThemis (http://unige.ch/art-adr), Art-Law Centre, University of Geneva.

② 参见霍政欣:《追索海外流失文物:现状、难题与中国方案》,载《法律适用(司法案例)》2017年第20期。

③ Patty Gerstenblith, "Enforcement by Domestic Courts: Criminal Law and Forfeiture in the Recovery of Cultural Objects," in Enforcing International Cultural Heritage Law, ed. Francesco Francioni and James Gordley, Oxford University Press, 2013, p. 167.

里的民事没收程序,尤以美国的民事没收为代表。

在美国,民事没收(civil forfeiture)是与行政没收、刑事没收并列的没收程序。① 其中,针对文物的民事没收程序,是指美国政府以某件文物为被告,向法院申请没收该文物的民事诉讼程序。

在1.0时代,文物回归案件以跨国民事诉讼为主,以刑事诉讼为辅。其中,在跨国民事诉讼程序中,通常是由文物来源国国家或机构提起"返还原物之诉(replevin action)",要求持有人返还被盗文物,例如1989年"秘鲁政府诉约翰逊案"②、1989年"塞浦路斯共和国诉哥德堡案"③等。在刑事诉讼程序中,则是由美国政府起诉不法行为人,经法院刑事定罪后对涉案文物予以没收并返还给原所有人,例如1977年"美国诉麦克莱恩案"④、2002年"美国诉舒尔茨案"⑤等。

进入21世纪后,文物回归案件步入2.0时代,民事没收程序开始成为在美国追索流失文物的主要司法手段。一方面,在"1970年公约"框架下,美国先后与十几个国家签订了双边协议或签发了进口限制令,⑥这为依《文化财产公约实施法》启动的民事没收程序提供了没收依据,扩大了适用范围。另一方面,因有"美国诉麦克莱恩案""美国诉舒尔茨案"等承认外国文物所有权法的先例在前,如果存在违反某外国文物所有权法的情形,则美国政府倾

---

① Stefan D Cassella, *Asset Forfeiture Law in the United States*, New York, Juris Publishing, 2013, pp. 9-10.
② *Government of Peru v. Johnson*, 720 F. Supp. 810 (C. D. Cal. 1989), aff'd, 933 F. 2d 1013 (9th Cir. 1991).
③ *Autocephalous Greek-Orthodox Church of Cyprus and The Republic of Cyprus v. Goldberg & Feldman Fine Arts, Inc. and Peg Goldberg*, 717 F. Supp. 1374 (S. D. Ind. 1989), aff'd, 917 F. 2d 278 (7th Cir. 1990), reh'g denied, No. 89-2809, 1990 U. S. App. LEXIS 20398 (7th Cir. Nov. 21, 1990), stay vacated by 1991 U. S. Dist. LEXIS 6582 (S. D. Ind. May 3, 1991) (ordering judgment entered for plaintiffs), cert. denied, 502 U. S. 941 (1991), reh'g denied, 502 U. S. 1050 (1992).
④ *United States v. McClain* (McClain I), 545 F. 2d 988 (5th Cir. 1977), reh'g denied, 551 F. 2d 52 (5th Cir. 1977); *United States v. McClain* (McClain II) 593 F. 2d 658 (5th Cir. 1979), cert. denied, 444 U. S. 918 (1979).
⑤ *United States v. Schultz*, 178 F. Supp 2d 445 (S. D. N. Y. 2002), aff'd, 333 F. 3d (2d Cir. 2003), cert. denied, 540 U. S. 1106 (2004).
⑥ 截至2017年2月,美国已经与伯利兹、玻利维亚、保加利亚、柬埔寨、中国、哥伦比亚、塞浦路斯、埃及、萨尔瓦多尔、希腊、危地马拉、洪都拉斯、伊拉克、意大利、马里、尼加拉瓜、秘鲁和叙利亚等18国签订了双边协议或签发了进口限制令。其中,双边协议有16个,进口限制令有2个(伊拉克、叙利亚)。Bureau of Educational and Cultural Affairs, "Cultural Heritage Center-Bilateral Agreements", https://eca.state.gov/cultural-heritage-center/cultural-property-protection/bilateral-agreements,最后访问时间:2017年2月28日。

第七章　从文物中心原则出发:中国的实践与选择

向于通过依《国家反盗窃法》(英文简称"NSPA")、①海关法启动的民事没收程序追回文物。② 基于这些原因,针对文物的民事没收案件数量逐年增加,而跨国民事诉讼则日益减少,且刑事诉讼也有被逐渐取代的可能趋势。这一现象在文物交易市场最活跃的地区之一——纽约州体现得尤为突出。有学者甚至提出,美国民事没收程序在文物案件中可能存在"使用过度"之虞。③

在跨国文物追索案件中,美国民事没收程序发挥了重要作用。对于文物来源国而言,民事没收程序既经济又高效,且有法律强制执行力作为保障,是对美追索流失文物的理想途径。

第一,与民事诉讼程序相比,民事没收程序更为经济。在传统的跨国民事诉讼中,高昂的诉讼成本由文物原所有人承担;而在民事没收程序中,这一诉讼成本已由原告美国政府分担。此外,在跨国民事诉讼中诉讼时效问题经常成为文物原所有人追索文物的主要障碍,④而在民事没收程序中,其特殊的时效规则通常对原所有人更为有利,时效期间为自美国政府知晓没收事由(如知晓非法进口文物或跨国/州转移被盗文物)之日起的5年内。⑤

---

① National Stolen Property Act (NSPA), 18 USC §§ 2314–15.
② Patty Gerstenblith, "For Better and For Worse: Evolving United States Policy on Cultural Property Litigation and Restitution", *International Journal of Cultural Property*, 22. 2–3 (2015): 360.
③ 美国学者帕蒂·格斯滕贝莱斯(Patty Gerstenblith)对此表示担心,并指出如果少了刑事追诉的震慑作用,从事非法贩运文物的违法成本会降低,从而可能有更多不法分子愿意铤而走险。从长远来看,这于打击跨国文物犯罪而言,并无益处。See Patty Gerstenblith, "Enforcement by Domestic Courts: Criminal Law and Forfeiture in the Recovery of Cultural Objects," in *Enforcing International Cultural Heritage Law*, ed. Francesco Francioni and James Gordley, Oxford University Press, 2013, p. 171.
④ 与之相对,对于此类"返还原物之诉"的民事诉讼程序,美国各州有关诉讼时效的规定差异较大,时效期间从2年到10年不等。当然,此类诉讼的关键点往往不在诉讼时效期间的长短,而在于诉讼时效期间从何时起算,即如何确定诉讼时效期间的起算点。在美国,因承袭英格兰法传统,此类诉讼一般从标的物被非法占有之时起算。不过,通过长期的判例发展,两套新的诉讼时效起算标准——"发现规则"(discovery rule)和"要求并被拒绝规则"(demand and refusal Rule)——在各州及联邦法院的判例法中逐渐确立下来。尽管较之传统时效规定,两套规则对原所有人更为有利,但是,其各自存在的问题仍为原所有人提起文物返还之诉提出了不小的挑战,如"发现规则"要求文物原所有人须证明其已做到"尽职调查(due diligence)",又如"要求并被拒绝规则"仅适用于持有人是善意购买人的情形,对持有人是盗贼或恶意购买人的情况反而无法适用等。参见 Beat Shönenberger. *The Restitution of Cultural Assets: Causes of Action, Obstacles to Restitution, Developments*. Stämpfli, 2009, p. 118; James AR Nafziger, Robert Kirkwood Paterson, and Alison Dundes Renteln. *Cultural law: International, Comparative, and Indigenous*, Cambridge University Press, 2010, p. 551; 霍政欣:《追索海外流失文物的法律问题》,中国政法大学出版社2013年版,第55~63页。
⑤ Patty Gerstenblith, "For Better and For Worse: Evolving United States Policy on Cultural Property Litigation and Restitution", *International Journal of Cultural Property*, vol. 22, 2–3, 2015, p. 361.

第二，与刑事诉讼程序相比，民事没收程序更为高效。在刑事诉讼中，对文物进行刑事没收是在刑事定罪后对被告量刑的一部分；而在民事没收中，没收并不以刑事定罪为前提。① 正因为这样，民事没收程序常用于政府因某些原因无法提起公诉，或不法行为尚不足以构成犯罪的场景。② 这也正是文物案件中经常出现的情形，例如欲追回某件二战期间被纳粹劫掠的文物，而如今无法对已过世的劫掠者提起公诉；又如欲追回某件从考古遗址盗掘、盗窃的文物，而难以找到多年前的盗掘者、窃贼等。这些情形下均无法提起刑事指控，但仍可运用民事没收追回文物。

第三，与协商谈判相比，民事没收程序有法律的强制执行力作为保障。通过协商谈判促成文物回归，是世界范围内大多数跨国文物追索纠纷的解决方式。③ 然而，谈判结果只是当事方自愿达成的合意，缺乏强制执行力的保障。与之相对，民事没收程序是司法程序，法院裁决具有强制执行力，是促成流失文物回归的可靠途径。

由此可见，较之其他追索途径，美国民事没收程序有着不可取代的优势，其对解决跨国文物追索纠纷的重要性不言而喻。

(五)追索思路详解：以对美追索为例

追索思路不是空中楼阁，在处理现实的追索流失文物问题时，需要结合案情综合研判，不仅要研究国际法框架有无适用路径，也要考察国内法框架下有无更佳选择。国际法和国内法路径也并非泾渭分明、相互排斥，有时也会出现交叉关联、相互配合的情形，例如在美国依据《文化财产公约实施法》启动的民事没收程序。这里以美国为例，讨论假使某中国文物被非法转移至美国后，应如何确定基本的追索思路。

第一，需要说明的是，美国为实施"1970年公约"，不仅颁布了《文化财产公约实施法》，也与中国、哥伦比亚、塞浦路斯、意大利等17国签订了双边协议或签发了进口限制令。那么，在中国依"1970年公约"向美国提出文物返

---

① 此外，与刑事没收程序附有惩罚性不同的是，民事没收是补偿性的没收。这意味着，在民事没收案件中，没收程序是对特定财产的补偿，仅能没收特定财产，而不能没收替代性财产或取得金钱判决(money judgments)。See Victoria A. Russell, "Don't Get SLAMmed into Nefer Nefer Land: Complaints in the Civil Forfeiture of Cultural Property", *Pace Intellectual Property, Sports & Entertainment Law Forum*, vol. 4, 2014, p. 217. See also Stefan D. Cassella, "Using the Forfeiture Laws to Protect Cultural Heritage", *United States Attorneys Bulletin*, vol. 64, 2, 2016, p. 34.

② Stefan D. Cassella, "Using the Forfeiture Laws to Protect Archaeological Resources", *Idaho Law Review*, vol. 41, 2004, p. 132.

③ Irini A. Stamatoudi, *Cultural Property Law and Restitution: A Commentary to International Conventions and European Union law*, Edward Elgar Publishing, 2011, p. 203.

还请求时,不仅需要了解《对旧石器时代到唐末的归类考古材料以及至少250年以上的古迹雕塑和壁上艺术实施进口限制的谅解备忘录》(简称《中美谅解备忘录》")①和《文化财产公约实施法》的适用范围和条件,也要厘清这二者之间的关系。

具言之,《中美谅解备忘录》虽然是以《文化财产公约实施法》为依据订立的,但并不能完全取代后者的作用。因为根据《中美谅解备忘录》实施进口限制的适用范围有限,仅适用于其所附清单上指定的文物。② 而对于指定清单以外的文物,比如中国珍贵的近代书画,则无法适用。

与此相对,《文化财产公约实施法》适用于两类"指定材料",其一是"非法进口的考古类或人种学材料"(范围由《中美谅解备忘录》所附清单确定),其二是"被盗文物"。对于后一类"被盗文物",即使是《中美谅解备忘录》指定清单以外的文物,只要同时满足以下两个条件,就可以适用《文化财产公约实施法》第308节,并启动对应的民事没收与处置程序:①该项文物被盗自中国博物馆或类似机构,且是已列入该机构清册文件的财产;②该项文物被盗时间是在1990年2月28日之后。③这里的"民事没收程序"是国内法视域下的新兴追索路径,如前所述,其经济又高效,且有法律强制执行力作为保障,是对美追索流失文物的理想途径。在美国,除《文化财产公约实施法》外,《国家反盗窃财产法》和海关法也是启动民事没收追索文物的法律依据。④

由此可知,假使某中国文物被非法转移至美国后,首要判定其文物性质(权属性质、法律属性)以及基本信息(文物年代、非法转移时间),再综合考察相关的国际法框架与国内法框架,并据此拟定追索思路(如图7-5"对美追

---

① 中美《对旧石器时代到唐末的归类考古材料以及至少250年以上的古迹雕塑和壁上艺术实施进口限制的谅解备忘录》共4条20款,有效期5年,经双方同意,可予修订或顺延。2014年1月,经国务院批准并经中美双方互换照会确认,中美谅解备忘录的修订及顺延有效期工作顺利完成。新文本于2014年1月14日生效,有效期5年。

② 根据《中美谅解备忘录》,美国政府依照其《文化财产公约实施法》,应限制以下考古材料进口到美国:从旧石器时代(约公元前75 000年)到唐代结束(公元907年)的源于中国并代表中国文化遗产的考古材料和迄本备忘录生效之日(2009年1月14日)至少250年的古迹雕塑和壁上艺术,包括将由美国政府公布的清单上所列的各类金属物、陶瓷、石材、纺织品、其他有机物质、玻璃和绘画(中国政府签发许可或其他证件证明出口不违反中国法律的除外)。

③ Section 308, 19 U. S. C. § 2607. 根据《文化财产公约实施法》第308节的规定,禁止进口的被盗文化财产的被盗时间必须晚于指定时间,该指定时间是以本法实施之日与本公约对有关国家生效之日中较晚者计。鉴于《文化财产公约实施法》颁布于1983年1月12日并于同年生效,而"1970年公约"在我国生效日为1990年2月28日,故以较晚者1990年2月28日计。

④ 关于"民事没收程序"的讨论,详见本节第二点"国内法视域下的追索路径"。

索流失文物方案流程图"所示)。

(1)如果文物系《中美谅解备忘录》所附清单上指定的文物,则基于该备忘录,中方可通过与美方开展国际执法合作予以追索。

(2)如果文物非《中美谅解备忘录》所附清单上指定的文物,但属于已列入中国博物馆或类似机构清册并于1990年2月28日之后被盗的文物,那么中方可依托根据《文化财产公约实施法》启动的民事没收程序,以"第三方申索人"(Claimant)身份参与追索。

(3)如果文物既非《中美谅解备忘录》所附清单上指定的文物,也不属于已列入中国博物馆或类似机构清册并于1990年2月28日之后被盗的文物,那么如果符合依据《国家反盗窃财产法》和海关法启动民事没收程序条件的,中方也可以"第三方申索人"身份参与追索。

(4)如果文物不符合前述(1)~(3)情形,中方仍可基于文物所有权权益,或基于保护本国珍贵文化遗产的利益,向美国法院提起跨境民事诉讼。

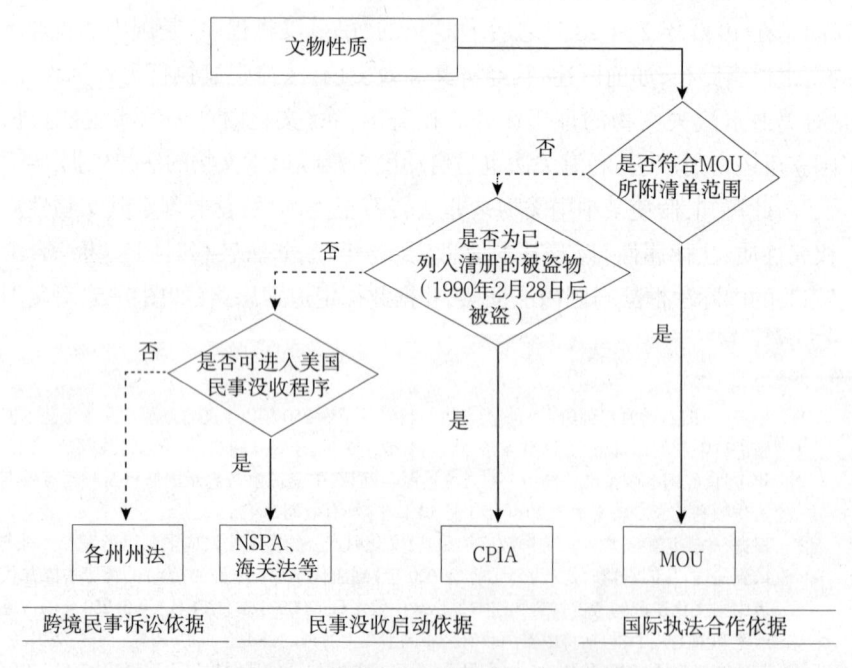

图7-5 对美追索流失文物方案流程图

说明:①"MOU"为《中美谅解备忘录》;②"CPIA"为美国《文化财产公约实施法》;③"NSPA"为美国《国家反盗窃财产法》。

二、国内法视域下的追索路径

在跨境文物追索领域,国内法视域下主要有两大路径,一是作为常规路径的跨境民事诉讼,二是作为新兴路径的民事没收程序。

(一)常规路径:跨境民事诉讼

从2015年到2022年,章公祖师肉身像案历经八年,终于走完了中荷两国的民事诉讼程序(这里暂且不考虑未来可能发生的向荷兰法院申请承认与执行中国判决的程序)。作为近十年最受关注的跨国文物返还诉讼代表,该案是中国目前少有的通过国际民事诉讼途径追索海外流失文物的现实案例,①也是研究通过此类途径解决跨境文物返还争议的难得样本。

1. 案情简介

2015年3月,福建三明市大田县吴山乡阳春村的村民发现,当时正在匈牙利自然科学博物馆"木乃伊世界"展览中,有一尊标名为约公元1100年的中国佛僧肉身宝像,与该村供奉了上千年并于1995年被盗走的宋代章公六全祖师肉身宝像(简称"章公祖师肉身像")极为相似。② 多年供奉这尊肉身像的场所,正是吴山乡阳春村和东浦村共同拥有的普照堂。此后,中国村民与佛像的现持有人荷兰藏家就归还章公祖师肉身像一事,展开了为时半年有余的谈判,几经波折后未果而终。2015年末,福建省大田县吴山乡阳春村民委员会、东埔村民委员会委托中荷两国律师,以该荷兰藏家为被告,分别在中国和荷兰两地,几乎同时提起了追索章公祖师肉身像的民事诉讼。

在荷兰,诉讼以福建村民起诉被驳回而告终。阿姆斯特丹地区法院于2016年6月正式受理此案,③并于2017年7月14日、2018年10月31日举行了两次公开听证庭审。④ 2018年12月12日,荷兰阿姆斯特丹地区法院作出

---

① 中国目前通过跨国民事诉讼途径实现的文物回归案例总共仅2例,一例是1998年从英国追回3000余件流失文物,另一例是2008年从丹麦追回156件流失文物。See Meng Yu, "Approaches to the Recovery of Chinese Cultural Objects Lost Overseas: A Case Study from 1949 to 2016", *International Journal of Cultural Policy*, vol. 24, 6, 2018.
② 李震:"匈牙利展出肉身坐佛突然被撤,疑为中国文物",载人民网,http://world.people.com.cn/n/2015/0323/c157278-26732527.html,最后访问时间:2017年10月1日。
③ 刘芳、杨昕怡:"荷兰法庭宣布7月14日举行章公祖师肉身像案首场听证",载新华网,http://news.xinhuanet.com/world/2017-02/02/c_1120400742.htm,最后访问时间:2017年10月1日。
④ 刘芳、杨昕怡:"追索'章公祖师'最新进展",载新华网,http://news.xinhuanet.com/mrdx/2017-07/16/c_136447162.htm,最后访问时间:2017年10月1日。

一审判决,①驳回了福建村民向荷兰藏家追讨"章公祖师"肉身坐佛像的起诉,理由是法院无法确定中国的村民委员会是否有权提起法律诉求。因当事人均未在上诉期提起上诉,该判决现已生效,至此荷兰诉讼程序正式告一段落。

在中国,三明市中级人民法院于2015年12月11日正式立案。经2018年7月26日、10月12日两次公开开庭审理后,三明市中级人民法院于2020年12月4日作出一审判决,②支持了福建省大田县吴山乡阳春村民委员会、东埔村民委员会要求荷兰藏家返还章公祖师肉身像的诉讼请求。2022年7月19日,福建省高级人民法院作出二审判决,维持原判。③

2. 路径分析

(1)确定文物性质,明确追索主体。根据追索思路,第一步是确定涉案文物的性质,包括其权属性质和法律属性,并据此确定流失文物的追索主体。

第一,章公祖师肉身像是集体所有的被盗文物。结合中国法律规定,属于国家所有的文物包括:中国境内地下、内水和领海中遗存的一切文物;古文化遗址、古墓葬、石窟寺;国家指定保护的纪念建筑物、古建筑、石刻等不可移动文物;以及法律规定属于国家所有的可移动文物等。与此相对,属于集体所有和私人所有的纪念建筑物、古建筑和传世文物等,其所有权也受国家法律的保护。④

就权属性质而言,涉案佛像属于一般"传世文物",该文物归集体所有,属于福建阳春村和春埔村村集体所有。⑤ 考虑到涉案佛像内有章公先人遗骸一具,可能会有观点认为如果章公祖师肉身像属于"古墓葬",则该文物归国家所有。不过,根据中国已完成的三次全国文物普查(不可移动文物部分)和第一次全国可移动文物普查,古墓葬属于不可移动文物,章公祖师肉身

---

① C/13/609408 / HA ZA 16-558, Court of Amsterdam, 12 December 2018, available at https://uitspraken.rechtspraak.nl/inziendocument?id=ECLI:NL:RBAMS:2018:8919, last visited on 8 December 2020.
② 张逸之:"福建三明中院判令荷兰收藏家归还'章公祖师'肉身坐佛像",载新华网,http://www.xinhuanet.com/2020-12/04/c_1126823602.htmz,最后访问时间:2021年1月3日。
③ 何晓慧:《"章公祖师"肉身坐佛像追索案二审维持原判》,载《人民法院报》2022年7月22日,第3版。
④ 《中华人民共和国文物保护法》第5条。
⑤ 此外,如果有证据证明,章公祖师有在世的族裔后人,那么佛像也有可能归私人所有,是属于该族裔后人的传世文物,由该族裔后人作为原告。

像佛像并不符合"古墓葬"的通常界定,将其认定为"古墓葬"并不妥当。① 就法律性质而言,涉案佛像系被盗文物,有相关被盗报案登记记录佐证,此点并无疑问。

第二,本案的追索主体为村集体,即文物的集体所有权人。这里考虑到在荷兰的所有权制度下,并不存在集体所有权的概念,这种集体所有的形式实际也是共有的一种形态。② 根据《荷兰民法典》第3:171条关于共有关系下诉讼权利的规定,除非另有协议安排,每一个共有人就共有物都有权向法院提起诉讼,请求司法裁决。③ 鉴于此,阳春村的任意一位村民,理论上都有权以共有人的身份向荷兰法院起诉。

事实上,福建村民最终选择了以村民委员会作为村集体的代表,在荷兰法院提起文物返还之诉,而很遗憾,"村民委员会"在荷兰法上是极陌生的组织,并最终被荷兰法院在诉讼主体资格问题上给予了否定评价。

(2)研判国际法框架。在文物保护与返还领域,中国与荷兰之间尚未签署双边协定,共同加入的国际公约仅有"1970年公约",不过加入公约的时间不同:中国已于1989年加入公约,而该公约在荷兰自2009年7月1日起方始生效。据文物持有人称,本案所涉佛像已于1995年年中自中国香港入境荷兰。"1970年公约"是否能溯及既往适用于1995年左右入境荷兰的文物,即公约的溯及力问题,是讨论公约是否适用的前提。

"1970年公约"本身并无具体条款予以明确。通常,依据国际法上"法不溯及既往"原则,及《维也纳条约法公约》第28条关于"条约不溯及既往"的规定,④公约未作特别规定时,则意味着其不具溯及力。⑤ 另外,根据荷兰在

---

① 以《第三次全国文物普查不可移动文物认定标准》和《第三次全国文物普查不可移动文物分类标准》为例,关于古墓葬的认定,"有如下条件之一的予以认定:形制结构或遗迹尚存;整体迁移,在新迁址占有独立的地域范围;经过考古发掘,原址地形、地貌未发生根本性改变"。古墓葬的分类包括:"帝王陵寝、名人或贵族墓、普通墓葬及其他古墓葬"。此外,参考中国第一批至第七批《全国重点文物保护单位名单》,"古墓葬"一项收录了陵墓、墓群、墓和祠等文物,但没有类似肉身佛像的记录。由此可见,古墓葬属于不可移动文物,以陵墓、墓地为主。如将可移动的佛像认定为古墓葬,会有较大障碍。
② 葛江虬:《追索在荷"肉身坐佛"之私法路径——以荷兰民法为视角》,载《东方法学》2015年第3期。
③ 参见《荷兰民法典》第3:171条。
④ 《维也纳条约法公约(1969)》第28条规定,除条约表示不同意思,或另经确定外,关于条约对一当事国生效之日以前所发生之任何行为或事实或已不存在之任何情势,条约之规定不对该当事国发生拘束力。
⑤ 霍政欣:《追索海外流失文物的法律问题》,中国政法大学出版社2013年版,第104~105页。

加入"1970年公约"时向UNESCO提交的执行法案,①荷兰方面认为公约没有溯及力,并明确表示"1970年公约"仅适用于公约在荷兰生效之后自另一缔约国境内非法出口的文物,且在"之后(after)"一词以下划线标明。② 荷兰认为,对公约作此理解不仅体现了公约精神,③更符合公约第7(b)(ii)条所指"本公约对有关两个国家生效后"的含义。④ 由此可见,荷兰在《执行法案》中"公约不溯及既往"的明确立场,使得公约无溯及力的问题在本案中更加确定。

(3)研判国内法框架。在跨境追索文物领域,研判国内法框架与研判国际法框架同等重要。具体到制定诉讼预案时,需要充分研究相关国家或地区的法律,并综合考察冲突法、程序法和实体法三大类问题。其中,冲突法问题,包括管辖权、法律适用、判决承认与执行等;程序法问题,包括诉讼主体资格、临时禁令、诉讼费用担保、取证、送达等;实体法问题,包括同一性认定、善意取得、时效等。⑤ 以本案为例,本书重点对管辖权、诉讼主体资格、法律适用、善意取得和时效等问题展开讨论。

第一,管辖权是首要判断的问题。这里的管辖权,准确地说是国际民事诉讼管辖权,是解决哪一国家的法院对本案有管辖权,直接决定文物追索的国际"战场",也决定了法院受理案件后在"程序法-冲突法-实体法"各个环节的"战斗规则"。

因此,在处理管辖权问题时,不仅要考察"能不能诉",即根据各国家/地区的民事诉讼法律,判定其法院对本案有无国际民事案件的管辖权依据;还要考察"要不要诉",即根据"程序法-冲突法-实体法"各环节问题的研究,综合分析胜诉可能性和诉讼成本,并最终决定是否向有管辖权的法院起诉。

联系本案案情,相关的国家或地区至少包含荷兰(文物所在地、文物持

---

① Implementation of the Convention on the Means of Prohibiting and Preventing the Illicit Import, Export and Transfer of Ownership of Cultural Property adopted in Paris on 14 November 1970 (1970 UNESCO Convention on the Illicit Import, Export and Transfer of Ownership of Cultural Property [Implementation] Act), http://www.unesco.org/culture/natlaws/media/pdf/netherlands/netherlands_implementationact_conv1970_memo.pdf.

② Section 2 of the Explanatory Memorandum of the 1970 UNESCO Convention on the Illicit Import, Export and Transfer of Ownership of Cultural Property (Implementation) Act.

③ Section 13 of the Explanatory Memorandum of the 1970 UNESCO Convention on the Illicit Import, Export and Transfer of Ownership of Cultural Property (Implementation) Act.

④ 《关于禁止和防止非法进出口文化财产和非法转让其所有权的方法的公约(1970)》第7条。

⑤ 时效在有的国家被归入实体问题,在有的国家也被纳入程序问题。See Lyndel V. Prott, *Problems of Private International Law for the Protection of the Cultural Heritage*, Collected Courses of the Hague Academy of International Law (Vol. 217), Martinus Nijhoff, 1989, p. 254.

有人住所地)、中国内地(文物来源地、文物被盗地)、中国香港(据称文物首次转让地)。联系案情,在荷兰起诉和在中国起诉都是可行的方案。具体而言:

其一,假设在荷兰起诉,文物持有人住所地(或惯常居所)所属的地区法院对本案有管辖权。根据《荷兰民事诉讼法典》第2条,荷兰法院对被告的住所或惯常居所在荷兰的案件有管辖权。① 追索方以文物持有人为被告提起诉讼,该持有人在荷兰阿姆斯特丹经营一家建筑设计公司,据此可判断至少被告的"惯常居所"在荷兰,由此可确定荷兰法院对本案有管辖权。②

在确认了荷兰法院对本案有管辖权之后,接下来要定位具体的管辖法院,即要确定纵向上,由哪一级别的法院(级别管辖),以及横向上,由哪一地区的法院(地域管辖)来管辖的问题。荷兰的审级制度实行三审终审制,司法机关组织体系由三级法院架构而成。③ 原则上,一审案件都由地区法院审理,法律另有规定的除外。④

根据《荷兰民事诉讼法典》关于级别管辖和地域管辖的规定,对本案有管辖权的荷兰法院是文物持有人的住所地(或实际居所地)所属的地区法院。通过查明文物持有人在荷兰的住所地(或实际居所地),定位该住所地

---

① Code of Civil Procedure Book 1 Litigation before the District Courts, the Courts of Appeal and the Supreme CourtArticle 2 Legal proceedings initiated by a writ of summonsWhere legal proceedings are to be initiated by a writ of summons, Dutch courts have jurisdiction if the defendant has his domicile or habitual residence in the Netherlands.

② 此外,根据《荷兰民事诉讼法典》第8条,追索方与文物持有人也可以协议选择法院。如果双方排他性地选择了荷兰以外的外国法院,则荷兰法院没有管辖权。至于该外国法院能否依此取得管辖权,则依该外国民事诉讼法有关管辖权的规定来确定。鉴于文物持有人出于自身利益的考虑,与追索方能够协议选择荷兰以外的外国法院的可能性极小,故在此不作展开。

③ 第一级是由地区法院(District Courts)和地方法院(Cantonal Courts)组成的司法机关;往上第二级是上诉法院(Courts of Appeal);最高级是荷兰最高法院(Hoge Raad/Supreme Court)。上诉法院既可以审理事实问题,也可以审理法律问题。最高法院只审理法律问题,不审理事实问题。因此,上诉法院作出的裁判(无论是一审还是二审裁判)同时也是事实问题的最终裁判,即最高事实审裁判。此外,为了分流审判业务,对于诉讼请求数额不超过25 000欧元的案件,或者涉及劳动合同、代办商合同、租赁合同、租购合同、消费者买卖合同、消费者信用交易的案件(不论诉讼请求数额),均由地方法院受理。在个别案件中,如涉及公司不当管理、公司年报等特定的公司纠纷,一审案件可由上诉法院审理。See Marieke van Hooijdonk, Peter V. Eijsvoogel, *Litigation in the Netherlands*: *Civil Procedure*, *Arbitration and Administrative Litigation*(*Second Edition*), Kluwer Law International, 2012, p. 18.

④ 在个别案件中,如涉及公司不当管理、公司年报等特定的公司纠纷,一审案件可由上诉法院审理。Marieke van Hooijdonk, Peter V. Eijsvoogel, *Litigation in the Netherlands*: *Civil Procedure*, *Arbitration and Administrative Litigation*(*Second Edition*), Kluwer Law International 2012, p. 18.

(或实际居所地)属于荷兰11个地区法院分区的哪一个辖区,从而确定有管辖权的地区法院。①

其二,假设在中国起诉,追索方若提起侵权之诉,文物被盗地的人民法院或对本案有管辖权。根据《中华人民共和国民事诉讼法》第272条的规定,本案涉及其他财产权益纠纷,被告住所地不在国内,诉讼标的物也不在国内,被告在国内有无可供扣押财产尚不可知,唯一可能有管辖权的法院是"侵权行为地"人民法院。② 有观点认为,"本案标的物虽在三明市大田县被盗,但并无证据证明荷兰藏家有参与盗窃行为",而据现有资料,"被告取得占有的行为地应不在国内",因此,"大田县不是侵权行为地,三明市中级法院无管辖权。"③

此种判断可能欠妥。诚然,假使本案是侵权之诉,原告的诉讼请求是"让荷兰收藏家停止侵害并返还原物",原告因此需要证明的是被告荷兰藏家实施了侵权行为。结合案情,这里的"侵权行为",通常指涉及参与组织、策划、实施盗窃及事后销赃等一系列不法行为。那么,"侵权行为地"就是指前述不法行为的发生地,包括盗窃地,也可以包括事后销赃地。

因此,法院在审查管辖权依据是,只需判断三明市是否属于"侵权行为地"。既然现在已能确认"标的物在三明市大田县被盗",那么三明市大田县就是盗窃地,自然也是"侵权行为地"。至于被告是否参与了盗窃行为,以及被告取得占有之地是否在国内,均不是法院审查管辖权时要考虑的因素,而是法院在确定了管辖权之后,对案件的实体问题(例如被告是否实施了侵权行为等)进行审查时要考虑的。鉴于此,三明法院对本案有管辖权,管辖权依

---

① 根据荷兰2012年修正的《司法分区法案(Act on Judicial Zoning)》第1条,自2013年1月1日起,荷兰的地区法院经划归调整,从原来的19个法院,减至现在的11个。这11个荷兰地区法院分别是:1. Amsterdam;2. The Hague;3. Rotterdam;4. Midden-Nederland;5. Noord-Holland;6. Noord – Nederland;7. Oostbrandant;8. Overijssel;9. Gelderland;10. Limburg;11. Zeeland-West-Brabant.

② 《中华人民共和国民事诉讼法》第272条:"因合同纠纷或者其他财产权益纠纷,对在中华人民共和国领域内没有住所的被告提起的诉讼,如果合同在中华人民共和国领域内签订或者履行,或者诉讼标的物在中华人民共和国领域内,或者被告在中华人民共和国领域内有可供扣押的财产,或者被告在中华人民共和国领域内设有代表机构,可以由合同签订地、合同履行地、诉讼标的物所在地、可供扣押财产所在地、侵权行为地或者代表机构住所地人民法院管辖。"

③ "据悉,追索公祖师肉身坐佛诉讼分为国内诉讼和国外诉讼两方面同时进行。律师团成员徐华洁律师解释称,案件在两国同时起诉并不矛盾,因为案由并不相同。国内法院打的是侵权案,诉讼请求是让荷兰收藏家停止侵害并返还原物;国外打的是物权案,诉讼请求是归还村民财产,即肉身佛像。"载新华网,"福建三明中院受理'肉身坐佛'跨国诉讼案",http://news.xinhuanet.com/legal/2015-12/12/c_1117441096.htm.

据是作为标的物盗窃地的三明市大田县是"侵权行为地"。

此外,本案也不排除人民法院基于其他管辖权依据(如协议管辖、应诉管辖)取得管辖权。最终,在追索方福建村民提起原物返还之诉后,被告荷兰藏家实质应诉并未提出异议,人民法院正是基于"应诉管辖",依法行使本案的管辖权。

第二,确定法院管辖权之后,要考虑诉讼主体资格等程序问题。如前所述,本案村民委员会的诉讼主体资格在中国诉讼程序毫无问题,但在荷兰诉讼程序中则成为影响法院是否受理案件的关键。在讨论荷兰的诉讼程序,需要注意做到"知己"且"知彼"。

一方面,需要"知己"。换言之,要充分认识中方潜在的法律风险,并根据外国法律要求和法院释明情况,清楚说明论证追索方具有诉讼主体资格。本案中,中方律师专家亦出具意见,除了提供当时《中华人民共和国民法总则》关于村民委员会作为"特别法人"的规定外,还提交了更早的相关法律规定和司法解释,意在向荷兰法院说明中国村民委员会是依据中国法律合法成立的组织,在中国法律框架下是有诉讼主体资格。① 然而,遗憾的是,荷兰法院仍旧未能认可村民委员会的诉讼主体资格,并在判决中指出,"一方面,《中华人民共和国民法总则》无溯及力使得诉讼主体资格并不清晰;另一方面,也更关键的是,原告不能给出具体的主体资格信息,譬如,村委会何时、依据哪项法律依据成立的,进而享有法律人格。"②

另一方面,需要"知彼",换言之,要充分了解外国法律对诉讼主体资格的要求,有针对性地研究,以法律为根据攻破被告主张。当被告主张"原告不具诉讼主体资格"时,其依据是荷兰法律规定,只有自然人或法人可作为诉讼当事人,而村委会既不是自然人也不是法人,所以没有诉讼主体资格。但是,通过研究可以发现:"只有自然人或法人可以作为诉讼当事人"只是荷兰民事诉讼的一般原则,但绝不是绝对、僵硬的。譬如,既不是自然人也非法人的"劳资协议会"、③"参与委员会"、④普通合伙⑤等,也同样能在荷兰法院提起

---

① "荷兰法院驳回福建村民追讨章公祖师像起诉",载新华网,http://www.xinhuanet.com/world/2018-12/13/c_1123847068.htm,最后访问时间:2019年10月1日。
② C/13/609408 / HA ZA 16-558, Court of Amsterdam, 12 December 2018, available at https://uitspraken.rechtspraak.nl/inziendocument? id=ECLI:NL:RBAMS:2018:8919, last visited on 8 December 2020.
③ 对应英文"works council"(荷兰语"ondernemingsraad"),参见《劳资协议会法》(Law on Works Councils)第26条、第36条。
④ 对应英文"participation councils"(荷兰语"medezeggenschapsraden"),参见1993年12月3日,荷兰最高法院,编号NJ1994,第375页。
⑤ 对应英文"general partnership"(荷兰语"vennootschap onder firma")。

民事诉讼,享有诉讼主体资格。① 概言之,法院通常不会因为原告"既不是自然人也不是法人"就认定原告不具有诉讼主体资格。判定诉讼主体资格的关键,在于考察原告是否对诉求具有诉讼利益。②

此外,如前所述,考察原告是否享有诉讼当事人的主体资格,各国法院通常依据法院地法来判断,③同时在文物返还诉讼中,也会通常参考文物来源国的法律。在荷兰为实施"1970年公约"颁布的《执行1970年公约的法案》中,法案明确提到当文物来源缔约国与所有权人对非法入境荷兰的文物提起返还之诉时,法院将"通常参考文物来源国的法律,确定其是否享有该财产所有权并因此有权提起返还之诉",即为例证。④

第三,确定法院管辖权之后,也要同时考虑法律适用的问题。

这里以在荷兰的诉讼程序为例。首先需明确,对于在荷兰法院提起的跨境文物返还诉讼,应先判断案件是否符合"1970年公约"的适用条件。如果符合,即案件确系依"1970年公约"提起的诉讼,则适用荷兰民法典针对基于"1970年公约"提起文物返还之诉的特别规定,包括原有的善意取得及3年动产取得时效不再适用,⑤且诉讼时效从原来的20年延长至30年,对于公共收藏等特殊文物,还可适用75年的最长时效。⑥ 如果不符合,则根据荷兰的国际私法规则(冲突规范),确定准据法。如果准据法系荷兰法,则适用荷兰民法典的一般规定,包括善意取得、3年动产取得时效,以及20年诉讼时效(亦为非善意占有人的取得时效)等法律规定(如图7-6所示)。

首先,如前所叙,尽管中国与荷兰同为"1970年公约"的缔约国,但因公约无溯及力,中方不能依据"1970年公约"在荷兰提起诉讼,也因此《荷兰民法典》中所有关于依"1970年公约"提起文物返还之诉的特别法规定,本案均不适用。

其次,根据荷兰的国际私法规则(冲突规范),确定准据法。依照《荷兰

---

① Cornelis Hendrik van Rhee, "Locus standi in Dutch civil litigation in comparative perspective", T. Erecinski, V. Nekrosius & et al. (eds.), *Recent Trends in Economy and Efficiency in Civil Procedure*, Vilnius: Vilnius University Press, 2013, pp. 243-266.
② 参见《荷兰民法典》第3:303条。
③ 霍政欣:《追索海外流失文物的法律问题》,中国政法大学出版社2013年版,第76页。
④ Implementation of the Convention on the Means of Prohibiting and Preventing the Illicit Import, Export and Transfer of Ownership of Cultural Property adopted in Paris on 14 November 1970 (1970 UNESCO Convention on the Illicit Import, Export and Transfer of Ownership of Cultural Property [Implementation] Act), http://www.unesco.org/culture/natlaws/media/pdf/netherlands/netherlands_implementationact_conv1970_memo.pdf.
⑤ 参见《荷兰民法典》第3:86b条。
⑥ 参见《荷兰民法典》第3:310c条。

民法典》第十编"国际私法"第 10:127 条和第 10:131 条的规定,对于从无权处分人处取得之物的法律效力问题,适用取得该物时物之所在地的法律。因此,本案的物权关系适用文物被转让时所在地法律。据持有人所称,其在荷兰购得文物,故文物被转让时所在地位于荷兰,因此本案物权关系适用荷兰法。如果有证据证明文物持有人取得文物之地不在荷兰,而在其他国家或地区(如中国香港),则适用该国家或地区的法律。

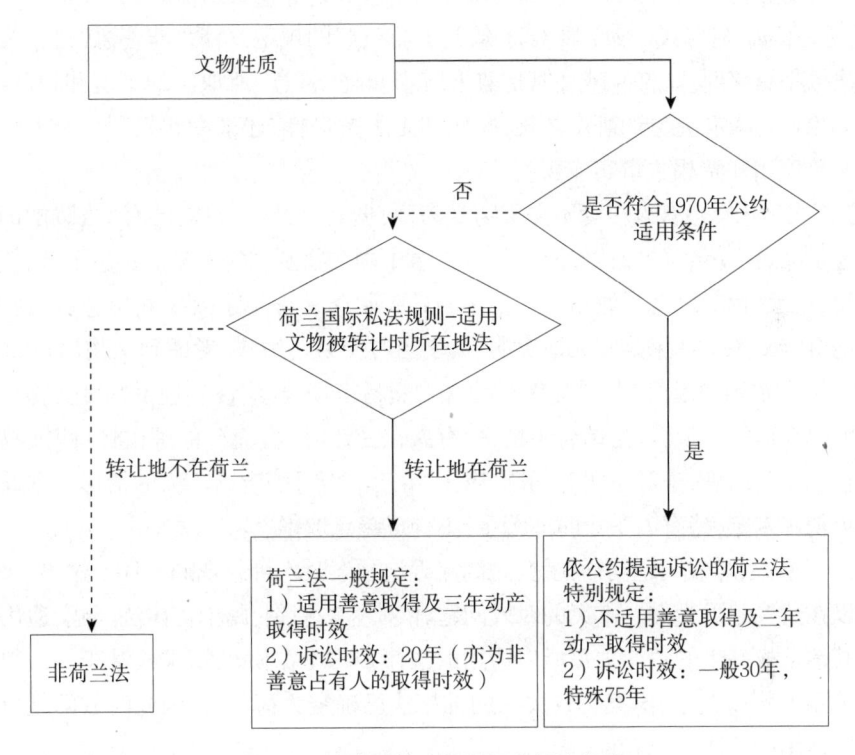

图 7-6 在荷跨境文物返还之诉流程图

另需注意,荷兰不接受反致。① 因此,本案根据冲突规范,已确定物权关系和时效问题的准据法为荷兰法,此"荷兰法"系指荷兰的实体法,不包含其冲突法。

第四,在确定法律适用之后,要考虑善意取得等问题。

如前所属,本案的准据法为荷兰法,准确地说,系《荷兰民法典》中的一般性规定,而非与"1970 年公约"相关的荷兰法特别规定。

---

① 根据《荷兰民法典》第 10:5 条的规定,荷兰不接受反致,即冲突规范的指引仅为一国或地区实体法的指引,不包括该国或地区的冲突法。

具体而言,根据《荷兰民法典》第三编"财产法总论"第3:86条的规定,无权处分下,受让人善意取得要成立,须满足两个条件:①基于有偿而受让;②受让时须善意。本案中,尽管据持有人所称,其1996年以4万荷兰盾购入文物,第一个条件("基于有偿受让")可能已经成就,但第二个条件("受让时须善意")是否成就尚不确定。假设第二个条件不成就,持有人就不能主张善意取得,进而不能由此主张因3年动产善意取得时效已过,而取得文物的所有权。

根据《荷兰民法典》第3:11条关于"善意"的规定,所谓"非善意"是指当事人在行事时,已知晓或在其情势下应当知晓"善意"所取决的事实和权利。如果行为人有充分的理由怀疑,即使其无法查明(前述事实和权利),此人仍属于应当知晓相关事实或权利。

本案中,持有人尽管不是文物交易商,据其公开信所称,已有"收藏中国艺术品近30年"的收藏经验。持有人对中国文物及文物贸易的熟悉了解,使得其应承担较之普通收藏个人更多的尽职调查义务,包括尽其可能查验文物的真实来源。如果确实无法查明,基于当时交易之情势,考虑到文物出自20世纪末香港缺乏管制、混乱无章的文物交易市场,其应该有理由怀疑文物来源存在瑕疵。换言之,结合案情,持有人在受让时"有充分的理由怀疑"文物存在权利瑕疵、来源不明等问题,属于"在其情势下应当知晓"的情形。据此可初步判定,持有人受让时非善意,不构成善意取得。

第五,时效问题同样关键,是制定诉讼预案时不可忽视的一环。这里,仍以在荷兰起诉为例。本案的时效问题,依荷兰法识别,属于实体法问题,适用其请求权基于的法律关系所应适用的法律。① 联系本案,请求权基于的法律关系即物权关系,本案物权关系的准据法已确定为荷兰法,因此时效问题也应适用荷兰法。

具体到诉讼时效上,鉴于20年诉讼时效尚未届满,中方有权向非善意占有的持有人请求返还所有物。根据《荷兰民法典》第3:306条关于诉讼时效的一般规定,诉讼时效为20年,法律另有规定的除外。同时,根据《荷兰民法典》第3:105条关于非善意占有的取得时效的规定,诉讼时效经过的,原所有人的请求权随之消灭,自此刻起持有人即使是非善意占有,也随即取得该物。因此,20年诉讼时效一旦经过,对于原所有人来说,不仅会丧失胜诉权,实体权也随之消灭;与此同时,非善意占有人随即取得该物。因此,确定20年诉讼时效尚未届满,是中方请求非善意占有的持有人返还所有物的重要前提。

---

① 《荷兰民法典》第十编——国际私法第10:14条。

关于诉讼时效的起算,《荷兰民法典》对不同类型请求权的时效起算点做了不同规定。根据第 3:314 条第二款关于"终止非所有人占有之请求权"诉讼时效的规定,诉讼时效的起算,自非所有人成为占有人,或可请求立即终止其持续占有状态之日的次日起计。鉴于本案中祖师像经历了多次转手,依第 3:314 条第二款规定所指"非所有人"如何理解,系指现持有人,还是第一位占有文物的非所有人,可参考 1998 年荷兰最高法院在"Land Sachsen v C"被盗油画案中所作的判决中的回答:"时效期间自非所有人以该物占有人姿态行事之刻起计算",进一步说,时效期间的起算系自"(原所有人)非自愿地失去占有之日起"。①

因此,本案 20 年诉讼时效起算自佛像被盗之日的次日,即从 1995 年 12 月 16 日起计,经过 20 年,时效期间将于 2015 年 12 月 16 日届满。由此,村民如欲在荷兰通过法律途径追索被盗佛像,需在 20 年诉讼时效尚未届满之前,及时向文物持有人提出返还主张。

(二)新兴路径:美国民事没收程序

在跨国文物追索案件中,美国文物司法没收程序发挥了重要作用。如前所及,对于文物来源国而言,民事没收程序既经济又高效,且有法律强制执行力作为保障,是对美追索流失文物的理想途径。

2001 年 3 月,美国纽约南区联邦地方法院作出裁定,准予没收中国王处直墓武士浮雕像,并将其返还给中国政府,即为例证。② 本案又称"王处直墓浮雕案",不仅是中国首次从美国通过国际执法合作追回流失文物的成功实例,也是美国政府依照《文化财产公约实施法》,对外被盗文物启动民事没收的典型案例。借由此案可发现,在打击非法贩运文物、促成流失文物回归方面,美国的民事没收程序发挥了积极作用。

正因为如此,尽早重视并研究美国民事没收程序,对中国追索海外流失文物工作而言,意义重大。本节将"王处直墓浮雕案"出发,逐一考察在美文物案件中最常见的三类民事没收程序——分别依《文化财产公约实施法》、海关法和《国家反盗窃财产法》的民事没收程序,并为中国利用美国的民事没收程序追索海外流失文物,提供对策思路和建议。

1. 案情简介

1994 年,河北省保定市曲阳县五代王处直墓被盗掘,墓内十块浮雕被一并盗走。2000 年 2 月,中国获悉一件武士浮雕像拟于纽约佳士得拍卖行拍

---

① HR 3 November 1995, RvdW 1995, 229〔NJ 1998, 380〕.
② *United States v. One Tenth Century Marble Wall Panel Sculpture of a Guardian From The Tomb of Wang Chuzi Located at Christies*, 20 Rockefeller 2 Plaza, *New York*, *NY*, 00 Civ. 2356(AKH).

卖,后经比对,确认该件浮雕正是王处直墓甬道处被盗两块浮雕中的一块。国家文物局会同公安部等向美有关方面紧急提出中止拍卖,并要求美方依据国际法将文物归还中国。同年3月28日,美国政府向纽约南区联邦地方法院对涉案浮雕提起对物民事没收诉讼,申索人中国政府和申索人香港M&C画廊随后加入诉讼。2001年3月,鉴于双方达成和解,香港M&C画廊无条件撤销诉讼请求,美国法院裁定准予没收涉案浮雕,并将其返还给中国政府。

2. 路径分析

王处直墓浮雕案是依《文化财产公约实施法》启动的民事没收程序,属于常见的民事没收程序。根据运用民事没收追索文物的不同依据,民事没收程序可分为三大类,分别是依《文化财产公约实施法》、海关法和《国家反盗窃财产法》提起民事没收程序。每一类民事没收程序都有其特殊的适用对象和举证责任要求。

(1)依《文化财产公约实施法》启动的民事没收程序。此类民事没收程序的法律依据系《文化财产公约实施法》。该法是美国为实施"1970年公约"而颁布的国内法,主要内容包括签订协议、签发紧急进口限制令、经协议或紧急进口限制令指定的考古类或人种学材料、进口限制的执行、被盗的文物以及扣押与没收等。[1]

该民事没收程序针对两类对象,第一类是非法进口的考古类或人种学材料,第二类是被盗的文物。此类民事没收程序不仅包括由行政没收转换过来的民事没收程序,如2009年"美国诉18世纪油画案"(以下简称"秘鲁油画案");[2]也包括直接启动的民事没收程序,"王处直墓浮雕案"即属此类。

具体而言,依《文化财产公约实施法》启动的民事没收,围绕着"指定材料"和"指定时间"展开。首先,如果拟没收的是"非法进口的考古类或人种学材料",那么美国政府需证明的是:该材料系经双边协议或进口限制令"指定"的材料。以中国为例,根据中美两国《对旧石器时代到唐末的归类考古材料以及至少250年以上的古迹雕塑和壁上艺术实施进口限制的谅解备忘录》(简称《中美谅解备忘录》),对列入该备忘录所附"指定清单"范围内的文物,凡非法进口到美国的,美国政府可依该法提起民事没收程序。质言之,在没收程序中,美国政府只需证明拟没收的文物确已列入"指定清单"范围即可。

其次,在拟没收的文物出处不确定,可能涉及多个国家时,对此类文物仍

---

[1] Section 303-305, 307, 308 & 310 19 U.S.C. § § 2602-2604, 2606, 2607 &2609.
[2] *United States v. Eighteenth Century Peruvian Oil on Canvas Painting of the "Doble Trinidad" or "Sagrada Familia con Espiritu Santo y Dios Padre"*, 597 F. Supp. 2d 618 (E. D. Va. 2009).

能予以没收,但前提是美国与这些国家均订有协议或已颁布紧急进口限制令,并且美国政府能证明该文物属于这些协议或限制令指定的材料。以2009年"秘鲁油画案"为例,尽管拟没收的油画究竟源自秘鲁还是玻利维亚尚存争议,但受理法院指出,这对实质事实的认定并无影响。① 由于美国与秘鲁、玻利维亚分别签订了谅解备忘录,且根据任一项谅解备忘录,涉案油画都属于经指定的非法出口的人种学材料,法院因此裁定应予没收。② 至于油画被没收后的处理,则交由司法部下属的资产没收和洗钱部门决定。③

再次,如果拟没收的是"被盗文物",那么美国政府要证明两点:其一,拟没收文物是"1970年公约"成员国的博物馆等类似机构已登记在册的财产;其二,拟没收文物的被盗时间必须晚于"指定时间点"。④ 该时间点是以《文化财产公约实施法》实施之日与公约对有关国家生效之日中较晚者计。⑤ 以中国为例,公约中我国的生效日为1990年2月28日,⑥而该法于1983年4月生效,⑦故以前者为较晚者计,即于1990年2月28日之后,自中国博物馆

---

① "秘鲁油画案":2005年,玻利维亚公民艾希比永·厄内斯托·奥蒂兹-埃斯皮诺萨(Exipion Ernesto Ortiz-Espinoza)携带涉案油画从玻利维亚入境美国。2007年,美国联邦待查局(FBI)根据知情人举报提供线索,与秘鲁有关当局核实该油画信息,并于同年11月依《文化财产公约实施法》在弗吉尼亚州没收了涉案油画,奥蒂兹对该行政没收程序表示异议。2008年4月,美国政府向弗吉尼亚东区联邦地方法院对涉案油画提起对物民事没收诉讼,申索人奥蒂兹随后加入诉讼。2009年2月,美国法院作出准予没收的裁定。
② Id., at 625.
③ 在民事没收程序中,法院通常只解决没收与否的问题,不解决拟没收财产的所有权归属问题。一旦法院裁定准予没收后,接下来财产的归属问题则交由由司法部下属的资产没收和洗钱部门(Asset Forfeiture and Money Laundering Section, AFMLS)处理。该部门通过"申请-返还(petition-and-remission)"程序来决定已没收财产的归属去向。该"申请-返还"程序在庭外进行,由资产没收和洗钱部门负责书面审查,全程不涉及听证程序。审查的内容包括利害关系人(申请人)的返还申请书,扣押机关的调查报告和建议措施以及检方的建议措施。在书面审查结束后,由资产没收和洗钱部门作出是否将被没收财产返还给申请人的决定。28 C.F.R. § 9.4 (e)-(g). See Karin Orenstein, "The Repatriation Process for Judicially Forfeited Cultural Property", *United States Attorneys' Bulletin*, 64.2 (2016): 63. 在"秘鲁油画案"中,经司法部下属的资产没收和洗钱部门决定,美国联邦调查局于2010年4月将两幅油画归还给了秘鲁。参见 FBI National Press Office, "FBI Returns Paintings to Peru", April 07, 2010, https://www.fbi.gov/news/pressrel/press-releases/fbi-returns-paintings-to-peru,最后访问时间:2017年2月28日。
④ Section 311, 19 U.S.C. § 2610 (2).
⑤ Section 308, 19 U.S.C. § 2607.
⑥ 1989年9月25日,国务院作出接受《关于禁止和防止非法进出口文物和非法转让其所有权的方法的公约》的决定,参见《中华人民共和国国务院公报》1989年第23号(总号604)。自1990年2月28日起,该公约对中国正式生效,参见联合国条约数据库(United Nations Treaty Collection), https://treaties.un.org/Pages/showDetails.aspx?objid=08000002801170ec,最后访问时间:2017年1月12日。
⑦ Section 315, Convention on Cultural Property Implementation Act.

等机构被盗的已登记文物,如其入境美国,美国政府可依该法提起民事没收程序。

回到"王处直墓浮雕案",美国政府通过如下方式证明了上述两点。其一,美国政府通过发掘报告等资料核对,确认涉案雕像系王墓被盗浮雕;通过确认中国政府已将该墓葬指定为国家所有的文化遗产,确认涉案雕像已经登记在册。其二,美国政府通过该墓葬被盗的公安报案记录及考古专家鉴定意见,确定其被盗时间晚于指定时间点(1990年2月28日)。

(2)依海关法启动的民事没收程序。此类民事没收程序,常用于没收非法进口文物的海关法条款有三项,分别是(a)海关法第1595a节"没收与其他处罚"规定(简称"海关没收"条款),适用于违反法律规定入境美国的被盗文物、走私文物或私自带入境的文物;①(b)海关法第1497节"未申报处罚"规定(简称"未申报罚没"条款),适用于违反应当入关申报而未申报入境的文物;②(c)海关法第545节"进口走私货物"规定(简称"走私罚没"条款),适用于走私文物、虚假申报进口的文物或违反法律规定进口或携带入境的文物。③

对某一对象的没收可援引多项海关法条款,这一现象在文物民事没收案件较为普遍。1997年"美国诉一件古代金碟案"(简称"古代金碟案")即为一例。④ 该案中,拟没收的是虚假申报入境的意大利被盗金碟。⑤ 为此,美国政府提起民事没收的法律依据有二项。其一,因有"虚假申报"情节,依"走私罚没"条款应对虚假申报进口的货物予以没收。其二,因金碟系意大利被盗文物,参与跨国运输被盗物的行为违反了《国家反盗窃财产法》,故依"海关没收"条款对违反法律规定入境的被盗物予以没收。⑥ 在前述三项条款

---

① 19 U.S.C. § 1595a(c).
② 19 U.S.C. § 1497.
③ 18 U.S.C. § 545.
④ *United States v. An Antique Platter of Gold*, 991 F. Supp. 222 (S.D.N.Y. 1997), aff'd, 184 F. 3d 131 (2d Cir. 1999), cert. denied, 528 U.S. 1136 (2000).
⑤ "古代金碟案":1991年,瑞士文物交易商威廉·维瑞斯(William Veres)从意大利西西里某钱币商手中购得一件古代金碟,并将其通过中间人罗伯特·哈博(Robert Haber)转卖给美国纽约收藏家迈克·斯登哈德(Michael Stainhardt)。1995年,意大利政府以该金碟系意大利被盗文物为由,向美国政府提出协助调查被盗金碟的请求。同年,美国海关在斯登哈德的住所依法扣押了该金碟,美国政府随之向纽约南区联邦地方法院提起了针对该金碟的民事没收程序。1997年11月,纽约南区联邦地方法院裁定准予没收涉案金碟。1999年7月,上诉法院联邦第二巡回法院裁定维持一审原判。2000年1月,美国最高法院驳回复审令申请。
⑥ *United States v. An Antique Platter of Gold*, 184 F. 3d 131, 134 (2nd Cir. 1999).

中,以"海关没收"条款的使用最为频繁。① 不过,与其他两项条款不同的是,"海关没收"条款以"违反法律规定"为适用前提。换言之,在援引"海关没收"条款实施没收的同时,还须援引具体违反的法律规定。

(3)依《国家反盗窃财产法》启动的民事没收程序。此类民事没收程序依据的《国家反盗窃财产法》是联邦刑事法律,旨在对参与跨州或跨国的运输、转移、接收、处分被盗货物、伪造的商品、证券及货币等行为施加刑罚。② 根据该法可对在跨州或跨国交易中转移的被盗文物进行刑事没收或民事没收两种措施,③前者是基于对犯罪所得的刑罚,后者则是其他相关法案条款[常见条款如第981(a)(1)(C)条]根据《国家反盗窃财产法》而启动的民事没收程序。

需要注意的是,依《国家反盗窃财产法》启动民事没收程序,并不表示仅依据《国家反盗窃财产法》即能启动该程序,《国家反盗窃财产法》仅规定了某些行为构成违法,而由其他法案条款来规定该违法行为所涉文物可以适用民事没收程序。比如,通常所称"依《国家反盗窃财产法》启动的民事没收程序"是指依《国家反盗窃财产法》确定是否存在违法行为,然后依据第981(a)(1)(C)条对该违法行为所涉文物启动民事没收程序。《国家反盗窃财产法》对行为违法性的规定,是第981(a)(1)(C)条据以对违法所得启动民事没收程序的前提,因此此处仍将其称为"依《国家反盗窃财产法》启动的民事没收"。

依《国家反盗窃财产法》启动的民事没收程序适用于跨州或跨国交易中转移的被盗文物。这里,该法所称的"被盗物"不仅包括美国国内财产,也包括外国财产。更重要的是,美国数家联邦法院已通过"美国诉霍林斯海德案"④、"美国诉麦克莱恩案"以及"美国诉舒尔茨案"等系列判例,确认《国家反盗窃财产法》也适用于经外国文物所有权法宣告为该国国家所有的文物,前提是该外国文物所有权法的规定清晰明确。⑤ 这也是美国文物案件中常

---

① Stefan D. Cassella, "Using the Forfeiture Laws to Protect Cultural Heritage", *United States Attorneys Bulletin* 64.2 (2016): 34, p.39.
② National Stolen Property Act (NSPA), 18 USC §§ 2314-15.
③ 18 U.S.C. §§ 2314, 2315.
④ *United States v. Hollinshead*, 495 F.2d 1154 (9th Cir. 1974).
⑤ *United States v. McClain* (McClain II), 593 F.2d 658, 671 (5th Cir. 1979).

被提及的"麦克莱恩/舒尔茨原则"(McClain/Schultz Doctrine)。① 根据该原则,如果某外国立法规定了某类文物属于国家所有,那么未经该国许可非法出口的此类文物,就属于《国家反盗窃财产法》规定的"被盗物"。②

(4)三类民事没收程序的举证责任。在美国,并没有一部统一的法律来调整没收程序,有关没收程序的法律规定都散见于不同的法律中。③ 依启动没收程序的依据不同,民事没收程序适用不同的程序规则,这也造成不同没收依据下的民事没收程序适用不同的举证责任。

第一,对于绝大多数依联邦法启动的民事没收程序,其程序规则适用2000年《民事资产没收改革法案》(英文简称"CAFRA")。④《民事资产没收改革法案》有两大核心制度。其一为"优势证据(preponderance of evidence)",即要求美国政府以"优势证据"证明标准,承担证明系争财产应当予以没收的举证责任。⑤ 其二为"无辜所有者抗辩(innocent owner defense)",即无辜所有者的财产权益不得没收。主张"无辜所有者抗辩"的申索人须以"优势证据"证明其为无辜所有者。⑥

第二,对于依"海关豁除(customs carve-out)"法律启动的民事没收程序,《民事资产没收改革法案》不予适用。所谓"海关豁除",是指《民事资产没收改革法案》下的例外规定,即该法案适用于所有依联邦法启动的民事没收程序,但此处的"联邦法"不包括《美国法典》第19卷'海关职责'下的1930年关税法案(Tariff Act of 1930)及其他法律规定"。⑦

鉴于此,前述三类民事没收程序可分为两组:

第一组为不受《民事资产没收改革法案》调整的民事没收程序,指的是

---

① 需要指出的是,美国法院分成11个联邦巡回审判区,每个巡回法院的判决对其他巡回审判区的法院没有直接约束力。目前,联邦第九巡回法院、第五巡回法院和第二巡回法院已分别在1974年美国诉霍林斯海德案、1977年美国诉麦克莱恩案和2002年美国诉舒尔茨案表达了此类观点。因此,如今至少在这三个联邦巡回法院的辖区,亦即包括纽约州和加利福尼亚州在内等文物交易市场最活跃的地区,"麦克莱恩/舒尔茨原则"都是适用的。Patty Gerstenblith, "The McClain/Schultz Doctrine: Another Step against Trade in Stolen Antiquities," in *Witnesses to History: A Compendium of Documents and Writings on the Return of Cultural Objects*, ed. Lyndel V. Prott, UNESCO, 2009, 348.
② United States v. Frederick Schultz, 333 F. 3d 393, 416(2nd Cir. 2003).
③ Patty Gerstenblith, "Enforcement by Domestic Courts: Criminal Law and Forfeiture in the Recovery of Cultural Objects," in *Enforcing International Cultural Heritage Law*, ed. Francesco Francioni and James Gordley, Oxford University Press, 2013, p. 165.
④ Civil Asset Forfeiture Reform Act (CAFRA), 18 U.S.C. § 983.
⑤ 18 U.S.C. § 983(c)(1).
⑥ 18 U.S.C. § 983(d)(1).
⑦ 18 U.S.C. § 983(i)(2).

依据属于"海关豁除"法律——《文化财产公约实施法》或第19卷下的海关法条款(如"海关没收"条款和"未申报罚没"条款)启动的程序。此类程序中,美国政府需以较低的证明标准——"合理根据(probable cause)"证明文物应予没收,同时,申索人不享有"无辜所有者抗辩";

第二组为受《民事资产没收改革法案》调整的民事没收程序,包括依《国家反盗窃财产法》或列于第19卷之外的海关法(如"走私罚没"条款)启动的程序。此类程序中,美国政府需以较高的证明标准——"优势证据"证明文物应予没收,同时申索人享有"无辜所有者抗辩"。

3. 经验总结

证据是追索的事实根据,是追索流失文物工作的基石。[①] 为了促成美国政府启动民事没收程序、确保程序顺利进行,中国作为文物来源国应根据民事没收程序对美国政府的要求,主动配合美国政府开展没收工作,充分收集证据,以证明流失文物的来源和流失的非法性。具体而言,由于在三类民事没收程序中,美国政府应承担的举证责任各有不同,中国应结合各类程序下对证明内容和证明标准的具体要求,有针对性地收集证据。

第一,对于依《文化财产公约实施法》启动的民事没收程序,视没收的对象分成两种情况。其一,当没收的对象是"非法进口的考古类或人种学材料"时,美国政府需证明其是经《中美谅解备忘录》指定的材料。中国应对照备忘录所附的指定清单,收集该文物的出土或制作地点及年代、材质、类别等资料提前准备充分,便于日后证明文物属于清单所列的范围内。其二,当没收的对象是"被盗的文物",美国政府需证明其是中国博物馆、公共纪念馆等类似机构已登记在册的文物,并且被盗时间晚于1990年2月28日。中国要结合文物清册、公安报案记录、考古发掘报告及专家鉴定意见等,收集能证明前述两点的证据。

第二,对于依海关法启动的民事没收程序,视具体的没收法律依据而定。以"海关没收"条款为例,在依该款启动的民事没收程序下,美国政府需证明两点:其一,违反法律规定;其二,拟没收的财产是被盗物、走私物或私自带入境的货物。为此,对于第一点,如果美国政府援引的法律规定为中国法律,则中国应提供相应的国内法依据,以证明文物归中国所有,且转移文物的行为违反中国法律。对于第二点,中国应收集公安报案记录、出入境管理记录、考古发掘报告等资料以提供证据支持。

第三,对于依《国家反盗窃财产法》提起的民事没收程序,美国政府需证

[①] 霍政欣:《追索海外流失文物的法律问题》,中国政法大学出版社2013年版,第166页。

明三点:其一,拟没收的文物为被盗物;其二,该文物在入境美国时仍是被盗物;其三,持有人知晓该文物为被盗物。为此,对于前两点,中国可参照前面关于证明被盗物的资料准备证据。对于第三点,中国可将文物被盗后已对外广泛通报的事实作为依据,以证明持有人知晓涉案文物系被盗物。此外,通报的对象要广泛,包括但不限于国际刑警组织、联合国教科文组织、国际博物馆协会、美国博物馆联盟(AAM)、国际艺术研究基金会(IFAR)等国际组织和机构、各大博物馆、拍卖行及相关科研机构等。

三、国际法视域下的追索路径

在跨境文物追索领域,国际法视域下主要有两种路径,一是国际执法合作这样的常规路径,二是以德国文物返还行政诉讼为代表的特殊路径。

(一)常规路径:国际执法合作

如本章第一节的实证研究所示,国际执法合作是促进流失文物回归的重要途径,其成功案例总数较多、发展稳定,且单次回归的文物件数相比其他途径也往往更多。尤其是在近五年,双边协定为中国追索流失文物提供了操作性与针对性更强的国际法保障,对于促进流失文物返还发挥了重要作用。以2019年美国返还361件(套)中国流失文物艺术品为例,本次返还是自2009年中美谅解备忘录签署以来,美方第三次、也是规模最大一次的中国流失文物返还,对于打击文物走私与贩运起到了良好的威慑效果。2019年意大利返还中国796件流失文物艺术品,也是中意两国基于双边协定开展的国际执法合作的成功典范。下文就将以意大利返还中国796件流失文物艺术品为例,讨论国际执法合作这一国际法视域下的常规路径,是如何对扩大政府间合作、保护文物安全,在全球范围内打击文物盗窃、盗掘和非法贩运。

1. 案情简介

2007年,意大利蒙扎地区保护文化遗产宪兵队(Tutela Patrimano Culturale Nucleo di Monza)在巡查当地文物市场时,发现大量疑似非法流失的中国文物艺术品,并于次年向中国驻意使馆通报其暂扣决定。中国国家文物局得知相关信息后,立即启动文物进出境记录核查、组织开展文物鉴定研究,认定这批文物艺术品大部分为中国出土文物,其所有权属于中国,且均未获得合法出境许可,因此依据相关国际公约,向意方正式提出文物返还要求,并提供了详细的文物鉴定意见和法律依据报告。

之后,案件进入长达十年、复杂曲折的司法审判过程。2014年,意大利米兰法院通过刑事审判,确认中国政府对该批文物艺术品的所有权,后因持有人上诉,文物返还程序中止,案件转入民事审判程序。中国国家文物局根据意方司法审判程序的变化,会同中国驻意大利使馆,积极配合意大利司法部门继续开展诉讼活动。2018年11月,米兰法院作出将796件文物艺术品返还中国的终审判决。中意两国文化遗产主管部门随即启动返还文物的确认接收工作。

2019年3月23日,中意两国代表在罗马交换了796件文物艺术品返还证书。次月10日,这批流失海外多年的中国文物艺术品抵达北京,重回祖国怀抱。

2. 路径分析

此次近八百件流失文物归国路,其规模之大,系近二十年来之最,[1]离不开以"1970年公约"为核心,以双边协定和谅解备忘录为支撑的国际合作机制,为促进流失文物追索返还的国际秩序,写下了生动注脚。

中国和意大利同为"1970年公约"和"1995年公约"缔约国。两国在国际公约框架下,分别于2006年与2019年签署《中华人民共和国政府和意大利共和国政府关于防止盗窃、盗掘和非法进出境文物的协定》和《中华人民共和国国家文物局与意大利共和国文化遗产和活动部关于防止文物盗窃、盗掘、非法进出境、过境和走私以及促进文物返还的谅解备忘录》。通过签订双边协议与谅解备忘录,中意两国建立完善的信息通报机制,为合作打击文物非法贩运和流失文物追索返还奠定了坚实基础。

在现有国际法律框架之下,中国和意大利不断加深国际执法合作,进一步扩大在打击文物犯罪、促进文物返还方面合作的深度和广度,采取预防性、强制性和补救性措施,相互提供对被盗或非法出境文物监控调查、信息通报、查扣返还等方面的协助,在防止文物盗窃、盗掘和非法进出境的国际事务中发出共同声音,也为建立更加公平正义的流失文物追索返还国际秩序,贡献了力量和智慧。

3. 经验总结

在多边国际条约的框架下,中国坚持以相互尊重、合作共赢为基础,积极推进与外国签订双边协议,由此建立更加灵活、务实、有效的打击文物犯罪与促成流失文物的国际合作机制,编密国际执法网络。

目前,中国已与23个国家签署了双边协定及谅解备忘录,既包括埃及、希腊、秘鲁、墨西哥、意大利等文物流失国,也包括美国、澳大利亚、瑞士、法国等文物流入国。近年来,大量流失海外的中国文物成功回到祖国怀抱,这些

---

[1] 王晓洁、鲁畅:"796件套意大利返还中国文物艺术品回到祖国怀抱",载新华网,http://www.xinhuanet.com/world/2019-04/11/c_1124353138.htm,最后访问时间:2019年12月22日。

双边协定发挥了重要作用。在此基础上,本书对国际执法合作途径提出两点完善建议。

第一,进一步织密合作网络,推进与更多有关国家签订防止盗窃、盗掘和非法进出境文化财产的双边协定。在美国于1983年加入"1970年公约"后,其他主要文物市场国,如法国、日本、英国、瑞士、德国、比利时和荷兰等国先后加入了该公约。① 目前,除美国、瑞士和意大利外,中国与其他主要文物市场国尚未就文物返还与打击文物非法贩运等议题签订双边协议。根据"1970年公约"第15条规定,公约不影响已存在的相关国际条约;事实上,该公约鼓励缔约国以其为基本法律框架签订更为具体的双边协议,以便建立一套更加灵活、务实的文物返还和交流合作机制。

因此,中国应以"1970年公约"为框架,以彼此国内法为依托,与英国、法国等主要文物市场国政府,展开签订双边合作协议的谈判工作。若中国能成功与之订立双边合作协议,不仅能推进打击文物非法贩运的国际执法合作,为防止中国文物非法流失海外构建起一道坚固防线,还能对中国今后与其他文物流失目的国谈判、签订类似双边协议起到示范与促进作用。

第二,进一步拓宽合作范围,与已签双边协定的国家积极开展谈判,加强打击文物犯罪、促进文物返还方面合作的深度和广度。

以中美合作为例,中国应积极开展双边谈判,扩大谅解备忘录的指定清单范围。具言之,在打击跨国文物犯罪、防止文物非法流失领域,依《文化财产公约实施法》启动的民事没收具有高效且针对性强的优点。尤其是在涉及非法进口的考古类或人种学材料时,美国政府只需证明拟没收的文物属于双边协议所附指定清单的范围内即可。可见,指定清单直接决定了该外国哪些类的文物一经入境美国,即可被扣押、没收,并随后返还给其来源国。鉴此,中国应通过与美方积极开展双边谈判,争取扩大《中美谅解备忘录》指定清单的范围,以便最大限度地利用以此为依据的民事没收程序与双边合作机制。

首先,扩大指定清单范围具有可行性。从清单指定的文物年代跨度来看,中国还有争取扩展的空间。根据《中美谅解备忘录》指定清单,限制进口的考古材料(不含古迹雕塑和壁上艺术)的年代范围划定在唐代结束(公元

---

① Lyndel V. Prott, "Strengths and Weaknesses of the 1970 Convention: An Evaluation 40 Years after its Adoption", Meeting of The 1970 Convention: Past and Future (Paris: UNESCO, 2011), p. 2.

第七章　从文物中心原则出发:中国的实践与选择

907年)以前。① 换言之,中国唐代之后的考古材料,如宋、元、明、清时期的书画、陶瓷、纺织品等,都不在指定清单之内。与之相对,经统计考察美国与其他15个国家签订的双边协议或谅解备忘录,可发现:大多数(13个)国家的指定考古材料最晚年份都划定在公元16世纪前后,仅两个国家(意大利、塞浦路斯)的最晚年份划定在公元4世纪。同为文明古国的埃及与希腊,其指定考古材料年代范围也分别是从埃及前王朝时期(约公元前3200年之前)至公元1517年,及从希腊旧石器时代晚期(约公元前20 000年)至公元15世纪。② 通过对比可见,就年代跨度而言,中国的指定文物清单还有进一步扩大的空间。

其次,扩大指定清单范围具有可操作性。一方面,已有多国通过谈判扩大了其指定清单范围,确立了示范先例。类似扩大指定清单范围的方案,柬埔寨和塞浦路斯曾分别于2008年、2012年向美政府提出过,并都成功通过得以实施,中国可借鉴其谈判经验。③ 另一方面,中国须把握谈判时机,考虑分地区、渐进性扩大清单范围的方案。《中美谅解备忘录》的谈判长达十年之久,并于2009年最终谈成,这与2008年中方将其纳入中美两国第四次战略对话不无关系。④ 同理,在2024年《中美谅解备忘录》第三个有效期顺延谈判到来之前,中国如能利用关键的外交谈判场合,将扩大指定清单范围纳入一揽子谈判框架,或可成为谈判的契机。在具体谈判时,如整体扩大指定文物的年代跨度较为困难,可考虑先从文物藏量相对丰富、文物流失较为严重的重点省、市地区开始,考虑分区域、分阶段地渐进性扩大指定文物的年代跨度,这一方案或可成为双方均能接受的提议。

---

① 列入《中美谅解备忘录》指定清单的文物有两类:第一类是从旧石器时代(约公元前75,000年)到唐代结束(公元907年)的源于中国并代表中国文化遗产的考古材料。第二类是迄本备忘录生效之日(2009年1月14日)至少250年的古迹雕塑和壁上艺术。
② 原始数据来自美国国务院教育与文化事务局(Bureau of Educational and Cultural Affairs)网站,"Cultural Heritage Center-Bilateral Agreements",https://eca.state.gov/cultural-heritage-center/cultural-property-protection/bilateral-agreements,最后访问时间:2017年2月28日。
③ 2008年,柬埔寨与美国的谅解备忘录对清单指定的考古材料范围,在已有"从公约6世纪至16世纪"的基础上,新增了"从青铜时代(约公元前1500年到公元前500年)至铁器时代(约公元前500年到公元550年)"的考古材料。2012年,塞浦路斯与美国的谅解备忘录对清单指定的人种学材料范围,在已有"从公约4世纪到15世纪"的基础上,新增了"后拜占庭时期(约公元1500年至1850年)"的人种学材料。参见2008年柬、美谅解备忘录指定清单(Cambodia 2008 Revised Designated List),Federal Register:September 19, 2008 (Volume 73, Number 183);2012年塞、美谅解备忘录指定清单(Cyprus 2012 Revised Designated List),Federal Register:August 1, 2008 (Volume 77, Number 148)。
④ 王润:《坚冰已被打破——单霁翔就签署中美〈谅解备忘录〉答记者问》,载《中外文化交流》2009年第4期。

(二)特殊路径:德国文物归还行政诉讼

2007年,德国加入"1970年公约",并为实施公约颁布了国内法——《关于实施〈关于采取措施禁止并防止文化财产非法进出口和所有权非法转让公约〉的法案》。① 同年,该法案与德国《关于实施1993年返还从成员国境内非法转移文物的93/7/EEC指令的法案》合并后,统称为《文化财产归还法》,但是该法执行效果长期不甚理想。这一现状直至2016年才有了重大改变。是年6月,德国通过《文化财产保护法》修改议案。② 这部《文化财产保护法》(2016年)融合了早先的《文化财产法》(1955年)和《文化财产归还法》(2007年)两部法律,旨在更有效保护德国乃至全球的珍贵文化财产,严格监管本国文物艺术品市场,打击盗掘、盗窃文物的非法交易。该法案不仅对文物进出境作出了严格限制,还详细规定了非法进出境文物的返还机制,被称为"当今最严文物进出境法案"。③

就文物返还机制而言,《文化财产保护法》提供了强有力的非法出口文物返还程序,并对文物市场从业者施加了更高的尽职调查义务要求。此外,该法案还突破性地删除了《文化财产归还法》中的"公开清单原则"。在此之前,根据《文化财产归还法》,德国依据公约归还的外国文物,必须是已单独登入文物原属国公开清单的文物。④ 更重要的是,在基于"1970年公约"的传统外交途径之外,《文化财产保护法》还专门设置文物归还行政诉讼,作为处理追索非法出口文物的专项诉讼,为公约缔约国和文物所有人依据公约主张文物返还的诉求,提供了司法制度保障。

下文将以"2015年澳大利亚归还清代观音像案"为原型,⑤结合改编案

---

① Act implementing the UNESCO Convention of 14 November 1970 on the means of prohibiting and preventing the illicit import, export and transfer of ownership of cultural property (Act Implementing the Cultural Property Convention) (Ausführungsgesetz zum Kulturgutübereinkommen - KGÜAG), Federal Law Gazette 2007, Part I, No. 21, published in Bonn on 23 May 2007.
② Cultural Property Protection Act of 31 July 2016 (Federal Law Gazette [BGBl.] Part I p. 1914).
③ 德国《文化财产保护法》(Cultural Property Protection Act-KGSG)。参见彭蕾编:《文物进出境外国法律文件选编与述评》,文物出版社2019年版,第36页。
④ Federal Government Commissioner for Culture and the Media, *Key aspects of the new Act on the Protection of Cultural Property in Germany, Commissioner for Culture and the Media / Press and Information Office of the Federal Government*, DDC BPA (Berlin), September 2016.
⑤ 2015年3月5日,澳大利亚政府将一尊清代观音像。据媒体报道,此件回归的观音像在被非法走私出境后,由一澳大利亚人在某线上购物网站(eBay)自一美国卖家处购入,在2013年5月运抵澳大利亚时被海关及边境保卫署扣留并收缴。根据澳大利亚1986年《可移动文化遗产保护法》,澳大利亚可应外国政府的要求将非法进口的文化遗产归还其原属国。依照中澳两国政府2009年签署的《关于文物保护的谅解备忘录》,澳方决定将该文物归还中国。参见《澳政府归还一尊清代观音像》,载《光明日报》2015年3月8日,第12版。

情,分析如何利用德国文物归还行政诉讼,追索流失文物。

1. 案情简介

假设德国收藏家 X 先生在某线上购物网站,自一美国卖家处购入一件清代观音像。该观音像在 2020 年 1 月运抵德国时,被海关查获。德国海关以该观音像疑似非法入境德国的中国文物为由,依据德国《文化财产保护法》相关规定,①将其予以扣押。

随后,X 先生对海关扣押一事提出异议,向德国法院提起诉讼,请求法院裁定撤销被告的扣押决定,并返还观音像。随后,德方根据其法律规定通知中国(文物来源国),询问中方立场并告知中方有权通过外交渠道或者提起诉讼追回文物。在此情况下,中方应如何研判案情,并据此制定追索方案。

2. 路径分析

处理海外流失文物追索案件,路径分析遵循前述"确定文物性质——确定追索主体——研判国际法框架——研判国内法框架"的基本思路,且这里重点关注国际法框架下的德国文物归还行政诉讼。

(1)确定文物性质,确定追索主体。涉案观音系受中国法律保护的文物,原则上属于非法出口文物。具言之,该文物为清代(1636—1912)观音像,即使权属暂未明晰,但作为"历史上各时代珍贵的艺术品、工艺美术品"(中国《文物保护法》第 2 条第 3 款),可确定其系受中国法律保护的文物。此外,根据中国现行文物进出境相关法律规定,包括《文物保护法》及其实施条例、《文物进出境审核管理办法》《文物出境审核标准》等,任何个人运送、邮寄、携带文物出境,应当报文物进出境审核机构审核。1949 年以前生产、制作的具有一定历史、艺术、科学价值的文物,原则上禁止出境;其中 1911 年以前生产、制作的文物一律禁止出境。如经查,国家各个文物进出境审核管理处均未发现此件文物的出境申请记录,则可基本判定该观音像属于非法出口文物。②

就追索主体而言,如权属明晰,观音像为国有文物的,则追索主体是国家及其授权的组织或个人;观音像为非国有文物的,则追索主体是享有文物所有权的集体或私人,同时国家在必要时,也可基于保护本国珍贵文化遗产的利益,有权代表非国有文物所有权人追索。③

---

① 德国《文化财产保护法》第 33 条(扣押文化财产)。
② 只要确定(或法律推定)涉案观音像系在文物进出境相关法律规定生效后出境的,其法律性质即为非法出口文物。反之,假如有证据指出涉案观音像在相关法律规定生效前就已出境,则较难将其归为非法出口文物。
③ 参见本节"追索流失文物的基本思路"的讨论。

(2)研判国际法框架。在文物保护与返还领域,中国与德国之间没有签署双边协定,但均为"1970年公约"缔约国。中国较德国更早加入"1970年公约",已于1989年批准加入,而该公约在德国自2008年2月29日起方始生效。① 根据"1970年公约"第13条的规定,公约缔约国应当"受理合法所有者或其代表提出的关于找回失落的或失窃的文化财产的诉讼"。为此,德国《文化财产保护法》在传统的外交途径之外,还专门设置了文物归还诉讼,作为处理追索非法出口文物的专项诉讼程序。

鉴于此,中国作为"1970年公约"缔约国,可依据德国《文化财产保护法》(2016年),可通过两种途径——外交途径和文物归还诉讼(行政诉讼途径)——提出归还文物诉求。

首先,外交途径和文物归还诉讼这两种途径相互独立,追索主体可择一适用。前者系以国际执法合作为基础的常规路径,是指根据《文化财产保护法》第52条和第59条,中国可向德国外交部提出,通过外交渠道归还文物的请求。后者也称"诉讼途径",是指根据《文化财产保护法》第52条和第63条,中国可在德国法院提起文物归还诉讼。简言之,《文化财产保护法》第52条是核心条款,规定了"1970年公约"缔约国提出归还文物诉求的实质条件。在符合第52条规定的实质条件前提下,只需按照第59条(外交途径)或第63条(诉讼途径)的程序要求,中国就有权提出归还文物诉求。

必须指出,文物归还诉讼是基于公法上的请求权(public-law claims),而非私法上的请求权(civil-law claims),其本质是行政诉讼,而非民事诉讼。对于文物追索方而言,无论是提起文物归还诉讼还是民事诉讼,二者互不影响,不相冲突。② 只不过在文物归还诉讼中,根据《文化财产保护法》能提出此类公法请求权的主体只能是国家(且不论文物权属如何),③而非个人或其他组织。

其次,在符合《文化财产保护法》第52条规定的实质条件前提下,如能提供第63条要求的诉讼程序文件,中国就可在德国提出文物归还诉讼。根据该法第52条的规定,中国如能证明以下三点,则可要求返还文物:①涉案

---

① Convention on the means of prohibiting and preventing the illicit import, export and transfer of ownership of cultural property, United Nations Treaty Collection, available at https://treaties.un.org/Pages/showDetails.aspx? objid=08000002801170ec&clang=_en.
② 德国《文化财产保护法》第49条第1款。
③ 德国《文化财产保护法》第58条。

观音像确系中国文物(含国有或私有文物);①②涉案观音像在出境时已违反当时的中国法律;③如能确定出境时间,证明涉案观音像系在2007年4月26日之后被运出。

需注意,如果无法确定出境时间,《文化财产保护法》会推定文物是在2007年4月26日之后被运出,除非文物持有人X先生提供反证(第52条第2款)。② 这是德国文物法律中,有利于文物原属国的"举证责任倒置规则"。

根据该规则,如果文物持有人X先生无法证明文物是在2007年4月26日前就已被运出中国的话,那么涉案观音像被推定为是在该日期之后被运出。依照中国现行《文物进出境审核标准》(2007年4月3日生效),观音像可被判定为非法出口文物。另,若文物持有人X先生能够证明在2007年4月26日前就已被运出中国,中国的归还文物请求则会因无法满足第52条要求而不被支持。

此外,如拟通过文物归还诉讼追索流失文物的,中国还需考虑可能遇到的法律问题包括诉讼时效、返还补偿等。根据德国《文化财产保护法》,文物来源国提起归还诉讼的诉讼时效为3年,自知道文物所在地和文物持有人身份之日起算;最长时效期间为30年,自文物被非法转移出境之日起算。③ 另关于返还补偿,若文物持有人已履行尽职调查,则其可拒绝返还文物,直到文物来源国给予其公平的补偿;有关补偿的计算要考虑文物持有人获得文物的对价以及为保存文物的措施支出。④

3. 经验总结

根据德国《文化财产保护法》的相关规定,中方有权提出归还诉讼。在能够证明涉案佛像为中国文物,且属于非法出口文物的前提下,中方可要求归还文物。中方需综合考虑文物价值、追索难度与成本、社会效益等因素,合理制定诉讼预案,适时在德国提起归还诉讼。

在准备提起归还诉讼时,中国需证明涉案文物确系"非法出境的中国文

---

① 具言之,需证明该文物的来源,并证明其不仅属于公约第1条所述的类别之一,在出境前也已被中国列为或宣告为"具有重要价值"(公约第1条)或"不可让与"[公约第13(d)条]。参见德国《文化财产保护法》第52条第(1)款。
② 德国《文化财产保护法》第52条第(2)款:如果无法明确该文化财产是否在2007年4月26日出境,则除非另有证明,否则应推定该文化财产在上述日期之后从缔约国领土出境。只有证明文化财产在此日期之前已经位于联邦领土、欧盟统一市场或第三国的情况下,才能驳斥这一假设。根据《行政诉讼法》第27条第(1)款和各州行政诉讼法的规定,允许以确认书代替宣誓以提供上述证明。第61条第(1)款第7项和第62条第(2)款所述的主管机关负责在调解程序中管理此类确认书。
③ 德国《文化财产保护法》第55条、第56条。
④ 德国《文化财产保护法》第66条、第67条。

物",并根据德国《文化财产保护法》第63条的规定,提交针对文物的充分描述、文物为国家文化财产的说明,以及文物系非法出口的说明等材料。①为此,中国充分收集证据,制作证据清单,待收集证据材料的范围包括但不限于:关于文物本体信息及证明其真伪性的书面鉴定材料,中国文物保护(尤其是进出境管理)相关的法律规定,中国文物进出境审核管理处的出境申请记录,以及能够佐证其非法出境的其他书面材料。

第三节 以跨境诉讼为例:
追索流失文物的问题及完善建议

本章第一节系统回顾了中国跨境追索流失文物的实践,第二节重点梳理了回归途径中的法律路径,明确中国对外追索文物的基本思路与路径选择。在此基础上,本节将聚焦法律路径的典型代表——跨境民事诉讼,结合第一章里所提的两个中国案例——追索被盗宋代章公祖师肉身像案和追索被盗广州美院国有文物案,以案例为引,考察中国通过跨境诉讼追索流失文物的主要问题,并据此提出完善建议,以期推动中国合理利用跨境民事诉讼追索流失文物。

一、中国通过跨境诉讼追索流失文物的主要问题

追索被盗宋代章公祖师肉身像案和追索被盗广州美院国有文物案,是观察中国通过跨境诉讼追索流失文物的绝佳案例,因为二者颇具代表性,所涉文物都兼具被盗文物和非法出口文物的性质,并且分别反映了非国有文物和国有文物的追索困境。

具体而言,在追索被盗宋代章公祖师肉身像案中,涉案文物是中国村民集体所有的文物,系非国有文物。因有1995年章公祖师肉身像被盗的事实,文物属于被盗物;同时,因其年代早于1911年,依《中华人民共和国文物保护

---

① 德国《文化财产保护法》第63条第(1)款:只有在请求书所附下列文件的情况下,成员国或缔约国提起的返还程序才可被受理:1. 对文化财产的充分描述,包括a)身份和来源出处;b)实际或预计的移出日期,以及c)在联邦领土上的实际或预计的位置;2. 声明根据提出请求的成员国或缔约国国家法律或行政程序,该文化财产为国家文化财产;且3. 提出请求的成员国或缔约国声明该文化财产已被非法从其领土移出。

法》和《文物出境审核标准》属于中国禁止出境文物之列,①该文物也属于非法出口文物。而在追索被盗广州美院国有文物案中,涉案文物是国有文物收藏单位广州美院图书馆收藏、保管的藏品,属于国有文物。② 因有原馆长萧某将之窃为己有并拍卖的事实,文物属于被盗物;同时,因其国有文物之性质,依《中华人民共和国文物保护法》属于中国禁止出境文物之列,③该文物也属于非法出口文物。

下面将以这两起案例为引,梳理中国通过跨境诉讼追索被盗文物和追索非法出口文物的常见法律问题,既有共同点,亦有各特殊之处。

(一)追索被盗文物和非法出口文物的共同问题

1. 选择合适的管辖法院

选择合适的管辖法院,即确定哪一国的法院有权并适合审理文物追索诉讼。实践中,文物所在地国、被告(文物现持有人)住所地国或国籍国、文物来源国以及文物借展所在国等都有可能对跨境文物返还争议享有管辖权。

以追索被盗宋代章公祖师肉身像案为例,这里有三个国家的法院——荷兰法院、中国法院和匈牙利——都可能对该争议享有管辖权。④ 首先,根据《荷兰民事诉讼法典》,荷兰法院对于被告住所(或惯常居所)在荷兰的案件有管辖权。⑤ 其次,根据《中华人民共和国民事诉讼法》,对因其他财产权益纠纷向在中国没有住所的被告提起的诉讼,中国人民法院可以"侵权行为

---

① 《中华人民共和国文物保护法》第60条:"国有文物、非国有文物中的珍贵文物和国家规定禁止出境的其他文物,不得出境;但是依照本法规定出境展览或者因特殊需要经国务院批准出境的除外"。《文物出境审核标准》:"本标准以1949年为主要标准线。凡在1949年以前(含1949年)生产、制作的具有一定历史、艺术、科学价值的文物,原则上禁止出境。其中,1911年以前(含1911年)生产、制作的文物一律禁止出境"。根据该标准,对于审核类别属于"5. 雕塑-人像、佛像、动植物造型及摆件等"的,禁限为"一九一一年以前的禁止出境"。

② 《中华人民共和国文物保护法》第5条:"下列可移动文物,属于国家所有:(一)中国境内出土的文物,国家另有规定的除外;(二)国有文物收藏单位以及其他国家机关、部队和国有企业、事业组织等收藏、保管的文物;……"

③ 《中华人民共和国文物保护法》第60条:"国有文物、非国有文物中的珍贵文物和国家规定禁止出境的其他文物,不得出境;但是依照本法规定出境展览或者因特殊需要经国务院批准出境的除外。"

④ 关于本案案情和追索路径的讨论,详见本书第七章第二节"常规路径:跨境民事诉讼"。

⑤ Art. 2, Dutch Code of Civil Procedure.

地在中国"为由行使管辖权。① 最后,鉴于章公祖师肉身像曾在匈牙利布达佩斯自然科学博物馆展览,如果是在展出期间,中国村民在匈牙利提起文物返还之诉,那么,匈牙利法院也可能以"诉讼时文物所在地"作为其管辖权依据。②

事实上,该案确实出现了"平行诉讼"的情形。中国村民不仅在荷兰阿姆斯特丹地区法院提起了文物返还之诉,也在中国福建省三明市中级人民法院提起了侵权之诉,要求荷兰收藏家停止侵害并返还原物。③ 很自然,这里会产生一个问题:在两个或两个以上国家/地区的法院对同一跨境文物返还争议享有管辖权的情形下,如何确定合适的管辖法院。

对此,有观点建议,应重视国内司法救济途径,即使文物不在国内,中国国内法院也可以对海外流失文物进行确权裁判,其后以败诉被告位于国内可供执行的财产为条件,以诉讼促和解,以便达成返还文物的安排。④ 这种观点,除了提供"以诉促谈"的有益思路外,其实并无太大建设性,因为其忽视了两个重要的问题:其一,由于被告和拟追索的文物均在境外,跨境文物返还诉讼会涉及域外送达、域外调查取证等国际民事司法协助问题。鉴于中国法院在这种情况下行使管辖权很难得到外国法院的认可,相关的司法协助请求也难以获得有关国家的支持。⑤ 其二,各国普遍认可此类诉讼由起诉时文物所在地或被告住所地的法院管辖,因此,即便文物追索方获得胜诉判决,无论是确权裁判还是给付裁判,都很难得到文物所在国的承认与执行。

---

① 《中华人民共和国民事诉讼法》第 272 条:"因合同纠纷或者其他财产权益纠纷,对在中华人民共和国领域内没有住所的被告提起的诉讼,如果合同在中华人民共和国领域内签订或者履行,或者诉讼标的物在中华人民共和国领域内,或者被告在中华人民共和国领域内有可供扣押的财产,或者被告在中华人民共和国领域内设有代表机构,可以由合同签订地、合同履行地、诉讼标的物所在地、可供扣押财产所在地、侵权行为地或者代表机构住所地人民法院管辖"。

② 中国和匈牙利分别于 1997 年和 1998 年先后加入了"1995 年公约"。根据"1995 年公约"第 8 条规定,追索文物(包括被盗文物和非法出口文物)的请求不仅可以向"根据其现行法律拥有管辖权的缔约国法院或其他主管机关"提出,还可以向"文物所在地的缔约国法院或其他主管机关"提出。但需要指出的是,鉴于"1995 年公约"无溯及力(公约第 10 条),宋代章公祖师肉身像系于公约在中国生效之前被盗走的,因此,公约不适用于本案。当然,对于公约可以适用的案例,"文物所在地"缔约国法院或其他主管机关行使管辖权是没有问题的。

③ 刘姝君:"福建三明中院受理'肉身坐佛'跨国诉讼案",载新华网,http://news.xinhuanet.com/legal/2015-12/12/c_1117441096.htm,最后访问时间 2017 年 12 月 10 日。

④ 萧凯:《追索海外流失文物法律分析——从圆明园兽首拍卖事件谈起》,载《东方法学》2009 年第 2 期。

⑤ 霍政欣:《追索海外流失文物的国际私法问题》,载《华东政法大学学报》2015 年第 2 期。

2. 确定适格的诉讼主体

诉讼主体资格问题,即确定原告是否具有诉讼主体资格。以文物的权属划分,中国文物可分为国有文物、集体所有文物和私人所有文物。① 对于流失文物追索方而言,确保其享有诉的利益、具有诉的能力,是其作为适格原告的前提。

对于"诉的利益",理论上,在追索被盗文物这类涉及所有权的诉讼中,国家、集体和私人都可作为原告,其诉的利益是基于所有权权益;在追索非法出口文物这类不涉及所有权的文物诉讼中,国家可作为原告,其诉的利益是基于其他利害联系,确切地说,是基于保护国内文化遗产的保护性利益(或称"联系利益")。② 这里,有关"诉的利益",涉及所有权权益或者其他利害联系能否为外国法院认可的问题,与文物所有权法和文物出口管制法的有效性密切相关,分别是被盗文物诉讼和非法出口诉讼中的特殊问题,将在下文分别展开讨论。

对于"诉的能力",中国国家、集体或私人要作为适格的原告,须是法律意义上的实体,具有法律人格。在这一点上,中国面临的问题主要在于:在涉及国有文物和集体所有文物的返还争议中,谁是代表国家或集体的、具有法律人格的实体。对此,中国法律规定不甚明确,这不仅反映了立法空白,也暴露了配套机制的缺失。

(1)国有文物返还争议的原告。以追索被盗广州美院国有文物案为例,拟追索的文物系国有文物,国家是文物的所有权人,但是由谁来代表国家作为原告参与追索,是国务院或国务院文物行政主管部门,还是地方人民政府或地方文物行政主管部门,抑或是国有文物的收藏保管单位广州美院,并不清楚。对此,明确的法律规定尚付阙如,追索的专门机构或人员队伍等配套机制也亟待建设。

(2)集体所有文物返还争议的原告。以追索被盗宋代章公祖师肉身像案为例,诉讼标的系集体所有文物,村集体是文物的所有权人,但是由谁来代表集体作为原告参与追索。本案中是由村民委员代表两村村民作为原告的,那么,村民委员会是否具有诉讼诉讼能力?除了村民委员会外,集体经济组织、村民小组能否也能具备相应的诉讼能力?这里稍作展开讨论。

关于"村民委员会",《中华人民共和国村民委员会组织法》对村民委员

---

① 《中华人民共和国文物保护法》第5条和第6条。
② 关于"联系利益",有观点指出,在涉及非法出口文物时,出口国的"(文化)联系利益"逐步得到承认,在一定程度上也被视为相关国家的主权利益。See Beat Schönenberger, *The Restitution of Cultural Assets*, Stampli Publishers, 2009, p. 80.

会的内涵和外延有清晰的界定。并且,根据《中华人民共和国民法典》第101条,村民委员会具有基层群众性自治组织法人资格,可以从事为履行职能所需要的民事活动。尽管对于外国法院而言,"村民委员会"的概念较为陌生,"集体所有"这种经济体制和所有权关系也确有其特殊性,但是结合前章所及的"邦培案""哥德堡案"等跨国文物追索案例,外国法院也有可能根据国际礼让,参考文物来源地法以确定原告的诉讼能力。

关于"集体经济组织",《中华人民共和国民法典》第262条(原《中华人民共和国物权法》第60条)确立农民集体所有权的行权主体包括集体经济组织,①但集体经济组织的外延较为模糊,具体哪些组织属于集体经济组织,中国并无法律明确规定。② 据此,若集体经济组织作为原告提起跨国民事诉讼,恐难向外国法院清晰阐述其诉讼能力。

关于"村民小组",根据中国法律,除村民委员会外,村民小组也可以对集体所有的财产行使所有权。但是,一方面,村民小组并非《中华人民共和国民法典》规定的具有法人资格的主体;另一方面,村民小组也并非《中华人民共和国民事诉讼法》规定的"公民、法人和其他组织"三种诉讼主体中的其他组织。③ 尽管最高人民法院在其答复中确认村民小组可以作为诉讼当事人,④但这一规定在法律层面的规范中并未得到体现,以此为据说服外国法

---

① 《中华人民共和国物权法》确定的农民集体所有权行权主体,在实践中存在一定的混乱。一是集体经济组织和村民委员会(或村民小组)都对集体所有的财产行使所有权,但在具体情况中到底由谁来行使所有权并不明确;二是《中华人民共和国物权法》关于代表集体行使所有权三类主体的规定针对不动产,而大部分海外流失文物是动产,这类文物的所有权行使主体是集体经济组织还是村民委员会,中国法律并没有明确的规定。

② 通常认为,对于中国当前农村集体经济组织而言,其包括农村社区集体经济组织、供销合作社、信用合作社以及乡镇集体企业;对于城镇集体经济组织而言,则包括城镇中组织手工业者和小商人成立的合作企业和合作商业,以及街道居委会或者国有企业为了解决就业问题而兴办的集体企业。但是,中国并没有任何一部法律明确规定了哪些组织属于集体经济组织,甚至连《中华人民共和国农民专业合作社法》都对集体经济组织只字未提。

③ 《最高人民法院关于适用〈中华人民共和国民事诉讼法〉的解释》第52条:"民事诉讼法第五十一条规定的其他组织是指合法成立、有一定的组织机构和财产,但又不具备法人资格的组织,包括:(一)依法登记领取营业执照的个人独资企业;(二)依法登记领取营业执照的合伙企业;(三)依法登记领取我国营业执照的中外合作经营企业、外资企业;(四)依法成立的社会团体的分支机构、代表机构;(五)依法设立并领取营业执照的法人的分支机构;(六)依法设立并领取营业执照的商业银行、政策性银行和非银行金融机构的分支机构;(七)经依法登记领取营业执照的乡镇企业、街道企业;(八)其他符合本条规定条件的组织。"

④ 最高人民法院就河北省高级人民法院(2005)冀民一请字第1号《关于村民小组诉讼权利如何行使的几个问题的请示报告》作出(2006)民立他字第23号答复(2006年7月14日):"遵化市小厂乡头道城村第三村民小组(以下简称第三村民小组)可以作为民事诉讼当事人。以第三村民小组为当事人的诉讼应以小组长作为主要负责人提起"。

院的难度较大。因此,村民小组也不是适合代表村集体提起跨国民事诉讼的主体。

3. 适用的法律

在跨境文物返还诉讼中,要确定支配文物归属的准据法,离不开识别和法律适用的问题。首先,对于"识别",尤其是识别从建筑物上被肢解或移除的文物,是属于动产亦或不动产的问题,具有一定的不确定性。鉴于各国法院通常在处理此问题时依照法院地法,中国追索方应以法院地国法律作为研判识别问题的法律依据,这里不存在太多问题。①

其次,对于"法律适用",传统上,各国法院依"物之所在地法"确定适用的法律,如此,"末次交易时文物所在地国"或"诉讼时文物所在地国"的民商事法律,通常成为支配此类问题的准据法。此外,在寻找替代性冲突规范的尝试中,"文物原属国"作为唯一或主要连结点的建议已频频提出,并在个别国家(如比利时)和地区(如欧盟)推广适用。在此情形下,文物原属国法作为准据法予以适用的可能性也相应增大。一方面,文物原属国可能恰好是"末次交易时文物所在地国",文物原属国法可因传统"物之所在地法"冲突规则的指引而适用;另一方面,在新兴的替代性冲突规范中,在满足特定条件下,如"文物原属国法"能为善意购买人提供一定保护时,文物原属国法同样可作为准据法予以适用。

那么,接下来的问题就是:"文物原属国法"能否成为"合格"的准据法,换言之,适用"文物原属国法"是否有利于促成非法转移文物的返还,并在根本上实现"文物中心原则"的宗旨,即能够最大限度地保护文物,防止非法文物贩运。从这一角度出发,中国有关被盗物的民商事法律明显存在缺漏,或可成为"不合格"准据法,这一问题亟待解决。

(1) 被盗非国有文物能否适用善意取得。以追索被盗宋代章公祖师肉身像案为例,诉讼标的为非国有文物。据被告荷兰藏家所称,末次交易地是在荷兰。如其所称属实,依据《荷兰民法典》第十编国际私法的规定,对于从无权处分人处取得之物的物权问题,适用(据称)取得该物时的物之所在地法。② 换言之,本案适用末次交易时文物所在地法,即荷兰法。

不过,假设本案末次交易时文物所在地位于中国,那么,中国法就是本案的准据法(或至少是判断现文物持有人是否取得物权的准据法,这里暂且不考虑交易链条的其他主体,如将文物出让给荷兰藏家的"前手"及其"前前

---

① 霍政欣:《追索海外流失文物的国际私法问题》,载《华东政法大学学报》2015年第2期。
② 《荷兰民法典》第10: 131条。

手"等)。依此,被盗肉身像的归属如何判定,取决于中国有关被盗物的民商事法律。但是,在中国对于盗赃物能否适用善意取得的问题,至今没有明确的法律规定,在实务中也未形成统一的认识。①

细言之,一方面,在法律层面,《中华人民共和国民法典》第312条(原《中华人民共和国物权法》第107条)对遗失物的善意取得问题作了规定。根据该规定,遗失物可以有条件地适用善意取得。② 但是,该法对于盗赃物的问题并没有作出规定。对此,能否将遗失物这条规定类推适用到盗赃物上,在学理上也颇有争论。另一方面,在目前的司法实践中,盗赃物是否适用善意取得也是较为突出的问题。有部分司法机关认为,根据《中华人民共和国刑法》第64条的规定,③对于仍在犯罪分子手中的赃款、赃物,应将其追缴或返还被害人,换言之,司法机关对赃物具有无限的追及权,对其不适用善意取得制度。但是,也有部分司法机关认为,依据最高人民法院的有关复函关于盗赃物善意占有的处理意见,有条件地承认了盗赃物适用善意取得。④ 由此可见,这一重要法律问题上的立法缺失和司法实践之不统一,会导致无法真正解决被盗文物的归属问题,这一困境应引起重视。

(2)被盗国有文物能否适用善意取得。以追索被盗广州美院国有文物案为例,拟追索的文物为国有文物。国有文物的特殊性之处在于,其性质属于"限制流通物"。根据《中华人民共和国文物保护法》的规定,公民、法人和其他组织不得买卖国有文物,国家另有允许的除外。⑤ 同时,《中华人民共和

---

① 刘智慧:《占有制度原理》,中国人民大学出版社2007年版,第299页。
② 《中华人民共和国民法典》第312条:"所有权人或者其他权利人有权追回遗失物。该遗失物通过转让被他人占有的,权利人有权向无处分权人请求损害赔偿,或者自知道或者应当知道受让人之日起二年内向受让人请求返还原物;但受让人通过拍卖或者向具有经营资格的经营者购得该遗失物的,权利人请求返还原物时应当支付受让人所付的费用。权利人向受让人支付所付费用后,有权向无处分权人追偿。"
③ 《中华人民共和国刑法》第64条:"犯罪分子违法所得的一切财物,应当予以追缴或者责令退赔;对被害人的合法财产,应当及时返还;违禁品和供犯罪所用的本人财物,应当予以没收。没收的财物和罚金,一律上缴国库,不得挪用和自行处理。"
④ 在中国早期的一些司法解释中,如1951年11月22日最高人民法院《关于善意作直接由所有人手中取得之所有权应否保护的问题的复函》,1953年11月9日最高人民法院《关于追缴与处理赃物问题的复函》,1958年7月14日最高人民法院《关于不知情的买主买得的赃物应如何处理问题的复函》,1965年12月1日最高人民法院、最高人民检察院、公安部、财政部《关于没收和处理赃款赃物若干问题的暂行规定》等,都在不同程度上承认了盗赃物可以有条件地适用善意取得制度。较近时期的一些司法解释,对盗赃物可以有条件地适用善意取得也是予以承认的。如1998年5月8日最高人民法院、最高人民检察院、公安部、国家工商行政管理局颁布的《关于依法查处窃、抢劫机动车案件的规定》的第12条。参见刘智慧:《占有制度原理》,中国人民大学出版社2007年版,第300~301页。
⑤ 《中华人民共和国文物保护法》第51条。

国民法典》第 311 条(原《中华人民共和国物权法》第 106 条)设定了排除"善意取得"的例外情形,即在法律另有规定的情况下,善意取得不予适用。善意取得的前提之一是,受让物为可流通物,因此对于国有文物这类"限制流通物",不应适用善意取得。

事实上,中国类似的"限制流通物",并不限于国有文物。《中华人民共和国文物保护法》规定,国家禁止出境的文物,不得转让给外国人。① 因此,我国禁止出境的非国有文物,包括非国有文物中的珍贵文物和国家规定禁止出境的其他文物,如拟转让给外国人的,也都属于"限制流通物"之列。譬如,追索被盗宋代章公祖师肉身像案中的肉身像,就属于"国家规定禁止出境的其他文物",且符合"转让给外国人"的事实,自然也属于"限制流通物"之列。

当然,这里接下来的问题是,关于"限制流通物"的法律效力,是否够得到外国法院的承认,取决于该国对外国公法效力的态度,以及第五章所论及的外国公法可能适用的几种途径。

4. 同一性证明

证据是追索的事实根据,也是追索流失文物工作的基石。只有掌握了流失文物的具体信息(包括出土或制作地点及年代、流失途径及年代等)和确凿证据,文物追索方的返还请求才有可能获得法律支撑及其他有利地位。②

作为跨境文物返还诉讼中的棘手难题,同一性证明问题在于证明追索方要求返还的文物,与文物现持有人手中的文物是同一件。以追索被盗宋代章公祖师肉身像案为例,被告荷兰藏家曾提出一项重要的辩护意见,即其所购佛像并不是原告所称的"宋代章公祖师肉身像"。对于原告所提交的同一性证据,包括数张盗窃发生前的佛像照片、福建村民关于佛像若干物理特征的证言,被告均表示质疑。庭审中,原告提出申请对被告所购佛像做独立的科学鉴定,但被告以其他理由予以拒绝。③

该案所暴露出同一性证明难的问题,绝非个例。事实上,对于大多数非经登记在册的文物,尤以被盗掘的考古类文物为代表,都会遇到此类问题。而在追索章公祖师肉身像案中,涉案佛像虽非被盗掘的考古类文物,也同样因未登记在册之故,缺乏国家文物清册这样具有公信力的证据,致使追索方在同一性证明问题上捉襟见肘。

---

① 《中华人民共和国文物保护法》第 52 条。
② 霍政欣:《追索海外流失文物的法律问题》,中国政法大学出版社 2013 年版,第 290 页。
③ 刘芳、杨昕怡:"追索'章公祖师'最新进展",载新华网,http://news.xinhuanet.com/mrdx/2017-07/16/c_136447162.htm,最后访问时间:2017 年 10 月 1 日。

值得注意的是,中国于 2017 年完成了第一次全国可移动文物普查,并建成国家文物资源数据库。① 但是,这次全国普查的范围为国有文物,非国有文物(包括非国有博物馆收藏保管的文物)尚未纳入普查范围,数量庞大的民间文物尚缺乏有效统计途径。换言之,全面的重要文物清册在中国仍处于建设阶段,亟待完善,否则,类似重要的非国有文物(如非国有文物中的珍贵文物),一旦流失出境,仍旧会面临着追索中同一性证明难的问题。

(二)追索被盗文物的特殊问题:文物所有权法的有效性

在追索被盗文物这类涉及所有权的诉讼中,国家、集体和私人都可作为原告,其诉的利益是基于所有权权益。而所有权权益能否为外国法院认可的问题,与文物所有权法的有效性密切相关。如第三章所述,一国法院在判断是否承认外国文物所有权法的效力时,通常会考虑该法是否具有以下三个因素:明确性、连续性和强制执行性。以这三要素作为判断标准,可以发现:中国文物所有权法尚存有漏洞,极可能影响外国法院对中国文物所有权法效力的判断。

首先,文物所有权法应具有明确性,这是对文物和来源国之间法律联系的保障,是一国法院承认其效力的基本前提。要确认基于所有权的利益联系确系存在,清晰明确的文物所有权法必不可少。然而,中国的文物所有权法离"清晰明确"的要求还存在一定距离,最明显的一处缺憾体现在中国对未发掘考古类文物(包括尚未发掘的地下或水下文物)的规定上。具体而言,中国目前已有《中华人民共和国文物保护法》明确"境内地下、内水和领海中遗存的一切文物,属于国家所有"、"地下埋藏的文物,任何单位或者个人都不得私自发掘"、"考古发掘的文物,任何单位或者个人不得侵占",②并有《中华人民共和国刑法》及2015年《关于办理妨害文物管理等刑事案件适用法律若干问题的解释》有关"盗掘古文化遗址、古墓葬罪"的规定。③ 但是,对于"违法盗掘或合法挖掘后非法占有的文物"是否属于"被盗物"的性质问题,虽能从前述规定中推断得出,但由于当前尚无法律规定予以明确说明,这将不可避免地给外国司法机关将此类文物判定为"被盗物"造成困难,从而阻碍海外追索流失文物的顺利进行。

其次,文物所有权法应具有连续性,这是对文物和来源国之间事实联系

---

① 国家文物局:"第一次全国可移动文物普查工作报告",http://www.sach.gov.cn/art/2017/4/7/art_722_139372.html,最后访问时间:2018年1月2日。

② 《中华人民共和国文物保护法》第5条、第27条、第34条。

③ 《中华人民共和国刑法》第328条,最高人民法院、最高人民检察院《关于办理妨害文物管理等刑事案件适用法律若干问题的解释》(2015年)第8条、第9条。

的保障,是确保文物与来源国不间断联系的合理条件。在跨境文物追索争议中,文物来源国如要证明对某文物享有国家所有权,须证明文物来自境内,且在出境时依该国所有权法属国家所有。① 这里,"出境时的所有权法"有两层含义:其一,该所有权法是在文物出境时有效、可适用的法律。其二,该所有权法的范围不以文物保护法等特别法为限,民法也常作为法律依据。② 但是,因年代久远、证据不足等原因,文物的出境时间往往难以精准确定。职是之故,中国如欲于法有据地追索流失物,需尽力确保在相当长一段时间内存在持续、有效的文物所有权法,即便是此类法律可能几经修订、替换。否者,一旦文物的出境时间落入法律的"空档期",中国只能承担追索主张无法可依的不利后果。

最后,文物所有权法应具有强制执行性,这是确保原属国有能力保护文物的必然要求。真正意义上的所有权法,不仅仅是宣誓性的权利证书,而应当具有强制执行力的保障。所谓"强制执行力"的保障,不仅体现在侵害所有权的不法行为应承担的法律责任上,例如规定在境内偷盗国有文物或对国有文物隐瞒不报的刑事责任等,还体现在此类法律的实施效力上,亦即确有相关行政机关依此执法,以保护文物所有权不受侵犯。③

许多来源国都有严格的文化遗产法律,但是对这些法律的实施执行差强人意,中国在这一点也不例外。④ 在中国,对考古发现隐瞒不报者,并未设定对应的刑事责任;或者有关主管机关在接到考古发现的报告后,很难及时采取对应的保护措施,将考古遗址和发现物列入国有文物清册。例如,河北省保定市曲阳县五代王处直墓于1994年被盗掘,河北省文物局于次年进行了抢救性清理挖掘,⑤但直至2003年,王处直墓才被正式列入全国重点文物保护单位。⑥ 据调查,破坏文物本体及其原生环境的法人违法行为时有发生,

---

① *Government of Peru v. Johnson*, 720 F. Supp. 810, 814 (C. D. Cal. 1989).
② 以"美国诉含月球材料树脂球案"(又称"月球石案")为例,首先,美国法院考察了洪都拉斯的两部文化遗产保护法律——1984年法案和1997年法案,并指出两法案分别因调整范围和溯及力的问题不能适用于1990年至1994年期间被盗的涉案文物。接着,法院考察了洪都拉斯的民法典,进而得出涉案文物是国有公用财产的结论。See *U. S. v. One Lucite Ball Containing Lunar Material and One Ten Inch By Fourteen Inch Plaque*, 252 F. Supp. 2d 1367 (S. D. Fla. March 24, 2003).
③ *United States v. Frederick Schultz*, 333 F. 3d 393, 402 (2nd Cir. 2003).
④ Craig Forrest, *International Law and the Protection of Cultural Heritage*, Routledge, 2010, p. 155.
⑤ 河北省文物研究所、保定市文物管理处编著:《五代王处直墓》,文物出版社1998年版,第1页。
⑥ 2003年,曲阳王处直墓正式列入"第七批全国重点文物保护单位名单",编号为7-0521-2-005。

且发生后不处理不追责的情况较为普遍。2016年,国家文物局全年督办案件中,法人违法案件占比高达76.5%。除了法人违法,文物安全问题的关键原因,还有地方政府主体责任、部门监管责任、文物管理使用者直接责任的履行不到位。"怕担责任""知情不报",仍旧是中国当前文物管理执法中存在的突出问题。①

(三)追索非法出口文物的特殊问题:文物出口管制法的有效性

在追索非法出口文物这类不涉及所有权的文物诉讼中,国家可作为原告,其诉的利益是保护国内文化遗产的保护性利益,依据的是具有公法性质的文物出口管制规范。这里,"保护性利益"能否为外国法院认可,不仅取决于一国法院对外国公法效力的态度,以及第五章所论及的外国公法可能适用的几种途径,还取决于出口管制法是否规定得清晰明确。文物出口管制标准的透明化和统一化,是确定"合法/非法出口"标准的基本前提。在这一点上,中国仍有进一步完善的空间。具体而言:

首先,中国文物出境管理审核标准单一,且与"文物级别"标准脱节。依据《中华人民共和国文物保护法》,禁止出境的文物一共有三类:国有文物、非国有文物中的珍贵文物以及国家规定禁止出境的其他文物。②"珍贵文物"的概念出自《文物藏品定级标准》,文物藏品"分为珍贵文物和一般文物"。其中,珍贵文物分为一级文物、二级文物和三级文物。而中国《文物出境审核标准》仅以年代作为审核标准,确立的是以1949年和1966年分别为非少数民族文物和少数民族文物"原则上禁止出境"的主要标准线,以及以1911年为"一律禁止出境"的辅助标准线。

这里的问题在于:《文物出境审核标准》仅采"年代标准",忽略了"文物级别"的重要性,无法与《中华人民共和国文物保护法》恰当衔接。鉴于《中华人民共和国文物保护法》与《文物出境审核标准》是"上位法"与"下位法"的关系,《文物出境审核标准》有关禁止出境文物的年代标准,实际上应是对《中华人民共和国文物保护法》中"国家规定禁止出境的其他文物"的细化规定。因为"国有文物"和"非国有珍贵文物"这两类文物,是法律明确规定禁止出境的文物,并不以文物的年代新旧为限。换言之,即使是未达《文物出境审核标准》的禁止出境"年代标准",如1949年以后生产、制作的非少数民族文物,如果其属于"国有文物"或"非国有珍贵文物",那么也同样在禁止出境

---

① 施雨岑:"4年'截住'非法进出境文物1.2万余件——文物安全红线怎么守?",载新华网,http://www.xinhuanet.com/legal/2017-12/23/c_1122156963.htm,最后访问时间:2018年1月3日。

② 《中华人民共和国文物保护法》第60条。

文物之列。所以，以此逻辑，《文物出境审核标准》实际主要针对"非国有一般文物"的出境审核标准。然而，从条文表述来看，《文物出境审核标准》并没有将"文物级别"的标准考虑在内，不论"国有文物"还是"非国有文物"，不论"珍贵文物"还是"一般文物"，都统一以年代为唯一的出境审核标准。① 这是明显有损文物出口管制标准统一化的体现。

其次，中国的文物定级与鉴定制度实施混乱，无法有效配合文物出境管理制度。如前所述，中国禁止出口的文物中，有重要的一类为"非国有文物中的珍贵文物"。这里的"珍贵文物"对应"一般文物"，与"文物级别"标准直接挂钩。但是，在中国尚未建立起统一的文物定级与鉴定制度的情况下，要判断一件非国有文物是属于珍贵文物还是一般文物，时常会出现"定级晚""定级乱"的问题。以2009年河南"首例走私古钱币案"蒋某某为例，②对于涉案古钱币的定性，其定级应为"三级文物"（属于"珍贵文物"）还是"一般文物"，直接影响着走私文物罪的成立与否。然而，案件侦办单位和法院分别委托的文物鉴定机构，对文物级别做出了截然相反的鉴定结果。最终，该案以公诉机关撤回起诉收场。实践中，对于涉案文物的司法鉴定问题，一直存在鉴定主体不明的问题。正如在蒋某某案中，案件侦办单位委托的是一家不具有司法鉴定资质的机构，而法院委托的是两家具有文物艺术品司法鉴定资质的司法鉴定机构，如何解决不同机构作出相互矛盾的定级认定结果，成为亟待解决的棘手问题。

值得注意的是，2015年《关于办理妨害文物管理等刑事案件适用法律若干问题的解释》第15条的规定，更加暴露了前述问题。根据该条，"对案件涉及的有关文物鉴定、价值认定等专门性问题难以确定的，由司法鉴定机构出具鉴定意见，或者由国务院文物行政部门指定的机构出具报告"。③ 那么，当

---

① 《文物出境审核标准》在其第七点说明中提到，"未列入本标准范围之内的文物，如经文物进出境审核机构审核，确有重大历史、艺术、科学价值的，应禁止出境"。这一说明尽管纳入了"文物级别"标准，但却未能正确表达"珍贵文物"位于禁止出境文物之列。因为这样的表述只能涵盖"珍贵文物"中的"一级文物"（具有特别重要历史、艺术、科学价值的代表性文物）和"二级文物"（具有重要历史、艺术、科学价值的文物），而不能包括"三级文物"（具有比较重要历史、艺术、科学价值的文物）。参见《文物藏品定级标准》（2001年中华人民共和国文化部令第19号）。

② 李晓磊：《老人向美寄古币遭羁押810天，获释申请天价赔偿》，载《民主与法制时报》2017年2月19日。

③ 《最高人民法院、最高人民检察院关于办理妨害文物管理等刑事案件适用法律若干问题的解释》，第15条。

司法鉴定机构与国家文物局指定的涉案文物鉴定评估机构,①针对同一文物做出了不一致的定级意见时,应以何者为依据,这不仅直接关涉公民的权益,也会影响对文物出境的有效管理,进而影响对文物构成"合法/非法出口文物"的认定。

二、中国通过跨境诉讼追索流失文物的完善建议

如何妥善利用跨国民事诉讼机制,以实现流失文物的回归,是所有文物流失国和文物原所有者需要面对的问题。与其他途径相比,通过在文物流失目的国提起跨国民事诉讼来追索流失文物有利有弊。有利之处是启动诉讼程序后,原告可请求法院采取诉讼保全措施,以免标的被原告转移、藏匿或毁坏;并且,在普通法国家,依"因循先例"原则,一旦胜诉,该判例对今后在该国追索文物能提供判例法支持。其弊端是诉讼成本高昂,程序繁冗耗时,对人力、物力都有较高要求。因此,中国应在重视跨国民事诉讼机制的同时,深入研究相关国家的国内法,审慎选择在有胜诉把握的国家提起民事诉讼。②

在上文反思中国通过跨境诉讼追索的主要问题之后,笔者在此提出如下完善建议,以期推动中国合理利用跨境民事诉讼追索流失文物:①设立专门追索机制;②制定诉讼策略预案;③完善中国文物所有权法;④设定被盗文物私法规则;⑤完善中国文物出境管理标准;⑥健全国家文物登录制度。

(一)设立专门追索机制

中国应建立以国家文物行政部门为主导,外交、公安、海关等部门配合的文物追索机制,并由国家文物行政部门代表国家,参与跨境文物返还诉讼。当前中国对海外流失文物的追索,采取的是文物行政部门与公安、海关等多部门协调机制,但部门之间长期"条块分割"的工作方式使得文物追索工作缺乏统筹协调,效率相对较低。③

2015年12月报国务院审议的《中华人民共和国文物保护法修订草案(送审稿)》,首次对文物追索机制作了规定,即"非法出境的文物,由国务院文物主管部门会同国务院其他有关部门予以追索"。该条虽然并未指定文物行政部门为文物追索工作的主管负责部门,但确认了文物行政部门的牵头

---

① 截止2018年初,国家文物局已分两批先后指定了共计41家文物鉴定评估机构。参见国家文物局:《关于指定北京市文物进出境鉴定所等13家机构开展涉案文物鉴定评估工作的通知》(文物博函〔2015〕3936号,2016年1月4日);《关于指定第二批涉案文物鉴定评估机构的通知》(文物博函〔2016〕1661号,2016年9月30日)。
② 霍政欣:《追索海外流失文物的法律问题》,中国政法大学出版社2013年版,第294页。
③ 王仙波:《文物保护执法应注意的六种关系》,载《中国文物科学研究》2009年第1期。

角色和"会同国务院其他有关部门"进行追索工作的职责。① 尽管在 2017 年《中华人民共和国文物保护法》修正时,这一立法建议未获采用,但其为建立以国家文物行政部门为主导,其他有关部门负责配合的文物追索机制,提供了宝贵的改革思路。

如今,在历经 5 次修正和 1 次修订后,《中华人民共和国文物保护法》又迎来了新的一轮立法修改。在 2020 年 11 月国家文物局公布的《中华人民共和国文物保护法(修订草案)》(征求意见稿)中,类似的条款再次出现,"国务院文物主管部门依照相关国际公约和法律规定,会同有关部门对被盗和非法出境的中国文物开展追索",②或可为建立系统性的文物追索机制带来新契机。

实践中,中国政府也未停止过对流失文物追索返还工作机制化的探索。2020 年,国家文物局下设文物返还办公室,标志着相关部际协调机制已初步建立。③ 2022 年,该办公室更名为"流失文物追索返还办公室",专门承担流失文物调查追索接收和外国非法进境文物的返还工作。④

当然,"流失文物追索返还办公室"的成立,只是流失文物追索返还工作机制化的起点。未来文物主管部门如何提高自身能力建设,会同其他部门并汇聚各界力量,共同促进流失文物返还,仍有待在摸索和创新中发展。譬如,在确定追索路径时,应认识到跨国民事诉讼机制的作用,追索人不仅可以合理利用文物目的国的司法程序,提出文物返还请求,维护自身权利;还可以通过提起跨国民事诉讼,以诉促谈,为协商、谈判等其他文物追索方式创造有利条件。因此,在"流失文物追索返还办公室"或某个文物追索专项工作组内,除负责诉讼的研究人员外,还建议配备专业的谈判人员和其他辅助工作人员,建立分工明确、有组织基础的追索队伍。

---

① 《中华人民共和国文物保护法修订草案(送审稿)》(2015 年 12 月)第 69 条:"非法出境的文物,由国务院文物主管部门会同国务院其他有关部门予以追索。对历史上非法出境的文物,国家保留收回的权利。国务院文物主管部门应当会同国务院其他有关部门,对历史上非法出境的文物开展调查,促进其返还"。

② 《中华人民共和国文物保护法(修订草案)》(征求意见稿,2020 年 11 月)第 77 条:"国务院文物主管部门依照相关国际公约和法律规定,会同有关部门对被盗和非法出境的中国文物开展追索;对在中华人民共和国境内发现的被盗和非法出境的外国文物,与相关国家开展返还合作。"

③ 参见国家文物局:"回眸 2020 展望 2021——开启文物事业改革发展新征程",http://www.ncha.gov.cn/art/2020/12/21/art_722_165045.html,最后访问时间:2021 年 3 月 10 日。

④ 《国家文物局职能配置、内设机构和人员编制规定》(中共中央办公厅、国务院办公厅,2022 年)。

(二)制定诉讼策略预案

中国应深入研究相关国家的国内法和国际条约,结合中国国情和现实需要,制定有针对性的诉讼策略预案。以如何选择合适的管辖法院为例,在管辖权问题上,首先,中国应重视文物与文物所在地的联系,遵循跨境文物返还诉讼由起诉时文物所在国法院管辖这一原则。一方面,这是出于保护文物之需要,文物所在地法院可通过采取临时保全措施,保证文物不被二次转手、拍卖、转移出境或因不当处置而遭到毁损、灭失。① 另一方面,这在最大程度上可避免外国法院裁判的承认与执行难题,文物所在地法院可控制拟追索的文物,不会出现阻碍裁判结果最终实现的问题。

其次,中国可考虑利用流失文物到第三国借展之机,向文物借展地国法院提起跨境文物返还诉讼。如果通过研判发现,在文物原所在地国或文物持有人住所地国(或惯常居所地国)通过诉讼途径追索文物,存在不可逾越的障碍,那么,当文物因借展等原因而位于第三国时,若该第三国法律相对有利,及时选择在该第三国提起诉讼,不失为一种追索策略。如在2008年荷兰阿姆斯特丹市返还14件马列维奇画作一案中,②追索方就是利用争议标的物在美国展览之际,在美国法院提起诉讼,并最终通过与荷兰阿姆斯特丹市达成了庭外和解,实现了文物的回归。

在利用文物借展地国诉讼之前,要研究好该国的法律制度,尤其是要考察可能遇到的司法免扣押与国家主权豁免等问题,充分做好诉讼准备。以司法免扣押问题为例,在美国、德国、法国、瑞士等不少文化交流发达的国家,对于临时进境展览的文物设有司法免扣押制度。该制度赋予参展的文物享有司法豁免的资格,保证其不受司法程序或扣押。③譬如,在美国,对于满足一定条件与经过程序批准的临时进境展览的文物,美国法律保证其不受司法扣押。但是,如文物系被盗物,属于美国《国家反盗窃财产法》调整范围且依法应予民事没收的情况下,美国政府就有权对其扣押,不受前述司法免扣押制

---

① UNIDROIT, Study LXX-Doc. 30, Report on the second session of the Committee of Governmental Experts on the International Protection of Cultural Property from 20 to 29 January 1992, § 182.

② *Malewicz v. City of Amsterdam*, 362 F. Supp. 2d 298 (D. D. C. 2005); 517 F. Supp. 2d 322 (D. D. C. 2007).

③ 霍政欣:《1970年UNESCO公约研究:文本、实施与改革》,中国政法大学出版社2015年版,第219页。

度的限制。这一点,在 2010 年"美国诉沃莉肖像案"得到印证。①

最后,在启动国际民事诉讼程序之后,应准确理解诉讼规则,善于利用证据开示制度。以美国民事诉讼中的证据开示程序为例,在此阶段,追索方不仅有权要求文物持有人披露所有与案件有关的证明材料(包括对持有人自己不利的材料),还可以将己方已掌握的材料与尚处于文物持有人占有之下的涉案文物进行比对,通过委托专家鉴定并出具专家证人意见等方式,收集更多有利证据。

(三)完善中国文物所有权法

中国应从"文物中心原则"所要求的明确性、连续性和强制执行性出发,进一步完善中国文物所有权法,以促使外国法院尽可能承认中国文物所有权法的效力。具体而言:

第一,从确保文物所有权法具有明确性出发,应至少解决以下两点问题:其一,完善中国现有对考古类文物(包括尚未发掘的地下或水下文物)的规定,解决违法盗掘或合法挖掘后非法占有的文物是否属于"被盗物"的问题。对此,建议参考 2011 年联合国教科文组织(UNESCO)和国际统一私法协会(UNIDROIT)联合发布的《未发掘文化财产的国家所有权的示范条款》及其解释性指导原则,明确规定"凡违法盗掘或合法挖掘后非法占有的文物,一律为被盗物"。② 其二,规定中国对境内地下、内水和领海中遗存的一切文物不仅享有所有权,也享有"直接占有的权利"。文物所有权法的明确性并不以"所有权"表述为限,"直接占有权"也可被认定为所有权法法律规范的有效表述,这在普通法系国家尤其如此。③ 在国家最初未能直接占有文物的情况下,尤以考古文物为例,文物原属国在立法保证其国家所有权的情况下,还应确保国家享有"直接占有权",方能在最大程度上满足法院地国对外国文物

---

① *United States v. Portrait of Wally*, 105 F. Supp. 2d 288 (S. D. N. Y. July 19, 2000) granting motion to dismiss, No. 99-CV-09940 (MBM) (S. D. N. Y. Dec. 28, 2000) permitting amendment of complaint, No. 99-CV-09940 (MBM) (S. D. N. Y. April 12, 2002) denying motion to dismiss, 663 F. Supp. 2d 232 (S. D. N. Y. 2000) denying motions for summary judgment and ordering trial, No. 99-CV-09940 (LAP) (S. D. N. Y. July 19, 2010) stipulation and order of settlement and discontinuance, No. 99-CV-09940 (LAP) (S. D. N. Y. July 20, 2010) amending settlement.

② Provision 4, UNESCO-UNIDROIT Model Provisions on State Ownership of Undiscovered Cultural Objects (2011).

③ Norman Palmer, "Fetters and Stumbling Blocks: Impediments to the Recovery and Return of Unlawfully Removed Cultural Objects - A Common Law Perspective", in: Lyndel V. Prott, Ruth Redmond-Cooper and Stephen Urice eds., *Realising Cultural Heritage Law: Festschrift for Patrick O'Keefe*, Institute of Art and Law, 2013, p. 99.

所有权法的明确性要求。

第二，从确保文物所有权法具有连续性出发，应进一步加强对文物立法沿革发展的研究，以保证中国的文物立法连续不间断，避免文物的出境时间落入法律的"空档期"。细言之，一方面，建议中国近一步发掘文物所有权相关的法律资料，尤其关注以下两个潜在的"空档期"：一个是1949年中华人民共和国成立后到1961年《文物保护管理暂行条例》出台前的这段时期；另一个是19世纪下半叶到1949年以前，①即重点对清末和民国时期的文物相关法律进行梳理研究。② 另一方面，建议对可能处于"空档期"的珍贵流失文物登记入册，并做好跨国民事诉讼之外的追索策略准备。

（四）设定被盗文物私法规则

中国应设定被盗文物的私法规则，为中国法律作为"合格"的准据法提供坚实基础，实现"文物中心原则"所追求的保护文物目的。如前所及，在跨境文物返还诉讼中，通过冲突规范的指引，中国法律可能成为文物返还争议的准据法。但是，有关盗赃物能否适用善意取得的问题，中国至今没有明确的法律规定，在司法实践中也未形成统一的认识，这直接为判定被盗文物的归属问题造成了实质性的障碍。

鉴此，中国有必要设定被盗文物的私法规则，从保护文化财产、打击非法文物贩运的宗旨出发，确立"被盗文物不适用善意取得"的基本原则。对此，建议中国参照"1995年公约"第3条和第4条之规定，通过特别立法、立法解释或司法解释明确："被盗文物的占有人应归还该被盗物"，"被要求归还被盗文物的占有人只要不知道也不应当知道该物品是被盗的，并且能证明自己在获得该物品时已做到审慎调查的，则在返还该文物时有权得到公正合理的补偿"。③

另需说明的是，这里排除适用善意取得制度的立法建议，仅以"被盗文物"为限，并不延伸适用于其他被盗物。对于其他被盗物，司法解释对其另有规定的，适用该司法解释。以被盗机动车为例，中国现有司法解释规定对其

---

① 在19世纪下半叶到1949年以前这段时期流失出境的文物，主要包括因斯坦因（Stein）等西方殖民者以学术考察为幌子对中国西北地区石窟、壁画和古文化遗址进行盗掘而流失出境的文物，以及在"英法联军""八国联军"及日本侵华期间因战争劫掠流失出境的文物。

② 值得注意的是，2002年《中华人民共和国文物保护法（修订草案）》二次审议稿第5条第4款第1项规定，中华人民共和国成立以来在境内出土的文物属于国家所有。对此，"一些常委委员提出，规定建国以来出土的文物属于国家所有，用意很好，但可能会影响我国对非法流失到境外文物的追索权，不利于文物保护。因此，法律委员会建议修改为：除国家另有规定的以外，'中国境内出土的文物'属于国家所有"。参见全国人大法律委员会：《关于〈中华人民共和国文物保护法（修订草案）〉修改情况的汇报》，2002年4月24日。

③ "1995年公约"第3条第1款、第4条第1款。

可有条件地适用取得善意取得。① 该司法解释仍旧有效,与"被盗文物不适用善意取得"的规则建议并不冲突,二者适用于不同的调整对象,是出于不同的利益平衡政策之考虑:一个适用于被盗机动车,倾向保护的是机动车善意买受人,维护了机动车交易安全;另一个是适用于被盗文物,体现对文物原所有人的倾斜保护,从根本上讲,是在维护打击非法文物贩运、保护文化财产这一国际社会共同利益。

(五)完善文物出境审核标准

中国应结合文物定级,进一步完善中国文物出境审核标准,以确立"合法/非法出口文物"的清晰界限。具体而言:

第一,建议中国的文物出境审核标准,除采用"年代标准"外,应与"文物级别"标准挂钩,以便恰当衔接《中华人民共和国文物保护法》有关禁止出境文物的规定。具体而言,应当明确"国有文物"和"非国有文物中的珍贵文物",一律不得出境,但依法规定出境展览或者因特殊需要经国务院批准出境的除外;明确"非国有文物中的一般文物"以及"尚未定级的非国有文物"适用《文物出境审核标准》,以现行的"年代标准"为审核标准线,达到"年代标准"者不得出境,但依法规定出境展览或者因特殊需要经国务院批准出境的除外;对于"非国有文物"的定级,即确定其属于珍贵文物还是一般文物的问题,由文物进出境审核机构审核,依据《文物藏品定级标准》和《文物认定管理暂行办法》执行。

第二,建议进一步健全文物定级与鉴定制度,以有效配合文物出境管理。2009年《文物认定管理暂行办法》对文物收藏单位收藏文物和民间收藏文物的定级,作出了原则性的规定。② 然而,该办法仅确立了文物的定级由对应的主管文物行政部门备案确认,实践中,中国尚未建立起配套制度以落实由谁定级、如何定级等问题。对此,中国应进一步探索非国有博物馆的认定登

---

① 参见1998年5月8日最高人民法院、最高人民检察院、公安部、国家工商行政管理局颁布的《关于依法查处盗窃、抢劫机动车案件的规定》第12条:"对明知是赃车而购买的,应将车辆无偿追缴;对违反国家规定购买车辆,经查证是赃车的,公安机关可以根据《刑事诉讼法》第一百一十条和第一百一十四条规定进行追缴和扣押。对不明知是赃车而购买的,结案后予以退还买主。该规定第17条:"本规定所称的'明知',是指知道或者应当知道。有下列情形之一的,可视为应当知道,但有证据证明属被蒙骗的除外:(一)在非法的机动车交易场所和销售单位购买的;(二)机动车证件手续不全或者明显违反规定的;(三)机动车发动机号或者车架号有更改痕迹,没有合法证明的;(四)以明显低于市场价格购买机动车的"。

② 《文物认定管理暂行办法》第11条:"文物收藏单位收藏文物的定级,由主管的文物行政部门备案确认。文物行政部门应当建立民间收藏文物定级的工作机制,组织开展民间收藏文物的定级工作。定级的民间收藏文物,由主管的地方文物行政部门备案。"

记工作,包括在备案阶段将藏品审查与文物认定登记相结合;对新入藏的藏品经博物馆申请,由文物行政部门组织文物鉴定机构提供鉴定服务并依标准定级等。① 中国还应通过引导国有文博单位参与民间收藏文物鉴定活动,进一步探索民间收藏文物鉴定管理制度,逐步建立民间收藏文物鉴定程序及标准,以规范民间收藏文物鉴定行为。② 最后,针对《关于办理妨害文物管理等刑事案件适用法律若干问题的解释》中涉案文物的司法鉴定问题,建议明确如司法鉴定机构出具的鉴定意见与国务院文物行政部门指定的机构出具的报告不一致的,应以司法鉴定机构的鉴定意见为准。

(六)健全国家文物登录制度

中国应完善文物信息管理,推动文物信息共享,充实流失海外文物数据库,以健全国家文物登录制度。目前,中国通过"文物调查及数据库管理系统建设项目"、全国第三次文物普查以及2012年至2016年期间开展的第一次全国可移动文物普查工作等,已初步完成了文物信息数据系统的建设。③ 但要为中国文物所有权人在举证文物归属问题时提供证据支持,必须进一步完善全国文物信息登录制度。具体而言:

第一,建议中国建立涵盖不可移动文物和可移动文物的文物登录制度,并将非国有文物(尤其是非国有文物中的珍贵文物)纳入今后全国普查工作的范围,归入全国文物登录信息管理体系。细言之,一方面,对于非国有博物馆收藏保管的文物,可依托第一次全国可移动文物普查现有成果和平台,借鉴此次普查的登录程序和标准规范,利用文物实物、藏品档案、电子信息关联一体的"文物身份证"编码系统和数据管理系统,将非国有博物馆纳入国家文物登录体系,逐步完成非国有博物馆的藏品登录工作。④ 另一方面,对于数量庞大的民间收藏文物,可利用2016年刚建成的"民间文物艺术品备案中

---

① 参见国家文物局:《关于进一步推动非国有博物馆发展的意见》(文物博发〔2017〕16号),2017年7月17日。

② 参见巩育华、任维莹:《国有文博单位为民间鉴宝 合格的鉴定机构是啥样》,载《人民日报》2014年12月23日,第12版;国家文物局,"7家文博单位开展民间收藏文物鉴定试点工作",http://www.sach.gov.cn/art/2014/10/24/art_722_114266.html,最后访问时间:2018年1月5日。

③ 国家文物局:"'文物调查及数据库管理系统建设'项目圆满完成",http://www.nach.gov.cn/art/2011/6/24/art_98_3204.html;国家文物局:"第一次全国可移动文物普查工作报告",http://www.sach.gov.cn/art/2017/4/7/art_722_139372.html,最后访问时间:2018年1月5日。

④ 《精准施策、激发非国有博物馆发展活力——国家文物局副局长关强就〈关于进一步推动非国有博物馆发展的意见〉答记者问》,载《中国文物报》2017年7月21日,第1版。

心",①建立民间文物艺术品身份证途径,将民间文物艺术品数据资源库与国家文物登录制度相联通,以便其更好地服务于文物进出境和海外文物追索返还。

第二,建议中国完善全国文物犯罪信息平台,推动文物信息共享。2017年11月,中国被盗(丢失)文物信息发布平台正式上线发布。② 该平台采集了新中国成立以来被盗(丢失)文物信息数据,并可向公众和国际社会发布。对此,中国应考虑充分运用图像识别、云计算、大数据等现代信息技术,进一步推动文物安全保护与现代科技融合创新。③ 一旦重要文物非法流失出境后,中国应及时对外通报,通报对象包括但不限于联合国教科文组织、国际刑警组织(INTERPOL)、世界海关组织(WCO)、国际博物馆协会(ICOM)、国际艺术研究基金会(IFAR)等国际组织和机构、各大博物馆、拍卖行及相关科研机构等,并及时将信息共享给国际刑警组织"被盗艺术品数据库"、世界海关组织的文物实时通信平台等。

第三,建议中国加强流失海外文物调查,充实流失海外文物数据库。摸底调查海外藏中国文物,了解世界著名博物馆和收藏机构所藏中国文物的总量,梳理海外流失文物流转的路径,以此为基础建立数据库进行分析研究,并寻求相应的政策制定和解决沟通渠道。这一基础性工作对海外流失文物的追索有着战略意义。目前,中国国家博物馆与海外博物馆专家合作完成的《海外藏中国古代文物精粹》丛书,就是摸底调查海外藏中国文物的成果之一。④ 该工作亟待加强。在此基础上,中国还可利用海外公开的文物电子数据平台,如法国的文化财产电子参考系统、德国的国家文化财产数据库和二战时期被掠文物数据库等,调查外国收藏机构的藏品,排查出可疑的中国流失文物。与此同时,中国还可借助驻外使领馆及华人团体的力量,密切关注海外涉及中国文物的拍卖与转让活动。一旦发现有非法流出的中国文物参与拍卖与展览,及时通报国内有关部门,并尽快制定应对方案。

---

① 国家文物局:"'民间文物艺术品备案中心'在京揭牌",http://www.sach.gov.cn/art/2016/5/30/art_723_131196.html,最后访问时间:2018年1月5日。
② 国家文物局:"'中国被盗(丢失)文物信息发布平台'在西安正式对外发布",http://www.sach.gov.cn/art/2017/11/16/art_722_145094.html,最后访问时间:2018年1月5日。
③ 参见《国务院办公厅关于进一步加强文物安全工作的实施意见》(国办发〔2017〕81号),2017年9月9日。
④ 鲁博林:《摸清中国海外文物的"底"》,载《光明日报》2015年4月8日,第5版。

结 论

　　文物中心原则是对文化民族主义与文化国际主义两种传统理论分歧的调和，是基于二者的最大公约数而提出的新型理论。文物中心原则主张以文物为中心，基于文物与其文化特性的联系，对文物加以保护和利用。这一理论符合文物核心价值——知识价值——的要求，以世界主义和社会认识论为哲学基础，对打击文物非法贩运也有重要的现实意义。文物中心原则站在人类共同利益的角度，提出对文物妥善保护和合理利用的主张，并可发展成为国际文化财产法律制度的理论基础。

　　文物中心原则不仅是理论体系，也是实践中的智慧。通过对国际实践的归纳，特别是对跨境文物返还诉讼的观察，可以发现该原则已成为国际文化财产领域的重要发展趋势。

　　在国际法基础方面，以维护人类命运共同体下的国际社会利益为价值基点，体现文物中心原则的一套国际法原则正在形成（或已经形成），对所有国家具有普遍的约束力，并不以某个国家是否加入某公约而有所改变。这些原则包括武装冲突时期禁止文物劫掠、和平时期打击非法文物贩运、确保个人和社群获取和享有文化遗产等。应当注意到，国家在国际法的运行占据了主导地位，国家利益贯穿了国家在国际法各领域、各事项上的主张。但这不意味着不能存在超越国家本位的国际社会共同利益，不意味着国家利益和国际社会利益不能协调发展。在国际文化遗产法领域，以文物中心原则为代表的国际法价值正在被越来越多的国家认可，其维护的国际社会利益，也为超越国家本位的国际合作奠定了基础。一方面，区域组织在超越区域共同体利益层面的协作，在比国家更大的单位上，突破了国家本位的国际合作。另一方面，在国际法人本化发展下，对社群利益的关注，强调社群参与国际法秩序构建，则是在比国家更小的单位上，实现了对国家本位的超越，从文化遗产对于个人与社群的联系出发，不断塑造中的国际秩序，在特定领域突破了国家本位，为重塑国际合作提供新的纬度和契机。

　　在管辖权与诉讼主体资格方面，相关理论与规则的最新发展反映出向以文物为中心转向的趋势。与文物的联系成为确定管辖权基础的重要依据，并发展出"文物追索纠纷由文物所在地法院管辖"的管辖权规则。为了尊重文

结 论

物的文化背景,法院也开始参照文物来源国法的规定确定诉讼主体的能力;国家对于文物的保护性利益,以及社群对于文物的集体所有权,其作为诉讼利益的合理性也开始受到关注。临时借展文物免于扣押制度则推动了国际文化交流。在解决区分文物所有权法与出口管制法的问题、考察外国文物所有权法之有效性的过程中,也同样体现了对文物与特定个人、社群和国家之特殊联系的关注。

在识别和法律适用方面,也出现了以文物为中心的积极发展,体现出文物中心原则对强调文物与其文化特性之联系的要求。在识别问题上,强调文物与其所附建筑物的关系,更加重视其文化联系。在法律适用问题上,国际社会已注意到"文物原属国法"蕴含的原属国与文物在文化上的紧密联系,以"文物原属国"为核心或唯一连结点的替代性冲突规则,在理论探讨和立法实践中已开始进行有益的探索。而在以文物为中心这一共识的基础上,国际社会已开始尝试在国际公约或区域性规范中,以统一实体法的方式,从根本上解决被盗文物和非法出口文物的返还问题。

为了通过国际合作共同保护文物,国际社会已开始通过多种途径承认外国文物出口管制法的域外效力。国际立法和司法实践的新发展表明,先验地排除适用外国公法的观点业已受到挑战,尤其是在文化遗产法领域已呈逐渐松动之势,这为承认或执行外国文物出口管制法提供了可能。以对非法出口文物的"非法性"和外国公法效力范围的研究为基础,通过观察跨境文物返还争议中典型的外国公法——外国文物出口管制法的适用原则,及其具体适用途径——冲突法途径、实体法途径与国际法途径,可以发现文物中心原则已开始影响外国出口管制法在一国的适用。跨境文物返还争议中的动向发展,包括国际公共政策的出现、非法出口文物"污名化"的追索策略等,则进一步表明"文物中心原则"对外国公法效力的积极影响。

通过对这些国际实践新发展的研究,验证了文物中心原则的现实基础,表明文物中心原则在未来将具有强大的生命力。文物中心原则契合于人类命运共同体这一中国对外关系的理念,是该理念在文化财产领域的具体化。人类命运共同体下的文物中心原则,体现了文物利用的利益共同体和文物保护的责任共同体的统一。在此理论下,中国不仅要为文物领域的全球治理提供中国方案,也要为跨境文物返还做出自己的贡献。在当前形势下,对流失海外的中国文物,中国应以文物中心原则为理论基础,积极采取多种途径追索;对非法流入中国的文物,中国应当根据文物中心原则的要求承担大国责任,积极协助文物流失国向其返还。

参考文献

一、中文文献

（一）中文著作

1. 白红平：《非法流失文物追索中的法律冲突及中国的选择》，法律出版社2014年版。
2. 杜新丽：《国际私法实务中的法律问题》，中信出版社2005年版。
3. 高升：《文化财产返还国际争议的多元化解决机制研究》，中国政法大学出版社2010年版。
4. 郭玉军主编：《国际法与比较法视野下的文化遗产保护问题研究》，武汉大学出版社2011年版。
5. 国家文物局编：《中华人民共和国文物博物馆事业纪事（1949—1999）》，文物出版社2002年版。
6. 韩德培主编：《国际私法》，高等教育出版社2007年版。
7. 河北省文物研究所，保定市文物管理处编著：《五代王处直墓》，文物出版社1998年版。
8. 侯远高、刘明新主编：《西部开发与少数民族权益保护》，中央民族大学出版社2006年版。
9. 黄心川：《印度近代哲学家辨喜研究》，中国社会科学出版社1979年版。
10. 霍政欣：《追索海外流失文物的法律问题》，中国政法大学出版社2013年版。
11. 霍政欣：《1970年UNESCO公约研究：文本，实施与改革》，中国政法大学出版社2015年版。
12. 霍政欣、刘浩、余萌：《流失文物争夺战——当代跨国文物追索的实证研究》，中国政法大学出版社2018年版。
13. 靳婷：《文化财产所有权问题研究》，中国政法大学出版社2013年版。
14. 李响：《美国民事诉讼法的制度、案例与材料》，中国政法大学出版社2006年版。
15. 刘浩：《文物大浩劫——中国对日本追索战时劫掠文物的综合研究》，南京出版社2020年版。
16. 刘智慧：《占有制度原理》，中国人民大学出版社2007年版。
17. 彭蕾：《文物返还法制考——从中国百年文物流失谈起》，译林出版社2012年版。

18. 彭蕾编著:《文物进出境外国法律文件选编与述评》,文物出版社 2019 年版。

19. 宋晓:《当代国际私法的实体取向》,武汉大学出版社 2004 年版。

20. 王立梅:《挚爱与奉献——我所参与的中国文物对外交流》,文物出版社 2008 年版。

21. 王云霞、胡姗辰、李源:《被掠文物回家路——"二战"被掠文物返还的法律与道德问题》,商务印书馆 2021 年版。

22. 习近平:《习近平谈治国理政》,外交出版社 2014 年版。

23. 夏林华:《不得援引国家豁免的诉讼——国家及其财产管辖豁免例外问题研究》,暨南大学出版社 2011 年版。

24. 肖永平、冯洁菡主编:《中国促进国际法治报告(2016 年)》,社会科学文献出版社 2017 年版。

25. 肖永平、朱磊主编:《批准〈选择法院协议公约〉之考量》,法律出版社 2017 年版。

26. 杨桢:《英美契约法论》,北京大学出版社 1997 年版。

27. 曾令良、冯洁菡主编:《中国促进国际法治报告(2015 年)》,社会科学文献出版社 2016 年版。

28. 张潇剑:《国际私法论》,北京大学出版社 2004 年版。

29. 朱明忠、尚会鹏:《印度教:宗教与社会》,世界知识出版社 2003 年版。

30. 卓泽渊:《法的价值论》,法律出版社 2018 年版。

(二) 中文译著

1. [奥] 凯尔森:《法与国家的一般理论》,沈宗灵译,中国大百科全书出版社 1996 年版。

2. [波兰] B. 马林诺斯基:《科学的文化理论》,黄建波等译,中央民族大学出版社 1999 年版。

3. [德] 恩斯特·卡西尔:《人论》,甘阳译,上海译文出版社 1985 年版。

4. [德] 西美尔:《货币哲学》,陈戎女等译,华夏出版社 2002 年版。

5. [德] 康德:《历史理性批判文集》,何兆武译,商务印书馆 1990 年版。

6. [德] 马丁·沃尔夫:《国际私法》,李浩培、汤宗舜译,北京大学出版社 2009 年版。

7. [德] 卡尔·马克思、弗里德里希·恩格斯:《马克思恩格斯全集》,中共中央马克思恩格斯列宁斯大林著作编译局译,人民出版社 1972 年版。

8. [美] 杰里米·里夫金:《同理心文明:在危机四伏的世界中建立全球意识》,蒋宗强译,中信出版社 2015 年版。

9. [美] 约翰·罗尔斯:《正义论》,何怀宏等译,中国社会科学出版社 1988 年版。

10. [意]但丁:《论世界帝国》,朱虹译,商务印书馆 1985 年版。

11. [英] 埃里克·霍布斯鲍姆:《民族与民族主义》,李金梅译,上海人民出版社 2006 年版。

12. [英]爱德华·泰勒:《原始文化:神话、哲学、宗教、语言、艺术和习俗发展之研究》,连树声译,广西师范大学出版社 2005 年版。

13. [英]约翰·奥斯丁:《法理学的范围》,刘星译,中国法制出版社 2002 年版。

14. [英]哈特:《法律的概念》,张文显等译,中国大百科全书出版社 1996 年版。

15. [英]劳特派特修订:《奥本海国际法》,王铁崖、陈体强译,商务印书馆 1971 年版。

16. [英]梅因:《古代法》,沈景一译,商务印书馆 1959 年版。

17. [英]詹宁斯、瓦茨修订:《奥本海国际法》,王铁崖等译,中国大百科全书出版社 1995 年版。

(三)中文论文

1. 白建军:《案例是法治的细胞》,载《法治论丛》2002 年第 5 期。

2. 白友涛:《文化人类学的社会功能》,载《贵州民族研究》2003 年第 4 期。

3. 卜璐:《国际私法中强制性规范的界定——兼评《关于适用〈涉外民事关系法律适用法〉若干问题的解释(一)》第 10 条》,载《现代法学》2013 年第 3 期。

4. 卜璐:《外国公法适用的理论变迁》,载《武大国际法评论》2008 年第 2 期。

5. 蔡拓等:《人类命运共同体视角下的全球治理与国家治理》,载《中国社会科学》2016 年第 6 期。

6. 曹兵武:《中国索还走私文物案例》,载《国际博物馆(中文版)》2009 年第 Z1 期。

7. 曾令良:《论冷战后时代的国家主权》,载《中国法学》1998 年第 1 期。

8. 车丕照:《身份与契约——全球化背景下对国家主权的观察》,载《法制与社会发展》2002 年第 5 期。

9. 陈若英:《中国法律经济学的实证研究:路径与挑战》,载《法律和社会科学》2010 年第 2 期。

10. 迟君辉:《国际流失文化财产返还法律问题研究》,华东政法大学 2010 年博士学位论文。

11. 单霁翔:《大型考古遗址公园的探索与实践》,载《中国文物科学研究》2010 年第 1 期。

12. 单霁翔:《实现考古遗址保护与展示的遗址博物馆》,载《博物馆研究》2011 年第 1 期。

13. 杜光:《为胡适辩诬——对"大胆假设,小心求证"和"问题与主义"的再认识》,载《炎黄春秋》2005 年第 7 期。

14. 杜涛:《境外诉讼追索海外流失文物的冲突法问题——伊朗政府诉巴拉卡特美术馆案及其启示?》,载《比较法研究》2009 年第 2 期。

15. 费孝通:《"美美与共"和人类文明(下)》,载《群言》2005 年第 2 期。

16. 费孝通:《跨文化的"席明纳"——人文价值再思考之二》,载《读书》1997 年第 10 期。

17. 冯骥才:《为了文明的尊严——关于敦煌文物的归还》,载《中国文化》2001 年第

Z1 期。

18. 高升：《文化财产返还国际争议的理论之争》，载《山东科技大学学报（社会科学版）》2008 年第 4 期。

19. 高升、李厂：《文物所有权争议中的法律选择规则》，载《西部法学评论》2017 年第 4 期。

20. 高升、王凌艳：《文物返还国际争议解决的理念更新》，载《理论月刊》2008 年第 12 期。

21. 葛江虬：《追索在荷"肉身坐佛"之私法路径——以荷兰民法为视角》，载《东方法学》2015 年第 3 期。

22. 葛兆光：《思想史视野中的考古与文物》，载《文物》2000 年第 1 期。

23. 郭玉军、靳婷：《被盗艺术品跨国所有权争议解决的若干问题研究》，载《河北法学》2009 年第 4 期。

24. 何其生：《国际商事仲裁司法审查中的公共政策》，载《中国社会科学》2014 年第 7 期。

25. 何志鹏：《主权豁免的中国立场》，载《政法论坛》2015 年第 3 期。

26. 何志鹏：《国际法的现代性：理论呈示》，载《清华法学》2020 年第 5 期。

27. 何志鹏：《国家本位：现代性国际法的动力特征》，载《当代法学》2021 年第 5 期。

28. 何智慧：《论涉外动产物权的法律适用》，载《现代法学》2000 年第 4 期。

29. 何中华：《论作为哲学概念的价值》，载《哲学研究》1993 年第 9 期。

30. 胡秀娟：《国际文物返还实践中外国文物国有立法的承认——美英两国的新发展及启示》，载《河北法学》2013 年第 1 期。

31. 黄风、马曼：《从丹麦返还文物案谈境外追索文物的法律问题》，载《法学》2008 年第 8 期。

32. 黄辉：《法学实证研究方法及其在中国的运用》，载《法学研究》2013 年第 6 期。

33. 黄进：《略论国家及其财产豁免法的若干问题》，载《法学研究》1986 年第 5 期。

34. 黄进等：《国家及其财产管辖豁免的几个悬而未决的问题》，载《中国法学》2001 年第 4 期。

35. 黄进、李庆明：《诉权的行使与国际民事诉讼管辖权》，载《政治与法律》2007 年第 1 期。

36. 霍政欣：《公共秩序在美国的适用——兼论对我国的启示与借鉴》，载《法学评论》2007 年第 1 期。

37. 霍政欣：《追索海外流失文物的法律问题探究——以比较法与国际私法为视角》，载《武大国际法评论》2010 年第 S1 卷。

38. 霍政欣：《追索海外流失文物的国际私法问题》，载《华东政法大学学报》2015 年第 2 期。

39. 霍政欣、陈锐达：《跨国文物追索：国际私法的挑战及回应——从'章公祖师肉身坐佛案'展开》，载《国际法研究》2021 年第 3 期。

40. 霍政欣、陈锐达：《文化主权视域下流失文物追索的法理思考——基于石窟寺流失文物的分析》，载《学术月刊》2022年第1期。

41. 霍政欣、陈锐达：《跨国文物追索诉讼的国家豁免问题》，载《国际法研究》2022年第4期。

42. 蒋新、高升：《论文化财产国际争议解决中的利益平衡原则》，载《河北法学》2006年第4期。

43. 金应忠：《试论人类命运共同体意识——兼论国际社会共生性》，载《国际观察》2014年第1期。

44. 李琮：《论经济全球化》，载《中国社会科学》1995年第1期。

45. 李军：《什么是文化遗产？——对一个当代观念的知识考古》，载《文艺研究》2005年第4期。

46. 李玉雪：《文物的私法问题研究——以文物保护为视角》，载《现代法学》2007年第6期。

47. 李玉雪：《文物返还问题的法律思考》，载《中国法学》2005年第6期。

48. 李玉雪：《应对文物危机的路径选择——以国内法和国际法对文物的保护为分析框架》，载《法律科学（西北政法大学学报）》2009年第3期。

49. 卢德友：《人类命运共同体：马克思主义时代性观照下理想社会的现实探索》，载《求实》2014年第8期。

50. 卢熙：《两岸文物借展及其司法免扣押问题探析》，载《台湾研究》2010年第5期。

51. 缪因知：《计量与案例：法律实证研究方法的细剖析》，载《北方法学》2014年第3期。

52. 彭兆荣、李春霞：《遗产认知的共时向度与维度》，载《贵州社会科学》2012年第1期。

53. 曲星：《人类命运共同体的价值观基础》，载《求是》2013年第4期。

54. 邵沙平：《〈联合国国家及其财产管辖豁免公约〉对国际法治和中国法治的影响》，载《法学家》2005年第6期。

55. 舒国滢：《法学研究方法的历史演进》，载《法律科学（西北政法学院学报）》1992年第4期。

56. 苏东海：《文博与旅游关系的演进及发展对策》，载《中国博物馆》2000年第4期。

57. 汪喆：《中国文物的流失与回归问题研究》，中国科学技术大学2010年博士学位论文。

58. 王景慧：《论历史文化遗产保护的层次》，载《规划师》2002年第6期。

59. 王利明：《民法案例分析的基本方法探讨》，载《政法论坛》2004年第2期。

60. 王铭铭：《社会人类学的中国研究——认识论范式的概观与评介》，载《中国社会科学》1997年第5期。

61. 王仙波:《文物保护执法应注意的六种关系》,载《中国文物科学研究》2009年第1期。

62. 王学棉:《美国民事诉讼管辖权探究——兼论对 Personal Jurisdiction 的翻译》,载《比较法研究》2012年第5期。

63. 王毅:《亚洲文化遗产保护行动:基于区域公共产品的思考》,载《东南文化》2022年第3期。

64. 王云霞:《从纳粹掠夺艺术品的返还看日掠文物返还可行性》,载《政法论丛》2015年第4期。

65. 王云霞:《二战被掠文物返还的法律基础及相关问题》,载《辽宁大学学报(哲学社会科学版)》2007年第4期。

66. 王云霞、黄树卿:《文化遗产法的立场:民族主义抑或国际主义》,载《法学家》2008年第5期。

67. 文芸、傅朝卿:《当代社会中遗产价值的保存与维护》,载《建筑学报》2013年夏季号(总第84期)。

68. 萧凯:《追索海外流失文物法律分析——从圆明园兽首拍卖事件谈起》,载《东方法学》2009年第2期。

69. 肖永平:《提升中国司法的国际公信力:共建"一带一路"的抓手》,载《武大国际法评论》2017年第1期。

70. 肖永平、董金鑫:《中国强制规范在美国适用的方法探析——以纽约南部地区法院审理的'雷曼兄弟'案为中心》,载《比较法研究》2014年第3期。

71. 肖永平、龙威狄:《论中国国际私法中的强制性规范》,载《中国社会科学》2012年第10期。

72. 肖永平、谭岳奇:《西方法哲学思潮与国际私法理论流变》,载《政法论坛》2001年第1期。

73. 谢晖:《法(律)人类学的视野与困境》,载《暨南学报(哲学社会科学版)》2013年第2期。

74. 谢小铨:《子龙鼎归国始末》,载《中国历史文物》2006年第5期。

75. 徐国栋:《"一切人共有的物"概念的沉浮——"英特纳雄耐尔"一定会实现》,载《法商研究》2006年第6期。

76. 杨储华:《'国有文物被盗追索法律问题'学术研讨会综述》,载《中国博物馆》2016年第1期。

77. 杨方泉:《法律人类学研究述评》,载《学术研究》2003年第2期。

78. 杨树明、郭东:《"国际主义"与"国家主义"之争——文物返还问题探析》,载《现代法学》2005年第1期。

79. 余萌、霍政欣:《对文化的伪善——驳詹姆斯·库诺》,载《国际法评论》2015年第6卷。

80. 虞崇胜、余扬:《人类命运共同体:全球化背景下类文明发展的中国预判》,载

《理论视野》2016 年第 7 期。

81. 曾令良：《现代国际法的人本化发展趋势》，载《中国社会科学》2007 年第 1 期。

82. 张德明：《多元文化杂交时代的民族文化记忆问题》，载《外国文学评论》2001 年第 3 期。

83. 张恒山：《'法的价值'概念辨析》，载《中外法学》1999 年第 5 期。

84. 张辉：《人类命运共同体：国际法社会基础理论的当代发展》，载《中国社会科学》2018 年第 5 期。

85. 张旺：《世界主义的价值诉求——国际关系规范理论的视角》，载《教学与研究》2006 年 12 期。

86. 赵建文：《国家豁免的本质、适用标准和发展趋势》，载《法学家》2005 年第 6 期。

87. 赵世林：《论民族文化传承的本质》，载《北京大学学报（哲学社会科学版）》2002 年第 3 期。

88. 中央党校中国特色社会主义理论体系研究中心：《文明交流互鉴是打造人类命运共同体的重要途径——深入学习习近平总书记关于文明交流互鉴的重要论述》，载《求是》2016 年第 11 期。

二、外文文献

（一）外文著作

1. Aleksandrov E, *International Legal Protection of Cultural Property*, Sofia Press, 1979.

2. Anderson B, *Imagined Communities: Reflections on the Origin and Spread of Nationalism*, Verso Books, 2006.

3. Anderson J and Giesmar H eds., *The Routledge Companion to Cultural Property*, Routledge Press, 2017.

4. Argyropoulos V, A Hein and M Harith eds., *Strategies for Saving Our Cultural Heritage*, TEI of Athens, 2007.

5. Askerud P, Clément E, *Preventing the Illicit Traffic in Cultural Property: A Resource Handbook for the Implementation of the 1970 UNESCO Convention*, UNESCO, 1997.

6. Badr G, *State Immunity: An Analytical and Prognostic View*, Martinus Nijhoff Publishers, 1984.

7. Bankas E, *The State Immunity Controversy in International Law: Private Suits against Sovereign States in Domestic Courts*, Springer Science & Business Media, 2005.

8. Basedow J et al. (eds.), *Private International Law in the International Arena*, T. M. C. Asser Press, 2000.

9. Beckert J and Dewey M eds., *The Architecture of Illegal Markets: Towards An Economic Sociology of Illegality in the Economy*, Oxford University Press, 2017.

10. Beitz C, *Political Theory and International Relations*, Princeton University Press, 1999.

11. Benvenisti E, Hirsch M, *The Impact of International Law on International Cooperation: Theoretical Perspectives*, Cambridge University Press, 2004.

12. Blake J, *International Cultural Heritage Law*, Oxford University Press, 2015.

13. Borelli S and Lenzerini F eds. , *Cultural Heritage, Cultural Rights, Cultural Diversity: New Developments in International Law*, Martinus Nijhoff Publishers, 2012.

14. Born G and Rutledge P, *International Civil Litigation in United States Courts*, Aspen Publishers, 2007.

15. Brodie N, Doole J and Renfrew C eds. , *Trade in Illicit Antiquities: The Destruction of the World's Archaeological Heritage*, McDonald Institute, 2001.

16. Brodie N, Kersel M and Luke C eds. , *Archaeology, Cultural Heritage, and the Antiquities Trade*, University Press of Florida, 2008.

17. Brown G, Held D eds. , *The Cosmopolitan Reader*, Polity, 2010.

18. Brownlie I and Baker K, *Principles of Public International Law*, Clarendon Press, 1973.

19. Bureau D and Watt H, *Droit International Privé*, Presses Universitaires de France, 2017.

20. Carman J, *Against Cultural Property: Archaeology, Heritage and Ownership*, Duckworth, 2005.

21. Carruthers J, *The Transfer of Property in the Conflict Of Laws: Choice of Law Rules in Inter Vivos Transfers of Property*, Oxford University Press, 2005.

22. Chechi A, *The Settlement of International Cultural Heritage Disputes*, Oxford University Press, 2014.

23. Cheshire G, North P and Fawcett J, *Cheshire and North's Private International Law*, 13th edition, Butterworths, 1999.

24. Chonaill S, Reding A and Valeri L, *Assessing the Illegal Trade in Cultural Property from a Public Policy Perspective*, Rand Corporation, 2011.

25. Cicero M, *De Re Publica*, CW Keyes trans. , Harvard University Press, 1982.

26. Contreras F eds. , *The Threads of Natural Law*, Springer, 2013.

27. Dolman A ed. , *Global Planning and Resource Management: Toward International Decision Making in a Divided World*, Pergamon Press, 1980.

28. Dicey A, Morris J, and Collins L, *Dicey and Morris on the Conflict of Laws*, Sweet & Maxwell, 2000.

29. Duboff L, *Art Law, Domestic and International*, Fred B Rothman & Co. , 1975.

30. Fforde C, J Hubert, and P Turnbul, *The Dead and Their Possessions: Repatriation in Principle, Policy and Practice*, Routledge, 2004.

31. Finnis J, *Natural Law and Natural Rights*, Oxford University Press, 2nd edition, 2011.

32. Forrest C, *International Law and the Protection of Cultural Heritage*, Routledge, 2010.

33. Francioni F and Gordley J eds. ,*Enforcing Cultural Heritage Law*,Oxford University Press,2013.

34. Francioni F and Scheinin M eds. ,*Cultural Human Rights*,Brill,2008.

35. Frigo M,*Circulation des Biens Culturels*,*Détermination de la Loi Applicable et Méthodes de Règlement des Litiges*, Collected Courses of the Hague Academy of International Law (Vol. 375),Brill,2015.

36. Fuller S,*Social Epistemology*,Indiana University Press,2002.

37. Gibbon K ed. ,*Who Owns the Past? Cultural Policy*,*Cultural Property*,*and the Law*,Rutgers University Press,2005.

38. Gillman D,*The Idea of Cultural Heritage*,Cambridge University Press,2010.

39. Greenfield J,*The Return of Cultural Treasures*,Cambridge University Press,1996.

40. Hegel G,Wood A ed. ,Nisbet H trans. ,*Hegel*:*Elements of the Philosophy of Right*,Cambridge University Press,1991.

41. Hoffman B ed. ,*Art and Cultural Heritage*:*Law*,*Policy and Practice*,Cambridge University Press,2006.

42. Hooijdonk M,Eijsvoogel P,*Litigation in the Netherlands*:*Civil Procedure*,*Arbitration and Administrative Litigation*,2nd edition,Kluwer Law International,2012.

43. Jayme E,*Identité Culturelle et Intégration*:*Le Droit International Privé Postmoderne*,Martinus Nijhoff,1995.

44. Jayme E,*Narrative Norms in Private International Law – The Example of Art Law*,Collected Courses of the Hague Academy of International Law (Vol. 375),Brill,2014.

45. Jennings R and Watts A,*Oppenheim's International Law*:*Volume 1 Peace*,Longman Group,2008.

46. Joost P,*Conflict of Norms in Public International Law*:*How WTO Law Relates to Other Rules of International Law*,Cambridge University Press,2003.

47. Juenger F,*Choice of Law and Multistate Justice*, Martinus Nijhoff,1993.

48. Kassimatis G ed. ,*Archaeological Heritage*:*Current Trends in Its Legal Protection*,P. Sakkoulas Bros. ,1995.

49. Kaye P,*Civil Jurisdiction and Enforcement of Foreign Judgments*,Professional Books,1987.

50. Kerr R,*Aboriginal Land Rights*:*A Comparative Assessment*,Queensland Parliamentary Library,Resources and Publications Section,1991.

51. Kowalski W,*Restitution of Works of Art Pursuant to Private and Public International Law*,Collected Courses of the Hague Academy of International Law (Vol. 288),Martinus Nijhoff,2002.

52. Krieken-Pieters J,*Art and Archaeology of Afghanistan*:*Its Fall and Survival*, Brill,2006.

53. Kuprecht K, *Indigenous Peoples' Cultural Property Claims: Repatriation and Beyond*, Springer International Publishing, 2014.

54. Lalive P ed., *International Sales of Works of Art: Geneva Workshop*, International Chamber of Commerce, 1985.

55. Locke J, *Two Treatises of Government*, Awnsham and John Churchill, 1698.

56. Mackenzie S, *Going, Going, Gone: Regulating the Market in Illicit Antiquities*, Institute of Art and Law, 2005.

57. Mackenzie S and Green P eds., *Criminology and Archaeology: Studies in Looted Antiquities*, Hart Publishing, 2009.

58. Malanczuk P, *Akehurst's Modern Introduction to International Law*, Routledge, 2002.

59. Mann F, *Conflict of Laws and Public Law*, Collected Courses of the Hague Academy of International Law (Vol. 132), Martinus Nijhoff, 1971.

60. McKendrick E ed., *Force Majeure and Frustration of Contract*, 2nd edition, Lloyd's of London Press, 1995.

61. Merryman J ed., *Imperialism, Art and Restitution*, Cambridge University Press, 2006.

62. Merryman J, *Thinking About the Elgin Marbles: Critical Essays on Cultural Property, Art and Law*, Kluwer Law International, 2009.

63. Meyer K, *The Plundered Past*, Atheneum, 1974.

64. Munzer S ed., *New Essays in the Legal and Political Theory of Property*, Cambridge University Press, 2001.

65. Nafziger J and Paterson R eds., *Handbook on the Law of Cultural Heritage and International Trade*, Edward Elgar Publishing, 2014.

66. Nafziger J, Paterson R and Renteln A, *Cultural Law: International, Comparative, and Indigenous*, Cambridge University Press, 2010.

67. Nahlik S, *La protection internationale des biens culturels en cas de conflit armé*, Collected Courses of the Hague Academy of International Law (Vol. 120), Martinus Nijhoff, 1967.

68. O'Keefe P, *Commentary on the 1970 UNESCO Convention*, 2nd edition, Institute of Art and Law, 2007.

69. O'Keefe P, *Trade in Antiquities: Reducing Destruction and Theft*, Archetype Publications Ltd, 2007.

70. O'Keefe P, *Commentary on the UNESCO 1970 Convention on Illicit Traffic*, Institute of Art and Law, 2000.

71. O'Keefe P and Prott L, *Cultural Heritage Conventions and Other Instruments: A Compendium with Commentaries*, Institute of Art and Law, 2011.

72. Palmer N ed., *The Recovery of Stolen Art: A Collection of Essays*, Kluwer Law International, 1998.

73. Prott L, P O'Keefe, *Law and the Cultural Heritage*, Butterworths, 1989.

74. Prott L, *Problems of Private International Law for the Protection of the Cultural Heritage*, Collected Courses of the Hague Academy of International Law (Vol. 217), Martinus Nijhoff, 1989.

75. Prott L, *Commentary on the UNIDROIT Convention*, Institute of Art and Law, 1997.

76. Prott L ed. , *Witness to History: A Compendium of Documents and Writings on the Return of Cultural Objects*, UNESCO, 2009.

77. Prott L, R Redmond-Cooper and S Urice eds. , *Realising Cultural Heritage Law: Festschrift for Patrick O'Keefe*, Institute of Art and Law, 2013.

78. Radin M, *Reinterpreting Property*, University of Chicago Press, 1993.

79. Rapport N and Overing J, *Social and Cultural Anthropology: The Key Concepts*, Routledge, 2014.

80. Redfield R, *The Little Community and Peasant Society and Culture*, University of Chicago Press, 1989.

81. Renold M and Gabus P eds. , *Claims for the Restitution of Looted Art*, Schulthess, 2004.

82. Romano S, *l' Ordre Juridique*, Dalloz, 1975.

83. Roodt C, *Private International Law, Art and Cultural Heritage*, Edward Elgar Publishing, 2015.

84. Samuel G and Rinkes J, *Contractual and Non-Contractual Obligations in English Law*, Nijmegen, 1992.

85. Schmahl S and Breuer M eds. , *The Council of Europe: Its Laws and Policies*, Oxford University Press, 2017.

86. Schönenberger B, *The Restitution of Cultural Assets*, Stampli Publishers, 2009.

87. Scoles E and Hay P, *Conflict of Laws*, West Publishing Company, 1992.

88. Serwer D, S Billingham and C Gerrits eds. , *Culture in Crisis: Preserving Cultural Heritage in Conflict Zones*, Create Space Independent Publishing Platform, 2017.

89. Siehr K, *International Art Trade and the Law*, Collected Courses of the Hague Academy of International Law (Vol. 243), Martinus Nijhoff, 1993.

90. Simpson E ed. , *The Spoils of War: World War II and Its Aftermath: The Loss, Reappearance, and Recovery of Cultural Property*, Harry N. Abrams, 1997.

91. Stalin J, *Marxism and the National Question*, International Publishers, 1942.

92. Stamatoudi I, *Cultural Property Law and Restitution: A Commentary to International Conventions and European Union Law*, Edward Elgar Publishing, 2011.

93. Szászy I, *International Civil Procedure: A Comparative Study*, Akadémiai Kiadó, 1967.

94. Tang Z, Xiao Y and Huo Z, *Conflict of Laws in the People's Republic of China*, Edward Elgar Publishing, 2016.

95. The Permanent Court of Arbitration ed. , *Resolution of Cultural Property Disputes*, Klu-

wer Law International, 2004.

96. Tubb K ed. , *Antiquities Trade or Betrayed: Legal, Ethical & Conservation Issues*, Archetype, 1995.

97. Vattel E, *Le Droit des Gens, ou Principes de la Loi Naturelle, appliqués à la Conduite et aux Affaires des*. Nations et des Souverains, Londres, 1758.

98. Venturini G and Bariatti S eds. , *Nuovi strumenti del diritto internazionale privato, New Instruments of Private International Law*, Nouveaux instruments du droit international privé, Giuffrè, 2009.

99. Vitta E, *Diritto Internazionale Privato*, Unione Tipografico-editrice Torinese, 1975.

100. Wantuch-Thole M, *Cultural Property in Cross-Border Litigation: Turning Rights into Claims*, Walter de Gruyter GmbH & Co KG, 2015.

101. Watson P and Todeschini C, *The Medici Conspiracy: The Illicit Journey of Looted Antiquities, From Italy's Tomb Raiders to the World's Greatest Museums*, Public Affairs, 2006.

102. Williams S, *The International and National Protection of Movable Cultural Property: A Comparative Study*, Oceana Publications Inc. , 1978.

103. Wittgenstein L, *On Certainty*, Blackwell, 1969.

104. Wolff M, *Private International Law*, 2nd edition, Clarendon Press, 1950.

105. Woudenberg N, *State Immunity and Cultural Objects on Loan*, Martinus Nijhoff Publishers, 2012.

106. Xanthaki A, Valkonen S, eds. , *Indigenous Peoples' Cultural Heritage*, Brill Nijhoff, 2017.

107. Zidar A and Gauci J, *The Role of Legal Advisers in International Law*, Brill, 2016.

（二）外文论文

1. Anglin R, "The World Heritage List: Bridging the Cultural Property Nationalism Internationalism Divide", *Yale Journal Law & the Humanities*, vol. 20, 2, 2008.

2. Barbieri J, "Observations", *Jurisclasseur Périodique*, vol. 1, 1989.

3. Barrak A, "Ahmad Al Faqi Al Mahdi: I plead guilty", *The UNESCO Courier*, vol. 3, October-December, 2017.

4. Bator P, "An Essay on the International Trade in Art", *Stanford Law Review*, vol. 34, 2, 1982.

5. Benhamou Y, "Copyright and Museums in the Digital Age", *WIPO Magazine*, vol. 3, 2016.

6. Berman G, "Public Law in the Conflict of Laws", *American Journal of Comparative Law*, vol. 34, 1986.

7. Bogdanos C, "Thieves of Baghdad: Combating Global Traffic in Stolen Iraqi Antiquities", *Fordham International Law Journal*, vol. 31, 3, 2008.

8. Borodkin L, "The Economics of Antiquities Looting and Proposed Legal Alternative",

Columbia Law Review, vol. 95, 2, 1995.

9. Bouchez L, "The Nature and Scope of State Immunity from Jurisdiction and Execution", *Netherlands Yearbook of International Law*, vol. 10, 1979.

10. Brodie N, "Syria and its Regional Neighbors: A Case of Cultural Property Protection Policy Failure?", *International Journal of Cultural Property*, vol. 22, 2-3, 2015.

11. Buranich W, "The Art Collecting Countries and Their Export Restrictions on Cultural Property: Who Owns Modern Art", *California Western International Law Journal*, vol. 19, 1, 1988.

12. Bush S, "The Protection of British Heritage: Woburn Abbey and The Three Graces", *International Journal of Cultural Property*, vol. 5, 1996.

13. Byrne C, "Chilkat Indian Tribe v. Johnson and NAGPRA: Have We Finally Recognized Communal Property Rights in Cultural Objects", *Journal of Environmental Law & Litigation*, vol. 8, 1993.

14. Byrne D, "The Problem with Looting: An Alternative Perspective on Antiquities Trafficking in Southeast Asia", *Journal of Field Archaeology*, vol. 41, 3, 2016.

15. Bétard D, "Les Collections ne Sont Pas une Monnaie d'Échange", *Journal des Arts*, vol. 269, 2007.

16. Campfens E, "Whose Cultural Objects? Introducing Heritage Title for Cross-Border Cultural Property Claims", *Netherlands International Law Review*, vol. 67, 2, 2020.

17. Caplan L, "State Immunity, Human Rights, and Jus Cogens: A Critique of the Normative Hierarchy Theory", *American Journal of International Law*, vol. 97, 4, 2003.

18. Caruthers C, "International Cultural Property: Another Tragedy of the Commons", *Pacific Rim Law & Policy Journal*, vol. 7, 1, 1998.

19. Cassella S, "Using the Forfeiture Laws to Protect Archaeological Resources", *Idaho Law Review*, vol. 41, 2004.

20. Cassella S, "Using the Forfeiture Laws to Protect Cultural Heritage", *United States Attorneys Bulletin*, vol. 64, 2, 2016.

21. Chechi A, "State Immunity, Property Rights, and Cultural Objects on Loan", *International Journal of Cultural Property*, vol. 22, 2-3, 2015.

22. Church J, "Evaluating the Effectiveness of Foreign Laws on National Ownership of Cultural Property in US Courts", *Columbia Journal of Transnational Law*, vol. 30, 1992.

23. Coggins C, "Archeology and the Art Market", *Science*, vol. 175, 4019, 1972.

24. Coggins C, "United States Cultural Property Legislation: Observation of a Combatant", *International Journal of Cultural Property*, vol. 7, 1, 1998.

25. Cornu M, "About Sacred Cultural Property: The Hopi Masks Case", *International Journal of Cultural Property*, vol. 20, 4, 2013.

26. Cornu M, Renold M, "New Developments in the Restitution of Cultural Property: Al-

ternative Means of Dispute Resolution", *International Journal of Cultural Property*, vol. 17,1, 2010.

27. Cuno J, "Culture War: The Case against Repatriating Museum Artifacts", *Foreign Affairs*, vol. 93,2014.

28. Daly B, "The Potential for Arbitration of Cultural Property Disputes: Recent Developments at the Permanent Court of Arbitration", *The Law and Practice of International Courts and Tribunals*, vol. 4,2,2005.

29. Elias T, "The doctrine of Intertemporal Law", *American Journal of International Law*, vol. 74,2,1980.

30. Fiankan-Bokonga C, "A Historic Resolution to Protect Cultural Heritage", *The UNESCO Courier*, vol. 3, October-December, 2017.

31. Fincham D, "How Adopting the Lex Origins Rule Can Impede the Flow of Illicit Cultural Property", *Columbia Journal of Law and the Arts*, vol. 32,2008.

32. Fincham D, "Rejecting Renvoi for Movable Cultural Property: The Islamic Republic of Iran v. Denyse Berend", *International Journal of Cultural Property*, vol. 14,1,2007.

33. Fincham D, "Towards a Rigorous Standard for the Good Faith Acquisition of Antiquities", *Syracuse Journal of International Law and Commerce*, vol. 37,2009.

34. Fincham D, "Why US Federal Criminal Penalties for Dealing in Illicit Cultural Property Are Ineffective, and A Pragmatic Alternative", *Cardozo Arts & Entertainment Law Journal*, vol. 25,2007.

35. Forbes S, "Securing the Future of Our Past: Current Efforts to Protect Cultural Property", *Transnational Law*, vol. 9,1996.

36. Forrest C, "Cultural heritage as the common heritage of humankind: a critical re-evaluation", *Comparative and International Law Journal of Southern Africa*, vol. 40,1,2007.

37. Francioni F, "Beyond State Sovereignty: The Protection of Cultural Heritage as A Shared Interest of Humanity", *Michigan Journal of International Law*, vol. 25,2003.

38. Francioni F, "Public and Private in the International Protection of Global Cultural Goods", *European Journal of International Law*, vol. 23,3,2012.

39. Francioni F, "The Human Dimension of International Cultural Heritage Law: An Introduction", *European Journal of International Law*, vol. 22,1,2011.

40. Gerstenblith P, "Controlling the International Market in Antiquities: Reducing the Harm, Preserving the Past", *Chicago Journal of International Law*, vol. 8,2007.

41. Gerstenblith P, "For Better and For Worse: Evolving United States Policy on Cultural Property Litigation and Restitution", *International Journal of Cultural Property*, vol. 22,2-3, 2015.

42. Gerstenblith P, "Identity and Cultural Property: The Protection of Cultural Property in the United States", *Boston University Law Review*, vol. 75,1995.

43. Gerstenblith P, "The McClain/Schultz Doctrine: Another Step against Trade in Stolen Antiquities", *Culture without Context*, vol. 13, 2003.

44. Gerstenblith P, "The Public Interest in the Restitution of Cultural Objects", *Connecticut Journal of International Law*, vol. 16, 2, 2001.

45. Getz D, "The History of Canadian Immunity from Seizure Legislation", *International Journal of Cultural Property*, vol. 18, 2, 2011.

46. Ghandhi S and James J, The God That Won, *International Journal of Cultural Property*, vol. 1, 2, 1992.

47. Goy R, "Le Régime International de L'importation, de L'exportation et du Transfert de Propriété des Biens Culturels", *Annuaire Français de Droit International*, vol. 16, 1, 1970.

48. Hardy S, "Curbing the Spoils of War", *The UNESCO Courier*, vol. 3, October–December, 2017.

49. Hudson AH, "Historic Buildings, Listing and Fixtures", *Art, Antiquity and Law*, vol. 2, 1997.

50. Jayme E, "Internationaler Kulturgüterschutz–Lex originis oder lex rei sitae–Tagung in Heidelberg", *IPRax*, vol. 1, 1990.

51. Jayme E, "Protection of Cultural Property and Conflict of Laws: The Basel Resolution of the Institute of International Law", *International Journal of Cultural Property*, vol. 6, 2, 1997.

52. Kaye L, "Art Loans and Immunity from Seizure in the United States and the United Kingdom", *International Journal of Cultural Property*, vol. 17, 2, 2010.

53. Kaye L, "The Future of the Past: Recovering Cultural Property", *Cardozo Journal of International and Comparative Law*, vol. 4, 1996.

54. King G, Murray CJL, "Rethinking Human Security", *Political Science Quarterly*, vol. 116, 2001.

55. Kreder J, "The Holocaust, Museum Ethics and Legalism", *Southern California Review of Law and Social Justice*, vol. 18, 2008.

56. Levy M, Stith K, Cabranes JA, "The Costs of Judging Judges by the Numbers", *Yale Law & Policy Review*, vol. 28, 2, 2010.

57. Lidington H, "The Role of the Internet in Removing the 'Shackles of the Saleroom'", *Public Archaeology*, vol. 2, 2, 2002.

58. Lixinski L, "A Third Way of Thinking about Cultural Property", *Brooklyn Journal of International Law*, vol. 44, 2018.

59. Lixinski L, "Selecting Heritage: The Interplay of Art, Politics and Identity", *European Journal of International Law*, vol. 22, 1, 2011.

60. Loulanski T, "Revising the Concept for Cultural Heritage: The Argument for a Functional Approach", *International Journal of Cultural Property*, vol. 13, 2, 2006.

61. Mazzocchi F, "Diving Deeper into the Concept of 'Cultural Heritage' and Its Rela-

tionship with Epistemic Diversity", *Social Epistemology*, vol. 36, 3, 2022.

62. Meer Y, "The Legal Dimensions of Cultural Property Ownership: Taking Away the Right to Destroy", *Aedon*, vol. 2, 2011.

63. Merryman J, "A Licit International Trade in Cultural Objects", *International Journal of Cultural Property*, vol. 4, 1, 1995.

64. Merryman J, "Cultural Property Internationalism", *International Journal of Cultural Property*, vol. 12, 1, 2005.

65. Merryman J, "Cultural Property, International Trade and Human Rights", *Cardozo Art & Entertainment Law Journal*, vol. 19, 2001.

66. Merryman J, "International Art Law: From Cultural Nationalism to A Common Cultural Heritage", *New York University Journal of International Law and Politics*, vol. 15, 4, 1982.

67. Merryman J, "Limits on State Recovery of Stolen Artifacts: Peru v. Johnson", *International Journal of Cultural Property*, vol. 1, 1992.

68. Merryman J, "The Nation and the Object", *International Journal of Cultural Property*, vol. 3, 1, 1994.

69. Merryman J, "The Public Interest in Cultural Property", *California Law Review*, vol. 77, 2, 1989.

70. Merryman J, "The Retention of Cultural Property", *University of California Davis Law Review*, vol. 21, 1988.

71. Merryman J, "Thinking about the Elgin Marbles", *Michigan Law Review*, vol. 83, 8, 1985.

72. Merryman J, "Two Ways of Thinking about Cultural Property", *American Journal of International Law*, vol. 80, 4, 1986.

73. Merryman J, The Free International Movement of Cultural Property, *New York Journal of International Law and Politics*, vol. 31, 1998.

74. Monden A, Wils G, "Art Objects as Common Heritage of Mankind", *Revue Belge de Droit International*, vol. 19, 1986.

75. Moustakas J, "Group Rights in Cultural Property: Justifying Strict Inalienability", *Cornell Law Review*, vol. 74, 1988.

76. Müller M, "Cultural heritage protection: Legitimacy, property, and functionalism", *International Journal of Cultural Property*, vol. 7, 2, 1998.

77. Nafziger J, "An Anthro–Apology for Managing the International Flow of Cultural Property", *The Houston Journal of International Law*, vol. 4, 1982.

78. Nass H, "Jeanneret v. Vichey: Evaporating the Cloud", *New York University Journal of International Law and Politics*, vol. 15, 1982.

79. Nowlan J, "Cultural Property and the Nuremberg War Crimes Trial", *Humanitares Volkerrecht*, vol. 4, 1993.

80. Nussbaum M, "Patriotism and cosmopolitanism", *The Cosmopolitan Reader*, 1994.

81. O'Connell A, "Immunity from Seizure: An Overview", *Art Antiquity and Law*, vol. 11, 1, 2006.

82. O'Keefe PJ, "Protection of the Material Cultural Heritage: The Commonwealth Scheme", *International and Comparative Law Quarterly*, vol. 44, 1, 1995.

83. Ortiz G, "The Cross-Border Movement of Art: Can & Should It Be Stemmed", *Art, Antiquity and Law*, vol. 3, 1, 1998.

84. O'Keefe PJ, "Mauritius Scheme for the Protection of Material Cultural Heritage", *International Journal of Cultural Property*, vol. 3, 2, 1994.

85. Özel S, "The Basel Decisions: Recognition of the Blanket Legislation Vesting State Ownership over the Cultural Property Found within the Country of Origin", *International Journal of Cultural Property*, vol. 9, 2, 2000.

86. Özel S, "Under the Turkish Blanket Legislation: The Recovery of Cultural Property Removed from Turkey", *International Journal of Legal Information*, vol. 38, 2, 2010.

87. Palmer N, "Itinerant Art and the Architecture of Immunity from Legal Process: Questions of Policy and Drafting", *Art, Antiquity & Law*, vol. 16, 1, 2011.

88. Paterson R, "Protecting Taonga: The Cultural Heritage of the New Zealand Maori", *International Journal of Cultural Property*, vol. 8, 1, 1999.

89. Paterson R, "The Legal Dynamics of Cultural Property Export Controls: Ortiz Revisited", *University of British Columbia Law Review*, Special Issue, 1995.

90. Pecoraro T, "Choice of Law in Litigation to Recover National Cultural Property: Efforts at Harmonization in Private International Law", *Virginia Journal of International Law*, vol. 31, 1, 1990.

91. Peters R, "The Protection of Cultural Property: Recent Developments in Germany in the Context of New EU Law and the 1970 UNESCO Convention", *Santander Art and Culture Law Review*, vol. 2, 2, 2016.

92. Posner E, "The International Protection of Cultural Property: Some Skeptical Observations", *Chicago Journal of International Law*, vol. 8, 2007.

93. Prott L, "A UNESCO/ UNIDROIT Partnership Against Trafficking in Cultural Objects", *Uniform Law Review*, Vol. 1, 1, 1996.

94. Prott L, "Cultural Rights as People's Rights in International Law", *Bulletin of the Australian Society of Legal Philosophy*, vol. 10, 1986.

95. Prott L, "The Dja Dja Wurrung Bark Etchings Case", *International Journal of Cultural Property*, vol. 13, 2, 2006.

96. Prott L, "The International Movement of Cultural Objects", *International Journal of Cultural Property*, vol. 12, 2, 2005.

97. Prott L, O'Keefe P, " 'Cultural Heritage' or 'Cultural Property' ? ", *International*

Journal of Cultural Property, vol. 1,2,1992.

98. Radin M, "Property and Personhood", *Stanford Law Review*, vol. 34,5,1982.

99. Reichelt G, "International Protection of Cultural Property", *Uniform Law Review*, vol. 43,1985.

100. Reinisch A, "European Court Practice concerning State Immunity from Enforcement Measures", *European Journal of International Law*, vol. 17,4,2006.

101. Renold M, "An Important Swiss Decision Relating to the International Transfer of Cultural Goods: The Swiss Supreme Court's Decision on the Giant Antique Mogul Gold Coins", *International Journal of Cultural Property*, vol. 13,3,2006.

102. Reyhan P, "A Chaotic Palette, Conflict of Laws in Litigation between Original Owners and Good Faith Purchasers of Stolen Art", *Duke Law Journal*, vol. 50,4,2001.

103. Roodt C, "Cultural Heritage Jurisprudence and Strategies for Retention and Recovery", *Comparative and International Law Journal of Southern Africa*, vol. 35,2,2002.

104. Roodt C, "Keeping Cultural Objects 'in the Picture': Traditional Legal Strategies", *Comparative and International Law Journal of Southern Africa*, vol. 27,3,1994.

105. Russell V, "Don't Get SLAMmed into Nefer Nefer Land: Complaints in the Civil Forfeiture of Cultural Property", *Pace Intellectual Property, Sports & Entertainment Law Forum*, vol. 4,2014.

106. Schneider M, "The 1995 UNIDROIT Convention: An Indispensable Complement to the 1970 UNESCO Convention and an Inspiration for the 2014/60/EU Directive", *Santander Art and Culture Law Review*, vol. 2,2,2016.

107. Schneider M, "UNIDROIT Convention on Stolen or Illegally Exported Cultural Objects: Explanatory Report", *Uniform Law Review*, vol. 61,2001.

108. Scott R, "The European Union's Approach to Trade Restrictions on Cultural Property: A Trendsetter for the Protection of Cultural Property in Other Regions?", *Santander Art and Culture Law Review*, vol. 2,2,2016.

109. Shapiro D, "Repatriation: A Modest Proposal", *New York University Journal of International Law and Politics*, vol. 31,1999.

110. Siehr K, "Private International Law and the Difficult Problem to Return Illegally Exported Cultural Property", *Uniform Law Review*, vol. 20,4,2015.

111. Spiegler H, Weitz Y, "The Ancient World Meets the Modern World: A Primer on the Restitution of Looted Antiquities", *The Art Law Newsletter of Herrick, Feinstein LLP*, vol. 6, 2010.

112. Strati A, "The Implication of Common Heritage Concepts on the Quest for Cultural Objects and the Dialogue between North and South", *Structures of World Order*, vol. 89,1995.

113. Sturges ML, "Who Should Hold Property Rights to the Human Rights Genome--An Application of the Common Heritage of Humankind", *American University International Law*

Review, vol. 13, 1, 1997.

114. Sultan J, "Combating the Illicit Art Trade in the European Union: Europol's Role in Recovering Stolen Artwork", *Northwestern Journal of International Law & Business*, vol. 18, 1997.

115. Symeonides S, "A Choice-of-Law Rule for Conflicts Involving Stolen Cultural Property", *Vanderbilt Journal of Transnational Law*, vol. 38, 2005.

116. Symeonides S, "Result - Selectivism in Conflict Law", *Willamette Law Review*, vol. 46, 2009.

117. Urice S, "Between Rocks and Hard Places: Unprovenanced Antiquities and the National Stolen Property Act", *New Mexico Law Review*, vol. 40, 2010.

118. Valentin P, "The UNIDROIT Convention on the International Return of Stolen or Illegally Exported Cultural Objects", *Art, Antiquity and Law*, vol. 4, 2, 1999.

119. Watt HM, "Choice of Law in Integrated and Interconnected Markets: A Matter of Political Economy", *Columbian Journal of European Law*, vol. 9, 2003.

120. Weiler-Esser J, "The New German Act on the Protection of Cultural Property: A Better Protection for Archaeological Heritage in Germany and Abroad", *The Journal of Art Crime*, vol. 18, 2017.

121. Weller M, "Iran v. Barakat: Some Observations on the Application of Foreign Public Law by Domestic Courts from a Comparative Perspective", *Art, Antiquity and Law*, vol. 12, 2007.

122. Willis E, "The Law, Politics, and Historical Wounds: The Dja Dja Warrung Bark Etchings Case in Australia", *International Journal of Cultural Property*, vol. 15, 1, 2008.

123. Yates D, Mackenzie S, Smith E, "The Cultural Capitalists: Notes on the Ongoing Reconfiguration of Trafficking Culture in Asia", *Crime, Media Culture*, vol. 13, 2, 2017.

124. Yu M, "Approaches to the Recovery of Chinese Cultural Objects Lost Overseas: A Case Study from 1949 to 2016", *International Journal of Cultural Policy*, vol. 24, 6, 2018.

125. Zerbe R, "Immunity from Seizure for Artworks on Loan to United States Museums", *Northwestern Journal of International Law & Business*, vol. 6, 1984-1985.

(三) 外文判例

1. *Agudas Chasidei Chabad v Russian Federation*, 466 F. Supp. 2d 6 (DDC 2006), 528 F. 3d 934 (DC Cir. 2008); 2010 U. S. Dist. LEXIS 78552 (D. D. C. 2010); 16 January 2013, 2013 U. S. Dist. LEXIS 6244.

2. *Allgemeine Versicherungsgessellschaft v. E. K.*, German Bundesgerichtshof, Decision of 22 June 1972, BGHZ 59, No. 14, 82.

3. *Altmann v. Austria*, 142 F. Supp. 2d 1187 (C. D. Cal. 1999), aff'd 317 F. 3d 954 (9th Cir. 2002), as amended, 327 F. 3d 1246 (9th Cir. 2003), 541 U. S. 677 (2004).

4. *Association Survival International France v. S. A. R. L. Néret Minet Tessier Sarrou*

(2013) No. RG 13/52880 BF/No. 1 (Tribunal de Grande Instance de Paris).

5. *Attorney-General of New Zealand v Ortiz* [1982] 3 QB 432, rev'd [1982] ALL ER 432, add'd [1983] 2 All ER 93.

6. *Australia Conservation Foundation Incorporated v. Commonwealth of Australia* (1980) 28 ALR 257.

7. *Autocephalous Greek-Orthodox Church of Cyprus and The Republic of Cyprus v. Goldberg & Feldman Fine Arts, Inc. and Peg Goldberg*, 717 F. Supp. 1374 (S. D. Ind. 1989), aff'd, 917 F. 2d 278 (7th Cir. 1990), reh'g denied, No. 89-2809, 1990 U. S. App. LEXIS 20398 (7th Cir. Nov. 21, 1990), stay vacated by 1991 U. S. Dist. LEXIS 6582 (S. D. Ind. May 3, 1991) (ordering judgment entered for plaintiffs), cert. denied, 502 U. S. 941 (1991), reh'g denied, 502 U. S. 1050 (1992).

8. *B * * * * * KG v. A * * * * * KEG*, Austrian Oberster Gerichtshof, Decision of 30 June 2010, OGH 9 Ob 76 / 09f.

9. *Bakalar v. Vavra*, 550 F. Supp. 2d 548 (S. D. N. Y. 2008); vacated and remanded, 619 F. 3d 136 (2d Cir. 2010); on remand, 819 F. Supp. 2d 293 (S. D. N. Y. 2011), aff'd, No. 11 - 4042 (2d Cir. N. Y. Oct. 11, 2012), reh'g denied, No. 11 - 4042 (2d Cir. N. Y. Dec. 28, 2012).

10. *Bumper Development Corporation Ltd. v. Commissioner of Police of the Metropolis* [1991] 4 All E. R. 638, [1991] 1 WLR 1362 (CA).

11. *Cercle Républicain de Porteis v. Paraigne*, D. H. 1931. 233; S. 1931. 1. 191.

12. *Claude Cassirer v Kingdom of Spain and the Thyssen-Bornemisza Collection Foundation*, 461 F. Supp. 2d 1157 (C. D. Cal. 2006), 580 F. 3d 1048 (9th Cir. 2009), 590 F. 3d 981 (9th Cir. 2009), 616 F. 3d 1019 (9th Cir. 2009), 2010 WL 316970 (9th Cir. 12 August 2010).

13. *D * * * * SE (Lichtenstein) v. Czech Republic, Ministry of Health (Czech Republic)*, Austrian Supreme Court, case no 3 Ob 39/13a (April 16, 2013).

14. *David de Csepel and Others v Republic of Hungary*, Case No. 1:2010CV01261, 808 F. Supp. 2d 113 (D. D. C 2011).

15. *Duc de Frias v. Baron Pichon*, Tribunal civil de la Seine, 17 April 1885, 1886 Clunet 593.

16. *D'Eyncourt v. Gregory*, (1866) LR 3 Eq 382.

17. *Fondation Abegg v. Ville de Geneve et autres* (Cour de cassation française, April 15, 1988).

18. *Government of Peru v. Johnson*, 720 F. Supp. 810 (C. D. Cal. 1989), aff'd, 933 F. 2d 1013 (9th Cir. 1991).

19. *Government of the Islamic Republic of Iran v. The Barakat Galleries Ltd.*, [2007] EWHC 705 (Q. B.); [2008] 1 All E. R. 1177.

20. *Greek Orthodox Church of Cyprus v. Lans*, Rotterdam Civil Court, 44053HAZ 95/2403 (Feb. 4, 1999).

21. *Islamic Republic of Iran v. Berend*, [2007] EWHC 132 (QB).

22. *Jeanneret v. Vichey*, 541 F. Supp. 80 (SDNY 1982); 693 F. 2d 259 (2d Cir. 1982).

23. *King of Italy and Italian Government v. Marquis de Medici Tornaquinci and Christie's* (1918, 34 TLR 623).

24. *Kingdom of Spain v Christie, Manson & Woods, Ltd* [1986] 1 WLR 1120, [1986] 3 All ER 28 (Ch. D.).

25. *Kunstsammlungen zu Weimar v. Elicofon*, 478 F. 2d 231 (2d Cir. 1973); 536 F. Supp. 829 (E. D. N. Y. 1981); aff'd, 678 F. 2d 1150 (2d Cir. 1982).

26. *Lancaster City Council v. Whittingham*, [unreported] High Court at Liverpool 18. 9. 1995.

27. *Lebanon v. Sotheby's*, 167 A. D. 2d 142 (N. Y. App. Div. 1990); *Croatia v. Trustees of the Marquees of Northampton 1987 Settlement*, 2003 A. D. 2d 167 (1994), appeal denied, 84 N. Y. 2d 805, 642 N. E. 2d. 325 (1994).

28. *Leigh v. Taylor*, (1902) AC 157.

29. *Malewicz v. City of Amsterdam*, 362 F. Supp. 2d 298 (D. D. C. 2005), denying mot. to dismiss, No. 05-5145, 2006 U. S. App. LEXIS 615 (D. C. Cir. 2006), mot. to dismiss on different grounds denied, 517 F. Supp. 2d 322 (D. D. C. 2007).

30. *Milirrpum v. Nabalco Pty. Ltd.* (1971) 17 FLR 141.

31. *Moley v. Pigne*, D. P. 82. 1. 55.

32. *Mullick v. Mullick*, Privy Council, 1925, 51 Law Reports, Indian Appeals (1925) 245.

33. *Norton v. Dashwood*, (1895) 2 Ch. 500.

34. *Prosecutor v. Ahmad Al Faqi Al Mahdi*, Judgment of International Criminal Court, Case No. ICC-01/12-01/15 (Sept. 27, 2016).

35. *Prosecutor v. Kordic and Cerkez*, Judgment of International Tribunal for the Prosecution of Persons Responsible for Serious Violations of International Humanitarian Law Committed in the Territory of Former Yugoslavia since 1991, Case No. IT-95-14/2-T (Feb. 26, 2001).

36. *Prosecutor v. Miodrag Jokić*, Judgment of International Tribunal for the Prosecution of Persons Responsible for Serious Violations of International Humanitarian Law Committed in the Territory of Former Yugoslavia since 1991, Case No. IT-01-42/1-S (Mar. 18, 2004).

37. *Prosecutor v. Pavle Strugar*, Judgment of International Tribunal for the Prosecution of Persons Responsible for Serious Violations of International Humanitarian Law Committed in the Territory of Former Yugoslavia since 1991, Case No. IT-01-42-PT (Jan. 31, 2005).

38. *Republic of Ecuador v. Danusso*, Civil and District Court of Turin, First Civil Section 4410/79; Court of Appeal of Turin Second Civil Section 593/82; 18

Riv. dir. int. priv. proc. 625 (1982).

39. *Republic of Turkey v. OKS Partners*, 797 F. Supp. 64 (D. Mass. 1992) (denying motion to dismiss), discovery motion granted in part and denied in part, 146 F. R. D. 24 (D. Mass. 1993), summary judgment denied, No. 89 – CV – 2061, 1994 U. S. Dist. LEXIS 17032 (D. Mass. June 8, 1994), summary judgment on different claims denied, No. 89–CV–3061–RGS, 1998 U. S. Dist. LEXIS 23526 (D. Mass. Jan. 23, 1998).

40. *Société D. I. A. C. v. Alphonse Oswal*, 60 Rev. crit. de dr. int. privé (1971), 75.

41. *Stato Francese v. Ministero Italiano per I beni culturali e ambientali e De Contessini*, Decision of the Tribunal of Rome on 27 June 1987; Court of Appeal in Rome on 6 July 1992; Court of Cassation (Sez I) 24 November 1995, No. 12166.

42. *Stroganoff–Scherbatoff v. Bensimon* (Cour de cassation française, May 3, 1973).

43. *The Republic of Turkey v. the Canton of the City of Basel*, Basler Juritiche Mitteilung (BJM 1997 17 ss).

44. Tribunal Federal Suisse 1 April 1997 (l. c. Chambre d' Accusation du Canton de Geneve), 123 II Arrest du Tribunal Federal Suisse 134.

45. *Union de l'Inde v. Credit Agricole Indosuez (Suisse) SA*, Swiss Bundesgericht, Decision of 8 April 2005, 131 III Entscheidungen des Schweizerischen Bundesgerichts 418, (2006) Die Praxis 310.

46. *United States v. McClain* (McClain I), 545 F. 2d 988 (5th Cir. 1977), reh'g denied, 551 F. 2d 52 (5th Cir. 1977); *United States v. McClain* (McClain II) 593 F. 2d 658 (5th Cir. 1979), cert. denied, 444 U. S. 918 (1979).

47. *United States v. Portrait of Wally*, 105 F. Supp. 2d 288 (S. D. N. Y. July 19, 2000) granting motion to dismiss, No. 99–CV–09940 (MBM) (S. D. N. Y. Dec. 28, 2000) permitting amendment of complaint, No. 99–CV–09940 (MBM) (S. D. N. Y. April 12, 2002) denying motion to dismiss, 663 F. Supp. 2d 232 (S. D. N. Y. 2000) denying motions for summary judgment and ordering trial, No. 99–CV–09940 (LAP) (S. D. N. Y. July 19, 2010) stipulation and order of settlement and discontinuance, No. 99–CV–09940 (LAP) (S. D. N. Y. July 20, 2010) amending settlement.

48. *United States v. Schultz*, 178 F. Supp. 2d 445 (S. D. N. Y. 2002), aff'd, 333 F. 3d (2d Cir. 2003), cert. denied, 540 U. S. 1106 (2004).

49. *United States v. Students Challenging Regulatory Agency Procedures*, 412 U. S. 669 (1973).

50. *Van der Heydt & Burth v. Kleinberger*, Tribunal civil de la Seine, 28 June 1901, 1901 Clunet 812.

51. *Winkworth v. Christie Manson and Woods Ltd. and Another*, [1980] 1 ER (Ch) 496, [1980] 1 All ER 1121.

附录1 中国海外流失文物回归案例汇总表

编号	回归途径	回归时间	海外流失文物回归案例	文物归还方/促进文物归还方	文物现藏地
01	国际执法合作	2001	2001年从美国追回五代王处直墓武士浮雕像	美国政府	国家博物馆
02	国际执法合作	2002	2002年美国移交其查获的93箱110余件古生物化石	美国政府	北京自然博物馆
03	国际执法合作	2003	2003年从美国追回西汉窦皇后墓6件汉代陶俑	美国政府	陕西汉阳陵博物馆
04	国际执法合作	2004	2004年澳大利亚移交其查获的32件古生物化石	澳大利亚政府	中国地质博物馆
05	国际执法合作	2005	2005年澳大利亚移交其查获的一万多件古生物化石	澳大利亚政府	中国地质博物馆
06	国际执法合作	2006	2006年美国移交其查获的42箱恐龙蛋化石	美国政府	中国地质博物馆
07	国际执法合作	2008	2008年澳大利亚移交其查获的千余件古生物化石	澳大利亚政府	中国地质博物馆
08	国际执法合作	2009	2009年美国移交剑齿虎头骨等一批古生物动物化石	美国政府	中国地质博物馆
09	国际执法合作	2009	2009年美国移交62件珍贵古生物化石	美国政府	中国地质博物馆

附录 1　中国海外流失文物回归案例汇总表

续表

编号	回归途径	回归时间	海外流失文物回归案例	文物归还方/促进文物归还方	文物现藏地
10	国际执法合作	2010	2010 年美国移交其查获的 61 件古生物化石	美国政府	中国地质博物馆
11	国际执法合作	2011	2011 年美国移交其查获的 14 件流失文物	美国政府	海南省博物馆
12	国际执法合作	2011	2011 年从美国追回 22 枚"恐龙蛋窝"化石	美国政府	中国地质博物馆
13	国际执法合作	2014	2014 年瑞士归还汉代彩塑陶俑	瑞士政府	/
14	国际执法合作	2015	2015 年美国移交其查获的 22 件流失文物和 1 件古生物化石	美国政府	国家文物局
15	国际执法合作	2015	2015 年澳大利亚归还清代观音像	澳大利亚政府	/
16	国际执法合作	2016	2016 年加拿大归还一对 19 世纪古建筑木雕	加拿大政府	/
17	国际执法合作	2017	2017 年埃及移交其查获的 13 件流失文物	埃及政府	/
18	国际执法合作	2019	2019 年土耳其移交其查获的唐代石窟寺壁画和北朝晚期至隋代随葬陶俑	土耳其政府	/
19	国际执法合作	2019	2019 年美国移交其查获的 361 件文物	美国政府	南海博物馆/鲁迅博物馆
20	国际执法合作	2019	2019 年意大利归还 796 件文物	意大利政府	国家博物馆
21	国际执法合作	2020	2020 年英国归还 68 件文物	英国政府	/
22	国际执法合作	2020	2020 年埃及移交其查获的 31 枚中国古钱币	埃及政府	/

续表

编号	回归途径	回归时间	海外流失文物回归案例	文物归还方/促进文物归还方	文物现藏地
23	国际民事诉讼	1998	1998年从英国追回3000余件流失文物	走私嫌疑人	/
24	国际民事诉讼	2008	2008年从丹麦追回156件流失文物	丹麦藏家	海南省博物馆
25	协商与谈判	1989	1989年从美国追回屈原纪念馆战国铜敦	美国藏家	湖北省屈原纪念馆
26	协商与谈判	2008	2008年从日本追回被盗北朝石刻菩萨像	日本美秀博物馆	山东省博物馆
27	协商与谈判	2011	2011年从美国追回唐贞顺皇后陵墓被盗文物	美国藏家	陕西历史博物馆
28	协商与谈判	2015	2015年从法国追回56件大堡子山遗址流失金饰片	法国藏家弗朗索瓦·亨利·皮诺和克里斯蒂安·戴迪安	甘肃省博物馆
29	协商与谈判	2018	2018年从英国追回圆明园青铜虎鎣	境外买家	国家博物馆
30	协商与谈判	2019	2019年从日本追回曾伯克父青铜组器	中国籍文物持有人（境外委托拍卖）	/
31	捐赠（归还）	1951	20世纪50年代前苏联及前德意志民主共和国归还67册《永乐大典》	苏联列宁格勒大学、苏联国立列宁图书馆、苏联科学院和德意志民主共和国	国家图书馆
32	回购	1951	1951年文化部购回五代顾闳中《韩熙载夜宴图》、五代董源《潇湘图》和《溪山行旅图》	中国文化部	故宫博物院

附录1 中国海外流失文物回归案例汇总表

续表

编号	回归途径	回归时间	海外流失文物回归案例	文物归还方/促进文物归还方	文物现藏地
33	回购	1951	1951年文化部购回东晋王献之《中秋帖》和王珣《伯远帖》	中国文化部	故宫博物院
34	回购	1952	1952年文化部购回唐韩滉《五牛图》、宋徽宗赵佶《祥龙石图》、宋马麟《二老观瀑图》、元任仁发《张果见明皇图》、元王蒙《山水轴》等珍贵文物	中国文化部	故宫博物院
35	回购	1953	1953年文化部购回宋马远《踏歌图》、宋米友仁《云山图》、宋赵孟坚《墨兰图》、宋毛益《牧牛图》、元朱泽民《秀野轩图》、宋王希孟《千里江山图》、宋李唐《采薇图》等珍贵文物及从陈仁涛藏钱币1.7万多枚	中国文化部	故宫博物院
36	回购	1955	1955年文化部购回陈清华藏书131种509册,1965年购回第二批陈氏藏书25种	中国文化部	国家图书馆
37	回购	1955	1955年文化部购回"金匮藏泉"钱币3.92万余枚	中国文化部	国家博物馆
38	回购	1992	1992年上海博物馆购回14件晋侯苏编钟	上海博物馆	上海博物馆

续表

编号	回归途径	回归时间	海外流失文物回归案例	文物归还方/促进文物归还方	文物现藏地
39	捐赠	1993	1993年美国国际集团友邦保险公司捐赠颐和园十扇铜窗	美国国际集团友邦保险公司	颐和园
40	回购	1994	1994年上海博物馆购回1200余枚战国竹简	上海博物馆	上海博物馆
41	回购	2000	2000年上海图书馆购回翁氏藏书80种542册	上海博物馆	上海图书馆
42	捐赠	2000	2000年美国藏家安思远捐赠五代王处直墓武士浮雕像	美国藏家安思远	国家博物馆
43	回购	2000	2000年中国保利集团购回圆明园虎首、牛首和猴首铜像	中国保利集团	北京保利艺术博物馆
44	捐赠（归还）	2001	2001年加拿大国家美术馆归还龙门石窟石雕罗汉像	加拿大国家美术馆	河南龙门博物馆
45	回购	2002	2002年香港实业家张永珍购回清雍正橄榄瓶	中国香港实业家张永珍	上海博物馆
46	回购	2003	2003年上海博物馆购回北宋祖刻最善本《淳化阁帖》	上海博物馆	上海博物馆
47	回购	2003	2003年澳门实业家何鸿燊购回圆明园猪首铜像	中国澳门实业家何鸿燊	北京保利艺术博物馆
48	捐赠（归还）	2005	2005年英国朴茨茅斯市归还大沽古钟	英国朴茨茅斯市	天津塘沽博物馆
49	捐赠（归还）	2005	2005年瑞典东亚博物馆归还汉代陶马俑	瑞典东亚博物馆	/

附录1 中国海外流失文物回归案例汇总表

续表

编号	回归途径	回归时间	海外流失文物回归案例	文物归还方/促进文物归还方	文物现藏地
50	捐赠	2006	2006年美籍华人范世兴等人捐赠31件汉阳陵西汉文物	美籍华人范世兴等人	陕西汉阳陵博物馆
51	捐赠	2006	2006年欧洲保护中华艺术协会捐赠战国青铜鼎	欧洲保护中华艺术协会	陕西省秦始皇兵马俑博物馆
52	回购	2007	2007年澳门实业家何鸿燊购回圆明园马首铜像	中国澳门实业家何鸿燊	国家博物馆
53	回购	2008	2008年大陆实业家许鹏购回天龙山石窟10号窟佛首	中国大陆实业家许鹏	/
54	捐赠	2009	2009年美籍华人范季融等人捐赠9件秦公晋侯青铜器	美籍华人范季融等人	上海博物馆
55	捐赠	2013	2013年法国藏家弗朗索瓦·亨利·皮诺捐赠圆明园鼠首、兔首	法国藏家弗朗索瓦·亨利·皮诺	国家博物馆
56	回购	2014	2014年湖南省购回商代青铜重器皿方罍器身	湖南省博物馆及私人藏家	湖南省博物馆
57	捐赠	2015	2015年翁氏后人捐赠《翁同龢日记》等翁氏文献	美籍华人翁万戈	上海图书馆
58	捐赠	2020	2020年旅日华侨张荣捐赠天龙山石窟佛首	旅日华侨张荣	/

附录2 国外案例名称中英文对照

序号	案例名称(中文)	案例名称(外文)
1	"检察官诉约基奇案"(简称"约基奇案")	*Prosecutor v. Miodrag Jokić*, ICTY Case No. IT-01-42/1-S (Mar. 18, 2004).
2	"检察官诉迈赫迪案"(简称"迈赫迪案")	*Prosecutor v. Ahmad Al Faqi Al Mahdi*, ICC Case No. ICC-01/12-01/15 (Sept. 27, 2016).
3	"检察官诉斯特鲁加尔案"(简称"斯特鲁加尔案")	*Prosecutor v. Pavle Strugar*, ICTY Case No. IT-01-42-PT (Jan. 31, 2005).
4	"塞浦路斯希腊正教会诉朗斯案"(简称"朗斯案")	*Greek Orthodox Church of Cyprus v. Lans*, Rotterdam Civil Court, 44053HAZ 95/2403 (Feb. 4, 1999).
5	"塞浦路斯共和国、塞浦路斯希腊东正教自主教会诉哥德堡-费尔德曼艺术公司与佩格·哥德堡案"(简称"哥德堡案")	*Autocephalous Greek-Orthodox Church of Cyprus and The Republic of Cyprus v. Goldberg & Feldman Fine Arts, Inc. and Peg Goldberg*, 717 F. Supp. 1374 (S. D. Ind. 1989), aff'd, 917 F. 2d 278 (7th Cir. 1990), reh'g denied, No. 89-2809, 1990 U. S. App. LEXIS 20398 (7th Cir. Nov. 21, 1990), stay vacated by 1991 U. S. Dist. LEXIS 6582 (S. D. Ind. May 3, 1991) (ordering judgment entered for plaintiffs), cert. denied, 502 U. S. 941 (1991), reh'g denied, 502 U. S. 1050 (1992).
6	"魏玛艺术展览馆诉埃里克封案"(简称"埃里克封案")	*Kunstsammlungen zu Weimar v. Elicofon*, 478 F. 2d 231 (2d Cir. 1973); 536 F. Supp. 829 (E. D. N. Y. 1981); aff'd, 678 F. 2d 1150 (2d Cir. 1982).
7	"邦培发展公司诉伦敦警务署案"(简称"邦培案")	*Bumper Development Corporation Ltd. v. Commissioner of Police of the Metropolis* [1991] 4 All E. R. 638, [1991] 1 WLR 1362 (CA).
8	"穆立克诉穆立克案"	*Mullick v. Mullick*, Privy Council, 1925, 51 Law Reports, Indian Appeals (1925) 245.

续表

序号	案例名称(中文)	案例名称(外文)
9	"土耳其共和国诉OKS合伙案"(简称"OKS合伙案")	*Republic of Turkey v. OKS Partners*, 797 F. Supp. 64 (D. Mass. 1992) (denying motion to dismiss), discovery motion granted in part and denied in part, 146 F. R. D. 24 (D. Mass. 1993), summary judgment denied, No. 89-CV-2061, 1994 U. S. Dist. LEXIS 17032 (D. Mass. June 8, 1994), summary judgment on different claims denied, No. 89-CV-3061-RGS, 1998 U. S. Dist. LEXIS 23526 (D. Mass. Jan. 23, 1998).
10	"美国诉反对管理机关程序学生联合会(SCRAP)案"	*United States v. Students Challenging Regulatory Agency Procedures*, 412 U. S. 669 (1973).
11	"米勒本诉纳巴克私人有限公司案"	*Milirrpum v. Nabalco Pty. Ltd.* (1971) 17 FLR 141.
12	"澳大利亚保护基金会诉澳大利亚联邦案"	*Australia Conservation Foundation Incorporated v. Commonwealth of Australia* (1980) 28 ALR 257.
13	"新西兰司法部长诉奥蒂兹案"(简称"奥蒂兹案")	*Attorney-General of New Zealand v Ortiz*〔1982〕3 QB 432, rev'd〔1982〕ALL ER 432, add'd〔1983〕2 All ER 93.
14	"土耳其共和国诉巴塞尔城市州"(简称"土耳其诉巴塞尔州案")	*The Republic of Turkey v. the Canton of the City of Basel*, Basler Juritiche Mitteilung (BJM 1997 17 ss).
15	"霍皮族文物案"	*Association Survival International France v. S. A. R. L. Néret Minet Tessier Sarrou* (2013) No. RG 13/52880 BF/No. 1 (Tribunal de Grande Instance de Paris).
16	"阿特曼诉奥地利案"	*Altmann v. Austria*, 142 F. Supp. 2d 1187 (C. D. Cal. 1999), aff'd 317 F. 3d 954 (9th Cir. 2002), as amended, 327 F. 3d 1246 (9th Cir. 2003), 541 U. S. 677 (2004).

续表

序号	案例名称(中文)	案例名称(外文)
17	"恰巴德诉俄罗斯联邦案"	*Agudas Chasidei Chabad v Russian Federation*, 466 F. Supp. 2d 6 (DDC 2006), 528 F. 3d 934 (DC Cir. 2008); 2010 U. S. Dist. LEXIS 78552 (D. D. C. 2010); 16 January 2013, 2013 U. S. Dist. LEXIS 6244.
18	"卡西雷诉西班牙王国案"	*Claude Cassirer v Kingdom of Spain and the Thyssen – Bornemisza Collection Foundation*, 461 F. Supp. 2d 1157 (C. D. Cal. 2006), 580 F. 3d 1048 (9th Cir. 2009), 590 F. 3d 981 (9th Cir. 2009), 616 F. 3d 1019 (9th Cir. 2009), 2010 WL 316970 (9th Cir. 12 August 2010).
19	"德切贝诉匈牙利共和国案"	*David de Csepel and Others v Republic of Hungary*, Case No. 1: 2010CV01261, 808 F. Supp. 2d 113 (D. D. C 2011).
20	"马列维基诉阿姆斯特丹市案"	*Malewicz v. City of Amsterdam*, 362 F. Supp. 2d 298 (D. D. C. 2005), denying mot. to dismiss, No. 05–5145, 2006 U. S. App. LEXIS 615 (D. C. Cir. 2006), mot. to dismiss on different grounds denied, 517 F. Supp. 2d 322 (D. D. C. 2007).
21	"列支敦士登D公司申请承认及执行仲裁裁决案"	*D * * * * SE (Lichtenstein) v. Czech Republic, Ministry of Health (Czech Republic)*, Austrian Supreme Court, case no 3 Ob 39/13a (April 16, 2013).
22	"秘鲁政府诉约翰逊案"(简称"约翰逊案")	*Government of Peru v. Johnson*, 720 F. Supp. 810 (C. D. Cal. 1989), aff'd, 933 F. 2d 1013 (9th Cir. 1991).
23	"美国诉麦克莱恩案"(简称"麦克莱恩案")	*United States v. McClain* (McClain I), 545 F. 2d 988 (5th Cir. 1977), reh'g denied, 551 F. 2d 52 (5th Cir. 1977); *United States v. McClain* (McClain II) 593 F. 2d 658 (5th Cir. 1979), cert. denied, 444 U. S. 918 (1979).

续表

序号	案例名称(中文)	案例名称(外文)
24	"美国诉舒尔茨案"(简称"舒尔茨案")	United States v. Schultz, 178 F. Supp. 2d 445 (S. D. N. Y. 2002), aff'd, 333 F. 3d (2d Cir. 2003), cert. denied, 540 U. S. 1106 (2004).
25	"阿贝格基金会诉日内瓦市及其他人案"(简称"法国湿壁画案")	Fondation Abegg v. Ville de Geneve et autres (Cour de cassation française, April 15, 1988).
26	"莫勒诉彼宁案"	Moley v. Pigne, D. P. 82. 1. 55.
27	"博德共和俱乐部诉帕拉林案"	Cercle Républicain de Porteis v. Paraigne, D. H. 1931. 233; S. 1931. 1. 191.
28	"戴恩科特诉格雷戈里案"	D'Eyncourt v. Gregory, (1866) LR 3 Eq 382.
29	"诺顿诉达什伍德案"	Norton v. Dashwood, (1895) 2 Ch. 500.
30	"李诉泰勒案"	Leigh v. Taylor, (1902) AC 157.
31	"兰开斯特市议会诉惠廷厄姆案"	Lancaster City Council v. Whittingham, [unreported] High Court at Liverpool 18. 9. 1995.
32	"斯特罗甘诺夫-谢巴托夫诉邦西蒙案"	Stroganoff-Scherbatoff v. Bensimon (Cour de cassation française, May 3, 1973).
33	"D. I. A. C. 协会诉奥斯瓦德案"	Société D. I. A. C. v. Alphonse Oswal, 60 Rev. crit. de dr. int. privé (1971), 75.
34	"温克沃思诉佳士得、曼森及伍兹公司案"(简称"温克沃思案")	Winkworth v. Christie Manson and Woods Ltd. and Another, [1980] 1 ER (Ch) 496, [1980] 1 All ER 1121.
35	"伊朗诉伯瑞案"	Islamic Republic of Iran v. Berend, [2007] EWHC 132 (QB).
36	"厄瓜多尔共和国诉达努索案"(简称"达努索案")	Republic of Ecuador v. Danusso, Civil and District Court of Turin, First Civil Section 4410/79; Court of Appeal of Turin Second Civil Section 593/82; 18 Riv. dir. int. priv. proc. 625 (1982).
37	"弗里亚斯诉毕雄案"("毕雄案")	Duc de Frias v. Baron Pichon, Tribunal civil de la Seine, 17 April 1885, 1886 Clunet 593.

续表

序号	案例名称(中文)	案例名称(外文)
38	"法国诉德·康特西尼与意大利文化财产与环保部案"(简称"康特西尼案")	*Stato Francese v. Ministero Italiano per I beni culturali e ambientali e De Contessini*, Decision of the Tribunal of Rome on 27 June 1987; Court of Appeal in Rome on 6 July 1992; Court of Cassation (Sez I) 24 November 1995, No. 12166.
39	"巴卡拉诉瓦夫拉案"	*Bakalar v. Vavra*, 550 F. Supp. 2d 548 (S. D. N. Y. 2008); vacated and remanded, 619 F. 3d 136 (2d Cir. 2010); on remand, 819 F. Supp. 2d 293 (S. D. N. Y. 2011), aff'd, No. 11-4042 (2d Cir. N. Y. Oct. 11, 2012), reh'g denied, No. 11-4042 (2d Cir. N. Y. Dec. 28, 2012).
40	"斯乌索宝藏案"	*Lebanon v. Sotheby's*, 167 A. D. 2d 142 (N. Y. App. Div. 1990); *Croatia v. Trustees of the Marquees of Northampton* 1987 Settlement, 2003 A. D. 2d 167 (1994), appeal denied, 84 N. Y. 2d 805, 642 N. E. 2d 325 (1994).
41	"海德诉克莱伯格案"	*Van der Heydt & Burth v. Kleinberger*, Tribunal civil de la Seine, 28 June 1901, 1901 Clunet 812.
42	"意大利国王和意大利政府诉美第奇和佳士得拍卖行案"(简称"美第奇案")	*King of Italy and Italian Government v. Marquis de Medici Tornaquinci and Christie's* (1918, 34 TLR 623).
43	"伊朗政府诉巴拉卡特画廊案"(简称"巴拉卡特画廊案")	*Government of the Islamic Republic of Iran v. The Barakat Galleries Ltd.*, [2007] EWHC 705 (Q. B.); [2008] 1 All E. R. 1177.
44	"印度金币案"	*Union de l'Inde v. Credit Agricole Indosuez (Suisse) SA*, Swiss Bundesgericht, Decision of 8 April 2005, 131 III Entscheidungen des Schweizerischen Bundesgerichts 418, (2006) Die Praxis 310.
45	"中国古陶车马案"	*B * * * * * KG v. A * * * * * KEG*, Austrian Oberster Gerichtshof, Decision of 30 June 2010, OGH 9 Ob 76 / 09f.

续表

序号	案例名称(中文)	案例名称(外文)
46	"尼日利亚文物案"	*Allgemeine Versicherungsgessellschaft v. E. K.*, German Bundesgerichtshof, Decision of 22 June 1972, BGHZ 59, No. 14, 82.
47	"吉纳瑞特诉维奇案"	*Jeanneret v. Vichey*, 541 F. Supp. 80 (SDNY 1982); 693 F. 2d 259 (2d Cir. 1982x
48	"法国油画案"	Tribunal Federal Suisse 1 April 1997 (l. c. Chambre d' Accusation du Canton de Geneve), 123 II Arrest du Tribunal Federal Suisse 134.
49	"西班牙王国诉佳士得、曼森及伍兹有限公司案"(简称"西班牙诉佳士得案")	*Kingdom of Spain v Christie, Manson & Woods, Ltd*, [1986] 1 WLR 1120, [1986] 3 All ER 28 (Ch. D.).
50	"美国诉沃莉肖像案"	*United States v. Portrait of Wally*, 105 F. Supp. 2d 288 (S. D. N. Y. July 19, 2000) granting motion to dismiss, No. 99-CV-09940 (MBM) (S. D. N. Y. Dec. 28, 2000) permitting amendment of complaint, No. 99-CV-09940 (MBM) (S. D. N. Y. April 12, 2002) denying motion to dismiss, 663 F. Supp. 2d 232 (S. D. N. Y. 2000) denying motions for summary judgment and ordering trial, No. 99-CV-09940 (LAP) (S. D. N. Y. July 19, 2010) stipulation and order of settlement and discontinuance, No. 99-CV-09940 (LAP) (S. D. N. Y. July 20, 2010) amending settlement.

附录3 国际法律文件全称/简称对照

序号	简称	全称
1	1954年海牙公约	1954年《关于发生武装冲突情况下保护文化财产的公约》
2	1954年海牙公约第一议定书	1954年《关于发生武装冲突时保护文化财产的公约议定书》
3	1954年海牙公约第二议定书	1999年《关于发生武装冲突时保护文化财产的公约第二议定书》
4	1970年公约	1970年联合国教科文组织《禁止和防止非法进出口文化财产和非法转让其所有权的方法的公约》
5	1972年世界遗产公约	1972年联合国教科文组织《保护世界文化和自然遗产公约》
6	1995年公约	1995年国际统一私法协会《关于被盗或者非法出口文物的公约》
7	2001年水下遗产公约	2001年联合国教科文组织《保护水下文化遗产公约》
8	2003年非物质遗产公约	2003年联合国教科文组织《保护非物质文化遗产公约》
9	2005年文化多样性公约	2005年联合国教科文组织《保护和促进文化表现形式多样性公约》
10	2005年文化遗产价值公约	2005年欧洲委员会《社会文化遗产价值框架公约》
11	2017年文化财产犯罪公约	2017年的欧洲委员会《关于针对文化财产犯罪的公约》
12	欧共体1993年指令	1993年欧共体第93/7/EEC号"关于返还从成员国领土非法转移的文物指令"
13	欧共体1992年文物出口条例	1992年欧共体第3911/92号"关于文物出口的条例"

续表

序号	简称	全称
14	欧盟 2014 年指令	2014 年欧盟第 2014/60/EU 号"关于返还从成员国领土非法转移的文物指令(重订)"
15	欧盟 2009 年条例	2009 年欧盟第 116/2009 号"关于文物出口的条例(合并版本)"
16	欧盟 2019 年文物进口条例	2019 年欧盟第 2019/880 号"关于文物引进和进口的条例"